中国道路丛书

厉以宁 主编　程志强 副主编

中国道路与简政放权

商务印书馆
创于1897 The Commercial Press

2016年·北京

序 中国道路和简政放权

厉以宁

一、无论是从计划经济体制向市场经济体制过度，还是完善社会主义市场经济体制，都有必要简政放权。

我们都曾经生活在计划经济体制之下，在当时，行政部门把生产和生活都包下来了，或者说，政府既是生产的经营者，又是所生产出来产品的分配者。政府管的多，管的细，都依靠计划配额，按配额供给，那时从来没有听说过简政放权。事实上，简政是做不到的，什么都需要从行政上控制，什么都需要经上级批准,什么都实行配额制。因此,指挥生产和管理生产的人员,一人一个岗位,怎么精简?放权更不可思议。计划经济体制强调的是权力集中,权力不可能下放,否则生产和生活怎样按计划推行?

当然,政府在计划经济体制下,有时也感到权力过于集中,效率降低,效能欠佳。但这有什么办法呢?放权不是没有教训的:尽管有些年份也试行过一定程度的权力下放,或取消某些配额,结果都是"一放就乱",于是又恢复集权的做法,但又碰上了"一统就死"。计划经济体制下经历了多少次"一统就死,一放就乱"的循环。但谁也跳不出"统多了就死,放多了又乱"的怪圈。

简政放权是什么情况下才引起政府和广大群众的关注,从而逐渐付诸实施的呢?从计划经济体制向社会主义市场经济体制过渡的过程中,由于计划经济体制之下,一直是依靠政府主管部门发号施令,依靠政府指定的配额制安排生产和主持分配的,所以处处有赖于批准,界限分明,不能越轨,所以简政放权便成为走向市场经济所必需。不简政,条条杠杠太多,企业没有活力可言,不放权,基层无积极性、主动性,投资者手脚都被捆绑住,推一步才进一步,这还谈什么向市场经济体制转变?因此,在中国要建立市场经济体制,首要的工作就是简政放权,使市场松绑,让企业成为名副其实的市场主体,既自主经营,又参与市场竞争。这样,企业才有活力,市场才能发挥调节经济和配置资源的作用。也只有这样,社会上的城市闲置人员才能靠自己的努力,创业创新,成为市场的积极参与者。

一个最明显、最有说服力的例证就是1979年以后农村家庭承包制的推广。在计划经济体制的年代里,农民被束缚在农村里,受到极大的束缚,种植什么,种植面积多少,甚至什么时候播种,都由农村的干部依照上级主管农业的部门决定,再层层下达指令。庄稼成熟以后,上交多少,公粮出售的数量多少,价格如何定,也都听命于上级。农民的户口不同于城市居民,农民要外出务工,只能听命于政府，如果农民自行外出打工，被称为“盲流”，即“未按计划，盲目外流”的农民。这种经济体制是靠牢固的、强制的计划完成的。农民缺衣少食，谁也没有积极性。粉碎“四人帮”以后，农民为了能填饱肚子，在一些地方试行“大包干”制，也就是农村包产到户制度。这在“四人帮”被打倒前是不可想象的事情。经过中共中央的调查研究，农村家庭承包制的试点被肯定了，并在全国范围内推广。短短几年之后，长期通行于全国的粮票肉票等票证取消了，农民外出务工也容许了，乡镇企业紧接着也纷纷办起来了，而且到处都有乡镇企业。乡镇企业不纳入物资调拨的体制，而要靠乡镇企业自己去寻找销路。因此，20世纪80年代的中国可以发现一个新现象，即一些农民模样的人，穿上西装，有的还打着领带，手上拎着大包小包，在挤火车，挤长途汽车。他们是些什么人？原来是农民，是乡镇企业的管理人员、市场营销人员，大包小包里放的是样品，他们冲破了多年捆绑的牢牢的束缚、限制，他们走南闯北，带着样品和订单去寻找市场。多年来形成的大一统计划经济体制独霸销售渠道的局面终于被打破了，新发展起来的乡镇企业商品市场出现了。这可以被看成是最早的简政放权所取得的成果。如果要从经济理论上分析，那么可以这么说：乡镇企业的涌现和乡镇企业商品市场的形成，就这样不声不响地打破计划经济体制的一统天下。

回顾中国改革开放初期计划经济体制的一统天下是如何被打破的，除了前面已经提到的农村家庭承包制的推广和乡镇企业的兴起以外，还必须提到经济特区的建立。在临近香港的广东深圳和临近澳门的广东珠海，都建立了经济特区，这里采取了市场经济体制，按市场规律办事，而不必再实行计划经济体制的旧做法。于是经济特区的建设速度大大加快了，市场的活力，企业的活力，由国内其他省市涌入经济特区的南下移民的活力，全都迸发出来了。这就是中国摆脱计划经济体制，转向社会主义市场经济体制的开始。

1992年年初邓小平同志南方讲话正式发表后，全国再度掀起了改革开放的热潮。中共十四大的召开使中国进一步明确了改革开放的目标，即建设中国特色的社会主义市场经济体制，以代替过去长时间内在中国占绝对统治地位的计划经济体制。改革是多方面的，其中包括了简政放权工作。

从中共十四大以后，历经十五大、十六大、十七大，直到中共十八大，这二十多年的改革开放，使中国经济终于一步步走上了市场经济体制之路。简政放权工作在这段时间内没有停步，而是继续开展。这段时间内，简政放权工作大体上围绕以下三个方面进行：

第一，由于邓小平同志南方讲话公开发表后，全国各地的有志于投资和创业创新的人，纷纷南下深圳和珠江三角洲，或到上海、江苏、浙江、山东、福建等省份的沿海城市去闯荡。到那里去创业创新的人和寻找用武之地的人，不像过去那样需要那么多批准了，他们不但能很快成行，落户，而且能如愿以偿成为业主。这是计划经济体制之下难以设想的。

第二，同样因为受到邓小平同志南方讲话公开发表的影响，经济特区和沿海开放城市掀起了创业创新的高潮，企业新建和扩建，以及基础设施的建设，都需要劳动力，于是农村劳动力纷纷南下东进，寻找就业机会。对于农民工的流动不再像改革开放初期那样需要批准手续了，更不像改革开放初期那样必须有务工证之类限制了。这对农民工外出务工的影响之大也是过去不敢想象的。

第三，20 世纪 90 年代内一件影响中国市场经济的发展、具有重要意义的大事，就是中国正在积极争取加入世界贸易组织。为了达到加入世界贸易组织的标准，中国必须从计划经济体制及早转变为市场经济体制，其中就包括了取消或减少行政部门对市场的各种限制，以及对企业（包括国内的民营企业和准备在中国投资、开业的境外投资者）的相关限制。当时在国内政界和经济界都有一种“狼来了”的呼吁，即认为一旦取消对国内农业、工业、商业、服务业的保护措施，中国会受到沉重的打击，因此争论很大。结果，中央和国务院做出了决议,同意对世界贸易组织的承诺,分期履行中国对外资进入和外贸放开限制的义务。最后的效果如何?“狼来了”成为事实,但并未使中国遭到巨大损失,反而使中国企业的竞争力提高了,中国在从计划经济体制向社会主义市场经济转变的道路上走得更顺畅了。更重要的是,计划经济体制的范围缩小了,对中国经济发展前景的影响力淡化了。

以上所举的三个方面可以清楚地了解到,20 世纪 90 年代到中共十八大开幕前的这段时间内,在从计划经济体制向社会主义市场经济体制的转变过程中,在完善社会主义市场经济体制的过程中,我们在简政放权工作中取得不少进展。简政放权工作,既是缩小计划经济体制的范围所必需,也是完善社会主义市场经济体制所必需。

二、从中共十八大开始,中国的改革开放进入了一个新的时期,一方面明确指出让市场调节在资源配置中起决定性作用,另一方面明确指出必须坚持依法治国、法制建国,从而为简政放权工作指明了方向。

中国从计划经济体制向社会主义市场经济体制的转变尚未完成,中国市场经济体制的完善尚有许多工作要做,尤其是十八届三中全会通过的市场调节在资源配置中起决定性作用的这一决议的贯彻,以及十八届四中全会通过的依法治国这一决议的贯彻,都需要继续努力。在这种形势下,作为完善社会主义市场经济体制重要手段的简政放权,应有更多的工作要做。

首先,在市场经济体制下要有一整套同市场经济体制相适应的行政审批管理制度。这一管理制度是必要的、不可缺少的。这是因为,市场经济体制下,市场运行必须有序,必须依法,必须规范化、制度化。

微观经济单位总的说来分为三大类：一是企业，二是个人，三是为市场经济运行服务的管理部门。这三大类微观经济单位都应当在有法可依、有序可循的条件下从事生产经营和管理。有法可依和有序可循，企业和个人才会有积极性，有活力。有法可依、有序可循，为市场经济运行服务的管理部门才能使市场管理规范化，才能使市场经济运行正常、有序。因此，当前推行的简政放权就是依法治国、依法管理，这是保证市场经济运行正常化、规范化、有序化所不能缺少的。

其次，由于计划经济体制曾经长期存在并发挥作用，尽管已经过了多次改革，但在现实生活中仍可能存在一些与市场经济体制不适应的行政审批管理制度。因此，对现有的行政审批管理制度有必要逐个审核，该取消的取消，该修改的修改，该新建的新建。一是要出台新的有利于调动市场主体（包括企业和个人）积极性和增强他们的活力的行政审批管理制度；二是要取消那些过时的、阻碍市场经济发展的行政审批管理制度；三是要下放一批行政审批事项。把行政审批事项下放，不仅有助于增加该对某个事项审批负责的行政单位的责任感，而且行政效率也会大大提高。

再次，对那些同行政审批联结在一起的收费项目也应根据市场经济运行的实际情况进行整理。这是因为，在过去长时间内，行政部门的收费（包括收费和罚款）往往与行政部门和单位的经济利益有关。乱收费、高收费、乱罚款、高罚款，对企业和个人往往成为额外的负担，并成为某些行政部门和单位的额外收入。所以对收费的规范化、制度化，有利于使行政审批管理制度更符合法制建设的要求、廉政建设的要求。

在下一步简政放权工作中，可以参照国际惯例，建立和制定负面清单、权力清单、责任清单制度。负面清单是指市场准入的负面清单。权力清单是指政府的权力清单。责任清单是指政府及其部门的责任清单。这三个清单都是依法治国的重要内容。

下面,让我们对这三种清单做一些说明,并阐释我们在简政放权工作中应当如何落实它们。

(一)关于市场准入的负面清单

在上海自贸区建设和发展过程中,有关市场准入的负面清单首次试行,取得经验后再在其他城市推广。市场准入的负面清单,是指政府明确列出禁止和限制经营、投资的行业、领域、业务等,清单以外的,各类市场主体都可以依法平等进入。这也就清晰地告诉所有市场主体,负面清单上所载明的就是底线,上面的行业、领域、业务,就是禁区。负面清单上没有写入的,则是市场主体可以平等进入的。

市场准入的负面清单的公布,是增加各类市场主体信心的可靠手段。如果改为市场准入的正面清单,即公布什么行业、领域、业务是可以投资和经营的,那么举不胜举,而且还会有所遗漏;如果公布底线何在,禁区何在,市场主体就放心了,禁区之外皆可投资、经营,市场主体的积极性也会增大。

(二)关于政府的权力清单

在市场经济体制下,政府是依法执政的。政府的权力清单明确了政府及其部门的权力边界和行使职权的方式。因此,政府的权力清单意味着政府在治理时,必须先有法律法规的授权,法无授权不可为。

政府的权力清单表明,如果政府在执政或治理时越过了法律法规授权的边界,那就是政府的违法,这是不允许的。政府及其部门的违法行为,理应受到法律的处理,包括道歉、赔偿主体受到的损失、对行政工作人员的处置等等。

从这里可以看出市场经济体制和计划经济体制的重大区别之一是:市场经济体制下,政府依法执政,政府的行政权力界限由权力清单表明,清清楚楚,法无授权不可为。计划经济体制之下却不是这样:政府及其部门在行使职权时是不受法律法规约束的,政府行为不受法律法规给政府权力划定的界限，从而也就不存在政府执政或治理时的“违法违规”问题。

（三）关于政府及其部门的责任清单

政府及其部门的责任清单和上述政府的权力清单既有相似之处，但也有区别。

相似之处在于：政府的权力清单表明政府可以做什么，不可以做什么，即政府必须依法执政，依法治理，政府行为必须有法律法规的依据；政府及其部门的责任清单也表明政府及其部门的行政管理必须有法律法规作为依据，政府及其部门不能越过法律法规的授权而自行其是，为所欲为。

二者的区别在于：政府及其部门的责任清单比政府的权力清单更加明确地、更加具体地载明政府的法定职责，即政府必须做什么，怎么做，这是政府及其部门的职责所在。也就是说，在政府及其部门的权限范围内，法定的政府及其部门的行政责任是必须履行的，否则就是政府及其部门的失职。此外，政府及其部门的责任清单中还把政府及其部门的履职尽责的程序规范化了，明晰化了。

在一次有关简政放权的研讨会上，有些学者提出在现实生活中既有“为官乱为”现象，又有“为官不为”现象。政府的权力清单对纠正“为官乱为”现象是有重要作用的，因为根据“法无授权不可为”的原则，“乱为”必定来自违法违规，这是法治政府绝对不容许的。但政府的权力清单不直接干预“为官不为”现象。对于常见的“为官不为”，要靠政府及其部门的责任清单来追究责任。因为政府及其部门的责任清单把政府及其部门应该做什么和怎么做都做了明细的、规范的规定，从而给企业和公众对行政部门和行政管理人员的监督提供了可以实施的标准。

综上所说，从市场准入的负面清单、政府的权力清单、政府及其部门的责任清单来看，这是目前和今后简政放权工作的重要内容，也是继续完善社会主义市场经济体制的重要内容。

三、在社会主义市场经济体制下，宏观经济调控是不可缺少的，但宏观经济调控必须适度，必须符合经济运行的实际情况，从而这同样与简政放权有关。

在传统的计划经济体制下，虽然在必要时也采取财政政策、货币政策以及人力资源政策或区域经济政策来调节经济的运行，但不采用宏观经济调控这样的西方经济学中的术语，因为只有在西方国家才使用宏观经济调控作为稳定国民经济的手段。

到了20世纪90年代，即在邓小平同志南方讲话公开发表，国内掀起了再一次改革开放高潮以后，特别在中共十四大召开，以社会主义市场经济作为改革导向之后，为了抑制经济过热、投资过多、信贷过大、通货膨胀率上升等现象，国务院才采取宏观经济调控这样的手段，对国民经济过热现象进行抑制。但20世纪90年代的宏观经济调控依然带有很大的行政指令色彩。这是可以理解的，因为中国仍处于刚开始从计划经济体制向社会主义市场经济体制的过渡阶段。

但今天的情况已经不同于20世纪90年代了。计划经济体制的覆盖面已经缩小了许多，经济中，民营企业在国内生产总值（GDP）中的比例已经超过一半，民间资本的投资已进入国民经济中许多曾经不向民间资本开放的领域。因此，在宏观经济调控方面呈现出以下特点：

（一）我们现在所讨论的中国宏观经济调控，是正在日益完善的社会主义市场经济体制下的宏观经济调控，它应该有法律法规的依据，它不应违背法治的原则。

（二）宏观经济调控在任何市场经济国家都是相机抉择的措施，即一定要从本国实际情况出发，而不是按某种固定不变的模式到处搬用。在相机抉择过程中，该紧则紧，该松即松，该启动则启动，该暂停则暂停。结构性调控，或称定向调控，也是相机抉择的一种方式，该使用则使用。

（三）宏观经济调控的目的是维持经济的平稳运行，调控本身是一种手段而不是目标。不能把宏观经济调控当作是灵丹妙药，因为任何宏观经济调控都会有后遗症。如果宏观经济调控不适度，力度越猛，后遗症也会越多。

（四）在实行宏观经济调控时，切不可演变为“宏观经济调控依赖性”，似乎离开宏观经济调控就什么都干不了，这对市场经济是有害的。试问，如果处处离不开宏观经济调控，那还怎么实现市场调节在资源配置中起决定性作用？

（五）简政放权工作的深入开展与宏观经济调控的适度运用是密切相关的。不能因为有了简政放权就可以减少宏观经济调控的使用，也不能因为有了宏观经济调控措施就可以放松简政放权。这是两个不同方面的问题。关于简政放权，可以认为这是提高行政管理效率不可忽视的环节。即使已经实现了从计划经济体制向市场经济体制的转变，从提高行政管理效率，从便于市场主体和公众的角度出发，简政放权工作仍是政府应当关注的。至于宏观经济调控，则是市场经济体制之下为维持国民经济的稳定，促使充分就业、物价基本稳定、经济持续增长和国际收支平衡等政策目标的实现所不可缺少的手段。因此，简政放权和宏观经济调控相互配合，相互促进，应当是新常态的内容之一。

四、让企业有更大的活力，让公众有更大的积极性、主动性，是经济持续增长和企业拥有持久竞争力的源泉。从这个意义上说，继续完善市场经济体制仍有巨大的潜力。

在计划经济体制下，国有企业并不是真正的市场主体。这是因为，国有企业产权模糊，投资主体不明确，它们听命于上级主管部门，没有自主经营的可能性。归根结底，国有企业不过是上级主管部门的行政附属物而已。因此，在中国实现从计划经济体制向社会主义市场经济体制转变的过程中，首要的问题是重新构造微观经济基础，让国有企业成为自主经营、投资者自负盈亏和参与市场竞争的市场主体。这就是从改革开放初期一直在国内经济学界争论不休的产权改革的主要内容。市场经济体制的建成与否，关键在于是否实现了中国把广大的国有企业通过产权改革而改造成为名副其实的市场主体，成为市场的竞争者，成为有充分活力的微观经济单位。

这项改革从 20 世纪 80 年代就开始了。经过 20 世纪 90 年代，到 21 世纪最初 10 年为止，已经取得了不少成绩，其中包括不少国有企业通过产权的明晰和界定，经过股份制改革，成为股份制企业，有些还成为上市公司。另一方面，大量民营企业涌现了，它们一般说来，产权还是比较清晰的，尽管有些是家族企业，但也仿造股份制企业的模式，由家族成员分持股份。于是在中国经济中涌现了一大批市场主体。最近两三年，我到过浙江嘉兴市考察，亲眼看到农村土地确权以后农民积极性的高涨。他们的权益有保障了，他们经营家庭农场或农业合作社的劲头谁都抑制不了，他们在创造新农村、新城镇、新社区。我也到过北京中关村的创新创业平台，看到多少年轻的大学生、研究生、企业投资人和科研工作者在讨论创新创业的方案。我还到过重庆，看到小微企业的注册者那么高兴，那么活跃，因为开业比过去简便多了，政策优惠也一一落实。他们今年开始筹建小微企业，如果经营得当，能抓住机遇，说不定几年以后就会成长为一个中型企业。只要有希望，他们的潜力肯定会发挥出来。

企业的发展壮大同企业能抓住机遇、迸发潜力和活力是联结为一起的。而企业能否抓住机遇，以及企业的潜力和活力能否迸发出来，归根到底是一个体制问题。扼要地说，主要是三个体制的作用最为突出:一是企业的微观经济基础是否规范化,包括产权的明确和清晰,法人治理结构的完善,以及企业自身的凝聚力。要知道,有发展潜力和充沛活力的企业,才是名副其实的市场主体。市场主体自身的改革和潜力、活力的迸发,既是国民经济增长的基础,也是企业成长壮大的支撑。二是政府的宏观经济调控是否规范化,是否建立在科学决策之上,以及是否符合国民经济的实际情况,是否能够调动各类市场主体的主动性和积极性。三是整个经济体制是否从传统的计划经济体制向社会主义市场经济体制转变,市场调节是否已在资源配置中发挥决定性作用。这显然不是短期内就能实现的,而必须坚持市场化的目标,使中国的经济体制朝着市场经济的方向前进。各种体制的改革也必须与此配合,其中就包括了行政审批管理制度的改革,包括了简政放权。

然而,从中国国有企业在改制为股份制企业或上市公司以后的情况可以了解到,在中国要实现由计划经济体制向市场经济体制的转变,对计划经济体制的牢固性必须有进一步的认识。计划经济体制是一个庞大的、组织严密的巨网,它不会因政府声称要"让市场调节在资源配置中起决定性作用"而自动退出历史舞台,也不会因企业一个个改制为股份制企业和上市公司而取消自己的影响力、控制企业的权力。实践表明,无论是改为股份制企业的国有企业,还是改为股份制企业的家族企业,还不能成为真正意义上的股份制企业,更不必说是上市公司了。为什么?可以把国有企业所转化的股份制企业和家族企业所转化的股份制企业分别为例来阐述。

先说国有企业的改制。一些已改为股份制企业的原国有企业反映说,尽管改为股份制企业已多年了,但除了引进资金之外,企业依旧没有摆脱受制于上级主管部门的状态,国有股独大,连股东会都开不起来,有什么意义?至于什么自行决策、自主经营、自负盈亏,都是空话,连干部的任免都由上级主管部门决定,企业至今还没有摆脱行政附属物的地位。这能称作市场主体吗?

再说民营企业的成立。家族企业有些仍维持建立时的原状，家长主持企业，不过也有采取家族成员分别持股模式的，家长担任董事长。但经营方式不改，更没有公司治理结构配套制度改革。民营企业，包括家族企业，在激烈的市场竞争中，如果不在体制上进行深层次的改革是难以扩大的。

从上述的国有企业的股份制改革和民营企业的股份制改革这两个领域来看，距离完美的市场经济体制都有一定差距，甚至有相当大的差距。因此可以认为，深化国有企业改革和促进民营企业（包括家族企业）的转型都是完善市场经济体制的必不可少的措施。显然，继续简政放权，依然必要。

当前，要让中国经济进一步升级，市场竞争力进一步增强，最为重要的是积极推进混合所有制经济的改革，也就是国有资本体制和国有企业（国有独资企业、国有绝对控股企业、国有相对控股企业）改革。这个领域内的简政放权同样是同国有企业配合而行的。

我在 2013 年出版的《中国经济双重转型之路》一书（中国人民大学出版社出版）中指出，国有资本体制改革分为两个层次：一是国有资本配置体制的改革，二是国有企业管理体制改革。前者是第一层次的改革，后者是第二层次的改革，二者不可混为一谈。

国有资本配置体制改革是首要的。在市场经济体制下，国有资本无疑承担了更大的社会责任，若国有资本配置不多，国有资本的资源配置效率低下，闲置的国有资本多，这也无疑是国有资本最大的损失。因此在国有资本配置体制中，重在提高国有资本的配置效率，即不仅要维护国有资本，防止其流失，而且要合理配置国有资本，使其产生更高的国有资本配置效率。根据这一改革思路，国资委只管国有资本的配置，并成为国有资本的所有权人，形成如下的格局：国资委—国家投资基金公司—国有企业。

第二层次的改革是国有企业管理体制改革。国有企业（包括国有独资企业、国有绝对控股企业、国有相对控股企业）都成为法人治理结构健全的、自主经营、自负盈亏的市场主体。它们按照股东会、董事会的决定开展业务，并接受监事会的监督。它们的社会责任同其他类型的企业一样，都应把为社会提供优质的产品、优质的服务、出人才、出经验作为要履行的社会责任。它们开拓市场，扩大市场份额，就是给社会做出的最大贡献。

目前正在推进的大力发展混合所有制经济的改革，正是让国有企业（包括国有独资企业、国有绝对控股企业、国有相对控股企业）从体制上确定自主经营的市场主体地位的改革，也就是国有企业管理体制改革的方向。

可以清楚地看到，从这个角度看，发展混合所有制经济的改革在很大程度上同国有企业体制改革是一致的。简政放权作为行政管理制度改革的内容，既同国有资本配置体制的改革相互配合，又同国有企业管理体制的改革相互配合。

在混合所有制企业的改革过程中，党委必须在改革中起到主导作用，必须围绕企业经营开展工作，并且参与企业的重大问题决策。通过党委会在公司治理中的特殊地位，确保我国国有资产保值、增值，并且通过混合所有制经济的发展，加强党委参与公司治理的广度、深度与层次的整体性与立体性、丰富性。特别是做好以下几点：首先，政治思想领导。党组织在企业管理中，最重要的职能就是在思想上统一公司的经营目标、方针路线以及经营管理，即在政治、思想和组织上领导国有企业或者是未来的混合所有制企业，以保证中央和国家的指导方针在企业层面得以贯彻落实。当然这也要求企业党组织更具掌握企业现状和未来的眼界，因地制宜落实措施。其次，监督职能。目前我国的国有企业都普遍存在内外监督乏力的现象，因此企业单位就有义务依法发挥监督职能，做好内部人控、外部监管的工作，以弥补企业管理制度的不足。当然党组织的工作应该围绕企业的日常经营开展，保护各方面利益，并且调动企业的积极性、主动性，促使企业更好更快发展。再次，党管干部。党管干部是我国国有企业中党组织作用的重要体现,贯穿了企业经营的整体,也在经济激励角度确保了企业与中央的指导方针一致,这就要求企业在人事工作方面坚持党的领导,避免政出多门,同时依法由各级党组织行使决定任免权。

可以预判,只要国有资本的配置效率日益提高,只要国有企业经过管理体制改革后活力增强、竞争力增强,中国经济的持续增长就有了保证,中国广大公众和企业就会有更大的积极性、主动性,中国特色的市场经济体制也就会越来越完善,越来越有活力。国有资本和民间资本之间合作、双赢的局面也将形成。

水浒传里有一个故事,讲林冲犯罪发配到河北沧州,路上经过了富豪的庄上。富豪听说过林冲的大名希望好好招待他,庄上一个姓洪的教头心里不高兴,提出比武。林冲起先不愿意,后听富豪说与洪教头并无交情才答应下来。打了一会儿后林冲认输,说自己是犯人,身上有枷锁,没办法打赢。庄主令人卸下林冲身上的枷锁,林冲几拳就打败了洪教头,令他羞惭而去。这个故事告诉我们,国有企业和民营企业的改革就是要简政放权,去掉他们的枷锁,让他们施展武艺。减少审批,只管该管的事情,可以预见,无论国有企业还是民营企业都会有长足的发展。

目录

理论篇

实 践 篇

理论篇

政府职能转变与简政放权——简政放权的缘起、反思和未来趋势

程志强

一、缘起：激发市场活力的必然选择

本节以十八大召开为分界线，分历史背景和当前背景阐释此次国务院力推简政放权的缘起：先简述改革开放以后、十八大召开以前简政放权的历史，然后分析十八大召开以后国务院推行简政放权的原因即当前背景。十八大召开以后，简政放权被提到前所未有的高度，实施有力，推进有序。但“简政放权”的概念并非本届政府创新，本轮简政放权过程中出现的“中梗阻”等部分问题，在80年代的简政放权尝试中亦曾出现。改

革开放以来，国务院及国务院办公厅下发的文件共134次提及简政放权，十八大召开以前共提及24次[1]；人民日报共213次论及简政放权，十八大召开以前共论及56次[2]（图1）。

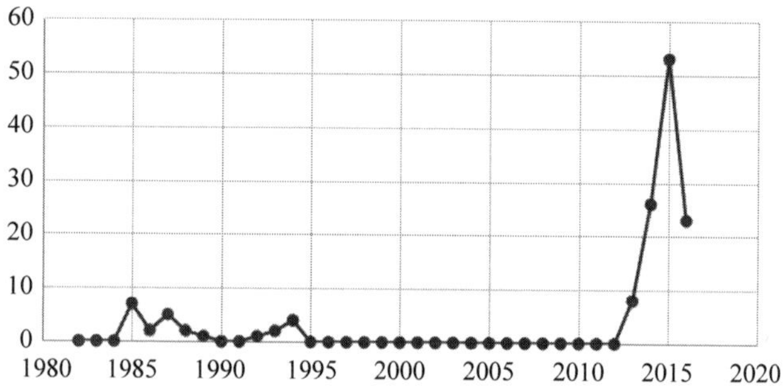

图1　国务院提及“简政放权”文件数量

（一）简政放权的尝试阶段

改革开放前二十年中，“简政放权”的提法主要见于1985年前后和1993年前后。以1985年为例，其时简政放权目的在于“搞活企业和流通”、“搞活科研”、“搞活轻工业”，本质意义是破除计划经济体制留下的沉疴和桎梏，推动经济发展，解决的根本矛盾是政府作为控股者与企业的抵牾。

1985年5月国家经济体制改革委员会印发的《城市经济体制改革试点工作座谈会纪要》指出，要通过简政放权把企业的巨大潜力发掘出来，授予国有企业“生产计划权”、“产品购销权”等诸多权力。人民日报发文宣传要培养科研和企业的联合体、要促进政企分开。广州涉外单位设立联合办公机构（1985年），山东莱芜把大批机关干部下放到乡镇或充实到机关服务实体（1986年，但山东莱芜

[1]　数据来源：中华人民共和国中央人民政府，http://www.gov.cn/。

[2]　数据来源：人民日报图文数据库。

陷入了从放权到收权的死循环，后文会详细论述）。

当时学术界提出，要通过简政放权缓解当时的价格不合理问题（过庚吉，1984）、搞活“老集体”企业（沈金华，1984）、理顺公司与工厂的关系（永安等，1984），落实简政放权要解决“中梗阻”（黄文麟，1986）。这一轮简政放权未能明显拉动经济增长，1985 年到 1990 年 GDP 增速反而在不断下降（见图 2）。因经济增长受国内诸多政策、国际诸多因素影响，数据并不说明这一轮简政放权没有作用和意义，它一定程度上挑战并改变了计划经济时代人们的经济发展思维逻辑，同时铺垫了更大力度的国企改革。

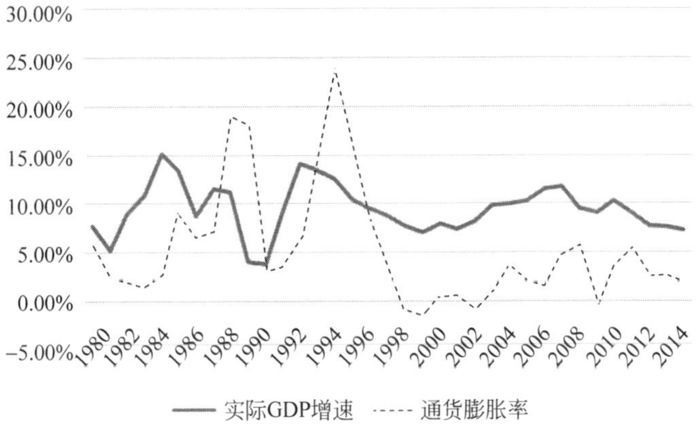

图 2　1980—2014 年 GDP 增速和 CPI 增速

数据来源：中国经济网。

无论是中央还是地方，政界还是学界，官方还是舆论，都对此次简政放权予以充分的关注、实施和反思。此次简政放权举措应予以充分借鉴。从更宽泛的意义上讲，改革开放以来简政放权从未停步。从全面管制的计划经济逐步转变为市场经济的过程中，各种以减少管制、放开权力为本质的政策一直在推行，推行过程伴随着既得利益者对权力的贪恋，和社会对放权后可能出现的问题的争论和担忧。虽然山东莱芜等失败的尝试仅是向不稳定态的短暂跃迁，但随后的国企改革、加入 WTO 等一系列措施成功将中国经济提升到了新的稳态。

(二) 为何十八大召开以后重提简政放权

十二届全国人大批准通过的《国务院机构改革和职能转变方案》指出,要减少和下放投资审批事项,减少和下放生产经营活动审批事项,减少资质资格许可和认定等。国发[2013]19 号文决定取消和下放一批行政审批项目等共计 117 个事项,自此至今,国务院共颁布 110 项"简政放权"相关文件。

为什么要把简政放权提升到前所未有的高度? 本文认为有以下四个原因。

1. 简政放权是全面深化改革战略的重要抓手

十八届三中全会要求紧紧围绕使市场在资源配置中起决定性作用深化经济体制改革,改革便要革除沉疴痼疾。简政放权包含了中央向地方放权、政府向市场放权,包含了精简繁杂的审批、提高经济运转的速度,是改革向更广维度、更深层次、更高水平深化的重要方式。以国企改革为例,很多国有企业和集体企业已经在 90 年代进行了私有化,而相当数量未完全私有化的国企目前正在进行股份制改革,下一步更要放开水电行业的国有资本垄断,在更高水平上市场化。改革过程中国企的放权水平不断向前推进,控制权、管理权由各级国资委下放至管理层或市场,从机制上一步步解决"委托代理人问题",不断充盈国企的活力。

2. 简政放权与反腐倡廉互为助力保障

新一届政府有力推进反腐,老虎苍蝇一起打。一方面,简政放权的攻坚点在于不肯放权的既得利益部门,反腐大浪可力推放权之舟;另一方面,权力的下放和机构的精简,可缩小权力的寻租空间,让反腐成果更加稳定持久。

3. 简政放权是激发市场活力的绝佳引线

简政放权的核心是要充分激发中国经济的无限活力。2007 年以来，中国经历了股灾和全球金融危机，老龄化程度上升，人口红利和改革红利逐渐消弭；十八大以后，反腐斗争成效卓越，腐败作为“经济的润滑剂”被有力打压，经济缺乏动力，市场缺乏活力，但反腐力度不能减弱，如何配合反腐，提振经济？此时简政放权就成了激发市场活力的绝佳引线：以简政放权加快项目审批和落地，以简政放权为新商业模式创造发展空间，以简政放权促进产学研结合——通过简政放权理顺了政府和市场的关系，减少了权力对市场的不当干预，则能点燃经济增长的新型助推器。

(1) 简政放权有利于中小微企业的发展

市场主体中，纷繁的审批和管制卡住的主要是中小微企业。经济实力薄弱，拥有好点子但急缺资金的小微型企业难以打通上层关系，往往在项目审批和融资阶段支付巨大的交易成本。另一方面，中国的传统经济正处于转型期，资源配置效率亟待提高，而中小微企业能吸纳大量闲置资金，加快科研成果转化，创新商业模式，创造新市场需求。简政放权有助于促进中小微企业发展，为经济增长再添动力。

(2) 减少管制有利于从多个方面提高经济效益

简政放权就要减少政府对市场的管制。根据经典的西方经济学理论，政府只应在市场失灵的领域发挥作用，市场本身在满足几个简单的条件后就会达到最优效率（但也许会损害公平）。管制会从多个方面直接阻碍经济发展，降低全要素生产率。理清了管制过多的低经济效益，就可明晰简政放权的高经济效益。

第一，国家垄断和行业管制阻碍成本更低、技术更新、效率更高的企业进入市场。从经济学角度看，管制为行业垄断企业排除了潜在进入者的威胁，从而导致更低的行业效率、更高行业利润，和更多社会福利净损失。放开管制有助于增强市场在经济运行中的作用，减少社会福利的净损失。以手机打车软件为例,专车服务便利出行,提升闲置私家车的使用率,提高资源配置效率。传统的出租车行业未完全市场化,存在准入管制和价格管制。相反,专车模式让市场起决定性作用,其车价根据市场规律调节:在需求旺盛的上下班高峰、供给短缺的临近午夜时间段,或供需同时出现严重波动的暴雨等特殊天气情况下,专车价格显著上升,使市场供给增加,市场需求减少。专车商业模式的征税和监管困难,是需要重视并解决的问题。

第二,管制降低投资落地效率和企业运行效率。很多部门办理审批业务由 3 个以上科室承担,最多的涉及 10 多个科室,审批效率极低。企业与市场管制部门接触最多,低审批效率直接导致企业的低投资落地效率和低运转效率。同时,企业和公众对政府的评价大部分来源于与基层政府的接触,简政放权有利于塑造我们党和政府高效办事的形象。

4. 简政放权是提高政府公信力的有利途径

独占性、扩张性和排他性是权力的天性,缺乏限制的自由裁量权必然不断膨胀,将手伸向一切可以寻租的角落,加强审批、予以管制。但权责不分家,揽权必然揽责。权力过分膨胀,将不该揽的责任也一并收入部门,必然在公众心中逐渐构建起一个理念:政府什么都在管,所以什么事情都是政府的责任——公众缺少理性思考和自我反思,出了事儿立即归咎于政府,是揽权导致政府公信力下降的直接体现。

相反,简化办事程序、将权力下放至市场,可提升公众满意度。公信力是政党执政地位的重要基石,公信力来源于舆论,而舆论的核心恰恰是公众的满意度。

二、反思:放管服的问题及建议

本节分三个阶段分析简政放权的演变,并通过演变过程反思问题并提出建议。2013年至2015年5月国务院改革工作会议前，为着手推动简政放权，摸着石头过河的阶段；2015年至2016年两次改革工作会议之间为“放管结合”阶段；2016年5月至今为“放管服结合”阶段。

（一）着手推动：含金量低，推动不力

2013年至2014年，国务院各部委取消和下放行政审批项目，清理非行政许可审批项目，取消评比达标表彰评估项目，成立国务院推进职能转变领导小组，取消执业资格许可和认定事项。例如国税总局取消简并涉税文书报表，国家能源总局将可再生能源的风电和光伏项目由“核准制”改为“备案制”，科技部下放科学技术奖设立审批等。

简政放权实施过程中出现了各种问题。总结起来有以下几方面。

第一，放出来的权力含金量低，很多取消的审批项目细枝末节，甚至根本不常见，寻租空间大的权力鲜见下放。2014年7月，习近平总书记在党外人士座谈会上指出，要加紧深化投资体制改革，增大简政放权含金量。真正让老百姓拍手叫好的放权应该是根本利益层次上的，具有很高含金量的权力。

第二，放权力度从中央到地方逐渐减弱。经过2013年、2014年的简政放权，国务院共计取消和下放了相当数量的审批事项。部分省份简政放权指标完成度低，进度慢。部分市级政府取消和下放行政审批事项的工作陷于停顿，“减不了”、“减不动”成为难以突破的瓶颈，出现“上有政策下有对策”的审批项目打包现象——一个审批项目中又包含很多子项目，总审批项目数量减少了，复杂的审批程序依旧。

第三，不同审批部门权限下放不同步。很多项目需经多部门审批，一个部门的审批权限下放后，前置审批部门或相关联部门没有

同时下放相应审批权限,项目业主仍需赴上级相关部门办理所需手续,其中很多审批手续相对复杂,导致简政放权的综合成效不能完全体现。

第四,上级部门放下来下级部门接不住。譬如市级部门下放到区里的某些审批权,按规定必须由具有专业资质的持证人员经办,但区室局没有此类人才,最后不得不绕回到市里。

基于以上问题,国务院逐步提出了"放管服"的指导方针。

(二)放管结合:放以能管,管以敢放

2015 年 5 月 12 日,国务院召开全国推进简政放权放管结合职能转变改革工作电视电话会议,将简政放权丰富为"简政放权、放管结合、职能转变",其本质是加入了"放管结合"的指导思想。会议总结了两年以来简政放权的成果:国务院部门共取消或下放行政审批事项 537 项,投资核准事项中央层面减少 76%,境外投资项目核准除特殊情况外全部取消。工商登记实行"先照后证",前置审批事项 85% 改为后置审批;注册资本由实缴改为认缴,企业年检改为年报公示。资质资格许可认定和评比达标表彰事项大幅减少。中央层面取消、停征、减免 420 项行政事业性收费和政府性基金,每年减轻企业和个人负担近千亿元。部分省份行政审批事项取消和下放比例超过一半,部分省级非行政许可已全面取消。

本文认为,国务院在简政放权的基础上增加"放管结合",是为加大简政放权的改革力度,防止出现"一放就乱"的问题。放与管相反相成:简了政放了权,才能腾出手来管理;管好了假货假商和违规项目,才能在放开市场的同时保障好公众权益。重点在于哪些该放、哪些该管,如何放、如何管。本文认为,一方面应适当减少"鼓励光伏产业发展"等直接性产业支持政策,避免用力过猛而导致产能过剩;另一方面应减少政策性市场准入管制,欢迎企业创新经营模

式,同时尽快为不断出现的新商业模式制定相应的民商法细则和税收制度。仍以专车市场为例,放权即取消出租车特许经营权符合市场化趋势,但出租车涉及运营商、司机、乘客等多方利益,完全放开管制会提高恶性事件发生概率,如何设计一套机制(包括充实法律条款和行业细则)以保障乘车人和司机的利益,并促使运营商对乘客和司机加强监督和保护,是专车市场放管结合的难点。机制的设计权同样可以下放——广泛征求小汽车乘车服务的需求者和供应者,包括目前在职出租车司机的意见。

针对搞好放管结合,学界建议政府部门制定权力清单和责任清单,这一点已被国务院采纳并予以实施,并于 2015 年 12 月 28 日开始在国家发展改革委、民政部、司法部、文化部、海关总署、税务总局、证监会试点执行。另应建立负面清单,将强负外部性的生产或投资项目列入其中。政府对强负外部性生产投资一直在进行强有力的监管,但负面清单的建立也并非多余。各种清单的建立是政府权责规范化制度化的体现。简政放权、职能转变的成果要沉淀下来,必须依靠制度。成文的清单降低了政府机关的自由裁量权,能一定程度上解决部门对市场规则肆意插手、向企业主随意伸手的问题。

(三)优化服务:服务两创,激发活力

2016 年 5 月 9 日,国务院召开全国推进简政放权放管结合优化服务改革电视电话会议。相较于 2015 年简政放权电视电话会议,2016 年突出强调了“优化服务”。会议总结前阶段主要成果为审批、核准事项继续减少,工商登记实现“三证合一,一照一码”,中央政府定价项目减少 80%,推动了这些项目的市场机制完善。给企业减负,加大减税和普遍性降费力度,出台了一系列税收优惠政策,砍掉了大部分行政审批中介服务事项,取消、停征、减免一大批行政事业性收费和政府性基金。

优化服务是简政放权激发市场活力的一个着力点，国务院提出大众创业万众创新，是在寻求新的经济增长点，而简政放权就是要为两创创造良好的服务环境，所以我们要强调优化服务。本文认为，优化服务应注意以下几点。

第一，不仅要为创业者提供良好的服务环境，更要注重大企业创新能力的培养。两创的落脚点在于“创新”和“创业”，应注意避免在创业扶持上投入过多人力和财政资金，而忽视了对于创新的扶持。全国各市大量建设创业产业园、青年创业园、产业孵化基地、产学研结合平台等一系列为创业服务的园区或机构，是为创业服务、培育新企业和新经济拉动力的有力措施。初创企业或初创平台是重要的创新主体，但事实上初创企业集中于低成本创新因而难以具有强大竞争力或发展潜力，初创产学研结合平台常常巧妇难为无米之炊。如某青创园的大学生创业项目——自然光照射即会显影的明信片、某大学的自行车共享计划、许多大学生编写的各式手机应用软件、甚至是风靡朋友圈的经典创业项目“微商”，因经费和专业人员欠缺，往往科技创新含量很低，故而成长性也不高，更毋谈成为商业巨头。反面例子如广东省某市建立的产学研结合孵化园区内，该市与某大学合办的纳米材料产学研结合平台，在取得省科技厅7 000万元的经费后，仅是将高校纳米材料专利转移到平台而几乎未进行任何生产，美其名曰“将创新成果产业化”。鼓励创业和产学研结合平台的发展可以为经济培育新的增长动力，但过多的此类项目容易产生泡沫，同时将传统产业的资金吸收过去。高科技含量的产品才能具有国际竞争力，领先世界的创新才是世界经济的主要推动力，缺乏创新的大企业如百度等只能依靠国际贸易壁垒或行业准入壁垒存活而饱受诟病。产业结构升级意味着政策应着力于已有产业的升级，而非创造新的产业。在优化服务的过程中，政府对孵化器、产学研结合平台的财政资金投入应适可而止，务要更加注重对大企业科技研发的鼓励支持。

第二，要注意到不同行业对优化服务的不同诉求。调查显示[1]，不同行业对简政放权满意度不同，譬如住宿和餐饮业企业对“取消下放行政审批事项改革”的评价，不满意率为9.2%，大大高于所有行业的平均值5.9%。批发和零售业对“清理收费改革”的不满意率最高，为15.6%，而其他行业中不满意率最低为5.0%。

三、未来趋势：从旧稳态到新稳态

根据对简政放权历史的考察，其未来可能出现以下三种趋势：

第一，政府职能充分转变，政府角色更优定位，形成政府更具公信力、企业更具动力、百姓更具获得感、经济更具活力的稳态。

第二，放下了含金量低的权，一定程度上给经济带来了活力，但未能脱离旧稳态，经济在原有轨道上继续运行。

第三，陷入一放就乱，一收就死，收了又放的死循环。

我们应该避免陷入第三种趋势，努力脱离第二种趋势，全力争取第一种趋势。

（一）如何避免陷入收放循环的困境

为了进行说明，特列举山东莱芜的简政放权尝试。1986年，为了克服条块分割的矛盾（条是指自中央部委往下同系统内部门的指挥体制，块是指以地方行政当局统管某一地区所有行政部门的体制），山东省莱芜市作为全国第一个县级市进行了简政放权的改革，在两年间逐步将工商所、卫生院、粮管所、信用社、交管所、派出所等站所的人财物全部下放至乡镇。市直业务部门对下放单位放权不放责。乡镇财政超收分成，超支不补，余额留用。乡镇自办大量企业。各种简政放权措施成效显著，大大刺激了乡镇经济活力，后得

---

[1] 来源：中央政府门户网站。

到民政部部长和山东省省长的表扬,要求在全国推行。人民日报刊文介绍莱芜经验。

1990 年前后,新一届中央领导为稳定大局,暂停全国各地的改革,莱芜市很多具有创收能力的关键站所被省市收回。有的站所未经正式文件,只经领导讲话就被收回。因乡镇财政乏力,没有工资补充专业技术人员,专业性站所的人员专业化程度大大降低。

结合莱芜经验及当前实际情况,本文提出以下政策建议:

1. 提高基层公务员的素质和专业能力

山东莱芜的简政放权中,因缺少专业人员,下放至乡镇后,工商所、交管所等需要一定专业素养的站所工作陷于停滞。本轮简政放权的地方经验也反映出地方公务员队伍的专业承载能力问题。所以为保证简政放权改革措施的有力推进,务必充分重视基层公务员专业能力问题。以下从人才数量、人才自身需求、部门单位设限三个方面讨论提升基层公务员平均专业水平的可行性。

(1) 社会专业人才总量正快速增加,务要避免人力资源错配

以往基层政府部门缺乏专业人才,一个要因是社会专业人才总体供不应求,接受过高等教育的人数有限,基层单位不得不在招聘上取消专业限制。近年来二本以上院校数量激增,社会专业人才供给不成问题。所以重点在于避免人力资源错配,鼓励更多人报考非热门专业,避免非热门专业岗位人才稀缺、各专业领域人才数量随社会热点呈滞后性波动。如十年前生命科学、基因工程异常火热,而事实证明考生们热情过了头。近年来经济金融专业炙手可热,让人隐隐担忧这种现象最终会导致数年后优化资源配置的行业人才济济,真正实施资源配置的行业人才短缺。这就需要舆论宣传和教育部门把握方向,牢控趋势(政府有必要纠正公众对人才市场需求的错误预期,避免因信息不对称产生严重问题)。

(2) 基层专业单位要尽可能满足专业人才的求职预期

目前来看,普通专业技术人才对公务员职业的评价较高,热衷

于报考公务员,但难以接受供职于乡镇单位。提高乡镇公务员待遇,增加乡镇公务员向城市流动的机会,可更大程度地满足专业人才的求职预期。

(3)减少来自专业性基层单位领导的阻力

基层单位领导对基层公务员的选拔拥有很大的自由裁量权,自由裁量权意味着寻租空间,寻租意味着基层单位领导从个人利益最大化出发,决定人才的录用。人选众多、竞争激烈才能使基层单位领导寻租空间最大化。因此基层专业性单位中专业技术对口的人才稀少,而"关系户"众多,金融部门的公务员不懂金融,农业部门的公务员不懂农业。很多地区的基层公务员招聘中,这种现象已成惯例,成为提升基层公务员专业素养的难上难。要破除这种惯例,一方面要加大反腐力度,另一方面是强化制度建设,编织好制度的笼子,指定专业性部门的专业性人才比例,并予以巡视和抽查。

2. 加强制度建设,防止下放的权力被随意收回

山东莱芜的例子中,未经正式文件和规范程序,很多乡镇站所即被上级部门收回。如果不能从制度上加以限制,上级部门收回下级部门的权力,或政府收回市场的权力,必然随意、随时发生。要从以下几个方面完善制度建设:第一,有力推进权力清单制定,明确规定各级政府、各个部门的权力。第二,制定上级部门从下级部门收回权力、政府从市场收回权力的规范程序,让更多利益团体代表参与其中。

3. 慎放慎管,优化服务

简政放权过程中,莱芜市政府未考量乡镇政府工作人员的专业水平,便下放了诸多站所;在乡镇政府和市政府财税管理没有充分理顺、乡镇财政没有保障、乡镇地区缺乏商业人才和商业契机的背景下,市政府就鼓励各乡镇大办企业,导致很多企业生产困难,并大量消耗财政资金,影响乡镇政府的其他工作。所以,在判定什么可放、什么该管、放给谁、如何管的问题上,政府应细致考量,从科学客

观的角度予以判断。如何保障正确的判断标准,同样是需要从制度上下功夫的问题。

(二)如何克服黏力,脱离旧稳态

一定程度上促进了政府改革,一定程度上为市场留出了空间,但最终未能脱离旧稳态,未能让政府角色职能焕然一新,经济仍然在原有轨道上运行,是本轮简政放权改革务必要尽力避免的趋势。这样的趋势出现的根本原因是旧稳态的强大黏力。其黏力源于部门机构对已有权力的依恋,这种依恋一方面来源于权力的变现能力,即寻租空间。在中央的反腐浪潮的拍打下,许多官员已经“不敢腐”,但使其“不能腐”的制度建设依然任务艰巨,换言之,大型寻租空间依然存在,只是官员不敢寻租,小权力留下的小型寻租空间众多,且寻租行为难被觉察。另一方面来源于掌控权力、凌驾他人的满足感。这两方面导致几乎无法从根本上让机构自愿放权,抑或自愿放弃权力的膨胀。基于这种理解,本文提出以下建议。

1. *以学术理性打破权力惯性*

一个可行的途径是强有力地推进简政放权,以学术理性打破权力惯性。一些各部门存在争议、但确实能为地区经济带来实际效益的措施,可请专家团队、咨询机构充分论证其合理性和科学性。以这样的方式提出的政策措施,更容易获得各部门各领导的理解和支持,使各种简政放权措施的推行更加科学有力,从而突破旧稳态的黏性。

2. *强化责任意识,把责任举过头项*

要变事前审批为事中和事后监管,也存在一定的困难和阻力。事前审批能决定项目是否落地,企业是否可以投入生产,因此相较事中和事后监管,事前审批权力更大,而事中和事后监管附带更多的责任。部门机构不愿放弃事前审批的权力而承担事中和事后监管的责任,所以我们的简政放权推行过程中出现了审批项目打包的情况。要推行事中和事后监管，只能强化责任意识，要求公务员把责任举过头顶，同时用量化指标衡量事前审批项目取得的成果，严查打包审批项目的行为。

（三）如何争取政府职能充分转变的新稳态

新稳态本质上是政府服务意识的强化、公众维权意识和信用的加强、政府和市场相对地位趋于合理。具体表现为政府职能充分转变，由控制市场转为服务市场，寻租行为更少，办事效率更高。大企业更具创新能力和国际竞争力，中小微企业办事简单，发展更具活力。

对于新稳态的认识，本文提出以下三点：第一，新稳态是简政放权取得理想成果后的政治经济形态，需要付出巨大的努力才能达到；第二，新稳态是稳定自洽的，不易被拉回原来（政府职能缺乏转变，市场作用不够有力）的状态的；第三，如果不采取强有力的改革措施，旧稳态是具有黏力而非常稳定的。

争取新稳态的过程是系统性的工程，需要多方面协作，多点着力，多层次推进。对此，本文提出以下建议。

1. 激励地方政府以提高效能为宗旨

要为地方政府服务市场、服务公众提供强烈动机，要使地方政府官员以提高办事能力、提升市场效率为宗旨，就要提升公众评价对官员切身利益的影响力。

一方面可建立简政放权意见平台并长期公开，予公众以适当的倾诉渠道。部分机构的低办事效率可很快汇成舆论压力，反映到上层政府，促使地方领导对办事机构的效率引起重视。对舆论的畏惧心理是大可不必的，疏才不易堵，只有倾听舆论并加以适当引导，才能满足人民的利益并提升政府工作能力。平台可由上一级纪委监督管理，以免平台因触碰本级部门利益而被关闭。

另一方面，可建立量化的指标体系以考评部门领导任期内政府办事能力、相关经济部门运行效率的变化量，体系内指标包含主观评价项和客观数据项。要将评分结果予以公示。公务员队伍的服务意识可以在各种服务效能评分公示中得到大大加强。

2. 加快推进社会信用体系建设

信息不对称是市场失灵的重要原因，更是"一放就乱"的主要原因。为什么有的人被要求证明我妈是我妈？因为假冒我的人太多。为什么老人倒地没有人扶？因为碰瓷的太多。诚信的缺失导致假货的生产和欺诈的产生，导致监管权一放给市场就造成混乱。少部分无视规则、唯利是图的投机者，这部分人在经济生活中骗取钱财同时摧毁了整个社会的信任，如果不引起重视，将会把社会从心态上拖入信任危机，这样的情况下，政府对市场的很多监管不敢放开也不能放开。

要促成新稳态，务必将市场参与者的信用水平公开化，从文化、制度和社会主体（章政，2014）的层面构建社会信用体系。信用体系成了形，简政放权才能达到新高度，才能保证中国经济在新的稳态下运行。

目前我国已建立了企业信用信息公示系统，要加强系统的完善和宣传力度，同时完善个人信用信息系统，建立政府机关信用信息系统。

信用评级是社会信用体系不可或缺的部分。要鼓励民办信用评级机构的发展，培养社会认可度高的大型信用评级机构，完善信用评级机构行为准则和监管制度。要设计制度加强市场主体的运转效率与信用评级的相关关系。

要加强诚信教育，要向社会宣传大型利益集团如安然公司等因诚信缺失导致自我颠覆的例子。法律与道德是相互作用的，构建信用体系要与依法治国紧密结合，制定相关法律，惩罚不诚信的行为，更要严惩利用他人的信任骗取利益的行为。

3. 改善公民意识，探索代表公民和企业权利的机构的独立发展

我国部分公民趋向于发生问题就声讨政府，趋于认为任何问题最终都是政府的问题，自己的权益一旦受损就认为是政府管理不到位。这种公民意识有失偏颇，并构成政府简政放权的较大阻力。稳态中的政府、市场和公民相互作用相互影响，只有强化了公民主动维权、自我保护的意识，才能争取新稳态。

揽权意味着揽责，政府控制了所有代表公民权利的机构，也意味着承担了所有的责任。应适当探索公民权利机构独立发展，给予行业协会和工会充分的自由，让这些机构为公众利益和行业利益发声，同时也为公众和企业承担起责任，从而使公民对权责的认识合理化，认识到自己有义务为自己的权益针对违规企业或不合理行为采取维权行动，而不再一味归咎于政府，要求并等待政府出手干预市场、解决问题。

参考文献

1. 过庚吉："简政放权是缓解当前价格不合理问题的重要途径"，《价格理论与实践》1984 年第 6 期。
2. 郭人菡、夏立安："简政放权的法治维度分析——基于‘权力清单’、‘权利清单’和‘负面清单’的思考"，《中共杭州市委党校学报》2014 年第 6 期。
3. 黄文麟："解决‘中梗阻’ 落实‘简政放权’"，《企业管理》1986 年第 1 期。
4. 李克强：在全国推进简政放权放管结合职能转变工作电视电话会议上的讲话，2015 年，国务院"简政放权进行时"专题网站。
5. 李克强：在全国推进简政放权放管结合优化服务工作电视电话会议上的讲话，2016 年，国务院"简政放权进行时"专题网站。
6. 李媛媛、陈国申："从‘放权’到‘收权’：‘简政放权’的怪圈——‘莱芜经验’的反思"，《社会主义研究》2005 年第 5 期。
7. 毛锡龙："试论如何继续简政放权"，《贵州社会科学》1985 年第 3 期。
8. 沈金华："简政放权　搞活‘老集体’企业"，《经济体制改革》1984 年第 5 期。

9. 魏琼:“简政放权背景下的行政审批改革”,《政治与法律》2013 年第 9 期。
10. 夏书章:“简政放权的必要条件”,《社会科学战线》1985 年第 3 期。
11. 永安、晓佑、建平:“在简政放权中理顺公司与工厂的关系”,《经济管理》1984 年第 10 期。
12. 张定安:“全面推进地方政府简政放权和行政审批制度改革的对策建议”,《中国行政管理》2014 年第 8 期。
13. 章政:“信用体系建设 全面深化改革的重要标志”,《中国改革报》2014 年第 7 期。

(程志强,北京大学光华管理学院)

双重转型、渐进改革与简政放权

赵秋运

改革开放以来，中国经济出现了持续快速增长的"中国奇迹"，但中国现阶段仍处于转型与发展的非均衡状态，1979 年伊始，中国经济进入了双重转型阶段。在双重转型中，产权改革和简政放权是最重要的改革，必须把产权问题放在改革的首位。在体制转型中，产权改革是突破口，是主线；在发展转型中，产权界定和产权清晰是动力源泉。而非均衡包括两类，其中第二类经济非均衡的特征是市场既不完善又缺乏真正的市场主体，第一类经济非均衡的特征只是市场还不完善，因此，产权界定、产权清晰、培育真正的市场主体是从第二类经济非均衡过渡到第一类经济非均衡的关键所在。简政放权在一定程度上可以推动双重转型，而双重转型亦亟待简政放权的进一步深化和拓展。

一、高度集中的计划经济体制的形成

新中国成立初期，中国经济发展处于较低级的阶段，1952 年人均国民收入只有 104 元。在建国之后到改革开放之前，中国的人均 GDP 大约只有美国的 5% 左右。这种低收入水平抑制了资本的积累，1952 年中国的人均资本存量只有美国的 1.77%、英国的 3.07%、法国的 4.18%。在 1952—1978 年间，中国的人均资本存量也只有美国的 2.06%、英国的 3.69%、法国的 3.49%、日本的 10.39%。除了人均资本存量较低之外，公共基础设施资本存量也非常低，按 1953 年不变价计算，只有 202 亿元，只有 2008 年的 0.5% 左右（金戈，2012）。因此，当时中国的总量的禀赋结构供给水平非常低。

重工业作为资本密集型产业所具有的基本特征，与中国当时的经济状况相矛盾，使得重工业优先发展无法借助于市场机制得以实现——对于外生的生产结构冲击，市场自身会向竞争性均衡回调。解决这一困难的办法就是做出适当的体制安排，人为地压低重工业发展的成本，也即压低资本、外汇、能源、原材料、农产品和劳动的价格，降低重工业资本形成的门槛。于是，适应重工业优先增长的发展战略、一套以全面扭曲产品和要素价格为内容的高度集中的宏观政策环境就形成了。相应的体制安排是对经济资源实行集中的计划配置和管理的办法，并实行工商业的国有化和农业的集体化直至人民公社化，以及一系列剥夺企业自主权的微观经营机制。这样，由特定的禀赋结构和发展战略的选择而诱发的三位一体的高度集中的传统经济体制便形成了，这种传统计划经济体制有如下两大支柱:一是政企不分、产权界限不清晰的国有企业体制;二是城乡分割、限制城乡生产要素流动的城乡二元体制。这两大支柱支撑着整个计划经济体制的运转。换言之,限制城乡生产要素的流动,意味着把广大农民束缚在土地上,禁锢在居住地,只有这样,计划经济体制才能巩固,才能运转。图1概括整个逻辑链条。

高度集中的计划经济体制以国有化和人民公社化为主要特征,其主要表现如下:

其一,工业企业国有化的形成。在完全竞争市场上,以利润为动机的私人企业,总是倾向于把资源投向能够产生最大收益的生产部门。这样,如果企业被私人所有和经营,将会保持着对利润分配的使用权和投资方向的选择权,企业积累方向未必符合重工业优先发展的期望。而为了取得剩余的支配权、把握积累方向,使之用于符合国家意图的发展目标上,就必须最大限度地把私人企业改造成国有制企业,使国有企业占据工业所有制结构中的绝对优势地位,并在此基础上建立统一的指令性生产计划体制和统收统支的财务体制。其中,国家通过对国营企业下达一系列的指令性指标,实行直接计划管理。鉴于工业企业归国家所有的条件下,会导致国家的目标跟企业经理人的目标不一致,在这种条件下,如果企业拥有生产和经营的自主权,国有企业剩余就会被侵蚀的现象无法避免。为了防止这种情形,国有企业的自主权就被全面剥夺了。因此,生产资料由国家计划供应,产品由国家包销和调拨,财务上则统收统支。其他一切企业用工、利润、折旧基金、新产品试制费以及工资皆由国家计划安排。这样就形成了政企不分、产权界限不清晰的国有企业体制。

其二,农业经营人民公社化的形成。根据过渡时期总路线和总任务,土地改革以后真正符合中国农村国情的生产组织形式是以家庭经营为基础的,于农忙季节临时组成的三到五户的生产互助合作。但随着以重工业优先发展为特点的经济发展战略的推行,以及

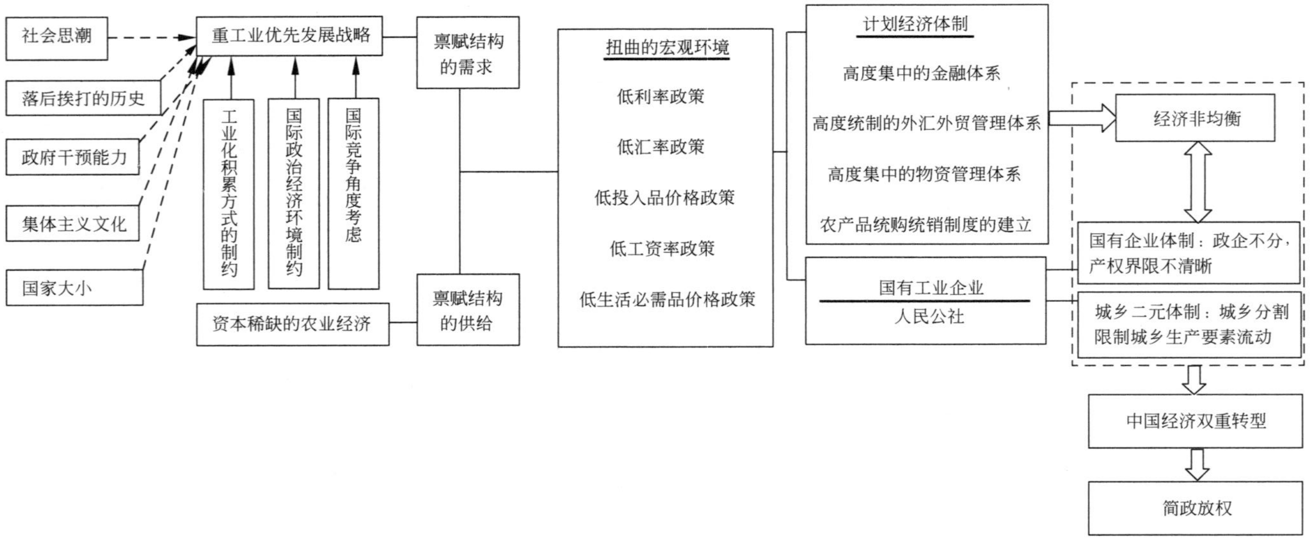

图 1　计划经济体制的两大支柱的形成

扭曲价格的宏观政策环境的形成，继统购统销制度形成后，为了便于执行低价收购并在低价下增加农产品收购数量的政策，农业集体化的速度便骤然加快。随着1958年经济建设“大跃进”的提出、基本建设规模的急剧扩张，积累与消费的比例失调加剧，粮食征购量相对于产量增加量不断失衡，这种情况不啻是一次将重工业优先发展的政策扭曲加以放大的试验，对相应的微观经营管理体制的需求也更强烈，因而导致人民公社的迅速发展，城乡分割、形成了限制城乡生产要素流动的城乡二元体制。

二、渐进式改革与简政放权

“不管黑猫还是白猫，抓住耗子就是好猫。摸着石头过河。”作为1979年从计划经济向市场经济改革的领导人邓小平如是说。中国改革初始并没有蓝图，遵循的是修修补补、渐进式的办法。其实，中国初始的改革可以追溯至20世纪60年代初期，彼时的改革是针对中国传统经济体制缺乏效率问题而进行的，其一直陷于行政性放权、分权以及与此相联系的行政性机构增减的循环往复之中。然而，无论是行政性分权还是调整权限，改变的仅仅是各个地方和产业在资源配置中的地位，而从未触及到传统的发展战略和扭曲的宏观政策环境、资源计划配置制度和毫无自主权的微观经营机制这一传统经济体制三位一体的基本格局。始于1978年年末的经济改革，实际上是对传统经济体制所进行的“伤筋动骨”的改革，其本质上是中国政府寻求新的社会主义实现方式的探索。这种改革是全方位的由表及里、越来越有力的改革，使得指导性计划替代指令性计划、市场机制替代计划机制逐步成为现实。

对于为何要进行新的经济体制的改革，其主要源于中国长期所推行的重工业优先发展的战略没有实现预期的“赶超目标”，与周边国家和地区、尤其是成为令世人瞩目的东亚"四小龙"相比，其差距反而越来越大，这种强烈的反差形成中国必须改革的巨大压力。而另一方面，由三位一体所导致的微观经营单位（国有企业和人民公社）经济效益低下、劳动者没有生产积极性的严峻局面不断恶化，新任领导人想借助于改革来加速经济增长与发展，使得人民生活水平提高的快一些，进而使自己在全国人民中提高威信。这也是中国进行改革的重要动力。此外，由于赶超战略内生出的宏观政策环境、资源计划配置制度和毫无自主权的微观经营机制的弊端，随着时间推移暴露得越来越充分，特别是长达几十年人民生活水平改善甚微，使得扬弃传统经济体制的机会成本愈来愈低。这对于中国决心重构新的经济体制也产生了重要推动力。

对于中国的改革为何由微观经营机制入手，可能是因为在三位一体的传统经济体制下，扭曲的宏观政策环境和高度集中的资源计划配置制度皆为传统经济体制中的深层次问题，是无法判断它们的负面影响的。而在现实中最容易察觉的便是企业和人民公社的生产经营缺乏效率与生产者缺乏积极性之间的相关性，为此，1978 年年末开始的改革是从微观经营机制入手的，其为通过建立劳动激励机制，诱发出劳动者的生产经营的积极性，达到提高生产效率的目的。主要做法为：在农村，全面推行家庭联产承包责任制；在城市，以放权让利为中心，对经营机制进行了一系列与简政放权有关的综合和专项改革。

首先，在农村，从 20 世纪 50 年代推行合作化运动到 70 年代末推行家庭联产承包责任制，中国农业在生产队体制下维系了 20 多年。在这一体制下，劳动者缺乏积极性，影响了劳动者的劳动激励。为了解决农业劳动激励不足的问题，从 20 世纪 70 年代末，家庭承包制在中国农村得到推行。就形式而言，其在发展过程中先后经历了包工到组[1]、包产到户[2]以及包干到户[3]等三种最主要的形式。就过程而言,推行家庭联产承包责任制经历了从完全非法、局部合法到普遍推广的过程。1979 年 9 月[4],1980 年年底[5]以及 1980 年 9 月[6],中共中央先后发文支持家庭联产承包责任制政策的推行,1984 年以提出巩固和完善包产到户的办法和措施、将 4% 最好的生产队纳入该轨道为标志,完成了农村微观基础变革的任务。家庭联产承包责任制能够成为该时期农业增长的主要贡献者的主要原因,在于其通过“交够国家的,留足集体的,剩下都是自己的”这样一种追加产出全归自己的产品分配方式,诱发出农民追求更多收入的生产积极性,进而将中国农业劳动力丰富的比较优势发挥出来。而且对家庭联产承包责任制进一步进行完善,建立和健全了农业双层经营体制。与此同时,农村基层经济组织逐渐得以重建。在人民公社的体制下,农村基层组织的设立,与其说是社区群

---

〔1〕 基本做法为,生产队将规定了时间、质量要求和应得报酬的作业量包给作业组,并根据承包者完成任务的好坏给予奖励和惩罚。

〔2〕 基本做法为,把规定了产出要求的土地发包给农民经营,包产部分全部交给生产队,超产部分全部留给承包户与生产队分成。

〔3〕 基本做法为,按人口或按人口和劳动力将土地发包给农民经营;农民按承包合同完成国家税收、统派购或合同订购任务,并向生产队上缴一定数量的提留,用作公积金和公益金等,余下的产品全部归农民所有和支配。

〔4〕 1979 年 9 月,中共中央通过《关于加快农业发展若干问题的决定》,明确指出,“除某些副业生产的特殊需要和边远山区、交通不便的单家独户外”,“不要包产到户。”

〔5〕 鉴于“包产到户”在解决农民温饱问题上发挥了积极的作用,政府对其政策规定进一步放宽。

〔6〕 1980 年 9 月,中共中央发布《关于进一步加快和完善农业生产责任制的几个问题》,进一步指出,“在那些边远山区和贫困落后的地区”,“要求包产到户的,应该包产到户,应该支持群众的要求,可以包产到户,也可以包干到户。”

众选择的结果,不如说是制度性安排的产物。其本质上是一种强制性的制度安排,自然不能包含所谓的“退出”机制。20 世纪 80 年代初,随着家庭联产承包责任制在全国的普及,农民迅速而彻底地抛弃了人民公社这种组织形式。与这个被扬弃的过程几乎同时,农民开始寻求别的合作组织(农村基层经济组织)。这种合作组织可以解决激励问题,作为一种资源的联合生产方式,生产出比这些资源分别使用之和更大的产出,因而得到农民的认可。

可以说国有企业改革是与农村改革同时起步的,迄今为止经历了三个阶段:其一,围绕以权利换效率这个中心展开的,主要时间为1979—1984 年,这一阶段的改革主要手段是向企业“放权让利”,也即给予企业对新增收益的部分所有权,激励企业经营者和生产者为获得更多的收益或收入而努力提高劳动积极性和资源利用效率,达到社会财富和劳动者收入双增的目的。从 1978 年 10 月伊始,进行了一系列的试点和推广(见表 1),各地对扩大经营自主权试验颁布了一系列的措施[1],其中利润留成确实产生了调动企业和职工生产积极性的作用。该阶段的改革实际成果表明,这些以企业和职工为对象的物质刺激措施,在激励劳动者生产积极性和增强企业活力等方面收到了一定的效果,但也因现实中存在着“放权让利”的边界不清,要素和产品价格双轨制等一系列可供寻租的漏洞,出现了企业为扩大自销而压低计划指标、不完成调拨计划以及企业间争相发放奖金等行为。其二,围绕着增强企业活力这个中心展开的,其主要时间为 1984—1986 年,这一阶段的改革主要措施为简政放权,改革税制和实行厂长(经理)负责制。由于此阶段内非国有企业得不到计划内的低价资源,其只有在市场竞争中取胜以求生存,这样使得非国有企业具有较高的经营效率,越来越多的稀缺资源就流向

〔1〕 以增加工资、发放奖金、实行利润留成等手段;以下放财政和物资分配等权力为手段。

表 1　国有企业改革的阶段、时期、中心及政策

阶段	时期	改革的中心	改革的政策	改革的目的
第一阶段	1979—1984	以权利换效率	1. 1978 年 10 月,四川省率先在 6 个企业中进行企业扩权的试点工作。 2. 1979 年 5 月,国家经委、财政部等 6 个部委选择北京、天津和上海三个直辖市的 8 个企业进行扩权试点。 3. 1980 年秋,中央政府将试点企业的某些做法引入 6 000 多个企业。 4. 1980 年初,山东省率先将利润留成改为利润包干。	刺激职工和企业家的生产经营积极性,增强企业活力,达到社会财富和劳动者收入双增的目的。
第二阶段	1984—1986	增强企业活力	1. 1983 年 6 月 1 日,开始实施利改税方案。 2. 1984 年 9 月,开始实施第二步利改税方案。 3. 1985 年 9 月,国家体改委进一步明确,企业可以根据市场需要发展多种产品,进行多种经营。 4. 1988 年,国家对国有企业实行“税利分流、税后还贷、税后承包”的改革试点。 5. 1990 年,政府纳入到指令性计划管理的产品减少至 58 种。	激励企业发挥比较优势,使国家作为社会管理者和国有资产所有者的双重身份都得到体现。
第三阶段	1987 年以来	重建企业经营机制	1. 1991 年,实施国有企业承包制。 2. 1992 年,积极推行国有企业股份制改革。	转换经营机制,将国有企业推向市场。

资料来源:作者根据相关文献整理所得。

非国有企业。非国有企业竞争稀缺资源的内在要求，迫使国有企业进行旨在增强企业活力的改革。这一阶段国有企业所进行的利改贷、拨改贷、企业承包和股份制改革都是基于这种竞争压力而衍生出来的。为了提高国有企业的经营活力，进行了如下两项改革：首先是政府逐步减少国有企业经营中指令性计划的相对份额。其次还颁布了一系列关于扩大企业自主权的行政性法规，不断地扩权。同时为了更好地理顺政府与市场之间的关系，从20世纪80年代中期开始，中国还进行了两步“利改税”的改革：第一步利改税解决了原先把税收和利润混在一起的问题，第二步利改税方案，即实行单一的征税制度。其三，围绕重建企业经营机制这个中心展开的，其始于1987年，这一阶段的改革主要措施为实行各种形式的经营责任制，包括大中型企业的承包制、小企业的租赁制和股份制的试点。在1991年之前，最主要的手段是承包制。进入1992年以后，随着将国有企业缺乏活力的症结归结为产权不清，将股份制作为消除产权不清晰问题最有效的方式，并将股份制作为一种新的时尚进行推行。由于在现实中只有最富有效率的企业才有可能被批准发行股票，其股票才能被股民认购，因而才有可能推行股份制，从表面而言，股份制还是有效果的。目前存在的主要问题是缺乏竞争性的产品、要素市场和经理人员就业市场，尤其是不放权企业经理人员缺乏积极性，放权又容易出现经营权侵犯所有权。所以，股份制改革的推行不能消除国有企业中经营权侵犯所有权的行为，而且会因产权更加模糊而诱发出越来越多的侵犯产权的行为。

总体而言，国有企业的改革，主要是生产非公共品的国有企业的改革，是围绕着实现资产经营的竞争性、资产形式的流动性和资产所有者对资产经营者约束和监督三大任务进行的。其遵循着“调整国家和企业的利益关系”、“赋予企业更大的经营自主权”、“构造适应市场经济体制的企业制度”这样一条线索进行展开。同中国经济改革的目标模式随着改革的深化不断升华一样，企业改革的目标也是随着改革的深化逐步升华的，由最初解决国有企业经营效率低下到转换经营机制，再到将国有企业推向市场进行市场化。这一系列的进程使得国有企业参与市场化的程度、自身优化资源配置的意识和能力都在渐趋提高。

通过前述分析，我们发现中国的经济体制改革是从农村家庭承包制的推行开始的。农村家庭承包制调动了农民的生产积极性，并为乡镇企业的兴起和农业劳动力外出务工创造了条件，在当时，为推动中国经济体制改革起到了不可低估的作用。但实行农村家庭承包制只是否定了城乡二元体制的一种极端的组织形式（人民公社制度），而没有改变城乡二元体制继续存在的事实，城乡依旧隔绝，两种户籍制度仍然并存。而从1984年党的十二届三中全会以后，改革的重心从农村转向城市，国有企业的体制改革成为全社会关注的热点。这显然是非常重要的改革部署，但相对而言，农村的改革却被忽视了。其并没有一个事先设计好的所谓“一揽子改革方案”，亦并未追随华盛顿共识所倡导的“宏观制度先行”方法，而是通过“微观先行”的方式提高农民和国有企业工人的激励。出台的措施和改革强度也主要是针对经济运行中出现的主要问题和社会承受能力确定的，其具有典型的“摸着石头过河”的逻辑和特征。改革的基本线索主要为从改进微观经营机制的放权让利入手，提高对企业和劳动者的激励，促进新增资源创造；借助于资源配置制度改革，使这部分资源配置于在传统经济体制下受到压抑的部门，达到加速经济增长和产业结构调整的初步目标。但是三位一体的传统经济体制改革的不配套造成了以“活—乱”循环为特征的一系列问题，并构成进一步改革的难点。使得中国产权改革并未完全进行，农村的产权改革、特别是土地确权的工作并未开展。

三、农村土地确权：简政放权的进一步深化

近年来随着城市化、工业化的快速发展，农村劳动力向城市大

规模流动,客观上要求农村土地资源的重新配置,使其从农业生产率相对较低的农民转移到生产率相对较高的农民,以提高农地资源的利用效率(Jin and Deininger,2009)。同时,我国长期实行以家庭为生产单位的家庭联产承包责任制,也造成农村土地的分割零碎,亟需通过土地流转和集中,来缓解目前土地经营规模相对狭小的困境,实现农业专业化和适度规模经营。而土地流转高效顺畅的前提是土地的产权或使用权得以清晰界定并受到有效保护。然而过去20多年间,农村土地的产权残缺和不稳定导致土地流转存在较高的交易成本,是中国农地制度安排的一个显著特征。一方面,尽管中央一直试图加强农民的土地承包经营权,但是农民的承包地并未完成普遍的、其空间属性和物权属性有明确法律表达的使用权界定。另一方面,虽然国家政策所规定的土地承包期限长达几十年,但现实中农民的土地承包关系并不稳定。在许多地区,土地经常因为家庭人口变动、迁移和土地征用而发生增减调整。这种产权边界的不清晰和不稳定使得土地流转存在着不可预见的风险,从而限制了土地流转的规模和范围,降低了土地资源的配置效率。此外,随着土地流转的不断增加,客观上也要求对农民的土地使用权进行确权,以免在土地流转过程中农民的利益受到侵害(周其仁,2013)。

事实上,自从1980年代初家庭联产承包责任制实施以来,中央一直希望尽可能地稳定土地承包关系,以促进农民对土地的长期投资。为此,1984年中央提出了“土地承包经营权15年不变”,以及“大稳定、小调整”政策;[1]1993年又在一包的基础上提出二轮承包,“土地承包期限30年不变”,并提倡有条件的地方实行“增人不增地”、“减人不减地”。这些稳定地权的要求后来上升为法律规定,分别被

---

〔1〕 所谓的“小调整”,是指村集体根据农民家庭人口变动进行调整,即“增人增地、减人减地”;相对应的“大调整”,是指村集体将全部地块收回,然后重新在现有村民之间进行分配(许庆和章元,2005)。

写进了1998年的《土地管理法》和2002年的《农村土地承包法》，后者还要求村集体向农民发放土地承包合同和承包经营权证书。2008年中共十七届三中全会更提出，“现有土地承包关系要保持稳定并长久不变。”这一提法在之后每年的中央1号档中被多次强调。

然而，现行土地管理体制下土地流转仍然受到农民承包权边界模糊和不稳定的影响。一方面，虽然稳定地权已写入了法律，但尚未形成对土地承包经营权的设立、变更、转让和灭失等进行登记管理的产权制度。加上现有土地承包关系是在一包基础上延包形成的，承包期内频繁调整土地，不可避免地造成地块不实和面积不准等问题。尤其是早期由于承包地要缴纳税费，土地价值较低，导致农民对土地流转中的土地权属不够重视；而随着土地经济价值的上升，由此带来的土地纠纷日益增多，交易成本不断上升。另一方面，由于土地归集体所有，每个集体成员在理论上都应平等拥有集体土地，因此当家庭人口变动或政府对集体土地征用时，经常会发生承包地的重新调整。有调查表明，自分田到户至今，63.7%的村在二包时进行过土地调整，34.6%的村在二包之后还进行了土地调整，主要是因为人口变化（64.5%）和征地（10.6%）（叶剑平等，2010）。如果不对土地进行确权，不仅租出方担心土地租出后难以收回，更重要的是租入方也担心土地调整使其长期投资丧失，从而限制了土地流转。

为了进一步保障农民的土地承包经营权，促进土地流转，早在2009年农业部就选择了包括山东、重庆、四川等在内的8个省（直辖市）的部分乡镇，进行小规模的前期探索。其中表现较为突出的是四川省成都市，提出农地产权改革要实现“还权赋能”，[1]确权工

---

〔1〕“还权”之“权”，指的是“财产权利”即产权；“赋能”之“能”，则是指财产权利的“权能”。还权赋能最早于四川省成都市城乡统筹改革中提出，后来这一提法被很多地区甚至中央在农村土地改革动员中所采用（周其仁，2013）。

作取得了显著进展并积累了较多经验。在此基础上,2011 年年初以农业部发布《关于开展农村土地承包经营权登记试点工作的意见》一文为标志,正式揭开了全国范围内土地确权登记试点的序幕。此次确权的任务包括三个部分。一是在实测基础上厘清承包地的四至,以确保物权标的准确无误,即“确实权”;二是建立注册登记管理制度,对土地承包经营权的设立、变更、转让和灭失等进行法律备案,从而为土地流转中可能的产权纠纷提供法律依据;三是为农民对其承包地的土地经营权颁证,提供正式法律表达。《意见》还要求各地区根据实际,科学选择试点范围,在 1—3 个“代表性强”的县(市、区)先行试验,再逐步推广。[1]

总之,从 1978 年农村实行家庭联产承包责任制伊始,中国的经济改革和简政放权已经走过了 30 多年的历程。从这场方兴未艾的改革和简政放权所产生的增长效应及其改革的稳定性而言,中国所推行的破除高度集中的计划经济体制和推行渐进式的改革以及简政放权迄今为止是成功的实践。但是伴随经济双重转型,农村的土地确权摆在重要的位置,其需要进一步深化和拓展。

参考文献

1. 金戈:“中国基础设施资本存量估算”,《经济研究》2012 年第 4 期。
2. 李行、温铁军:“中国 60 年农村土地制度变迁”,《科学对社会的影响》2009 年第 3 期。
3. 林毅夫、蔡昉、李周:《中国的奇迹:发展战略与经济改革(增订版)》,上海人民出版社 2014 年版。
4. 厉以宁:《非均衡的中国经济》,经济日报出版社 1991 年版。
5. 厉以宁:《中国经济双重转型之路》,中国人民大学出版社 2013 年版。

---

[1] 但有趣的是,对于什么是“代表性”,各地区的理解有很大差异。从实地考察结果上来看,有些地区选择了人多地少,矛盾较大的乡镇,便于为后期的全面确权总结经验;有些地方却选择了人地矛盾不突出的乡镇,便于早期开展工作。也有很多地区选择了不同类型的乡镇进行试点。

6. 许庆、章元:“土地调整、地权稳定性与农民长期投资激励”,《经济研究》2005 年第 10 期。
7. 叶剑平、丰雷、蒋妍、罗伊・普罗斯特曼、朱可亮:“2008 年中国农村土地使用权调查研究:17 省份调查结果及政策建议”,《管理世界》2010 年第 1 期。
8. 周其仁:《城乡中国》,中信出版社 2013 年版。
9. Jin, S. and K. Deininger, “Land rental markets in the process of rural structural transformation: Productivity and equity impacts from China”, *Journal of Comparative Economics*, 2009, 37(4).

(赵秋运,北京大学光华管理学院)

宏观调控的过度调控及防治对策

罗来军

发达国家把宏观调控称为稳定化政策，其重要含义是**宏观调控是缓冲经济短期波动的公共政策，以使产出和价格尽可能地接近长期水平。而我国对宏观调控的使用，则具有把宏观调控作为促进经济增长工具的明显迹象**。诚然，宏观调控对我国长时期的高速经济增长做出了显著贡献。但与此同时，对宏观调控的非合理使用也带来了一些问题和后遗症。本文着重探讨宏观调控的过度调控问题，以及进行矫正的逻辑、思路和对策。

一、宏观调控过度调控的主要表现

(一) 不该采用却采用了宏观调控

对于不该宏观调控的问题也采用宏观调控政策。一国的经济治理,并不是所有的问题都能采用宏观调控政策进行解决的。这里举一个例子,投资需求疲软的问题。刘伟(2016)指出:为什么我们现在投资需求疲软?不是银行缺乏放贷资产,也不是流通当中货币供应量不够,而是结构性问题;实体经济,特别是制造业,现在缺少有效的投资机会,尤其是国有大型和特大型企业;现在企业融资问题不大,企业的直接融资在境内外都有上市渠道;企业的间接融资,国有银行对国有大企业和特大型企业总体上是信任的,也是支持的,甚至是追捧的;问题出在这些国有大型和特大型企业创新力不够,自主研发能力不强,所以产业结构升不了级,它们如果在现在这种结构不变、技术不变、产品不变的基础上再扩大投资,就是低水平重复;而低水平重复的结果是加剧产能过剩;在中国目前普遍去产能的时代,加剧产能过剩的投资不可能维持;实体经济缺乏有效的投资机会,经济结构无法升级,这就导致投资需求疲软;投资需求疲软实际是源于创新力不够的产业结构升级空间狭小,是一个结构问题。

我国通常情况下是如何应对投资需求疲软问题呢?我国把投资作为拉动经济增长的重要动力,一旦投资需求疲软和投资下滑,则采用积极的宏观政策进行刺激,比如扩大信贷供应、降低利率,或者增大政府投资。**扩张性的宏观调控一般能够在短期刺激投资需求,但可能带来长期问题。比如当前的产业结构升级动力不足、严重的产能过剩、潜在的通胀压力,就与刺激投资需求的扩张性宏观调控密切相关。而且,上述宏观调控的程度越重,所导致的结构性问题也越发严重。**

（二）用宏观调控代替市场调节

本来通过市场调节能够很好地解决的问题，却运用宏观调控去解决，一般情况下，既解决不了问题，甚至会加剧问题，又使政府付出巨大的政策成本。举个猪肉的例子，当猪肉出现短缺时，有些地方政府对养猪进行补贴，以期望增加猪肉供应。这种调控貌似合理，但会导致更严重的问题。由于政府采取激励措施，农户会大幅度增加养猪，造成下一时期养猪过多，猪肉变得廉价，这会致使再下一时期养猪减少，出现新的短缺；更严重的是，一些公司和人员在猪肉短缺时囤积居奇，抬高物价，谋取当时的暴利，同时会预期到在政府激励下下一时期养猪会过多，这些公司和人员再进一步压价，让农户大幅度亏损（此时这些公司和人员因收购垄断和压价也能实现微薄盈利），以实现再下一时期养猪少的目的，此时再囤积居奇，再次抬高物价，谋取利益。政府的激励调控很大程度上会加剧波动，猪肉短缺时补贴，导致下一期供应过多，过多时取消补贴，加剧下一时期的短缺，这样一来，政府的调控措施相当于帮助舞弊公司和人员来实现短缺和过多的交替出现，进而便于谋利。如果想合理地解决上述问题，**政府不应采取增加猪肉供应的激励调控措施，而应是打击囤积居奇行为，同时理顺猪肉供求信息，以平滑各个时期的猪肉供给和需求。**

再举一个垄断产品“供给短缺”的例子，所出现的“供给短缺”会诱使政府采取激励措施促进产品供应。这种做法能解决实际问题吗？对于该问题的回答，我先讲市场营销中的“饥饿营销”现象，即供给商有意调低产量，以期造成供不应求的“假象”。比如有100个需求者，就只供应99个产品，大幅度提高价格，由于一定有消费者得不到商品，就被迫接受高价。“饥饿营销”在非垄断的情况下可以作为营销方式使用，但是，在垄断情况下，就会成为谋取非正当利益、损害消费者利益的方式。为此，对于垄断情形下的“饥饿营销"行为,发达国家会进行查处。如果对垄断下"饥饿营销"行为进行宏观调控,无论是调控供给侧还是需求侧,都无法解决问题,反而可能增加舞弊者的利益。如果政府通过补贴或减税等措施刺激供给侧,这进一步增加了供给商的收益,供给商采取"饥饿营销"的动机得以加强。如果政府采取措施压缩需求,首先压缩的是需求强度不高的边际需求,而剩下的是强度较高的需求,供给商则采取进一步减少供给的办法,保持供给适度低于需求,由于剩下的是强度较高的需求,则供给商可以再次大幅度提高价格,实现在减少供给(成本)的情况下总收益上升。对于垄断下"饥饿营销"类型的经济问题,**政府无论对供给侧还是需求侧进行调控,都解决不了问题,甚至出现越调越乱。而真正的合理治理措施是打击舞弊行为,实现市场性的供给需求匹配关系。**

(三)宏观调控频繁使用

一遇到经济下滑,往往会很快地就采取相应的宏观调控政策,或者经济中出现问题,就采取政策进行调控,这种情况导致了频繁调控的弊端。为什么会出现频繁调控的弊端呢?根本原因在于"头痛医头,脚痛医脚",没有抓住"病根"。

治理经济类似于治病,重在"病根",而非"病症"。一旦"病根"治愈了,诸多"病症"问题就消除了。在经济的诸多问题之中,需要确定"病根"并进行针对性救治。如果一个病人病毒感染发烧,时而浑身感觉发冷,时而感觉发热。忽冷忽热是该病人的病症,而病根是病毒感染发烧。如果针对病根,采取措施清毒,病毒清除了,发烧好了,忽冷忽热的现象也就消失了。病人病毒感染发烧的症状比较多,时而发冷时而发热,治理症状的疗法就会出现发热时治疗发热,发冷时治疗发冷,导致治疗方法不断地更换,反复治疗。但由于治疗没有针对根源,不仅难以有效地治愈疾病,还可能进一步恶化病情。有些时期的宏观调控类似于治疗症状的方式,出现了频繁调控的现象。更进一步的情况是，上述方式的频繁调控解决不了根本问题，甚至恶化或者积累问题，又致使新一轮的频繁调控。

（四）为促增长做了一些取舍

为了保障较快的增长，放弃了一些东西。主要表现为以下几个方面：（1）降低了对资源节约、环境保护的重视程度。为了扩大投资需求和增大生产规模，有些地方上了高污染、高耗能、环评不合格的项目，为经济增长付出了资源、环境代价。这种做法带来了长期积弊，资源、环境已经成为中国经济持续增长的最主要“瓶颈”。（2）部分群体的经济福利受到削弱。宽松的货币政策使货币的实际购买力出现了较大幅度的下降，一些缺乏货币保值渠道的群体收入购买力和经济福利受到了削弱；非均衡的投资投机机会使不同群体之间的收入分配发生了较大规模的转移，恶化了收入相对减少群体的经济福利。（3）产品标准和行业标准偏低，致使产品质量不高。与国际标准相比，一些产品标准和行业标准比较低，这使技术水平低的企业能够得以生产，但是相对劣质的产品降低了经济质量和社会效益。（4）GDP 挂帅，资源配置效率让位于产量产值。我国的地方政府主导地方经济建设，单一地追求产值和增长，再加上缺乏市场竞争机制和淘汰机制，盲目上马各种投资项目，导致了严重的要素价格扭曲、资源配置效率损失。

（五）调控重短期轻长期

我国宏观调控有一个明显的不足之处，即重视短期效果，对长期的影响没有给予足够的重视。上面所讲的投资需求疲软问题，也是一个重短期轻长期的例子，过去的一些不合理的投资刺激解决了短期的投资需求疲软问题，但导致长期的投资需求疲软问题更为严重且解决的难度更大。再比如，有关部门早在 2006 年已提出能源价格的改革意见，但考虑到改革会提高企业的能源成本，进而影响产出和经济增长,这一改革就被搁置下来了。该例子从浅层次说明了短期与长期的关系。

更应该从深层次理解和把握短期和长期的关系。比如,我国重投资轻消费的做法也是重短期轻长期的行为。怎么理解?增加投资对经济增长的效果很快就能显现出来,而增加消费对经济增长的效果则时滞比较长,而且消费对经济增长的强度与投资相比可能会减弱,为此我国的宏观调控偏重于刺激投资,导致投资与消费失衡。但从长期来看,一个国家的消费水平较高、对经济增长的贡献较多,则经济机制就会更有活力,持续发展动力就会更强大。这样就明白重投资轻消费是重短期轻长期的做法了。我国为了加强投资,在分配环节上存在着向资本收益、企业和政府倾斜,挤压居民收入的倾向,致使居民消费严重不足。长时期以来,我国的居民消费比例不但没有上升,反而显著地下降。居民消费支出 GDP 占比"六五"、"七五"时期在 50% 以上,但到了"八五"、"九五"下降为 45% 多些。居民消费支出 GDP 占比 2001 年还达到 45.2%,但 2008 年已降为 35.3%。一般国家的居民消费支出 GDP 占比约为 60%—70%,我国仅为一般国家的一半。这几年我国一直强调扩大内需,问题在于我国扩大的是投资需求,而消费需求却不断地下降。

二、治理对策

(一) 摆正宏观调控、发展规划、市场调节、社会治理等多方之间的位置和关系

对于经济治理,不能过多地依赖宏观调控;宏观调控并不能解决所有的问题,而且,一些问题会越调越乱。**从当前的形势来看,我国应使用好宏观调控、发展规划、市场调节、社会治理等不同性质的政策与措施,它们之间应各司其职、各行其道,可以相互配合,但不可彼此替代。**

对于结构问题和技术问题，比如产业结构升级、城乡统筹、区域统筹、技术进步、收入分配等，仅依靠宏观调控是不行的。宏观调控可以作为配合政策，但不能作为主要工具。主要工具应是发展规划（产业规划、城乡规划、区域规划、科技规划）。当然，对发展规划的使用存在较大争议，但是，我国还处于发展进程之中，尤其是还处于工业化和城镇化加速发展的阶段，发展规划是不该排除掉的重要工具。我国的发展规划并不少，但运用好发展规划并不容易，运用好发展规划的关键是要充分发挥市场调节的作用。

以产业规划或产业政策为例讨论发展规划这一工具。产业政策对经济的作用一直存在较大争议，在美国追赶英国、日本和韩国经济腾飞中产业政策获得了成功，可是几乎相同的产业政策在拉美国家却遭受巨大失败。一些学者对产业政策也不看好，克鲁格曼（Krugman，1997）等人认为产业政策并不起决定性作用，罗德里克等（Rodrik et al.，2002）指出产业政策会扭曲市场对资源的有效配置，并带来巨大的寻租空间；拉尔（Lall，2001）还怀疑政府是否有能力制订合理的产业政策。从上述分析可知，产业政策并不是不会有良好的治理效果，而是如何运用好的问题。

我国是重视产业政策的，但是，我国产业政策的效果并不理想，我国的产业结构和有竞争力的产业发展都难以令人满意，反而出现了较多的产能过剩产业和低端制造加工产业。这不是产业政策本身的问题，而是我们没有使用好产业政策这一工具。比如我国的战略性新兴产业政策的资金支持问题，过去对战略性新兴技术和产业的支持以产量或者经营规模为标准，谁做的大就支持谁，做的越大支持越多。这种做法需要改变，改为重点支持两个方面：技术研发与产品用户。技术研发，尤其是关键核心技术，投资大回报周期长，仅靠企业的力量难以有效地发展，需要国家的科技规划给予支持。到了生产产品的阶段，由于科研成本高、技术还不稳定等因素，消费者往往不会及时地大量购买和使用，此时政府应直接给用户购买补贴,以开发早期市场。支持技术研发与产品用户的政策,还能够有效地规避过去以规模扩张的方式套取政府资金的不良行为。

无论是宏观调控还是发展规划,尊重并充分发挥市场调节是成功的关键,要界定清楚并遵循好政府与市场的关系,不能越位更不能替代。当前所推行的供给侧结构性改革,从政策工具的角度来看,其应是发展规划和宏观调控的组合运用,运用的好坏取决于是否把握住和把握好市场这一看不见的调节力量。根据刘伟(2016)的分析,供给侧结构性改革的政策直接影响的是企业,而企业作为市场主体的权利在经济和法律制度上得不到充分保障和尊重的话,可能导致政府对市场主体行为的过度的、随意的干预,甚至可能退回到计划经济去;中国引入供给侧改革特别要处理好政府和市场的关系,改革要通过市场来实现而不是行政直接实现,否则的话,很可能导致对市场经济的否定,这是我们不愿意看到的,也是历史表明不成功的。

此外,宏观调控与社会治理的关系也需要重视,宏观调控也要考虑到生态环境、生活质量、食品安全、经济福利、道德文化、精神风貌等社会因素。一般情况下,不应为了达到某一调控目标,恶化与干扰社会层面的相关因素。

(二)设定增长目标要根据或兼顾经济本身的发展规律

对于经济增长目标的设定,是根据国家发展目标还是根据经济本身状况来制订,这是发展中国家需要考虑的重要问题。发展中国家如果要解决一些问题,一定的经济增长可能是必要条件。比如有的国家要解决温饱问题,如果经济增长较低,可能就解决不了温饱,这种情况下降低发展质量提高增长速度是较好的相机抉择。再比如,如果经济增长达不到一定的速度,会出现严重的失业,导致严重的经济和社会问题,那么这种情况下降低发展质量提高增长速度也可能是最优的选择。对于一定发展阶段的国家,需要兼顾国家发展目标或者发展需要与经济本身状况来制订增长目标。此外应当看到，如果增长目标偏离经济本身状况较多的话，对发展质量所造成的危害会较大，同时实现目标的难度和政策成本也会较大。

对于我国的增长目标，根据国家发展目标进行制订的嫌疑较大，其实我国制订增长目标是充分考虑经济状况的。以“十三五”时期经济年均增长保持在6.5%以上为例加以说明，实现到2020年国内生产总值和居民收入翻番的目标，必须要有一定的发展速度，6.5%以上的增长速度能够实现预定的目标。但同时，对未来五年我国经济潜在增长率进行了研判，在“十三五”规划纲要草案编制过程中，国家发改委委托专家对中国经济“十三五”时期潜在增长率做了研究，并参考了国际组织、市场分析人士等多方对潜在增长率的研究成果。在此基础上，起草组利用模型分别按年均增速6.5%、7%、7.5%三种方案进行了论证，统筹考虑投资、消费、财政、进出口等各项指标，考察能否满足收入、就业、资源环境支撑、国际环境变化等方面的需要。

从“十三五”时期经济年均增长目标的制订来看，我国既考虑了国家发展目标又研判了经济本身状况。再进一步思考，这一问题仍值得做更为深入的探讨，为“十三五”时期以后的经济增长提供更为全面的决策依据。比如，**与以往的经济增长相比，如果提高环境保护标准、提高产品标准和行业标准、提高发展质量、提高资源利用效率门槛、提高投资效率门槛，等等，那么，在一组标准和要求较高的指标下，经济增长速度的最优值应该是多少。设定经济增长速度的这一思路，有助于保障有质量的经济增长和可持续的经济发展。**

（三）盯住经济增长的目标目前应转变为盯住就业目标

刘伟（2016）指出，改革开放新时期，中国经济增长保持了非常高的速度，平均年经济增长率超过9%，这创造了当代经济增长的新纪录；第二次世界大战之后，首先开创这一纪录的是日本，从1950

年代到1970年代保持了20年的黄金增长期；然后是韩国持续了30年的高速增长期；再打破这个纪录的就是中国，1978—2014年间统计数据显示，中国的平均经济增长率高达9.7%，这使我国的经济面貌发生了很大的变化；中国的GDP总量由改革开放初期的世界第九位上升到了第二位，从占全球GDP总量1.8%上升到了13%左右，成为世界第二大经济体。从总量来看，2014年年末，中国GDP总量达到63.7万亿元人民币，按不变价格计算，比改革开放初期的中国GDP总量提高了近28倍。

上述数据表明，我国比日本、韩国所保持的高速增长时期更长。**长时期的高速增长一方面带来了经济财富的大量积累，另一方面也带来了一些问题和后果，比如环境污染、产能过剩、“三高三低”产业结构（高消耗、高污染、高排放；低技术含量、低附加值、低竞争力）。在这种情况下，宏观调控目标再紧盯数量型扩张的增长目标已经失去早期的意义，再考虑到中国人口众多，那么，转为盯住就业目标就具有更强的导向意义。**

通常情况下，增长目标和就业目标是一致的。但是，**随着经济形势的发展，尤其是随着技术的发展和服务业的发展，增长和就业的相关关系在变弱，盯住增长目标和盯住就业目标的差别开始加大。**对于增长和就业的关系，厉以宁（2014）曾指出，过去很多人认为高增长才能带来高就业，低增长则会导致失业；从经济增长的实际情况来看，并不是所有的就业都需要靠经济增长来实现；如果经济增长是靠高新技术发展推动的，就可能带来就业岗位的减少。不同的增长类型或者投资类型对就业的影响具有极大的差异，高新技术投资可能挤出就业，而民间投资、中小企业发展、服务业发展则可能显著地增加就业。在当前的经济背景下，中国的宏观调控考虑从增长目标转向就业目标，无论是从经济还是从社会的角度来讲，都具有较大的积极意义。

（四）明确和实施以实体经济为盯住目标的宏观调控思路

发生于2008年的金融危机可能会颠覆以往的货币政策思路，或者会颠覆金融与实体经济的关系认知。奥利弗·布兰查德等人（2013）指出，宏观经济在本次金融危机中的发展变化引发了人们对一个古老问题的新思考：通胀与产出的关系及其对货币政策的启示。一个有争议的观点是："只要通胀保持稳定，经济增长就能接近潜在水平。"尽管各国央行并不认为通胀与产出有如此确切的对应关系，但认为大致如此，并由此认为货币政策盯住通胀目标是合理的。上述分析表明，**货币政策盯住通胀目标实际上就是盯住了产出，盯住了实体经济。**

然而，自从危机发生以来，发达国家通胀与产出的关系与危机前相比出现了较大改变。考虑到实际产出相对于潜在产出在不断下降、失业率快速上升，大部分经济学家认为通胀应出现回落，甚至会产生通缩。但是大部分发达经济体的通胀水平却仍然接近于危机前的水平。对此一种可能的解释是，产出缺口和通胀之间的相关性在趋弱。**如果产出与通胀相关性持续保持微弱，货币政策再盯住通胀，就不意味着盯住了产出和实体经济。那么，货币政策的盯住方向就需要转向，转为比现在更明确地以实体经济活动为盯住目标。这是因为，货币政策的最终目的是保障实体经济。**

接下来分析一下中国的情况。近年来，中国经济出现了较为严重的虚拟化问题，这牵涉到投向社会的货币是否进入了实体经济，在多大程度上对物质财富的生产、流通与消费发生了作用。近年来，社会融资余额和M2增速不断下行，这表明在经济下行过程中，金融机构并未对实体经济给予较强的支持，企业融资难问题也未得到明显好转。相反，有迹象显示，流动性没有向工业领域渗透，却大规模进入了房地产和金融业，导致这些行业在"资产—支出效应"的作用下呈现出快速增长。房地产和金融业的增加值增速在2010

年之后基本保持了与M2增速同步的状态,其持续高涨与流动性过度向这些领域流入密切相关。这里补充说明一点,很多购房者不是以居住为目的,而是投资赢利,为此中国的房地产带有显著的虚拟经济特征。

中国的情况表明,货币行为或者金融行为与实体经济的关系也是脆弱的,甚至有可能是脱离的。那么,就很有必要对货币政策实施以实体经济为盯住目标的政策思路和具体操作。这一思路的着重点在于,运用货币政策时,务必考虑投放货币的流向,是要进入生产领域和消费领域,需要避免大量的流动性流入虚拟经济。

(五)货币政策回归稳定价格,财政政策回归公共财政

传统理论指出宏观调控有四大目标,即经济增长、价格稳定、充分就业、国际收支平衡。在实践操作中,**大多数西方国家的宏观调控会对四大目标进行选择与取舍,但无论是采用“阶梯目标”策略还是“双重目标”策略,均是把价格稳定作为核心目标**。这主要是由于西方国家市场机制相对健全,价格水平的稳定能够成为资源有效配置与经济健康运行的良好指示器(Woodford, 2003)。并且,西方国家消费率平均高达70%左右,消费对价格水平十分敏感,因此保证价格稳定就可以大致保障经济的平稳增长。有学者分析,中国的宏观调控就不一定要像西方国家那么重视价格稳定,因为中国的市场机制存在许多不完善之处,价格信号无法全面反映实际经济运行状况。**我国过去的经济增长在一定程度上放弃了价格稳定,以较宽松的货币供给来促进较高的经济增长。但这种方式也造成了较为严重的负面影响,短期刺激经济增长但长期可能限制经济增长,同时造成了投资机制扭曲、资源错配、收入分配扭曲、产业结构低端化、技术进步动力不足**。上述情况表明,价格稳定对发展中国家的经济发展也是有重大意义的。放弃价格稳定换来的短期经济增长的效应并不一定大于其带来的负效应,而实际上会显著地小于负效

应。这一问题有待于做深入的研究和实例考察。

具体到中国目前的情况,上述问题的讨论并不重要,因为中国已经走过了将近40年的高速增长时期,经济增长的货币因素已经成为过去式。那么在当下,货币政策有充分的理由回归稳定价格的老思路上来。形势和问题不断地发展变化,但基本规律是永恒不变的。**如果货币政策回归稳定价格、提供一个稳定的可预期的货币环境和价格体系要比通过货币投放刺激经济增长更有利于经济发展和社会效益的话,国家和央行就应该对货币政策回归稳定价格的政策思路给予考虑和采纳。至少在一定程度上借鉴和参考这种稳健型的政策思路。**

对于财政政策,积极的财政政策对我国的经济增长功不可没。到目前为止,我国仍然较多地使用积极的财政政策作为经济增长的重要工具。积极财政政策所取得的成就是无需多言的,而其最明显的弊端是对市场行为的限制和排挤。随着经济发展问题的逐步显露,财政政策的调控效果也不断减弱。因此,既有的财政政策思路需要调整,一个重要的思路方向是回归公共财政这一基本功能上来。即是说,使财政尽快地从经济建设型财政向公共财政转型,在实施积极的财政政策和扩大财政支出时,应该将大部分用于医疗卫生、教育、社会保障、环境治理、民生等方面。

另一方面,我国的公共财政需求是非常大的,2015年前三季度财政收入仅增长7.6%,但医疗卫生、教育、社会保障、环境治理几项财政支出增速均达到20%左右。而且,随着人口老龄化的逐步加快以及"十三五"规划中对社会民生与资源环境的高度重视,公共财政方面的支出压力也会进一步加大。因此,政府以后应弱化财政政策的宏观调控职能,将更大部分的财力用于公共财政。这种政策转变,也是淡化经济增长速度、重视发展质量和社会效益的政策思路。

（六）宏观调控的重要目标宜定为“主稳就业 + 辅调结构”

该条建议是对前面的分析做一个概括，归纳一下宏观调控所应盯住的主要目标，即“主稳就业 + 辅调结构”。**“主稳就业”的含义是宏观调控的主要目标是稳就业。**稳就业与保增长相比，稳就业可以减少以往保增长所带来的多种数量型扩张所导致的弊端。**“辅调结构”的含义是宏观调控辅助于调结构，即辅助科技、产业、市场等长期措施来调结构，而不是依靠宏观调控去调结构。**也即是说，宏观调控为调结构提供适宜的货币环境和财政环境，或者对调结构的主要举措进行适度配合。

我国的宏观调控通常还存在一个问题，即调控的目标过多，这不仅使调控无所适从，也会对经济发展带来较多的干扰。以当前阶段为例，对调控目标的提法有好多个，比如稳增长、调结构、惠民生、促和谐、抓改革、防风险，似乎一切问题通过调控都能解决。**宏观调控只是稳定化政策，不可能是万能的。**今后的宏观调控目标确定为“主稳就业 + 辅调结构”，保证了调控目标是明确的也是有限的；对于其他方面的问题，不宜随意地采用宏观调控去解决。

三、值得深思的结语

一个值得重视和思考的结语也许是：经济如动物，一国经济是否健康发展可以类比为一个人的身体是否健康发展。**合理的宏观调控如同短期治疗，是调理短期的身体不适；而真实持久的身体健康则取决于合理的休息、饮食、运动、情志等长期因素。由于短期措施见效较快，长期措施见效缓慢，宏观调控可能被过度重视了，而科技发展、市场维护、法治、教育、素质、诚信等长期因素被重视的程度可能不够。**我国当前推进供给侧结构性改革，是重视和发挥经济长期治理政策的重要时机，我国应把握好这一改革的历史机遇，提升和完善整体的经济治理体系。

参考文献

1. 奥利弗·布兰查德、乔瓦尼·德·拉里恰、保罗·毛罗:“对宏观经济政策的再反思”,《新金融》2013 年第 6 期。
2. 刘伟:“中国经济增长与宏观调控”,《中共中央党校学报》2016 年第 1 期。
3. 刘伟:“中国宏观经济论坛十周年庆典”演讲“2009—2016 中国宏观经济政策之反思”, 2016 年 6 月 18 日。
4. 厉以宁:“高增长带来高就业? 要辩证看待”,《经济日报》2014 年 7 月 17 日。
5. Krugman, P., “What Ever Happened to the Asian Miracle”, *Fortune*, 1997, 136(4).
6. Lall, S., “Comparing National Competitive Performance: An Economic Analysis of World Economic Forum's Competitiveness Index”, Queen Elizabeth House Working Paper Series, 2001, No. S61.
7. Rodrik, D., A. Subramanian and F. Trebbi, “Institutions Rule: The Primacy of Institutions over Geography and Integration in Economic Development”, NBER Working Paper, 2002, No. 9305.
8. Woodford, M., *Interest and Prices: Foundations of a Theory of Monetary Policy*, New Jersey: Princeton University Press, 2003.

（罗来军，中国人民大学国家发展与战略研究院）

简政放权与金融监管——大数据视角下金融监管平台创新

丁志勇　马　杰　封世蓝

随着互联网金融的加速发展、利率市场化的快速推进、资本约束的日趋强化和风险压力的逐步加大，如何在业务广、差异大、创新多的特殊复杂环境下，有效地解决好简政放权与金融监管的关系，已成为当前金融监管面临的一个重要课题。金融监管的简政放权关键是要处理好减什么内容、减哪些政、减哪些权、依据何在、作用何在。对此，金融监管的简政放权要依托大数据、智能化的“最先一公里”监管决策体系和“最后一公里”战略传导体系，助力大数据监管、直通式服务，把简政放权与监管落地有机结合起来,使金融监管的简政放权真正转变为金融业的效益优势、效率优势和竞争优势,服务于中国金融业全球化发展战略。

一、简政放权与金融监管关系

改革开放30多年来,中国经济步入了快速发展的通道,持续的GDP高速增长创造了经济发展的奇迹。截至2015年年末,中国GDP达67.67万亿元,较2014年增长6.9%,稳居世界经济第二位。但不可忽视的是,世界经济金融环境日趋复杂,世界经济金融总体保持低迷发展态势,地缘政治的恶化也导致部分区域发展滞后,国内外经济金融发展的众多不确定因素势必会影响中国金融市场的快速发展。因此,面对中国经济增速放缓、金融发展更趋平稳、金融创新日益多元的诸多挑战,迫切需要持续进行简政放权,充分发挥金融市场的主体作用,使金融市场在资源配置中有力地支持实体经济的发展。

简政放权就是同中国金融市场发展相适应的"放管结合"。如果政府对金融市场干预过多、管得过死,重事前审批,轻事后监管,势必造成金融市场发展受到遏制,不利于金融市场有效支持实体经济的快速发展;如果政府对金融市场监管简单地放权,或把权力一放了之,这样就容易形成盲点,不仅发挥不了金融市场的主体作用,还会对金融市场发展起到抑制作用,违背了简政放权的初衷。金融监管的简政放权关键是把不该政府管的要合理放权,把该管的事管住管好,明确"管什么"和"怎么管"。金融市场监管的关键是权责机制。真正解决金融市场良性发展和有效监管问题,首先要持续进行简政放权,充分发挥金融市场的主体作用,将金融市场的事前审批、事中跟踪、事后监管有机地结合起来,避免金融市场发展中寻租空间的出现。对于金融监管机构要建立"谁审批、谁负责"的机制,把金融市场规范、稳健发展与监管机构问责有机结合起来。

"放"关键是放得下、接得住。简政放权是让政府削自己的权，必然会遇到各种有形无形的困难和阻力，既有"最先一公里"的战略决策问题，也有"中间一公里"的肠梗阻问题，还有"最后一公里"的执行落地问题。面对诸多困难和问题，要解放思想、转变观念，用大数据系统和智能化工具服务于简政放权，真正简出活力、放出效率，建立适合中国金融市场要求的监管模式。"放得下"是以法律法规为依据来减权、放权，搭建金融市场自主调节的良性体系，对不能适应金融市场发展的审批管理体制进行改革和优化，充分激发金融市场主体的活力，切实服务于实体经济的发展。"接得住"是金融市场的监管权力既要放还要接，金融监管权力不能悬空，接不好会导致放不下，放的不合理，这就要求科学定位简政放权的金融监管事项，保证金融监管权力放得下、接得住。

"管"关键是管得好、创新管。简政放权可以充分发挥金融市场主体的作用，但也存在市场经济秩序不规范，金融市场主体不讲诚信，侵犯客户利益时有发生，金融市场的违法行为会造成"劣币驱逐良币"的扭曲效应，严重制约诚实守信经营者和金融市场主体发展，简政放权的正能量就会大打折扣。"管得好"是在简政放权后，政府要更多转为金融市场的事中、事后监管，切实把金融市场管住、管好。要转变金融监管的理念，强化法治、公平、责任意识，制定科学有效的金融监管规则、流程和标准，使金融市场主体明晰界限、依法监管，维护金融市场公平竞争秩序，当好裁判员，不犯规的不去打扰，轻微犯规出示黄牌警告，严重犯规出示红牌罚下。"创新管"是要创新金融监管机制和监管方式，建立统一的金融监管平台，把一行三会的监管事项全部放到平台上来，推进一行三会跨部门、跨行业的综合金融监管，形成金融监管合力，避免金融监管的交叉重复和留有盲点。要积极推进"智能监管"，积极运用大数据、云计算、互联网等信息化手段，探索实行"大数据 + 金融监管"模式创新，加快实施金融监管部门间、上下级间的金融监管信息的互联互通、开放共享，打破金融监管信息各自为政的问题，推进社会统一的金融信用体系建设，构建金融机构信息披露和诚信档案制度，让失信金融机构无处躲藏，切实提高金融监管效能。

简政放权要“放管结合、转变职能、优化服务、改革创新”，金融监管的简政放权要解放思想、凝聚共识，主动适应金融市场发展的新常态，正确处理好金融监管与简政放权的复杂关系，金融监管、简政放权的作用都不容忽视，金融监管与简政放权必须并重，既不能简单地把金融监管权力下放，也不能把应由金融市场发挥主体作用的事项管死。金融监管哪些是有效的，哪些是无用的，必须与简政放权密切联系起来。中国金融市场发展的历史实践证明，面对金融机构审批的权力都会去争，一旦出现问题，各审批部门都相互推诿，无法准确界定监管责任，在新型金融市场领域和交叉业务领域尤为突出。在金融监管方面，无论采用哪种具体的行政安排，都要从发挥金融市场主体作用的视角辅以必要的结构性安排。全球金融危机的经验说明，盲目依靠金融市场自我约束和自我调节的金融监管是无效的，会严重影响到经济社会的发展和金融体系的稳定，只有建立审慎的金融监管体系，依托大数据技术建立智能化、一体化的金融监管平台，才能维护金融市场的发展和稳定，从而有效地支持经济社会的可持续发展。

二、全球金融监管模式比较

伴随着互联网金融的创新发展、金融全球化的进程加快以及2008年金融危机的持续影响，世界各国都面临着构建新的金融监管体系问题。金融危机意味着政府监控和市场配置的严重失调，意味着金融监管的失败和变革，只有坚持市场配置金融资源的基本方针，协同推进金融监管、金融调控、金融布局和金融生态环境建设等配套的改革，才能适应金融市场发展的现实需要。下面重点探析美国、欧盟、英国、新加坡、澳大利亚等金融监管模式。

（一）美国模式

2008 年金融危机前美国采用分业金融监管模式，监管主要由美联储（FR）、货币监理署（OCC）、联邦存款保险公司（FDIC）等负责。2008 年金融危机后，美国建立以美联储为中心、金融稳定监管委员会为中枢的宏观审慎监管架构。美联储监管集团控股公司、非银行金融机构、系统重要性支付清算系统和系统重要性金融机构，制定严格的资本要求、流动性要求、压力测试、交易对手信用限额等审慎标准，保证审慎监管决策权与执行权的有效分离，及时收集被监管机构的信息数据，运用大数据技术进行有效监管。金融稳定监管委员会监管金融体系的参与者，重点识别系统性风险和监管系统重要性机构，负责认定系统重要性银行、非银行金融机构和金融业务，识别危及金融稳定的各类风险因素，仍然延续分业监管的模式和格局，但重点关注金融监管的空白地带。

（二）欧盟模式

欧盟是世界上重要的经济体，有 17 个成员国在统一货币政策基础上使用欧元货币，欧盟已成为全球金融体系发展的核心力量，有 8 000 多家货币金融机构，资产总和达 50 万亿欧元。欧盟有多家大型银行和金融控股集团，有 14 家已入选全球系统重要银行，7 个国家是巴塞尔委员会的创始成员国。在宏观审慎监管上，欧盟由欧洲中央银行负责宏观审慎监管的职能，由欧洲系统性风险委员会（ESRB）具体负责监管事务；在微观审慎监管上，欧洲银行管理局（EBA）负责银行业的监管，欧洲保险和职业年金管理局（EIOPA）负责保险业的监管，欧洲证券和市场管理局（ESMA）负责证券业的监管，三个机构之间有良好的沟通协作监管机制。

（三）英国模式

2008 年金融危机前，英国金融监管框架是由英格兰银行、财政部、金融服务管理局等三方负责，英格兰银行负责维护金融的稳定，金融服务管理局负责金融机构准入审核、监管方法制定和执行，财政部负责法律和制度框架的管理，这种架构忽视对系统性风险的宏观审慎监管。2010 年英国对金融监管体系进行改革创新，采用混业金融监管模式，取消金融服务管理局，成立审慎监管局（PRA）和商业行为监管局（FCA），审慎监管局负责金融系统的稳健和微观审慎监管，商业行为监管局负责规范金融机构给消费者提供服务过程中的行为。在英格兰银行成立金融政策委员会（FPC），负责宏观审慎监管和应对系统性风险。新成立消费者保护与市场管理局（CPMA）和经济犯罪局（ECA），负责金融服务与经济类案件的管理。

（四）新加坡模式

新加坡银行体系由金融管理局（MAS）和商业银行组成，金融管理局在良好的金融环境和金融制度下履行中央银行和政府金融代理的职责，对全面银行、离岸银行、批发银行进行监管。新加坡采用统一集中的混业金融监管模式，重点以维护金融稳定为目的，以风险监管为核心，金融管理局依托银行监管、保险监管、专业风险监管、复杂机构监管和谨慎政策管理等方式对金融业进行审慎监管。金融管理局从监督、管制和市场三个方面实施监管，在现场检查、非现场检查、审计及联合监管上实施监督，在金融许可证发放、审慎监管上实施管制，在信息披露、公司治理上充分发挥金融市场作用，在风险可控的前提下，按照国际金融市场的运行规律实施监管，重点关注风险性监管，注重公司治理和内部控制，实施审慎会计原则与审慎监管。

（五）澳大利亚模式

澳大利亚实行双峰监管模式，监管机构是澳大利亚审慎监管局、证券和投资委员会、竞争和消费者委员会。审慎监管局负责制定标准，防范、评估和预警金融风险，保证金融体系的稳定、效率和竞争的动态平衡，保护存款人、投保人和基金投资人的合法权益，监管的金融资产占金融体系的80%。证券和投资委员会监管企业、市场和金融服务，把金融服务机构、证券交易机构、期货交易机构、养老基金公司、保险公司和储蓄机构作为监管对象，加强证券公司的审慎监管，监管上市公司董事及高管履职情况，评估金融市场的运营公平、有序和透明情况，监测金融服务业务，确保金融市场的稳健、持续发展。竞争和消费者委员会监管金融市场中的不正当竞争和消费者保护，维护金融市场的协调和秩序。澳大利亚的财政部、储备银行、审慎监管局、证券和投资委员会构成金融监管委员会，通过开放信息交流、加强协调沟通，及时应对金融系统的各类风险。

从全球主要经济体金融监管模式来看，美国、英国、欧盟、新加坡、澳大利亚等的经验都可以借鉴，打破目前“一行三会”的分业监管模式，避免“铁路警察、各管一段”的问题，关键是要充分考虑新模式应对金融危机和经济危机的能力，是否能够建立负责系统重要性金融机构监管和统筹重要金融基础设施的审慎监管政策框架。

三、中国金融监管模式探析

面对中国经济增速的放缓和产业结构的调整，过剩行业的经营压力凸显，金融业不良贷款也呈现持续上升的态势，如何构建适应中国金融业的金融监管模式、通过有效监管来防范中国金融业风险是当前重点思考的问题。

（一）机构监管

当前，伴随着金融机构混业经营趋势日益凸显，单纯的机构监管模式已不适应金融全球化发展的需要。机构监管主要是依据金融机构类型建立对应的金融监管机构，中国现行的金融监管体系就是典型的专业化机构监管模式。2013 年 1 月 1 日是巴塞尔Ⅲ的实施第一年，进入杠杆率监管的并行期，2015 年 1 月 1 日实施流动性覆盖率，2016 年 1 月 1 日实施全球系统重要性银行和国内系统重要性银行的监管要求。中国在利率市场化和经济新常态环境下，实施了《商业银行资本管理办法》，迈出了实施巴塞尔Ⅲ的步伐，银行监管的目标更加追求银行体系的稳健和银行业的公平竞争。银行类金融机构属于中国银行业监督管理委员会负责集中监管，统一监管银行、信托投资公司、金融资产管理公司及其他存款类金融机构，研究制定银行业的发展规划、政策法规和行业规则，审批银行业金融机构的设立、变更、终止和业务范围，依据法律法规制定银行业金融机构的审慎经营规则，实行并表监督管理，维护银行业的稳健发展和健康运行。证券类金融机构属于中国证券监督管理委员会负责集中监管，统一监管证券期货市场，维护市场稳定和合法运行，研究制定证券期货市场的发展规划、政策法规和行业规则，监管股票、债券、基金的发行、交易、托管和清算等事项，监管期货合约上市、交易和清算等事项。保险类金融机构属于中国保险监督管理委员会负责集中监管，统一监管保险市场，研究制定商业保险的发展规划、政策法规和行业规则，依法维护被保险人的利益和保险市场稳定，建立保险业风险管理和评价预警体系，促进保险业公平竞争、稳健经营和健康发展。

（二）功能监管

金融全球化已成为当前中国金融业发展的主要趋势，伴随而来的金融监管体系也要适应金融全球化的变化。金融机构业务模式由原来的“单一模式”向“混业模式”转变,这必然要求金融监管模式“因需而变”。功能监管主要是按照金融活动的业务性质进行统一监管,针对相同的业务种类实施统一的监管,如金融业务分为银行业务、证券业务、保险业务、信托业务、基金业务等,功能监管不区分业务种类所属的金融机构,有效避免金融监管的真空和盲点。功能监管的协调性和效率性较高,对金融监管中发现的问题可以及时处理和解决,金融机构资产组合整体风险可以判断,为金融机构营造公平竞争的金融市场环境。互联网金融的出现,使金融功能发生了巨大的变化,一个金融机构可以承担多种金融功能,功能监管就是依据金融体系基本功能而设计的监管模式,重点关注金融产品的基本功能,以金融业务来确定相应的监管主体和监管规则,减少职能冲突、交叉重复和监管盲区。功能监管有助于金融创新,制定的监管标准容易统一,监管的金融功能相对稳定,便于跨区域、跨国家的监管合作,监管方式与金融功能只要完全对应,就可以达到有效金融监管的目标。

(三)双峰监管

当前,中国金融市场已逐渐成熟,呈现全球化混业经营的趋势,由于金融市场面临不发达、不完善等诸多问题,这就需要依托双峰监管模式来监督金融市场和所有重要的金融机构。“双峰监管”体系是审慎监管和行为监管的双分离,突出保护金融消费者和合法权益,构建了独立的行为监管体系。审慎监管分为宏观审慎监管和微观审慎监管,宏观审慎监管是限制金融体系的系统性风险,采用逆周期资本缓冲、资本附加、流动性附加、动态拨备、动态贷款价值比等工具;微观审慎监管是限制金融机构的个体风险,采用资本充足率、杠杆率、流动性比率等工具。在 2008 年以前,全球金融机构监管模式是通过单个金融机构的有效监管,来保证整个金融体系的安全,这就是典型的微观审慎监管。但是雷曼兄弟公司破产事件让大家认识到,微观审慎监管不能有效地防范金融体系的系统性风险,需要用宏观审慎监管来管理金融机构和金融市场的系统性风险。因此,有效的金融监管体系必须依托宏观审慎监管和微观审慎监管的有效组合。行为监管是一种以监管有效性和监管效率为目标的金融监管,这种监管是从金融消费者视角对金融机构的经营行为和信息披露进行规范,让金融消费者能够获得充分的信息,维护金融市场的公平正义,培育金融机构诚实守信的金融伦理和文化。基于金融市场参与者地位和金融产品服务的内在特性,对于金融市场的反竞争行为、不当市场行为、信息不对称和系统不稳定等市场失灵现象,最低限度的金融监管不能有效抑制,需要建立专门的行为监管机构——金融行为监管局来保护消费者,对金融风险和偏离行为进行提前干预,对行为风险进行及时处置,采取有效的监管策略确保行为风险得到控制。行为监管包括机构监管、产品线监管和响应监管等三个方面,机构监管重点从单个金融机构视角评估金融消费者保护状况,产品线监管重点从涉及的业务、产品进行功能性监测,响应监管重点从消费者反馈、风险事件受理来实施行为监管。

(四)监管模式

2008年爆发的全球金融危机对金融体系和实体经济造成重创,对原有的金融监管理论以及金融监管模式、方法和工具形成前所未有的挑战,金融危机事实证明在多头金融监管模式下存在着监管空白和监管重叠的现象。当前,一行三会的金融监管模式导致监管分割,政策不衔接,容易造成监管缺位和监管套利的问题,从而积累系统性风险。金融监管架构已不适应金融全球化、业务多元化的发展需要,必须通过完善货币政策体系和金融监管体系,来消除金融监管盲点和监管套利,切实维护金融市场的稳定发展,建立宏观审慎监管和微观审慎监管体系。从国内外金融监管模式和发展历程来看,中国金融监管框架不宜短期变化较大,应采取循序渐进的方式推进金融监管模式的创新与变革,通过加强各金融监管机构之间的联合监管,依托大数据金融监管决策系统,来实施有效的“多层 + 双峰”监管新模式。第一,在坚持分业监管模式的条件下,持续加强各金融监管机构之间与中央银行的统一监管,搭建监管协调机制和法律约束机制。第二,以各金融监管机构为基础,建立“中国金融稳定监管委员会”,形成职责清晰、分工明确的联合监管体系,有效实施金融监管。第三,由“中国金融稳定监管委员会”搭建金融监管组织框架,明确宏观审慎监管和微观审慎监管的职责,由中国人民银行负责货币政策、宏观审慎监管、系统重要性机构监管、金融生态环境和基础设施建设,由“三会”负责微观审慎监管和金融机构行为监管,并明确地方政府部门的监管职责,三会合并为“金融监管委员会”。第四,最后形成具有中国特色的“多层 + 双重”监管新模式。第一层是建立“中国金融稳定监管委员会”,第二层是银监会、证监会、保监会等三家具体金融监管机构,第三层是相应的地方政府及监管部门。双重是监管职能机构分为审慎监管机构和行为监管机构,三会负责审慎监管,金融消费者及投资者保护局负责行为监管,构建中国金融稳定监管委员会、中央银行、金融监管委员会、金融消费者及投资者保护局的管理架构。

金融危机让我们认识到,以特定监管机构和金融市场为重点的监管方法已不能适应大数据模式下金融监管需要,金融市场的持续创新和信息技术的飞速发展,给整个金融监管体系带来了前所未有的挑战,即使意识到金融风险,也缺乏有效的监管平台和工具,不能及时解决金融市场发展的问题。

四、大数据金融监管平台创新

伴随着互联网金融、大数据时代的来临,仅仅对金融监管机构管理模式改革已不能完全适应互联网金融时代的监管需要，这就迫切要求建立“大数据金融监管平台”来有效助力金融监管模式，依托智能化、一体化的金融监管平台服务于金融市场的发展。近几年来，随着大数据价值发现理论、协同自组织理论、产权界定理论、资本要素理论、维基创新理论、管理决策理论的日臻完善，以及多源异构数据集成挖掘和个性化价值测度理论的相互融合，特别是21世纪以来大数据在金融监管体系中的广泛应用，迫使金融监管体系发生了一场革命，金融监管机构依托大数据金融监管平台，对机构、功能、业务、人员等方面的大数据进行价值挖掘，提升金融监管决策的时效性、准确性和动态性，从而使金融监管体系进入到大数据驱动下的全景式管理模式，管理决策中各参与方角色用多元、交互的信息流建立情景统计预测模型，利用大数据挖掘技术构建多源异构及非结构化的关联、融合、分析平台。当前，国内外对大数据驱动下的金融监管平台正处于探索发展阶段，国外对大数据驱动下金融监管平台的实践研究较为广泛，主要涉及银行、保险、证券、信托等多个领域，从结构化数据和非结构化数据两个方面构建强大的企业级数据库，运用大数据挖掘技术进行分类管理、聚类分析，结合各领域的管理应用理论和模型，构建满足金融监管需要的智能管理决策模型，实时展示金融机构的监管数据，为金融监管体系发展奠定基础。国内对大数据在金融监管体系中的应用还处在发展阶段，在不同领域和监管业务条线构建企业级数据库，在金融机构报表统计、数据报送等方面得到较多应用，但在各监管业务条线的大数据整合、交互和智能挖掘等方面还处于探索阶段。

金融监管机构要完成主要业务系统数据进入企业级数据仓库，以独立数据集方式建立明细数据、综合统计、智能筛选、监管模型、问题诊断等系列应用，金融监管平台服务于各监管业务条线的管理决策，通过大数据与监管模型的组合应用来助力金融监管，助力金融市场的健康发展。第一，监管技术。在大数据技术条件下，需要依托监管手册和监管程序，实现非现场监管和现场监管的有效结合，借助大数据技术和监管模型来实现有效监管，消除监管信息不对称的问题和差异，确立最优监管模式，切实提高金融监管的质量和效率，服务金融机构的稳健、合规、持续的发展。第二，监管方式。监管机构要在风险监控、模型使用、估价管理等方面进行不断优化，借助大数据技术和监控模型构建金融市场风险监控架构，改善金融控股集团的监管方式，运用金融风险评级系统客观反映金融业的发展状况。第三，并表监管。在当前监管条件下，要依托大数据技术把各监管机构的报表实施并表，尤其是对金融控股集团要进行有效的并表监管，在监管过程中明确大额风险敞口、贷款的监管口径和要求，建立科学、完善的金融监管体系，切实维护金融市场的稳定。

面对国际国内金融业形势与监管要求的变化，原有金融监管模式受到挑战，需要依托大数据驱动下的混业监管、功能监管和双峰监管的理念，借助大数据的金融监管平台支持金融业价值创造的管理范式，构建自上而下的大数据金融监管平台，全面提升金融监管效能。大数据的金融监管体系需要依托信息化手段和大数据管理决策工具，着力构建易用、便捷的大数据金融监管平台，使 7 × 24 小时的金融监管服务成为常态，报告频度和时效性不断提升，搭建起可视化、移动化、智能化、集成化的大数据金融监管平台，提供集银行业、保险业、证券业与信托业于一体的金融监管解决方案，全面服务于金融监管一体化的国家战略。当前，大数据普及与信息安全性的矛盾更加突出，对从业人员的职业操守提出更高的要求，如何解决好金融监管体系开放融合与安全性的有机统一，是今后需要重点关注的问题。互动创新将成为金融监管平台建设的主要方法，互联网思维和大数据管理营造出“大小机构平等”、“监管者与被监管者同权”的良好氛围，金融监管机构内部和外部的界限更加模糊，金融监管一体化将成为未来发展的主要趋势。同时，大数据与金融监管的融合将更加紧密,监管披露将更加规范,金融监管无处不在,从金融监管战略制定到战术执行,乃至具体到每个行业、每个业务、每个机构,大数据条件下的金融监管导向将更加明确。

大数据金融监管平台将融合新科学管理理论、价值创造理论、战略规划理论、决策理论、组织理论、系统理论等管理理论,准确把握金融监管一体化的实施路径,有效支持金融监管的创新发展,为金融监管体系构建一体化、智能化的平台提供强大支持。当前,中国金融市场以打造国际一流为愿景目标,通过综合化金融、集团化管理、国际化发展不断提升国际市场竞争力;中国要实现这一目标,必须构建一套科学、合理、有效的大数据金融监管平台进行约束固化,这一平台必须与金融监管改革创新相适应、与金融业务发展相匹配、与金融体制机制相同步,并体现分工协作、互利共赢的金融监管理念。大数据金融监管平台将从金融市场管理的问题导向视角展开,从剖析问题入手,寻找“焦点”;从监管业务入手,寻找“重点”;从专业特色入手,寻找“亮点”。从金融监管的全面性来看,存在着一定的监管空隙,没有哪一个监管机构有责任和能力监管整个金融体系。间接融资在发达国家金融市场的主导作用逐渐下降,直接融资不断兴起,金融市场复杂性、脆弱性和不透明性必然影响经济的发展,这需要依托大数据技术收集、整理、分析、评估金融监管数据和相关信息,对金融市场进行全面监管。大数据技术能够按照金融监管体系的要求,通过金融监管平台的监管视图展示和整合各类金融监管信息,对各类金融监管数据进行客观、全面的反映,综合评价金融机构的经营业绩和管理活动,为不同层级金融监管者提供管理决策支持,促进金融监管水平的全面提升。

大数据金融监管平台包括管理一体化、决策一体化、数据一体化、系统一体化、业务一体化的五位一体的管理架构。第一,管理一体化。管理一体化是通过集合金融监管平台各个业务条线数据,建立智能化、一体化的金融监管体制机制，包括金融监管机构的组织架构、岗位类别、职能分工和人员配置等诸多内容，也包括金融监管平台各个业务条线及相关参与主体的资源配置和相关关系。管理一体化可以构建混业监管、功能监管和双峰监管的配套机制，根据不同层级、不同行业的经营特点，建立基于金融监管的联动分析管理体系，建立基于大数据金融监管的战略传导体系，真正服务于金融业的健康稳健发展。第二，决策一体化。决策一体化是金融监管机构众多业务条线组成的大数据网络，收集、整理、加工各业务条线的金融监管决策信息，各级金融监管的执行者依据信息进行科学决策和有效监管，大数据驱动下的监管决策可使各业务监管条线分工协作，把各业务监管条线组成一个有机的统一整体，克服各自为政、效率低下的问题。决策一体化的核心是如何处理好金融监管决策中整体与个体之间的关系，实现金融监管整体利益与各业务监管条线局部利益的耦合，搭建起基于数据分析的监管决策支持体系，满足金融监管未来发展的需要。第三，数据一体化。数据一体化是由金融监管机构各个业务系统组成的大数据信息构成，通过数据采集、数据传输、数据加工和数据存储，使金融监管机构对数据进行变革，由局部数据向全局数据变革，由结果数据向过程数据变革，由总量数据向明细数据变革，数据加工由样本数据向全局数据变革，金融监管决策由基于样本数据的主观决策为主，向基于全局数据的科学决策变革。金融监管机构依托互联网技术进行实时传输，依托计算机技术进行海量数据加工计算，依托云存储技术低成本运营，真正实现监管数据的一体化。第四，系统一体化。系统一体化是通过不同监管业务系统模块之间的集成，打破系统之间功能分割、数据分离的状况，实现系统之间的互联互通和信息共享。系统一体化在技术手段上将业务系统、监管系统、报表系统、数据仓库等结构化和非结构化信息进行一体化整合，解决各业务监管系统长期以来数据来源分散、系统重复开发、数据口径不一等实际问题，实现系统数据的集约化、自动化和智能化，为金融监管需求与供给的良性耦合提供保障。第五，业务一体化。业务一体化是根据金融监管需求进行数据供给和业务模型整合，从整体的视角审视监管需求，不同业务监管条线通过分工协作进行业务整合，以减少金融监管过程冗余环节和流程为目标，避免金融监管被人为分割、重复监管的问题，降低监管机构的成本和费用，在满足金融监管需求的前提下，实现金融监管投入的最小化，构建基于事中事后金融监管的一体化服务支持体系，实施过程管理、监管优化等改革，建立以服务金融发展为目标的金融监管保障体系。

参考文献

1. 巴塞尔银行监管委员会：《巴塞尔协议Ⅲ》，中国金融出版社 2014 年版。
2. 巴曙松、金玲玲等：《巴塞尔资本协议Ⅲ的实施——基于金融结构视角》，中国人民大学出版社 2015 年版。
3. 巴曙松、朱元倩、金玲玲等：《巴塞尔Ⅲ与金融监管大变革》，中国金融出版社 2015 年版。
4. 卞志村、毛泽盛、刘敏楼等：《金融监管学》，人民出版社 2011 年版。
5. 陈二厚、齐中熙、韩洁等：《打造中国经济升级版——新一届中央政府简政放权改革纪实》，中国言实出版社 2015 年版。
6. 邓文奎：《把简政放权向纵深推进》，中国言实出版社 2015 年版。
7. 艾利斯·费伦、尼阿姆·莫洛尼、詹尼弗·希尔、小约翰·科菲等：《后金融危机时代的监管变革》，法律出版社 2016 年版。
8. 郭田勇：《金融监管学》，中国金融出版社 2009 年版。
9. 刘春航：《解密巴塞尔——简析国际银行监管框架》，中国金融出版社 2015 年版。
10. 刘士余、周学东、刘向民等：《美国金融监管改革概论》，中国金融出版社 2011 年版。
11. 马建堂：《大道至简——简政放权的理论与实践》，人民出版社 2016 年版。
12. 乔安妮·凯勒曼、雅各布·德汗、费姆克·德弗里斯等：《21 世纪金融监管》，中信出版集团 2016 年版。
13. 万峰等：《金融集团监管——国际比较与中国选择》，中国金融出版社 2013 年版。

14. 吴张珺:《美国银行业及其监管有效性的评估报告》,中国金融出版社 2015 年版。

15. 雍冀慧:《银行业行为监管研究——基于英国 FCA 政策实践的分析》,中国金融出版社 2015 年版。

(丁志勇,北京大学光华管理学院,中国工商银行股份有限公司;
马杰,中国金融杂志社;封世蓝,北京大学光华管理学院)

资本市场改革：简政放权、制度建设与监管执法

肖汉平

随着经济发展，资本市场在经济增长和结构变迁中的作用不断提高，但其对实体经济的影响取决于在金融体系中的资源配置效率高低。作为资本市场的重要组成部分的股票市场是在中国经济体制转型过程中在政府自上而下推动下快速发展起来的，目前已经成为全球第二大市场，但中国股票市场表现出“**大而不强，大而脆弱**”的特征。资源配置效率低和不稳定性高一直是困扰中国股票市场发展的主要问题。随着中国经济进入“**新常态**”，股票市场在推动中国经济转型与升级和促进创新中的重要性不断提

高,因此,如何提高资源配置效率,实现市场稳定运行就成为“**新常态**”下股票市场发展需要解决的关键问题。

一、发展和改革:历史回顾

自 1979 年开始,中国开启从传统计划经济向社会主义市场经济体制的转型过程。随着改革的深入,股份制作为明晰产权、界定产权、培育独立市场主体和国有企业改革的最佳制度选择逐渐被广泛认知。国有企业股份制改革和新的股份制企业的建立为中国股票市场发展提供坚实基础。

(一) 体制转型背景下资本市场发展历程

中国股票市场是在经济体制转型背景下在政府自上而下的推动下发展起来的。1984 年一些城市小型国有企业和集体企业开始进行股份制尝试,最初的股票开始出现,1986 年后越来越多的企业,包括一些大型国有企业纷纷进行股份制试点,股票一级市场开始出现,同年沈阳和上海开始股票柜台交易,二级市场开始出现。1990 年政府允许一些有条件的大城市建立证券交易所,上海证交所和深圳证交所于 1990 年 12 月先后开始营业,到 1991 年上海证券交易所有 8 只上市股票,深圳证券交易所有 6 只上市股票。从交易所创立至今,市场发展分两个阶段:

第一阶段(1992—1999 年):**政府主导下探索阶段**。“十四大”明确提出:经济体制改革目标是建立社会主义市场经济体制。1993 年国务院发布的《关于金融体制改革的决定》中明确提出:在企业股份制改造的基础上规范股票的发行和上市。1992 年成立国务院证券委和中国证监会。1993 年全国人大颁布《公司法》规范公司设立和经营管理;国务院证券委开始起草、制订有关证券市场管理的行政法规,同年,国务院颁布《股票发行与交易管理暂行条例》、证券委发布《公开发行股票公司信息披露实施细则》、《禁止证券欺诈行为暂行办法》、《关于严禁操纵证券市场行为通知》等行政法规。

1997 年“全国金融工作会议”决定对金融行业实行分业经营、分业监管；建立全国统一证券期货管理体系，理顺中央和地方部门的监管关系。1997 年国务院发布《证券投资基金暂行管理办法》规范证券投资基金运作；为加强证券监管，在 1997 年修订后的《刑法》中增加了对内幕交易、泄露内幕信息、制作和传播虚假信息和操纵股票价格的刑罚。1998 年对证券管理体制进行改革，撤销证券委、合并人民银行证券中介机构、投资基金监管，将证券交易所和地方证券监管机构收归证监会直接管理，建立以中国证监会为基础的集中统一监管体系。1999 年《证券法》颁布，正式确立资本市场的法律地位。

在股票市场运行中，一级发行市场实行额度指标管理的审批制，发行企业由承销商按一定的标准确定发行价格；在二级市场上，存在非流通股和流通股、流通又分 A 股、B 股，其中 A 股、B 股可以在市场上自由交易。在这一阶段，一方面政府主导选择发行上市对象，另一方面在二级市场政府通过行政、税收、舆论对指数进行调控。

第二阶段（2001—2013）：**市场化转型阶段**。由于股票市场存在制度和结构性缺陷，如投资者保护缺乏、股权分置、公司治理机制缺陷，上市公司丑闻、证券公司管理不善、机构投资者缺乏等问题；导致自 2001 年 6 月 14 日开始进入一个长达 4 年半的熊市，低迷的股票市场与强劲的经济增长形成强烈反差。

为了恢复投资者信心，促进市场健康发展，2004 年国务院发布《关于促进资本市场改革开放和稳定发展的若干意见》，开启一轮资本市场改革。随着资本市场改革和开放的推进，股票市场出现了一系列积极变化，具体表现在以下方面：（1）IPO 由之前的审批制改革为核准制，核准制又经历“通道制”和“保荐人制”的变化，股票发行定价开始采取询价制，市场化程度有所提高。(2)以全流通为目标的股权分置改革稳步推进；初步建立了包括主板、中小板和创业板、新三板和区域性股权市场的多层次资本市场体系。(3)在我国初步形成包括证券投资基金、全国社保理事会、保险公司、QFII、企业年金、RQFII等的机构投资者。(4)期间推出融资融券制度和股指期货；此外，也出现一些结构性变化，如，私募基金注册登记制度、金融业混业经营趋势等。

随着《证券法》及相关法律法规的实施，市场执法体系逐步建立，如2002年增设负责查处市场操纵和内幕交易的机构，公安部设立证券犯罪侦查局，与证监会合署办公，负责侦查证券犯罪，以加强对内幕交易和价格操纵等违法行为的执法力度。为了增强对少数股东权益的保护，2003年开始对《证券法》和《公司法》进行修订，并于2006年正式颁布实施，修订后的《公司法》增加了独立董事制度、董事和控股股东的信托责任、累积和代理投票权、关联交易和重组等内容；此外，2006年修订后的《刑法》也增加了挪用资金的公司经理的个人责任和虚假信息陈述的犯罪责任等。

(二) 发展成就和存在的问题

经过二十多年的发展，中国逐步建立了多层次资本市场体系，上市公司所有制结构呈现多样化特征，上市公司数量和市值规模实现了快速增长。与此同时，在借鉴国外法律制度经验的基础上，初步形成以《公司法》、《证券法》、《证券投资基金法》、《刑法》等法律为基础的多层次的资本市场相关法律、法规和规则体系，以证监会的行政执法为主导、行业协会和证券交易所自律为补充的证券监管执法体系。但由于制度变迁的路径依赖，在现存的法律制度和监管中存在明显的“**二元结构**”特征，即计划和市场理念并存的局面，不利于市场的效率提高和稳定运行。

目前我国股票市场规模仅次于美国，成为全球第二大股票市场，但中国股票市场表现出典型的**"大而不强"**和**"大而脆弱"**的特征；市场运行存在高投机性、高波动性和股价变化同步性特征；市场机制在金融资源配置中的作用没有得到充分的发挥。从资本市场监管看，目前存在的主要问题是监管理念错位、执法不力和执法机制失衡，违法案件越来越多。近年来，违法案件呈多发高发态势。2009—2012 年，案件增幅年均 14%，2012 年同比增长 21%，2013 年上半年同比又增加 40%。目前，内幕交易案件数量超过一半，欺诈发行、虚假信息披露案件在快速上升。内幕交易开始向隐名化、集群化、跨界化、多层传递演化，市场操纵出现短线化、多点化、合谋化和跨市场化的趋势。部分案件的社会关系复杂，不仅涉及上市公司、中介机构高管人员，还涉及到金融机构、党政机关干部。

从中国股票市场发展脉络看，股票市场是改革开放背景下由政府自上而下推动发展起来的，在国有企业改革和民营经济发展、**推动非均衡中国经济向市场化均衡的经济转型**中发挥了重要作用。虽然资本市场是中国经济体制改革的产物，但资本市场发展本身同样经历政府和市场作用的不断调整的**"简政放权"**过程。在这一过程中，通过不断的制度创新，逐步调整政府和市场在股票市场发展中的功能。但随着中国经济进入"新常态"，资本市场发展存在诸多不适应，因此，需要通过制度创新和改革进一步完善股票市场功能。

二、新常态下资本市场发展重要性

随着经济增长，金融体系在经济增长中的作用机制明显不同；在经济发展早期阶段，资本积累和资本形成是金融体系影响经济增长的主要驱动机制，银行体系发挥重要作用；但在经济发展到一定阶段后，金融体系的作用机制由资本形成转向生产率改善，市场机制在资源配置中的作用不断提高，资本市场、尤其是股票市场在金融体系中的地位不断提高。

(一) 经济发展阶段与金融选择

金融体系对经济增长的影响主要通过资源配置、动员储蓄、风险管理和公司治理等功能来实现的。具体地说,金融体系借助于两个相互区别但又互相补充的机制来完成,即资本积累和全要素生产率(TFP)改善来实现其影响。资本积累机制强调金融部门通过动员储蓄、克服投资不可分性障碍来为生产性部门中的投资项目提供资金,实现资本积累和产出增长。TFP 机制强调金融体系通过创新性金融技术解决影响金融资源有效配置的信息不对称问题、监控投资项目及促进需要大量投资的新技术、新产业的发展。

在经济发展早期阶段,资本积累和资本形成是经济增长的关键驱动力,要素密集投入和规模扩张是这一阶段经济增长的典型特征,在接近技术前沿之后,经济增长驱动主要通过创新和生产率增长驱动。在经济发展不同阶段,金融体系的作用机制存在明显不同。在低收入水平阶段,金融体系驱动经济增长主要通过资本积累机制,相反,在进入中等收入、特别是高收入阶段,金融体系主要通过提高生产率来发挥作用。而中等收入是金融发展影响经济增长机制变化的临界点。随着经济发展,银行和证券市场变得更加发达,但在金融体系中银行和证券市场组合也在不断变化,证券市场的重要性相对增加,金融结构更加表现为市场导向。

(二) 中国已经进入中等收入国家行列

伴随中国经济体制由高度集中的计划经济体制向社会主义市场经济体制的转型,中国经济快速实现由传统农业社会向工业社会的发展转型。按照世界银行最新的划分方法,中国自 2010 年开始成为上中等收入国家,经济发展开始进入“新常态”。在“新常态”下,中国既存在中等收入国家面临的共性问题,又面临在新一轮全球经济调整和新技术变革下中国发展模式遇到的个性化问题，如大国崛起中的地缘政治冲突问题、体制和发展转型中的路径依赖问题、接近技术前沿的自主创新问题、产能过剩和高债务杠杆问题、人口老龄化、贫富差距和腐败等问题。

随着经济进入“新常态”，要求中国经济发展模式由过去的“要素驱动型”增长向“创新驱动型”增长转换。在“新常态”下，创新不仅要追赶现有技术的领先水平，而且要通过“自主创新”开拓前沿技术，通过原始创新，产生人类社会未曾有过的新技术，从而向前拓展现有的增长可能性边界。由于技术前沿的创新是对未知的试错，不确定性高，在这类创新中，中小企业将发挥更大的作用。而中小企业创新需要一种能够为企业创新提供**“风险和收益匹配”**的金融制度安排。国际经验显示，在技术前沿创新驱动增长模式中，创业投资将发挥更大作用，但创业投资的发展需要一个活跃的股票市场提供支持。美国活跃的 IPO 市场是创业投资成功的主要原因。

（三）金融体系变革是现阶段经济转型和供给侧结构性改革的关键驱动

经过三十多年的改革和发展，中国已经建立了庞大的金融体系。这一金融体系在过去三十多年中国经济高速增长中发挥了重要作用。随着经济发展，金融体系与实体经济发展的不适应性明显增强，主要表现在三个方面：一是整个金融体系市场化程度不足，市场在资源配置中的作用受到明显抑制，资源配置效率较低。二是现存中国金融体系是以银行为主的间接融资体系，直接融资占比偏低，如 2014 年非金融企业直接融资占社会融资规模的比重为 17.2%，这直接影响到创新型中小企业获得必要外部资金来源，不利于经济可持续增长。三是在宏观杠杆率高企的同时经济金融风险主要集中于银行体系。根据国家金融与发展实验室 2016 年 6 月

15 日披露的最新研究,截至 2015 年年底,我国债务总额为 168.48 万亿元,全社会杠杆率为 249%。其中,非金融企业部门的债务问题比较突出,债务率高达 156%。

虽然中国已经建立了庞大的金融体系,但目前中国金融体系属于典型的银行主导,资本市场作用偏弱;市场机制作用受到抑制。随着中国经济进入"新常态",未来中国经济增长将主要依赖创新驱动。在"创新驱动"模式下,现有银行主导的金融体系显然难以适应新的发展模式需要,因此,对现有金融体系进行改革就变得刻不容缓。从国际经验看,中国金融体系改革需要从两个方面进行:一是发挥市场机制在金融体系中资源配置的决定性作用,逐步实现金融体系自由化;二是大力发展多层次的股票市场,为不同发展阶段的企业提供外部融资,推动金融体系结构市场化转型。

三、简政放权背景下资本市场"市场化"改革

国际经验表明:投资者权益的保护、股票市场资源配置效率高低和市场稳定性不仅取决于市场机制能否发挥决定性作用,而且取决于是否存在有效的制度安排以及监管机构的有效执法能力。为了建立资源配置有效、运行相对稳定的资本市场,中国资本市场改革重点应该是在**"简政放权"**基础上充分发挥市场机制在金融资源配置中决定性作用,同时,通过制度建设(立法)**理念创新**,突破制度变迁中的路径依赖;通过权力、责任、负面清单,清晰界定政府的权力和责任,纠正证券**监管错位**行为;通过强化**信息公平披露**机制,缓解市场运行中信息不对称问题,通过制度建设,规范市场中介、上市公司和投资者的市场行为;通过建立强有力的事中、事后**监管执法、行业自律**,确保违法和违规者得到应有惩罚和约束,提高市场效率,促进市场稳定运行,保护投资者的合法权益。

（一）一级市场：发行向注册制过渡

一级市场是股票发行的市场。在发行市场上，投资者支付大量的金钱购买一种完全依赖发行人提供的信息质量的无形权利的股票。由于在股票购买过程中，发行人和投资者之间存在明显的信息不对称，因此，在发行市场最重要的是通过恰当制度安排，避免信息不对称引发的“逆选择”问题，以保护投资者的合法权利。

1. 发行制度

在一级市场中存在四类参与主体：发行人、投资者、中介机构和监管机构。发行人包括上市公司，投资者包括机构投资者和个人投资者，中介机构包括会计师事务所、投资银行、律师事务所、证券交易所。在发行市场上，不同国家通过不同制度安排和监管执法，以缓解信息不对称问题，由此形成不同的发行制度，即以实质性审核和价值判断为基础的核准制和以信息披露审核为基础的注册制。在发行效率上，注册制明显优于核准制。

核准制实行实质性审查。发行人不仅要公开披露与发行人有关的信息，还必须符合法律规定的发行条件，政府对发行人资格及其发行的证券进行价值判断，只有符合条件的发行人经监管机构核准才可以发行。英国是核准制的典型代表，在英国，要求对拟上市公司公开发行股票进行上市审核，发行人不仅要公开真实情况，而且必须符合若干实质性条件，才能获准公开发行股票并上市。之前我国香港也是实行核准制，但本世纪开始从实质性审核模式向信息披露模式转变，联交所 1998—2001 年度的战略规划设定了一个目标，即力促发行监管体制向更加（彻底的）信息披露模式演变，联交所认为香港现在采用“高度市场化的‘核准’制度”。我国台湾地区在股票发行上，根据本地证券市场发展情况，在不同时期经历了单一核准制、核准制与注册制并行和单一注册制三个阶段的演变。

注册制是一种市场化程度最高的股票发行制度。注册制实行形式审查,信息披露是注册制的核心,监管机构对证券发行人事先不做具体条件限制,发行人需要全面、准确地将投资者判断证券性质和投资价值的重要信息做出充分披露,主管机构重点审查公开信息是否全面、真实、准确。证券监管机构对证券发行不做特别授权,其职责是确保信息得到充分披露。一旦投资者因为发行人在注册文件中存在虚假信息或隐瞒不好的信息导致损失,监管机构将追究发行人、中介机构的法律责任,包括刑事和民事责任。

与核准制注重事前的实质性审查不同,注册制实际上是通过事中的声誉机制和事后法律责任机制来保障信息披露真实可信,通过声誉机制和市场的淘汰机制让劣质公司出局。因此,如果没有一套确保信息披露真实、完整、准确的制度安排和事后对欺诈的严厉惩罚机制,注册制有可能导致严重的“逆选择”或“柠檬市场”问题。

2. 问题与改革

在 2001 年之前中国实行政府行政“审批制”。在审批制下,政府在股票发行中发挥决定性作用。2001 年之后实行股票发行“核准制”。比起之前的审批制,核准制市场化程度虽有所提高,但政府在股票发行定价、规模和时机等多方面存在明显影响。总体上看,我国实行的是一种市场化程度较低的“核准制”。但自实行核准制以来,出现了不少企业包装上市、业绩造假甚至涉嫌严重欺诈发行,企业股票发行上市之后经常出现“一年红火、二年平淡、三年亏损、四年重组”的现象,核准制并没有达到预期目的。在历史上,虽多次对核准制进行改革以提高市场化的程度,但是在多方利益博弈影响下,改革的执行效果并不理想。

十八届三中全会《关于全面深化改革若干重大问题的决定》中明确提出“推进股票发行注册制改革”。国际经验表明:注册制要成功实施,首先,需要由精通证券市场的专业人员制订相对完备的法律和法规体系;其次,需要有信誉和成熟专业技能的中介机构来保障发行人信息披露的质量;第三,需要有声誉的自律组织通过声誉机制来约束和规范中介机构的行为,确保中介机构行为遵循职业道德规范;第四,有法律、法规等制度安排来对发行人和中介机构的虚假或误导性披露行为实施严厉惩罚;第五,监管机构必须诚实可信,有足够的精通证券业务的专业人员和预算来对涉及虚假或误导披露的案件进行调查;第六,司法系统必须足够诚实,专业人员能够快速处理案件并迅速形成决定以防止资产抽逃。

3. 政策建议

由“核准制”向“注册制”的过渡是发挥市场在金融资源配置中决定性作用的重要制度创新,但注册制要平稳推出,首先需要对现行法律、法规和规则中的发行制度进行修订;其次要建立有效的问责机制,强有力的公共执法体系,以形成对欺诈发行的有效震慑;最后选择合适的推出时机。在目前我国的市场环境下,由于长期积累下的估值结构和投资理念问题,需要时间消化和纠偏,因此,可以采取**“制度和执法先行,分步推进”**的原则来推进发行制度由**“核准制”**向**“注册制”**过渡。

“注册制”是在现有的市场结构基础上的一项重大制度变革,涉及多方利益的调整和市场理念的更新,制度建设和强力执法先行目的是为注册制实施创造必要的制度和诚信的市场环境;分步推进是通过对现有制度逐步调整,分步实施,最后在全市场实行**“注册制”**。

(二) 二级交易市场:强化效率驱动、结构优化,建立危机应对机制

一个有效的二级市场是股票定价准确且具有流动性的有效市场。在这里,影响企业价值的信息能够准确、快速地反映到股票价格中;同时投资者能够迅速完成买卖交易。一个有效市场不仅有利于经济资源有效配置,而且有利于形成有效的公司控制权市场,有利于 IPO 和再融资有效实施。

1. 市场结构与纠错机制

定价准确的核心是信息有效融入股票价格之中,使股票价格与企业的基本价值一致。这些信息包括特定企业的信息和一般市场信息。特定企业信息包括管理层素质、企业经营计划和历史信息、财务状况、研究开发潜力等,一般信息涉及竞争对手、行业和本地及全球经济等。在现实中,将信息有效融入股票价格是存在信息搜寻和核实成本的,且需要专门信息分析技能。

股票市场价格是不同类型交易者相互作用的结果。在二级市场上存在四类参与者:内部人、信息交易者、流动性交易者、噪音交易者(投机者)。其中,信息交易者主要包括专业机构投资者和分析师,专业机构投资者包括共同基金、养老基金、保险公司等。通常,内部人和信息交易者基于其掌握的信息计算价值、确定价格并纠正价格与价值之间的偏差。流动性交易者采取买入和持有策略或套利交易策略,对信息不敏感,也不关心,其对价格的影响相对中性,而采取非理性投资策略的噪声交易者将扭曲市场价格。因此,市场价格的准确程度取决于内部人和信息交易者平衡噪声交易者扭曲行为和定价新信息的能力。

内部人和信息交易者是市场准确定价的力量,但能不能实现市场准确定价,将受到三方面因素制约。其一,市场参与者结构。如果噪声交易者规模和实力强于内部人和信息交易者,市场价格将处于不准确的状态,市场效率将难以实现。其二,信息的可获得性。信息是定价的基础,信息包括显性信息和隐含信息,信息交易者需要投入资源对这些信息进行核实,显性信息核实相对容易,但存在重复投入浪费,而对价格进行操纵的隐含信息则难以核实。其三,信息披露的公平性。由于内部人和信息交易者在信息拥有上的差异,内部人在特定信息拥有上处于垄断地位,信息交易者处于不利地位,如果这种状况不改变,信息交易者难以得到发展和壮大,市场同样可能处于低效甚至无效状态。正因为如此,世界各国均将内幕交易、市场操作和证券欺诈列入禁止行为和监管执法的重点。

一个有效市场存在内在纠错机制，不会出现股价严重偏离价值，但如果噪声交易者规模和影响力大大超过信息交易者，市场将出现价格与价值的严重偏离。在泡沫和危机中，股票市场参与者力量对比发生不利于市场平稳运行的变化，受羊群行为驱使的噪声交易者规模不断扩大，导致市场交易者结构严重失衡，从而导致市场纠错机制失效，最终导致股市泡沫化及之后的股市危机。

2. 危机与救市

股市危机由两个阶段组成。(1)泡沫化阶段。泡沫化市场价格不断偏离基本面决定的内在价值支撑过程。从经验看，股票市场泡沫常常是由过度自信和投资者羊群行为引起。由于缺乏透明度、高的信息获得成本、弱的监管执法等导致新兴市场和散户主导的市场更加容易产生羊群行为。同时，在一个噪声交易者活跃的市场上，专业交易者受投资行为“短期化”影响也倾向羊群行为，不去刺破泡沫，常常与泡沫共舞。(2)崩溃阶段。在股市危机中，前者是因，后者是果。没有前期泡沫化，就不会有后期危机发生。

作为一个新兴转轨市场，市场定价效率相对较低、市场投机性强、波动幅度大是中国股票市场典型特征。进入本世纪，股票市场就经历三次大起大落，第一次发生在本世纪初期，第二次发生在2007—2008年，第三次发生在2014—2015年。前两次是在国内外因素共同作用下产生的，最近一次基本是在国内因素主导下产生的一次严重的“股市危机”。从2014年年中开始，中国的A股市场进入一轮新的牛市行情，进入2015年以后，中国A股股价出现惊人的暴涨：到2015年6月中旬，上证综指已较2014年7月上涨了152%、较年初上涨了59.7%，中小企业板、创业板较年初上涨了138%和165%。从2015年6月15日至7月8日，在不到20个交易日里上证指数、深证指数、创业板指数分别下跌32%、38.9%和39.4%，到8月26日达到最低2850点，下跌了45%，中小板和创业板分别下跌44.6%和51.8%。此次危机不仅出现巨大的涨幅和跌幅,而且周涨跌幅、日涨跌幅明显较之前放大,异常涨跌幅频次明显增加。在全球金融危机集中爆发期间,A股市场涨跌波动幅度最高达7.66%,而2015年6月以后的股市涨跌幅波动幅度甚至大于2008年金融危机期间,达到7.90%,体现出更极端的市场状态。

对此次股市危机的解释,可以归结为以下几类因素:(1)预期因素:对改革、转型、资本市场政策错误解读导致牛市情绪爆发;(2)杠杆及流动性因素:高杠杆民间配资、结构性金融产品、银行理财资金、伞形信托、融资融券等加速泡沫形成和放大危机效应;(3)媒体舆论因素:官媒和市场化媒体过度渲染的"牛市"思维引起羊群行为;(4)金融技术因素:程序交易,包括量化投资和高频交易、Homs交易系统、互联网金融;(5)监管因素:监管错位、监管滞后、监管缺失、监管制度不适应。上述因素在此次股市泡沫和危机中发挥了重要作用,但这些因素发挥作用的基础植根于**市场投资者结构的缺陷,即市场交易者结构严重失衡导致市场纠错机制失灵,进而导致严重的股市危机发生。**

目前我国股票市场投资者结构基本上是一个自然人占多数的**非专业化机构市场**。在机构投资者规模上,境外专业机构投资者持股比重接近50%,而我国近十年来的平均水平仅为13%左右。本轮行情启动时,国内专业机构投资者持股市值占近10%,个人投资者占37%。根据上交所2014年统计年鉴披露,专业机构投资者(包括公募基金、全国社保基金、QFII & RQFII、保险公司、企业年金、证券公司)持股市值占比为14.58%。而以共同基金、养老基金、保险公司为代表的专业机构投资者是美国股票市场的主导力量,三类主要机构投资者所占比重分别为20.5%、13.8%、5.8%。

中国股市**特定投资者结构**使得市场存在**内在不稳定性**。在此次股市危机中,高杠杆因素、监管因素、预期因素、金融技术因素、媒体舆论导向等因素存在对这种内在不稳定性的**放大效应**,进而导致市场的快速泡沫化和崩溃。在这些因素中,杠杆因素对市场波动的**放大效应**引起广泛关注。一方面是在市场中杠杆被广泛使用,且存在严重的杠杆过度使用,另一方面是在混合经营背景下,杠杆因素引发了市场连锁效应,放大市场波动,存在引发系统性金融危机的风险。为了避免股市危机蔓延诱发系统性金融风险,政府监管机构采取救市措施非常必要,问题在于缺乏有效的危机应对和救助机制,从而造成顾此失彼的问题。在救市措施上,过多采取行政手段,从而引起国内外人士诟病。2015 年的股市危机充分暴露了在应对突发危机事件时的明显缺陷,缺乏有效的危机应对预案和救助协调机制,因此,需要探讨在股市危机中中央银行、财政部和证监会的各自功能定位。

3. 政策建议

为提高市场效率,需要采取以下措施。首先,稳步扩大具有理性、专业的长期资金规模,壮大信息交易者队伍,提高价格纠错能力;同时,完善业绩评级体系,抑制投资行为"**短期化**"。第二,在专业机构投资者规模有限的情况下,以**救市资金**为基础建立股市稳定基金,作为抑制非理性噪声交易者的力量。第三,强化**信息公平披露**机制,严厉打击内幕交易、证券欺诈、市场操纵,规范**内部人及大股东**的二级市场买卖行为。第四,规范各类媒体涉及市场及上市公司的信息传播行为,发挥舆论监督和市场净化功能,抑制**噪音交易和羊群行为**。第五,加强股票市场**信用交易**管理,规范投资者杠杆交易行为,控制杠杆交易风险。第六,加强对有效的危机应对预案和救市机制的研究,明确中央银行、财政部和证监会在危机应对中的功能定位。此外,需要加强**新技术和金融创新**对股票市场交易行为影响的跟踪研究。

(三) 简政放权与监管改革

十八届三中全会明确提出:经济体制改革是全面深化改革的重

点,核心问题是处理好政府和市场的关系,使市场在资源配置中起决定性作用并更好地发挥政府作用。而要使市场在资源配置中发挥决定性作用,转变政府职能是关键,党的十八届五中全会明确要求"深化行政管理体制改革,进一步转变政府职能,持续推进简政放权、放管结合、优化服务,提高政府效能,激发市场活力和社会创造力。"2014年9月10日李克强总理在第八届夏季达沃斯论坛上明确提出:"政府要建立'三张清单'(权力清单、负面清单、责任清单)制度,用'清单'明确政府的权力和职责,厘清政府与市场、社会的边界。"通过"三张清单",有效解决政府在市场经济管理中的错位、缺位、越位问题。

1. 理论、经验与现实

股票市场是以信息为基础的权利市场,信息不对称或信息质量优劣直接影响到投资者合法权益保护、市场效率和稳定性的实现。布莱克教授(Bernard Black)认为:一个强大、充满活力的市场就是法律和相关制度让少数权益股东相信能够及时获得关于公司价值的准确和完整信息及公司经理和控股股东不会欺骗他们,侵占他们的股权权益。戈申和奥维斯基(Zohar Goshen and Gideon Parchom Ovsky)认为:证券监管包括披露责任、限制欺诈和操纵、限制内幕交易。通过监管为信息交易者创造一个竞争性市场。国际证监会组织认为:一个可行的证券监管体系有三大核心目标,即保护投资者;确保市场公平、有效和透明;降低系统风险,在此基础上创造一个公平、有效和可信的市场。上述观点表明,证券市场制度建设和监管执法的基本理念是实现有效信息披露,降低交易成本,创建一个有效、稳定和充满活力的市场以保护投资者合法权益。

从世界各国证券市场监管实践看,证券监管的基本目标是保护投资者权益。投资者权益保护制度包括:(1)通过禁止市场滥用(内幕交易和市场操纵)、证券欺诈,有效维护市场诚信和保护公众投资者权益;(2)通过市场行为规则,规范中介机构提供投资咨询、资产管理、交易匹配、综合服务和实施投资推广行为；（3）上市公司强制信息披露义务。

中国资本市场是在从计划经济向市场经济转型中在政府自上而下推动下发展起来的。受制度变迁中“路径依赖”影响，中国证券立法和证券监管中存在明显的计划经济思维，强行政管理色彩。虽然随着改革不断深入，市场化程度不断提高，但至今市场发展仍主要依靠监管机构推动，监管机构在市场中仍处于核心地位，其政策和行为对市场影响巨大，呈现出典型的“**政策市**”特征。

2. 政策建议

在“**简政放权**”背景下，监管改革的关键是突破证券立法和证券监管的路径依赖，在发挥市场在金融资源配置中决定性作用的基础上**创新立法和监管理念**。监管改革的核心是通过制度创新，调整监管定位，纠正监管错位，推动监管转型，完善监管执法体系，让市场机制在资源配置中发挥决定性作用，提高市场效率，实现稳定运行。为此，建议从以下方面进行改革：

首先，**明确监管定位**。在简政放权背景下，发挥市场在资源配置中的决定性作用，证券监管是弥补市场失灵造成的资源错配和低效率，即信息不对称、垄断、公共产品和负外部性，最大限度保护公众投资者权益。

其次，**转换立法、修法和监管理念，纠正监管错位**。目前监管存在明显计划经济痕迹，在监管中过多采用行政手段和行政审批。中国社科院发布的《中国法治发展报告（2014）》认为：我国对于证券市场违法违规行为的查处过分倚重行政处罚，刑事问责的频度和力度都不大，民事责任更是有目共睹的“短板”。在简政放权背景下，需要突破证券法修改和监管的路径依赖，转换立法和监管理念，通过权力清单和责任清单，明确监管机构权力边界和责任范围，纠正监管错位、缺位、越位问题，改善市场运行机制。

第三，**拓宽证券定义，实行功能和行为监管改革**。在跨界经营和分业监管环境下,为避免系统性金融风险,有必要拓宽证券定义,提高证券监管有效覆盖面,向功能和行为监管转型,避免出现监管真空地带,形成**监管套利**风险。

第四,**建立证监会、行业协会和证券交易所构成的分工明确的新型监管体系**。在新的监管体系中,证监会主要功能是通过监管执法,保护投资者合法权益,剥离市场、行业发展功能和下放部分行政审批功能至自律机构。如由交易所、行业协会负责市场、行业发展和对证券中介机构实行注册备案登记制度、对高级管理人员和从业人员进行考核和资格认证,强化声誉机制对证券中介机构的自律管理;对证券交易所进行公司化改造,使其成为真正的市场主体,负责证券市场发展、证券上市和退市、市场运行管理等工作,完善市场功能,提高市场效率。

第五,**建立包括中央银行、财政部和证监会多方协调的"市场化"危机预防、危机应对和救助机制**。在正常情况下,证监会作为市场的监管机构,其主要功能应该是预防危机发生,一旦危机发生,就应该根据危机性质由中央银行或财政部分别负责危机应对和危机救助工作。

最后,**完善监管执法体系,强化监管执法力度,形成有效震慑机制**。好的法律制度如果不能得到有效执行,比没有法律更糟糕。SEC 前主席克里斯托弗·考克斯认为:中国证券法的重点不在于法律有多正确,而在于执行法律的力度。张舫和李响在对 2005 年《证券法》实施以来证监会执法强度定量分析时发现,除声誉罚外,证监会作出的财产罚、资格罚、市场禁入执法强度的总体均值皆处于一个较低水平,其难以对证券违法者起到有效的威慑作用。因此,需要**完善监管执法体系,增强对违法违规行为刑事犯罪惩罚、民事诉讼和行政处罚的力度**,适时推出**集团诉讼制度**,建立由精通证券业务的专家组成的**证券特别法庭或法院**处理证券违法犯罪案件,形成有效监管执法体系,提高监管执法效率。

参考文献

1. 巴曙松等:“股灾与救市:系统性风险防范”,《中国金融风险与稳定报告》第3章,2016年3月27日。
2. 陈甦、陈洁:“证券法的功效分析与重构思路”,《环球法律评论》2012年第5期。
3.《改革开放以来历届三中全会文件汇编》,人民出版社2013年版。
4. 顾连书:《中国股票发行监管制度变迁研究》,经济管理出版社2014年版。
5. 李林、田禾:《中国法治发展报告(2014)》,社会科学文献出版社2014年版。
6. 刘云亮:“权力清单制度与证券法修改”,《甘肃政法学院学报》2015年第4期。
7. 厉以宁:《非均衡的中国经济》,中国大百科全书出版社2009年版。
8. 厉以宁:“论‘中等收入陷阱’”,《经济学动态》2012年第12期。
9. 厉以宁:《中国经济双重转型之路》,中国人民大学出版社2013年版。
10. 厉以宁:“我们对简政放权的认识加深了”,《北京日报》2015年10月19日。
11. 清华大学国家金融研究院课题组:《完善制度设计 提升市场信心 建设长期健康稳定发展的资本市场》,2015年。
12. 汤欣、魏俊:“股票公开发行注册审核模式:比较与借鉴”,《证券市场导报》2016年1月号。
13. 王广谦、应展宇、江世银:《中国金融改革:历史经验与转型模式》,中国金融出版社2008年版。
14. 吴敬琏、厉以宁、林毅夫等:《读懂新常态:大变局与新动力》,中信出版集团2016年版。
15. 王啸:“试析注册制改革:基于问题导向的思辨与探索”,《证券市场导报》2013年9月号。
16. 王啸:“美国‘注册制’的四大难题与中国资本市场改革的思考”,《证券市场导报》2015年1月号。
17. 吴晓求:“股市危机:逻辑结构、多因素分析与政策建议”,第二十届中国资本市场论坛,2016年1月。
18. 肖钢:“监管执法:资本市场健康发展的基石”,《求是》2013年第15期。
19. 肖汉平:“试论我国创业投资的发展思路”,《中国人民大学学报》1999年第4期。
20. 肖汉平:“金融体系变革与机构投资者发展研究”,《证券市场导报》2007年1月号。

21. 张舫、李响:“对证监会执法强度的实证分析”,《现代法学》2016 年第 38 卷第 1 期。
22. 中国金融四十人论坛、上海新金融研究院:《中国金融改革报告 2013》,中国经济出版社 2014 年版。
23. 中国证券监督管理委员会:《中国资本市场发展报告》,中国金融出版社 2008 年版。
24. 周小川:“深化金融体制改革”,《中国金融》2015 年第 22 期。
25. Daron Acemoglu, Philippe Aghion and Fabrizio Zilibotti, *Distance to Frontier, Selection, and Economic Growth*, Nber Working Paper Series, http://www.nber.org/papers/w9066, July 2002.
26. Franklin Allen et al., “China's Financial System: Opportunities and Challenges”, in *Capitalizing China*, University of Chicago Press, 2011.
27. William T. Allen and Han Shen, “Assessing China's Top-Down Securities Markets”, National Bureau of Economic Research Project, “Capitalizing China”, September 2010.
28. Emilios Avgouleas, “Cognitive Biases and Investor Protection Regulation: An Evolutionary Approach”, electronic copy available at http://ssrn.com/abstract=1133214.
29. Utpal Bhattacharya and Hazem Daouk, “When No Law is Better than a Good Law”, electronic copy available at http://ssrn.com/abstract = 558021, April 2009.
30. Sushil Bikhchandani and Sunil Sharma, “Herd Behavior in Financial Markets”, IMF Staff Papers, Vol. 47, No. 3, 2001.
31. Bernard S. Black, “The Core Institutions that Support Strong Securities Markets”, Stanford Law School John M. Olin Program in Law and Economics Working Paper, No. 200, June 2000.
32. Black, Bernard, S. and Ronald J. Gilson, “Venture Capital and the Structure of Capital Markets: Bank versus Stock Markets”, *Journal of Financial Economics*, 1988, 47.
33. Zohar Goshen and Gideon Parchom Ovsky, “The Essential Role of Securities Regulation”, *Duke Law Journal*, Volume 55, February 2006.
34. Taisei Kaizoji, “A Behavioral Model of Bubbles and Crashes”, electronic copy available at http://ssrn.com/abstract=1572367.
35. Felix Rioja and Neven Valev, “Finance and the Sources of Growth at Various

Stages of Economic Development", *Economic Inquiry*, https://www.researchgate.net/publication/5211467, January 2004.

36. Zhong Zhang, "Law and Finance: The Case of Stock Market Development in China", School of East Asian Studies, University of Sheffield.

（肖汉平,湖南财经工业职业技术学院）

简政放权与财政体制改革

车耳　张偲

一、引言

（一）委以重任

“中国道路”这四个字的内涵，我们认为可以从两个方面去把握：一方面是中国特有的发展道路，另一方面是中国独具的改革经验。中国特有的发展道路是指社会主义制度下利用市场经济解放生产力，提高综合国力和人民生活水平；中国独具的改革经验是以财政体制简政放权改革为突破口，推进市场化改革。

正如厉以宁教授在本书序言中所指出的，“无论是从计划经济体制向市场经济体制过度，还是完善社会主义市场经济体制，都有必要简政放权。”换而言之，简政放权为市场经济服务，财政体制改革服务于、有利于统一市场的建立。

但是，中国财政体制的简政放权改革不能简单复制市场化程度很高的欧美发达国家的财政体制，因为这些国家政治分权架构稳定、财政分权成熟，并不适合社会、经济、政治均处于转型期的中国。我们可以有把握地说，中国的“简政放权”绝对不是抽象的概念和照搬照抄的说教，这一过程有丰富的实践经验和必然的历史逻辑——正如改革开放初期的简政放权一定不是政府向市场简政放权，因为那个时代几乎不存在以价格信号指导生产经营的市场主体，也就不存在市场机制，那么，在当时的历史条件下，简政放权指的一定是上级政府对下级政府之间关系的调整。政府间关系无论是政治关系还是经济关系，最直接的表现为财政关系，**即简政放权最初的切入点，就是政府间财政关系改革，即财政体制改革。**

以财政体制改革牵头的改革开放迎来了中国历史上经济增长的持续繁荣期，GDP 总量迅速增长，并在相当短的时间内拥有了令世界瞩目的良好基础设施。但地方政府对基础设施投资的决策是以实现短期内经济增长为目标而不是与再分配问题联系在一起，造成并在 21 世纪以来加剧了社会分配不均、环境污染被忽视、优质教育医疗公共资源紧张等诸多可持续发展问题。至此，人们再次注意到简政放权可能给经济带来的持续、良性活力，再次将财政体制改革置于历史新高度之上。

（二）再挑大梁

中共十八届三中全会通过的《中共中央关于全面深化改革若干重大问题的决定》（以下简称《决定》），将财政体制改革放在重要的位置予以单独表述[1]:"财政是国家治理的基础和重要支柱,科学的财税体制是优化资源配置、维护市场统一、促进社会公平、实现国家长治久安的制度保障。"[2]

我们注意到,这一表述是第一次将财政和财税体制的功能和作用扩大到经济范畴以外领域进行定位——直接将财政、财税体制上升到国家治理和现代化进程的高度,以期其发挥更基础性和全局性的作用[3]。这是因为,**国家治理**必然包括了社会、政治、经济、文化、生态、党建、外交、军事等所有领域,这不仅超越了财政到底是经济学还是政治学的学究式争论,更超越了财政与货币哪一个宏观干预更有效的分歧——**治理**与**管理**表面上仅一字之差,但体现了主体的扩大,管理往往指政府上下级的"条条关系"、政府同级的"块块关系",主体停留在政府本身;而治理则意味着政府既是管理主体,也是被治理对象之一,而且被治理对象被扩大到政府之外的社会组织、企业、居民个人等范畴。看出这其中的重大差别之后,我们可以有把握地判定,当今财政所面对的是整个国家治理体系改革的需求,应该站在社会主义市场经济体制建设的历史高度把握财政体制改革对国民经济运行的基础性、支撑性作用。

《决定》将财政的位置推向全新的历史高度不是偶然——如果一定要说自 1978 年以来的中国经济体制改革取得了什么共识的话,那么这个共识就是市场化方向的改革,而对市场化方向改革提

---

[1] 《决定》共 16 小节,财税体制改革的内容在第 5 小节。

[2] 《中共中央关于全面深化改革若干重大问题的决定》,人民出版社 2013 年版,第 19 页。

[3] 财政学科最具代表性的教科书对财政的功能和作用有如下表述:"财政是一个经济范畴,是政府集中一部分国民收入用于满足公共需要的收支活动,可简称为以国家为主体的分配活动"(陈共:《财政学》,中国人民大学出版社 2012 年版,第 12 页),这显然是将财政和财税体制框定在经济范畴寻求定位。

供最强有力支持的就是财政以及财政体制改革。因此,财政领域改革实际上已经伴随着中国经济体制改革至今将近 40 年,始终是中国整体经济体制改革的重要组成部分(甚至是政治体制改革的主要表现形式),始终服从市场化改革的历史趋势、全力支持着市场化改革的道路,为中国经济发展持续注入新的活力。

总结已有的市场化改革成功经验,我们认为,一个重要的成功经验是:中国政府在改革之初就首先对政府内部关系进行梳理,并将这一思路贯彻到整个改革政策的执行之中——在处理政府与市场关系这个重大问题的时候,中国政府首先从政府间关系的改革入手,政府间关系最重要的就是财政关系,政府间财政关系包括了政府间收入划分机制(又可分为税收收入划分和非税收收入划分)、政府间支出责任划分机制、转移支付机制、预算管理机制(例如举债权的分配问题)。

在初步探讨了财政体制改革对中国经济体制改革起到的贡献和所处历史地位之后,我们有必要对已有文献进行简要回顾,以从学理上把握简政放权、财政体制改革为什么会对中国经济增长提供持续的动力。

二、文献讨论

计划经济体制窒息了国民经济发展,市场化改革解放了被错误抑制的生产力。这一基本事实在学术界产生了一种对于计划经济体制广为盛行(实际上有失偏颇)的观点,该观点认为从新中国的社会主义改造完成到改革开放之前这一段时间,我国的计划经济体制就是照搬苏联模式,仿佛除掉苏联模式的烙印,改革的成果就自然降临。这种看法不仅禁不起上世纪 90 年代苏联解体、东欧经济体转型失败的历史检验,也禁不起对基本历史史实的推敲——若进一步思考,就很容易发现我国的计划经济体制与苏联模式存在本质的区别。例如,苏联模式是高度集中的计划经济体制,其指令性计划覆盖国民经济方方面面;而拥有广大农村地区的中国,其计划指令基本无法覆盖城市以外的地区经济运行。在现实中往往是各层级行政权力的一事一议和讨价还价,广泛存在着“大计划、小自由”的自由领域,以及“一管就死、一放就乱”的放权收权反复循环,在这种中国特有的计划经济体制特征中,计划机制和市场机制在边界模糊的行政权力干涉下都未能完全发挥其应有的作用(刘国光,1987)。

实际上,计划经济时代的一事一议、讨价还价以及反复放权收权现象,被政治学家王绍光(1997)解释为毛泽东本人并不喜欢苏联的集权计划模式,所以最初的新中国经济体制实际上并未真正照搬苏联模式所造成,而在经济学家张军(2008)眼中,“中国的计划经济一开始就烙上了分权的烙印。”上述两位著名学者的观点在学术界有着广泛的影响,并成为近十年来解释中国经济腾飞的主要理论框架。需要说明的一点是:分权这个术语在学术著作中往往就是指放权的,因为分权对应的是中央政府对地方政府的集权、政府大包大揽介入经济生活的集权;放权则对应的是中央政府下放各种行政管理权限给地方政府、政府退出市场机制有效运转的领域。即,按照王绍光、张军构建的主流理论框架,在选对改革领域、选对改革顺序的前提下进行简政放权,是中国经济改革开放之后高速增长的根本原因。上述文章分析框架下的大量文献往往将焦点放在经济领域的改革,但存在一个问题:这种分权改革给中国经济带来的增长显然是不可持续的(如前文提到的社会分配不均、环境污染等问题),这种分析框架的包容性、拓展性不足,更不能以此指导将来的中国经济发展。一种可以较好解释过去,却无法对将来提供指导的理论,其价值必然会打折扣。

高培勇(2008)最早指出财税体制改革是整个经济体制改革的一个组成部分,在局部改革向全局改革历史大转型中起到了突破口和主线索的作用。财政体制由计划经济时代的建设财政向符合市场经济体制的公共财政转变，是中国经济体制改革成功的有力保障。这一判断站在政府内部治理能力提升的角度，对上述问题进行了较好的回答。下面我们将按照这一扩展的框架，进行更细致的分析。

三、简政放权与财政契约分析

我国的财政体制的简政放权改革是从收入端入手的，先后对预算管理进行了三次重大调整，现如今的改革方向是财政支出端的结构变化。本节将按照历史脉络对上述领域的财政体制简政放权改革进行梳理。

另外我们认为，用契约论的视角来看待财政体制改革更有助于理解简政放权。因为财政体制本身就是一种富有弹性的制度安排，其实质是中央政府与地方政府之间的一个总契约（grand contract）。在这个总契约之内，包括了收入端的财政收入子契约（side contract），支出端的财政支出子契约，连接收支两端的财政预算管理子契约。这些子契约之间相互作用和演变，形成了推动中国经济发展的内生动力。

（一）集权与分权：1950 年至 1978 年

在 1950 年，当时的政务院（国务院前身）颁布的《关于统一管理 1950 年度财政收支的决定》，决定了当时实行集权管理、统收统支的财政体制，地方政府完全不具备财政权。随后的 1951 年，政务院颁布了《预算决算暂行条例》，首次对政府预算的基本原则、编制、审核、执行、决算的审定做出规定。同年，政务院出台的《关于 1951 年财政收支系统划分的决定》，修改了 1950 年的集权管理模式，地方政府开始拥有预算收入。1954 年，《宪法》赋予全国人民代表大会对预算和决算进行审批的权力，但这一制度由于各种历史原因在相当一段时间内并未正常运行。

1956年之后，中央政府认为地方政府可以是有自我利益意识的主体，中央决定大面积下放国有企业的管理权限，随之而来的却是中央对国民经济失去控制，地方政府掌握国企控制权后开始了“大跃进”，造成了严重的经济秩序紊乱，造成了经济的大萧条。

那次萧条从1959年一直到1961年，也就是大饥荒的年代，中央不得不再次进行集权——1962年1月召开的五级政府中央工作扩大会议（即著名的“七千人大会”）上，中央重新回到集中制和全国上下一盘棋的管理模式，在这次统一认识之后，地方政府的诸多财政权力被逐渐收回。

这次被迫的财政集权是为了摆脱经济困难的权宜之计，一旦经济形势好转，中央再次启动财政分权。1968年中央就曾试图推行收支两条线的财政分权改革，但“文化大革命”严重地干扰了这次分权改革，实际上未能付诸实践。直到1971年，也就是第四个五年计划的元年，中央再次决定将大多数国有企业下放给地方政府管理，第一次形成了我国中央与地方的财政“大包干”制度——定收定支、保证上缴、结余留用，即在保证中央财政收入的情况下增加地方政府提升财政收入的激励。但由于预算管理体系无法正常运行，大多数地方政府财政收支平衡都难以保障，地方财政盈余几乎不存在，第一次尝试的“大包干”制度并没有得到实际执行。

1974年，中央政府将“大包干”中的收支关系切断，实质上是再次剥夺了部分地方财政自主权的集权调整。到1977年，中央在江苏省试行“按比例包干”财政改革，并于1978年扩大到10个省市，以增加地方财政结余，激励地方政府推动经济发展增加财政收入。

1950年至1978年的财政体制改革主要体现在收入端，中央政府反复调整财权财力在央地之间的分配，实践证明计划经济体制中的“统收统支”财政集权制度存在诸多问题。“统收统支”是一种代征合同(fixed rent contract),即地方政府将所有财政收入上缴中央政府,中央政府再根据生产计划拨付给地方政府一笔财政资金,中央政府是唯一的剩余索取者,地方政府基本没有激励去提升财政收入。

(二)放权让利:1979 年至 1993 年

1978 年 12 月 22 日发表的《党的第十一届中央委员会第三次全体会议公报》中指出:现在中国经济管理体制的一个严重缺点是权力过于集中,应当有领导地大胆下放。时任国家副主席、国务院副总理的李先念在 1979 年 4 月 5 日的中央工作会议上指出:中国的经济体制管理体制总的来看是集中过多。同年 10 月 4 日,时任中共中央副主席的邓小平在省、市、自治区委员会第一书记座谈会上讲到:财政体制比较集中,有些财权需要下放给地方。因此我们说,在 1978 年经济体制改革启动的历史转折点上,财政体制改革再次站到了改革的前沿,这一阶段的财政改革被称为“放权让利”。

中国在上世纪 70 年代末期经历文化大革命十年浩劫,经济上国民经济几近崩溃,政治上还在为“两个凡是”的错误思想进行大讨论,种种不利因素制约着社会化大生产正常运行、窒息着中国经济,在这种历史背景下,政府能够真正放出的“权”,实际上只能是财政管理权;政府能够真正让出的“利”,基本是财政在国民收入分配格局中的所占份额。

旧有的财政体制运行几乎全部是为公有制服务,非公有经济成分在国民经济运行中显得并不重要、不活跃,国民经济活力不足。随着财政上“放权让利”的推行,中国经济市场化改革取得初步成果,国家综合实力逐渐提升,国民经济活力开始增强。

财政体制上简单的“放权让利”实质上是一种一次性博弈的结果:在央地关系上,中央政府将财政管理权下放一部分给地方政府,即“分灶吃饭”;在政企关系上,政府将国企利润更多地留在企业中，即“减税让利”。上述财政上的改制，对于换取改革初期各利益集团对改革大政方针的认同和整体改革的平稳推进所发挥的作用，可以说是奠基性的。但是，这种一次性博弈达到的均衡却是**脆弱的、不可持续的**：因为无论是放权，还是让利，本质上就是以财政上的减收、增支为代价，而这种模式难以保证财政体制自身的平稳运行，即短期内可以以财政收支失衡作为换取启动改革的代价，但这种妥协并不具备可持续性，而财政的不可持续性会直接威胁到国民经济的平稳运行。

1987 年开始，中央政府决定国企按照行政隶属关系全面实行承包制，财政体制上随之配套为“大包干”，这是我国第二次推行“大包干”体制，且真正地推行开来。定额包干、比例包干、递增包干等种种形式缓解了“放权让利”对中央财政收入稳定性的破坏，调动了地方发展经济、开辟财源的积极性。

从契约论的观点上看，1980—1993 年实行的“财政包干”制度属于含有一定成分定额合同的分成合同[1]。分成合同（share contract），即中央政府将税收中的一个比例作为报酬支付给地方政府。分成合同使得中央政府和地方政府均拥有部分税收“剩余索取权”，也承担部分税收风险，可能导致地方政府在财政征收上边际激励递减。在我国的实践中，由于“财政包干”时代没有完善的预算管理体制，地方政府在与中央财政分享收入的分成合同（预算内收入）中确实没有努力征收，而将主要精力放在了“自留地”——预算外收入的征收上，在上世纪 90 年代初，地方政府预算外收入甚至达到了预算内收入的 9 成左右。

---

〔1〕 定额合同（agent levying contract），即地方政府向中央政府上解一个定额税收收入，地方政府是剩余索取者。定额合同的特点是地方政府在上交给中央政府税收定额后，可以完全拥有税收的“剩余索取权”（residual claiment），但是地方政府需要独自承担税收风险（吕冰洋，2009）。

尽管财政包干体制进一步激活了市场经济,但也存在着重大缺陷:地区之间相互封锁,地方政府对本地企业实行行政性保护,区域间市场隐形壁垒广泛存在,市场被各区域分割的、要素不流动的小市场切割,经济体制改革推进的阻力加大,地方政府加大对预算外资金的征收以降低向中央政府上解财政收入,央地财政实力逐渐拉大,威胁到国家的长治久安。对此,中央开启了分税制改革。

(三)制度创新:1994年至2014年

中央放权之后形成的财政大包干体制在调动起地方积极性之后,中央财政却愈发吃紧[1],中央政府对宏观经济的调控能力、对社会运行的管理能力受到严重挑战,反过来也危害到地方经济的健康有序发展。在这种历史背景下,中央决定对财政体制进行重大变革:在1991年国务院发布《国家预算管理条例》(1992年1月1日实施),以废除"暂行"达40年之久的《预算决算暂行条例》,设立了现行的五级政府预算体制,区分中央和地方预算。1993年11月,十四届三中全会通过了《中共中央关于建立社会主义市场经济体制若干问题的决定》,同年12月国务院颁布《关于实行分税制财政管理体制的决定》,发起分税制改革。在预算管理上,废除《国家预算管理条例》,通过《预算法》(1994年1月1日实施)。时任国务院副总理的朱镕基说,"明年(1994年)1月1日实行,我认为这是一个长治久安的基础,是建立社会主义市场经济体制的基础。有了这个基础,目前存在的困难就可以得到缓解,甚至于基本解决,大好形势可以继续发展,经济发展速度还可以保持在一个较高的水平上"[2]。

分税制本质上是中央政府和地方政府就税收权力进行分享的

---

〔1〕 到1993年年末,中央财政本级支出中的60%左右需要依赖向地方政府或者外国政府举借债务来筹集。

〔2〕 朱镕基:《朱镕基讲话实录(第一卷)》,人民出版社2011年版,第329页。

制度，故也称为税收分权，是财政收入端的又一次简政放权改革。分税制改革是按照税种划分中央、地方政府收入，以进一步理顺央地关系。在随后长达20年的时期里，国民经济和财政收入均实现了快速增长，分税制改革在我国经济体制转轨过程中发挥了基础性作用。

以契约论的观点看，我国实践的分税制可以说是分成合同和分税合同(tax sharing contract)相结合[1][2]。分税合同下，中央政府和地方政府均拥有对特定税种的完全征管权和收益权，即中央将部分税种的征收权和收益权彻底下放给地方政府。这样就在保障了中央政府必要财力的同时，继续保持对地方政府培育税源、扩大税基、央地协同的正向激励。

在充分肯定1994年的财税改革积极的历史意义时，也应当看到其历史局限性——其重点基本停留在财政收入分配改革上，改革的特点是以分税为主要内容调整中央政府和地方政府利益关系，对政府间支出责任划分机制、转移支付机制几乎没有做太大的改革[3]。再者，由于支出端财政改革滞后，地方政府利用《预算法》进行制度套利，大力发展地方政府投融资平台大举举债，尽管形成了

---

〔1〕 分税合同是彻底的分税制形式，即中央政府和地方政府分别完全拥有某些税种的税收收入，中央既无需向地方返还税款，地方也无需向中央上解税款。这种税收分权形式的普遍形式是将房产、土地及收费项目等小税种交给地方政府征管，中央政府管理公司税、个人所得税等大税种。

〔2〕 目前分税制中增值税实行75:25分享，企业所得税和个人所得税实行60:40分享，这三个税种的分配契约属于分成合同，其他税种的分配契约属于分税合同。

〔3〕 时任副总理的朱镕基曾有过这样的评论："这次实行分税制还有一个小小的'尾巴'没有改掉。这就是中央各个部委都有财政部给的一笔钱，由各个部拨给各个地方……从地方收上来，由中央各个部再分下去，把事权搞得很复杂……应该改掉。"见《朱镕基讲话实录》第一卷，人民出版社2011年版，第365页。

诸多公共资产,但由于预算监督缺位和对资金价格不敏感,积累了财政、金融风险。另外,分税制本身是中央政府和省级政府之间的分税制,省以下并没有建立起规范的省、地(市)、县(区)、乡(镇)地方分税制,地方财政体制实际上仍保留了包干制和一事一议的特征,即分税制改革本身并未完成。最后,1994 年的财政改革也没有尝试去解决体制之外的问题,即还没有解决政府和市场的关系——政府生产性财政支持的行业和企业存在着产能过剩问题,而得不到政府信用背书的中小企业面临着融资难、融资贵的问题,这一问题一直延续至今[1]。

(四) 全面深化:2015 年至今

中国改革以来的财政简政放权取得很大的经济成就,但这种改革更多的是刺激地方政府供给经济总量短期内的增长,在产业结构优化、区域经济均衡、收入再分配公平性方面存在短板。对此,遵循党的十八届三中全会精神,2014 年 6 月 30 日,中共中央政治局审议通过《深化财税体制改革总体方案》,2014 年 8 月 31 日,全国人大通过《预算法(修订)》(2015 年 1 月 1 日实施)。

新一轮财政体制改革还有这样一个背景:随着经济的市场化进程的推进,GDP 所有制构成越发多元化,这一影响传递到中国财税运行格局上,就是财政收入来源的公共化。财政收入来源的公共化,自然会推动并决定着财政支出投向的公共化;财政收支的公共化,又进一步催生了财政政策取向的公共化。全面深化的财政体制改革是在财政支出端进行简政放权,发挥财政资金的杠杆作用和引导性作用,以支持供给侧改革。

---

〔1〕 在经历了 30 多年的高速增长后,中国经济转入中高速增长平台,在以化解过剩产能为核心的经济结构调整过程中,企业的兼并重组甚至退出市场成为不得不付出的代价。

回顾我国60多年的财政体制改革,我们发现财政体制演变方向是服从社会化大生产的,是服务于市场经济改革深化的。该机制一方面解放了生产力,另一方面又造成了诸多负面问题迫使中央政府不停地修改与地方政府的财税关系。有一种观点甚至认为,就是地方政府的种种不遵守财税契约,才推动了制度创新,激发了经济活力。这种观点忽视了区域间重复建设、高能耗高污染、教育医疗等公共服务存在短板的发展模式不可持续性问题。那么,除了中央政府动用政治权威不停地在放权、收权这个循环中找到最佳制度供给的方案之外,是否还有别的治理之道呢?答案我们认为是肯定的。

四、法制与德治并重

(一)契约治理的局限性

中国财政体制改革取得成功的前提是我国中央政府拥有绝对政治权威——与西方国家中央政府权力来自地方政府不同,我国地方政府的权力是被中央政府赋予的。尽管中央政府拥有绝对权威,也有能力根据国民经济发展情况单方面发起改变与地方政府的财税契约,但这种做法极大地加深了中央政府和地方政府双方的戒备心理。这一隔阂从中央政府的文件中可以管中窥豹,例如1988年国务院发布的数个文件中反复出现这样的字眼:“各级人民政府同志要严格按照国家的方针政策,发展经济,管好财政。要进一步加强全局观点,**体谅**中央的困难……,”表明当时的中央和地方关系就已经存在着巨大的鸿沟和摩擦。再如2012年、2013年国家审计署做为中央政府代表连续两年发布地方政府债务审计报告,表明作为政府财政职能执行部门的财政部,并不清楚地方政府真实负债情况,即中央政府并不能从常规行政渠道获取地方政府相关信息,必须通过临时审计的非常规形式才能掌握情况。

由此见得,中央政府政治上的绝对权威并不能保障地方政府经济上的服从，中央政府屡屡单方面改变央地财政关系的同时，也屡屡动用额外的行政资源去监督地方政府，上述做法进一步刺激了地方政府的机会主义动机。毕竟，没有任何契约是完备的，既然中央政府有单方面修改契约的权力，地方政府就可以利用契约的不完备性进行投机。这一现象用博弈论的术语表述就是：在一阶博弈上，中央政府拥有规则优势并加以利用，在二阶博弈上，地方政府拥有信息优势也充分发挥。这样看来，上述充满弹性的财政制度，其实存在着相当的不经济、无效率成分。

（二）道德作为第三种力量的存在

用“公共选择”代表之一奥尔森（1995）的逻辑解释中国简政放权面临的各种阻力和财政体制改革遇到的央地博弈问题，实际上是有说服力的，但公共选择学派的分析视角还是局限在市场与政府，而且提出的解决方案是私有化。

我们是马列主义思想指导下的国家，实行的是有中国特色的社会主义，作为一种可行的解决思路，我们注意到在近几年厉以宁先生发表的重要演讲中，他多次提及经济中的三种调节，也就是市场、政府和道德调节的观点。在他看来，市场调节是第一种调节，是一种无形的手，以其自然规律在资源配置中起决定性作用；政府调节是第二种调整，是一只有形的手，靠的是法律法规政策，政府调节起着引领的作用，起着规划的作用。道德力量则是第三种调节，是一只看似无形却又有形的手，并且是历史最悠久的一种调节。

厉以宁先生进一步阐述道，从时间上看，市场几千年前才有，原始公社解体后部落之间出现了商品交换，而政府的出现则晚于市场。可是人类生活这么多年，在这么漫长的岁月中，没有市场就没有市场调节，没有政府就没有政府调节，人类社会繁衍下来靠的是什么？靠的是一种道德力量调节。道德力量调节虽然是第三种调节，在没有市场、没有政府时，它就是唯一的调节，以后有了市场，有了政府,同样需要道德来调节。最后他总结道:市场调节是无形的,政府调节是有形的,道德力量调节则是无形却有形,有形又无形,因为它是靠自律,靠文化建设来实现的。

重视道德的力量,其实可以追溯到经济学鼻祖亚当·斯密在其传世巨著《国富论》出版之前就写下的不朽经典《道德情操论》。亚当·斯密当年在英国北部古老的格拉斯哥大学长期讲授过“道德哲学”,应该说他对这个领域的研究深度并不亚于他对经济学的研究、其成果甚至早于经济学。而在几百年前他生活的年代,不但伦理学在英伦学术界是道德哲学的一个部分,就连经济学也是道德哲学的一个组成部分。即使他在写《国富论》的同时,也在不断修改《道德情操论》,前后超过五次,一直修改到其生命的最后几年,可见他对道德在社会、经济领域作用的重视。亚当·斯密在分析人类情感时是从道德高度、从个人和社会福祉为出发点的。他在此书中还谈及了同情、正义和仁慈,这些都是拥有广泛社会认知的优良品德。

我们生活的时代已经逐渐从由体能获取财富转入由技能获取财富,但尚未达到由智能获取财富的境界。中国还有数以亿计的农民处于凭体能获取财富的阶段,这是思考智慧与财富关系的人们不得不注意的一个严酷的现实。在这个时代,重要的当然是民主和自由,在民主和自由之上则需要公平和正义,而这都需要道德调节、道德规范,只有这样才能达到社会和谐。

(三)超越契约论

如果说亚当·斯密在市场经济和社会道德之间的平衡问题上提出“软的一手”也就是道德自律的话,继其之后,边沁在建立市场经济问题上则进一步提出“硬的一手”也就是法律他律,就是用制裁和惩罚来纠偏。就是说,人如果不自律的话,就要外界来制约你,这个外界可能是他人,可能是社会,可能是属于道德范畴的乡规民约,就像厉以宁先生说的那样。因为如果没有统一的规则,社会就会混乱。

所以想要一个持续发展的社会，一个明智的执政者就是要避免断层，不让大多数人陷入绝望。就这一点说来，我们需要的可能不是革命而是妥协，不是暴力而是宽容，不是刻薄而是同情。这都需要道德的力量，都需要道德的调节。即便有充分的市场、即便有明智的政府，我们人类社会依然需要历史最悠久的道德调节，就像厉以宁先生说的那样。

十八届三中全会将财政职能从政府收支活动上升至国家治理层面，十八届四中全会提出依法治国，财政就定位于法治框架下的国家治理体系中。财政体制简政放权改革应该超越旧有的政府间财政收支权限下放与收回的循环，减少中央政府单方面修改财政体制规则的频率，以法治化的姿态开展对地方政府财政纪律的约束，为地方政府推行省以下分税制深化改革起表率作用。这种表率作用可以在相当程度上无形地约束、引导地方财政遵守公共性、非营利性准则，为不同所有制的市场经济主体提供优质公共物品，形成以人民为主体的现代财政制度。

严格的法律当然是一个底线，而且往往是一种滞后的不完备契约，只讲遵守法律情况下的自我利益最大化，地方政府的执政者们当然会利用信息优势钻法律的空子，而中央政府执政者们在必要情况下又会重新修订契约，这就造成了制度上的无效率，浪费了社会、经济、政治资源，对广大人民群众是不利的。我们已经知道，道德的无形约束要高于法律约束，对于地方政府和中央政府的执政者而言，不仅仅要依法执政，更要讲求从政道德和执政伦理。因此，缜密的契约合同和良好的政治道德，应该是新时期下财政体制简政放权改革的基本形态。

五、结语

从计划经济到市场化改革的道路中，最主要是处理政府与市场关系——政府将城市视为其运营的单元,通过财政投资国有企业,基本将城市运营承揽下,则真正自负盈亏的市场主体是难以出现的,市场机制也就无法发挥配置资源的基础性作用,正如计划经济后期国民经济的停滞;政府若退回到亚当·斯密所提倡的“守夜人”状态,那么中国不可能在短短三十年时间之内拥有令世界瞩目的基础设施、不可能在当今世界经济风谲云诡、金融危机暗流涌动的威胁中成为拉动世界经济走出低迷的强劲引擎[1]。也就是说,在处理政府与市场的边界问题上,一味地让政府大包大揽窒息市场机制被实践证明是不可行的,完全采纳放任自流的市场经济原教旨主义也是错误的。

那么,财政改革的方向在哪里?我们认为财政体制改革的简政放权应该兼顾市场、社会和国家,遵守法律,强调道德:

第一,起基础性配置作用的是市场机制,财政的简政放权改革是为了更好地服务于市场机制,弥补市场机制的不足之处,而不是与市场争夺资源,即市场导向的财政简政放权。

第二,推动进一步的税制改革,征税环节下移,税种更多地设置在国民收入再分配、积累环节以促进社会公平,坚持分税为主调动地方政府积极性,培育全国统一市场形成,即社会导向的财政简政放权。

第三,创新性地发挥财政国家治理职能,让财政退出非公共性、营利性领域,即简政放权,让财政依法积极介入到政治、文化、社会、生态文明等国家治理体系之中,即国家导向的财政简政放权。

---

〔1〕 很难想象,如果没有强有力的政府监管,中国将如何避免各种金融危机;没有适当的政府干预,中国经济将如何在1997年亚洲金融危机、2008年美国次贷危机、2009年欧债危机引发的世界金融海啸中屡屡独善其身。

参考文献

1. 陈共:“社会主义财政的本质和范围问题”,《经济研究》1965 年第 8 期。
2. 财政部财税体制改革司:《财税改革十年》,中国财政经济出版社 1989 年版。
3. 高培勇:“公共财政:概念界说与演变脉络——兼论中国财政改革 30 年的基本轨迹”,《经济研究》2008 年第 12 期。
4. 刘国光:《中国经济大变动中的双重模式转换》,《中国经济问题》1987 年第 1 期。
5. 刘晓路、郭庆旺:“财政学 300 年:基于国家治理视角的分析”,《财贸经济》2016 年第 3 期。
6. 刘仲藜等:《中国财税改革与发展》,中国财政经济出版社 1998 年版。
7. 刘佐:“改革开放后分税制财政管理体制的建立”,《中国财政》2014 年第 1 期。
8. 吕冰洋:“政府间税收分权的配置选择和财政影响”,《经济研究》2009 年第 6 期。
9. 曼瑟尔・奥尔森:《集体行动的逻辑》,三联书店、上海人民出版社 1995 年版。
10. 王绍光:《分权的底限》,中国计划出版社 1997 年版。
11. 项怀诚:《中国财政体制改革》,中国财政经济出版社 1994 年版。
12. 张军:“分权与增长:中国的故事”,《经济学(季刊)》2008 年第 1 期。

(车耳,中国国际经济咨询有限公司;
张偲,中国国际经济咨询有限公司,中信改革发展研究院)

税收制度改革与简政放权的实践

黄顺魁

简政放权是推进国家治理能力现代化的内在要求，在完善社会主义市场经济体制、促进经济发展方式转变、全面深化改革中发挥了重要作用。简政放权的核心是要理顺政府与市场、政府与社会、中央与地方之间的关系，发挥市场配置资源的决定性作用，最大限度减少对企业微观生产经营活动的干预，将适合市场和地方更能够有效实施的权力下放给市场和地方。改革开放以来，中国经济经历了持续的高速增长，中央向地方政府分权、向市场分权是其中极为重要的制度性因素。税收是国家最主要的收入形式，税收制度反映了中央与地方、政府与市场之间的经济关系。现代税收制度具有“简税制、宽税基、低税率”的特征，简化税制是现代税收制度的根本要求，税收制度简政放权有利于激发各类市场主体创业、创新活力，有效发挥对经济活动的引导和规范作用，推动转型升级和发展方式转变。

一、税收体制改革对简政放权的意义

（一）税收制度简政放权有利于推进国家治理现代化

党的十八届三中全会提出，全面深化改革的目标是推进国家治理体系和治理能力现代化。[1] 财政是国家治理的基础和重要支撑，财税体制在国家治理中具有极为重要的作用。唐朝的“两税法”改变了传统“据丁征税”的做法，以财产多寡为征税标准，使税收负担相对公平，而且简化了税目和手续，调动了劳动者的生产积极性；明朝的“一条鞭法”简并税赋，赋予农民更多人身自由，促进了当时商品经济的发展。随着国家治理复杂性加深，政府职能逐步拓展，亟需建立与现代国家治理相适应的税收制度。通过深化税收制度，明确界定政府职能和职责范围，理顺政府间职责和财政关系，规范政府这只“有形的手”的行为，助推要素自由流动，促进市场发育和成长，使政府转向加强市场监管、维护市场秩序。

（二）税收制度简政放权有利于发挥各个主体积极性

改革开放之前，高度集中统一的财税体制，抑制了地方、部门和企事业单位的积极性、创造性。党的十一届三中全会决议指出，权力过于集中是我国经济管理体制的一个严重缺点，要让地方和企业

---

〔1〕“中共中央关于全面深化改革若干重大问题的决定”，《人民日报》2013年11月16日。

在国家计划的指导下有更多的经营管理自主权，发挥中央部门、地方、企业和劳动者个人四个方面的主动性、积极性、创造性。经济体制改革首先要扩大地方和企业的财权，财政管理体制改革首当其冲。党的十二届三中全会的决定指出，按照政企职责分开、简政放权的原则进行改革，是搞活企业和整个国民经济的需要。财税体制改革必须紧密围绕增强企业活力，解决好国家、职工与企业的关系，扩大企业自主权。增强企业活力、提高各个市场主体的积极性，是经济体制改革的重要环节，是加快经济发展、提高经济效益的要求。

（三）税收制度简政放权有利于形成全国统一的市场

建立公平统一的市场，要求清理和废除妨碍全国统一市场和公平竞争的各种隐性壁垒。分灶吃饭阶段，简政放权和财政包干的实施，导致地方政府以追求财政收入最大化为目标，在税收、非税收入等方面出台优惠政策，对经济过份干预，促进了局部地区经济发展，但破坏了税制统一和公平竞争，妨碍了市场机制正常运行，干扰了资源有效配置，形成“地方割据”式的“诸侯经济”格局。分税制按税种划分收入，使地方财政收入与企业的对应关系与以前相比明显淡化，有利于破解“条块分割”的困局，中央和地方不再按企业行政隶属关系组织财政收入，使企业成为独立的市场主体，促进企业公平竞争，推动各种所有制经济共同发展。清理区域税收优惠政策，消除地方保护主义，消除不同地区之间形式多样的不规范的税收竞争，有利于维护税收的统一性和规范性，促进市场公平竞争，保障区域之间优势互补、协调发展。

（四）税收制度简政放权有利于转变经济发展方式

财政运用预算和税收手段，调节经济结构和社会分配。[1] 税

---

〔1〕“中共中央关于建立社会主义市场经济体制若干问题的决定”，《中华人民共和国国务院公报》1993 年第 28 期，第 1286—1303 页。

收制度是社会主义市场经济宏观调控的重要组成部分,增强税收调控功能,有利于各项改革的顺利推进。实行积极的财政政策则涉及到减税和降费,特别是减轻小微企业的负担。政府通过重要税种税率的调整实施宏观经济调控,地方政府通过地方税收调节本地区的经济活动。通过两步"利改税"促进政府与国营企业分配关系的规范化,使国营企业拥有了更多的自主权。为支持推进金融体制改革发展,调整银行业税收政策,鼓励公平竞争。为鼓励投资和支持引进国外先进技术设备,降低关税税率,对鼓励发展投资项目的进口设备免征关税和进口环节税。2012 年开始推出的营改增改革,不仅有利于消除重复征税,减轻企业负担,还有利于促进工业转型、服务业发展和商业模式创新。完成转变增长方式、调整经济结构的重任,要提高税收制度对经济和社会发展的调控能力,建立健全促进增长方式转变和产业结构升级的税收制度和政策。

二、改革开放以来我国税收体制的简政放权

改革开放以来,我国税收体制经历了 1978—1992 年和 1992 年以来的两个阶段。十一届三中全会针对高度集中的计划经济体制下政府企业职责不清、政府直接经营管理企业的状况,提出简政放权,增强企业活力,扩大企业经营自主权,财政作为计划体制下资源配置的枢纽成为渐进式改革中的突破口。通过"分灶吃饭"式财政分权,中央向地方放权让利,缩小国家干预范围,逐步增强市场的调节作用,财政逐步退出传统的资源配置领域,推动经济运行机制向市场化转变。[1] 地方政府为了促进本地经济发展和财政收入的提高,积极为企业发展提供较为宽松的环境,扶持非国有经济的发展,促进了市场主体的多元化。1992 年,我国确立以建立社会主义市

---

〔1〕 贾康、赵全厚:"中国财政改革 30 年:政策操作与制度演进",《改革》2008 年第 5 期,第 5—23 页。

场经济体制为改革的目标,1994 年通过经济性分权逐步建立起适应市场经济体制要求的分税制财政体制框架,统一税法、集中税权、公平税负、简化税制,建立符合社会主义市场经济发展要求的税收体系。2004 年以来,按照"简税制、宽税基、低税率、严征管"的原则,进一步调整和完善税制。

(一)逐步构建适应社会主义市场经济的税制

1985 年实行的"划分税种、核定收支、分级包干"财政管理体制中,税种设置种类繁多。为了改变原产品税和工商统一税重复征税、不同所有制成分经济税率不统一、不利于专业化分工和社会化大生产发展的弊端,1994 年实行工商税制改革,初步具备了现代税制的基本特征。**增值税方面,**1979 年开始试点引入增值税制度,解决原来工商税制存在的重复征税弊端,1985 年开始改革流转税内部结构,产品税的税目由 270 个减少到 96 个,增值税由过去的几个行业几个产品发展到除卷烟、酒、石化、电力等产品以外的大部分工业产品,大大缓解了流转税重复征税的矛盾。1994 年对所有货物和加工、修理修配劳务统一征收增值税,取消产品税和盐税。2012 年开始扩大营改增改革范围,缓解货物和服务税制不统一和重复征税问题,促进社会化分工协作,支持服务业发展和制造业转型升级,激发企业活力。2012 年 1 月至 2014 年 8 月,营改增累计减税 3 075 亿元。[1] **消费税方面,**1994 年正式建立消费税制度,对 11 类货物征税,2006 年调整消费税征税范围,2008 年修改消费税条例,2009 年实施成品油税费改革,现行消费税品目有 14 个。**营业税方面,**开征初期只就石油、五金、交电、化工四类商品征收营业税,1985 年开始逐步扩大营业税征收范围,营业税税目由 11 个增加到 14 个,发挥了营业税调节经济的作用,1993 年营业税的税目调整为 9 个。**资**

[1] 楼继伟:《深化财税体制改革》,人民出版社 2015 年版,第 165 页。

源税方面，1984 年原油、天然气、煤炭征收资源税，计税依据为应税产品的销售收入，并根据由销售利润率确定的超率累进税率计算缴纳资源税，1986 年改为从量定额征收，1994 年征税范围扩展到 7 个品目，从量定额计征。2007 年以来逐步实施原油、天然气等资源税从价计征改革，扭转了资源开采中“采富弃贫”的状况，理顺资源税费关系。**其他特定项目税种方面，**在建筑税的基础上改征固定资产投资方向调节税，强化了引导投资方向，为了鼓励投资，1999 年下半年起减半征收，2000 年开始暂停征收。为了搞好城镇建设，加强对房产的管理，改革和完善房产税，扩大了征收范围，调整了税率，简化了计税依据。为了运用税收手段引导合理消费，1988 年开始征收筵席税。为了合理利用城镇土地，用经济手段对土地进行控制和管理，调节不同地区、不同地段之间的土地级差收入，促使土地使用者节约用地，1988 年开始征收土地使用税。为了加强土地管理，切实保护耕地，1987 年开始对非农业建设占用耕地征收耕地占用税。2004 年以后逐步取消了农业税和农业特产税。从我国主要税种的组成来看，1992 年包括 34 个，1994 年分税制改革，合并为 24 个，到 2004 年进一步合并为 20 个，2014 年包括 18 个税种。

（二）充分发挥中央与地方政府的两个积极性

改革开放以来的财税制度改革，在中央政府与地方政府的关系方面，中央给予地方更大的财权和事权，由中央与地方“一灶吃饭”改为“分灶吃饭”，在第二步“利改税”之后，划分中央地方收入的依据是企业的行政隶属关系，通过改革，扩大了地方的财权，加强了地方的经济责任，使地方政府有了发展地区生产建设事业的动力和能力。1983 年，将卷烟、酒两种产品的工商税不再根据企业隶属关系划分，而直接划归中央财政收入，以限制地方政府因为其税高利大而盲目发展。1988 年，开始实行财政包干体制，调动地方组织财政收入的积极性，将税源比较分散的 13 个地方税种下放地方管理，在一定程度上破除了原体制"鞭打快牛"的问题。简政放权、"分灶吃饭"在调动地方积极性、界定中央和地方关系方面起了重要的作用。1994 年的分税制改革,增强了中央政府宏观调控能力,建立了以税收为主体的财政收入稳定增长机制,税收结构不断优化,所得税和财产税等直接税占税收收入的比重提高,以流转税和所得税为主体税种的收入结构更加合理。按税种组织收入,制约了地方盲目发展烟酒等税高利大产品的行为,减少了地区之间的重复建设,改变了地方割据的状况,建立了相对统一的市场,在优化产业结构等方面更好地发挥了中央和地方的两个积极性。

(三) 正确处理国家、企业、个人之间的分配关系

国家、企业、个人之间的分配关系通过所得税制度改革不断规范和完善。一是改革企业所得税制度。对国有企业放权让利,两步"利改税"的推行使企业税后留利进一步提高,使国有企业在发展生产、奖励职工等方面有了一定的财力,增强了企业的活力。税利分流按照既有利于增强企业活力、完善企业经营机制和自我约束机制,又有利于税制规范化的原则,在试点地区对所有盈利的国营企业一律改按 35% 的比例税率征收所得税,完善了企业经营机制,有利于企业公平竞争。分税制改革之后,以增值税为核心的流转税制将不同所有制企业所得税统一合并为企业所得税,使得不同所有制类型的企业能够公平竞争,理顺了国家与企业的分配关系。二是简并个人所得税。为了保护私营企业的合法利益,调动私营企业经营者的积极性,1988 年对私营企业投资者参加经营取得的工资收入,征收个人收入调节税;对私营企业投资者将私营企业税收利润用于个人消费的部分,按 40% 的比例税率征收个人调节税;对用于发展生产基金的部分,国家不再征税。1986 年,对个人收入开征个人收入调节税,根据收入来源设计了两种税率,分别计算征收,把工资薪金收入、承包转包收入、劳务报酬收入、财产租赁收入合并为综合收

入，采用超额累进税率，对技术转让、稿酬、利息等收入采用20%的比例税率。1993年的《中华人民共和国个人所得税法》将个人收入调节税、适用于外籍人员的个人所得税和城乡个体工商户所得税简并。后来又5次修订个人所得税法，提高工薪所得减除费用标准。

（四）预算外资金趋于规范并逐步纳入预算管理

市场经济国家公共收入的主要稳定来源是税收收入。在改革开放之前，国有和集体经济成分占主导地位，利用税收工具组织收入和进行经济调节的重要性难以显现，1980年税收收入仅占财政收入的50%。随着税收制度的改革，清理和整顿各级政府的收费、摊派项目和"预算外收入"，将保留的部分纳入法定的预算收入管理，国家财政收入中税收收入的比重逐渐上升，2014年税收收入占财政收入的比重达到88.1%。1980年，非税收入占财政收入的比重达到50.7%，到1994年下降到19.8%，2000年持续下降到6.1%，到2014年又增长到15.1%。在非税收入中，行政事业性收入占比最大，2014年为24.6%。一是预算外资金管理逐步整合为财政资金。1979年经济体制改革扩大了地方政府和企业自主权，预算内外资金都有较大幅度增长，1982年到1992年，预算外资金增加了3.8倍，年均增长17%，高于同期预算内收入增幅近6个百分点。1986年、1996年和2010年，分别发布关于预算外资金管理的办法，预算外资金管理逐步走向规范化。二是改革税费制度规范政府行为。1998—2004年，共取消收费项目1 913项，降低479个项目的收费标准，减轻社会负担1 490亿元。[1] 2008年通过提高成品油消费税税额的方式，替代公路养路费等"六费"，逐步有序取消了政府还贷二级公路的收费。2013年8月1日起，在全国统一取消和

---

〔1〕贾康："中国财税改革30年：简要回顾与评述"，《财政研究》2008年第10期，第2—20页。

免征33项中央级行政事业性收费,2013年11月1日起,取消314项各省、自治区、直辖市设立的行政事业性收费。[1] 2014年山西煤炭企业清费减负108.5亿元,实际负担率降至10.6%,较清费前降低4个百分点,减负27.5%。[2]

(五)税收的制定与征收管理逐步走向法治化

亚当·斯密、瓦格纳等经济学家都强调,税制设计要简化、纳税手续要方便纳税人。不管是税务机关的征收成本,还是纳税人的税收遵从成本,都应该最小化。随着税收占财政收入的比重不断上升,加强税收征管成为提高政府财政收入的关键。1992年通过的《中华人民共和国税收征收管理法》和《中华人民共和国税收征收管理实施细则》,使得税收征管走向法治和规范。1994年的工商税制改革,严格了政策性减免税,以往过多过乱的随意减免税、越权减免税现象得到遏制,树立了税法的权威,使市场机制作用得以充分发挥,为企业公平竞争创造了良好的市场环境。在1994年税制改革的同时,对税政与税务职能进行分离,财政部制定和解释部分税收的相关规章制度和实施细则,税务局负责税收的征收与管理,分设中央税务机构和地方税务机构,分别征税,加强税收的征收管理。1994年的工商税收制度改革之后,为了打击伪造、倒卖、盗窃发票违法犯罪行为,实施以加强增值税管理为主要目标的"金税工程",逐步实现税收征管计算机化。建立以纳税人自核自缴为基础的申报制度,简化和规范有关纳税申报表和缴款书等表式,简化和修订纳税程序。2014年国家税务总局公开了87项税务行政审批项目,

---

[1] 李丽辉、吴秋余:"财税改革:推动中国经济转型",《人民日报》2013年11月2日。

[2] 薛朝阳:"清费立税:山西政府为煤企减负至少170亿元",《山西财税》2014年第12期,第6—7页。

对审批事项实行清单管理。从2014年10月1日起,《全国县级税务机关纳税服务规范》正式实施,对税务登记、发票办理、申报纳税等9大类72项212个服务事项,从提供资料、办理流程、办理时限等方面制定了1 120个服务规范。国家税务总局规定自2016年4月1日起,增值税小规模纳税人缴纳的部分税收原则上实行按季申报。河南省国税局将属于省、市的审批项目直接下放到县区局16项,县区局直接审批项目增加到44项,占全省审批事项总量的69%。2015年8月份以来,山西省国税、地税积极探索合作办税新途径,全面推动办税事项"无缝合作"。宁夏国税局取消57项税务行政审批事项,取消面达65.5%,兼并了206项税收业务,取消了185种资料,使纳税人办理日常涉税业务减少报送资料52.6%,办理时间缩短30%以上。将税务登记、税款征收、发票管理、税收优惠等118项涉税事项全部下放和前移至办税服务厅。[1]

三、简政放权背景下税收体制存在的问题

(一)税收政策法治化程度有待提高

一是税法体系不完善,税收立法层次较低。现行18个税种中,只有个人所得税、企业所得税和车船税3个税种由全国人大立法,税收征管法律制度不健全,征管执法水平有待提高。二是区域税收优惠政策过多过滥。受财税体制改革尚未到位、统一监管制度不健全、自身利益驱动等因素影响,为推动地方经济发展,地方政府违法扩大税收优惠政策的范围,违反税收法定、税制统一的原则,越权规定减免税,对企业和个人缴纳的税收按比例返还、补助、扶持、奖励,变相实施税收优惠。

---

〔1〕 沈阳:"'减加结合'激发简政放权'乘法效应'",《共产党人》2016年第5期。

（二）央地政府税收划分不尽科学合理

政府间税种划分不尽合理，增值税由中央和地方按来源地实行75:25的比例分享，在一定程度上助推了地方追求数量型经济的增长，也不利于解决重复建设和产能过剩等结构性问题。出口退税地方承担7.5%，不利于调动口岸城市支持外贸发展的积极性，以及跨区域的生产流通。地方税体系不完善，地方主体税种建设滞后，地方的收入来源不稳定，有些地方非税收入占比过高，部分地区基层政府财政比较困难。省以下分税制财政体制改革迟迟不能推进。

（三）存在制约统一市场形成的障碍

"分灶吃饭"阶段的体制由于过度强化地方利益机制，存在"条块分割"的行政隶属关系控制企业和组织财政收入的弊病，促使地方政府发展税收高的产业，倾向于市场分割，阻碍地区间的商品货物流通，降低经济效率，各地滥行减免税、低水平重复建设。分税制改革以来，一些地方通过税收返还等方式变相减免税收，利用不公平政策招商引资，地区间重复建设、市场分割的情况仍然存在，严重影响了税制规范和市场公平竞争，不利于结构优化和统一市场形成。

（四）不能满足新形势经济社会发展需求

税种布局缺乏协调性，调节缺位与重叠并存。对货物和服务分别征收增值税和营业税，存在重复征税，不利于促进产业结构升级；增值税由中央和地方按来源地分成办法，一定程度上助推了追求数量型经济的增长；资源税主要是从量计征，征收范围较窄，不利于资源节约和生态保护；间接税占比偏高，直接税占比过低，一定程度制约税收自动稳定器的发挥。

（五）不规范的以费代税问题依然存在

分税制改革之前，频繁变更的财政管理体制使得地方政府将自身利益放在首位，出现了诸侯经济的特征，预算外资金收入管理较为混乱，以费为主体的预算外资金迅猛增长，中央政府自身需要靠预算外资金来维持财政支出，导致中央和地方的预算外资金占财政收入的比重都不断提高，破坏了国民经济的正常管理秩序，助长了一些消极腐败现象的产生。分税制改革之后，中央政府为了进一步提高财政管理水平，提高财政收入，将预算外资金逐步纳入预算，但地方政府仍然存在提高预算外资金收入的冲动。1994—2013 年，全国税收收入占公共财政收入的比重不断下降，由 98.25% 下降到 85.54%，非税收入占财政收入的比重逐年提升，不少地方政府非税收入项目过多，导致费基挤占税基，税收筹集财政收入的主渠道作用发挥不够充分。收费领域存在的越权立项，加重企业、农民负担，以费挤税，坐支挪用，收费养人，助长机构膨胀等问题十分突出。

四、下一步税收体制简政放权的方向和建议

（一）进一步完善税收法定原则

税收法定是实现税收制度简政放权的基础。建立税收法定的原则，就是要树立法治理念，依法治税，将税制运行纳入法治化轨道。加快建立和完善税收相关法规制度，规范各个市场主体之间的分配关系和行为，促进政府与市场、中央政府与地方政府有序协调运转。加快税收立法步伐，实现税收法定的目标，积极推动将现行各种税收暂行条例上升为法律，提升税收立法级次。严格依法征税，维护国家税法的统一、尊严和权威，减少自由裁量权，清理规范税收减免。

(二) 充分发挥各个主体积极性

税收体制简政放权,要解决好政府干预过多的问题,转变政府职能,取消、精简、下放不符合市场经济原则的管理职能,把市场能做的交给市场去做,把该管的事情管住、管好、管到位。逐步消除现行税制对不同市场主体的税收不平等待遇,大幅度减少政府对资源的直接配置,纠正地方追求速度型经济增长,以及上项目、铺摊子的投资冲动,纠正地方通过税收减免、财政补贴等方式扭曲要素价格、干扰市场机制作用、扭曲资源配置的问题,促进自由竞争和要素充分流动,激发市场主体活力,完善社会主义市场经济。毛泽东同志曾说:"有中央和地方两个积极性,比只有一个积极性好得多。"[1] 1994 年分税制改革成功的基本经验就是形成激励相容机制,既能各得其所,又能形成全国合力。税收制度简政放权,既要保证中央宏观调控、实施重大改革、推进区域协调发展的能力,地方也要树立"全国一盘棋"的思想,自觉维护中央的权威。同时,中央要少搞"一刀切",让地方有施展空间,更好地发挥基层首创精神,切实保护地方利益,调动和发挥地方改革的主动性和创造性,增强地方经济社会活力。

(三) 建立简化单一的税收制度

采取单一税率、简化税制、扩大税基是税收发展趋势。税收体制简政放权要优化税制结构,破解重复收税和税制不完善的困境,逐步提高直接税比重,强化税收筹集财政收入的主渠道作用。[2]

---

〔1〕 毛泽东:《毛泽东文集(第七卷)》,人民出版社 1999 年版,第 31 页。
〔2〕 张蕊:"新一轮财税体制改革启动 着力夯实国家治理基础——财政部部长楼继伟详解深化财税体制改革",《中国财政》2014 年第 14 期,第 14—18 页。

发挥直接税“自动稳定器”和“收入调节器”的作用，减少间接税对商品和服务价格的扭曲，提高市场配置资源的效率，引导地方政府更加注重经济发展方式转变。简并增值税税率，清理增值税优惠，推进增值税立法，做到征税范围覆盖所有的货物和服务，彻底消除重复征税。将高耗能、高污染产品及部分高档消费产品或服务纳入征税范围，增强消费税的调控功能。将消费税由主要集中于生产(进口)环节的征收逐步适当向批发或零售环节后移，扩大税基，均衡地区间税源分布。理顺自然资源及其产品税费关系，推进资源税从价计征改革，实施煤炭、原油、天然气等资源的税费改革。清理规范行政事业性收费和政府性基金管理，事业收费转为经营收费并由国家对其征税，对于体现政府职能、具有税收特征的收费用相应的税收取代，实现税费功能归位，规范市场秩序、降低经营成本、激励投资创业。

(四) 清理规范税收等优惠政策

全面规范税收等优惠政策，有利于维护公平的市场竞争环境，[1]促进统一市场的形成，同时，能够让各种市场主体处于公平竞争的地位，使市场在资源配置中发挥决定性作用，落实中央宏观调控政策，促进经济转型升级。把影响公平竞争的政策都纳入清理规范的范围，逐步规范其他优惠政策，建立健全长效管理机制，建立举报机制，加强监督制衡。完善中央与地方收入分配关系，减少地方制定税收等优惠政策的利益冲动。切实规范各类优惠政策，统一政策制定权限，规范非税收入管理，严格财政支出管理，全面清理已有的优惠政策。根据产业发展导向，将区域优惠政策逐步向产业优惠政策转变，促进统一市场的形成和商品要素的自由流通。

---

[1] “国务院关于清理规范税收等优惠政策的通知”，《中华人民共和国国务院公报》2014 年第 35 期，第 22—24 页。

(五)建立现代化税收征管能力

税收征管要适应社会主义市场经济的需要。优化职能部门设置,理顺各级税务机关内部职责关系,简化办税程序,涉税事项统一由办税服务厅前台受理,解决纳税人办理纳税事项多头跑、多头找的问题。创新税收管理方式,对不同类别纳税人按照风险分析、纳税评估、税务稽查等涉税事项实行分类管理,管理重心由全面防范向重点监控转变。建立科学的纳税服务体系,建设科学的纳税服务平台,优化服务流程,通过内部信息管理系统提高涉税数据的完整性和共享性,下放权力,充分授权窗口岗位,明晰征纳双方权利和义务,以信息化为支撑,坚持依法征收,应收尽收,严禁收取过头税、过头费。建立与税制改革相促进、与税源状况相适应、与科技创新相协同、覆盖税收工作全环节的税收环境,营造公平正义的税收环境,有效降低征税成本和遵从成本,为纳税服务、税款征收、管理决策提供强大的信息支撑。有效利用大数据思维,破除税收数据标准不统一和信息孤岛的问题,降低税收制度中的不确定性和信息不对称,减少税收征管人员的人力投入,提高税收公平性和法治性,推进税收制度的简政放权和经济社会发展。

参考文献

1. “国务院关于清理规范税收等优惠政策的通知”,《中华人民共和国国务院公报》2014 年第 35 期。
2. 贾康:“中国财税改革 30 年:简要回顾与评述”,《财政研究》2008 年第 10 期。
3. 贾康、赵全厚:“中国财政改革 30 年:政策操作与制度演进”,《改革》2008 年第 5 期。
4. 楼继伟:《深化财税体制改革》,人民出版社 2015 年版。
5. 李丽辉、吴秋余:“财税改革:推动中国经济转型”,《人民日报》2013 年 11 月 2 日。

6. 毛泽东:《毛泽东文集(第七卷)》,人民出版社 1999 年版。
7. 沈阳:"'减加结合'激发简政放权'乘法效应'",《共产党人》2016 年第 5 期。
8. 薛朝阳:"清费立税:山西政府为煤企减负至少 170 亿元",《山西财税》2014 年第 12 期。
9. "中共中央关于建立社会主义市场经济体制若干问题的决定",《中华人民共和国国务院公报》1993 年第 28 期。
10. "中共中央关于全面深化改革若干重大问题的决定",《人民日报》2013 年 11 月 16 日。
11. 张蕊:"新一轮财税体制改革启动 着力夯实国家治理基础——财政部部长楼继伟详解深化财税体制改革",《中国财政》2014 年第 14 期。

(黄顺魁,北京大学光华管理学院)

简政放权与混合所有制改革

郝阳 刘哲

简政放权与混合所有制改革是2013年以来的两项重要改革措施，是当前改革的前沿问题，也是改革难点。在2014年的国务院常务会议中，简政放权和发展混合所有制经济等五项改革被确定为当年改革的重点领域和关键环节。简政放权与混合所有制改革并不是简单的并列关系，而是互相支持和互相促进的关系，其本质都是处理好政府与企业、市场的关系。本篇文章结合改革实践情况对简政放权与混合所有制改革的内在关系进行了探讨，提出了相关政策建议，并对改革中的法律问题进行了分析。

一、混合所有制改革是简政放权的重要助推器

(一)简政放权是国企改革的重要特征

混合所有制改革在十八届三中全会以来被视为国有企业改革的重要战略,是国企改革的新篇章。在改革开放以前,国有企业是计划经济的重要支柱。对于国有企业而言,生产计划、薪酬奖励和利润分配都是政府部门计划好的,因此当时的国有企业可以被看成政府部门的延伸,并不是独立的经济主体。实践经验表明,计划经济下的国有企业是非常低效的。“穷则变,变则通,通则久”,国有企业改革自然成为了中国经济改革的主战场。

国有企业最初的问题是政府对于企业的管理过多过细,因此早期改革的主要特征是政府把权力下放给企业,“简政放权”这一特征在最初的国企改革中得到了充分体现。1978 年 10 月,四川六家国企首先试行了“放权让利”的改革措施,打响了全国国有企业改革的第一炮(张文魁和袁东明,2008)。但是,“放权让利”逐渐导致了较为严重的“利润分配”难题。国有企业改革后来也采用过“经济责任制”(保证向财政上缴一定数额利润,其他利润自留)、“利改税”(国家大中型企业按实现利润的 55% 上缴所得税)和“承包制”(包死利润基数、超收多留、欠收自补),但是这些制度都有着巨大的讨价还价成本和诸多不规范性。

通过考察最初的国企改革历史可以发现,如何有效地“简政放权”是一个难题。比较彻底地放弃对国企的管理权(例如“承包制”等改革)固然可以一时激发企业活力,但是企业所有人的缺位导致企业缺乏长期战略规划,给生产经营带来诸多道德风险问题。“一放就乱,一管就死”是早期国企改革中的重要现象。

直到上个世纪 80 年代中后期,股份制改革——即所有制改革——逐渐成为了国企改革的主要思路。企业股份制改革是明晰

产权、界定产权、培育独立市场主体的最佳途径,真正地解决激励机制问题(厉以宁,1991)。随着股份制改革如火如荼地推行,国有企业的经济绩效也逐渐好转。然而,简单的股份制改革并不能彻底理顺政府与国有企业的关系。在国有绝对控股的企业中,虽然建立了形式上的董事会,但是国有资产管理部门依然对国企的经营决策拥有重要的管理权,对国企中的诸多重要人事任命具有最终决定权。国有企业的经营管理模式相比民营企业不够灵活,薪酬激励也不够有效。在这个背景下,混合所有制改革逐渐走上改革的舞台。

在国有企业的产权改革中,混合所有制是实践中自发出现的现象。改制后的股份制企业广泛地吸收了职工持股和当地民营企业参股,由此产生了一大批国有控股的混合所有制企业。在2013年,党的十八届三中全会公布了《中共中央关于全面深化改革若干重大问题的决定》(以下简称《决定》),《决定》提出:“积极发展混合所有制经济。国有资本、集体资本、非公有资本等交叉持股、相互融合的混合所有制经济,是基本经济制度的重要实现形式。”《决定》的公布使得混合所有制的概念广为人知,混合所有制被确立为国企改革的前沿阵地。

通过引入民营资本,混合所有制企业可以实现真正的法人治理机制。在混合所有制企业中,政府通过董事会行使国有股东权利,避免了对企业的直接管理,实现了从“管人管事”到“管资本”的转变。混合所有制改革的本质是厘清政府与企业、市场的界限,“简政放权”是混合所有制改革的内在要求。

(二)混合所有制改革是对国资管理部门简政放权的倒逼机制

简政放权是政府部门的“自我改革”,凡是“自我改革”都很不容易。我们从实践调研中发现,只有股权结构的“混合所有”才能有效推进政府在国企中的职能的有效转变。

笔者在2014年对马鞍山市的混合所有制企业进行了专题调

研。马鞍山市是安徽省重要工业城市,在上一轮国有企业改革中出现了多家“混合所有制”企业。在调研过程中,我们问了国企高管这样一个问题:“如果民营机制有它的优势,那么我们国有企业为什么不直接引入民营的机制,而非要通过引入民营资本来引入民营机制?”企业高管给出的答案基本一致:“资本的结构决定了治理的模式。换言之,如果新成立的混合所有制企业不脱离旧的国有企业治理模式,民营资本根本不会同意与国企进行合作。”从这个意义上讲,混合所有制是建立企业法人治理结构的倒逼机制,也是对国资管理部门简政放权的倒逼机制。

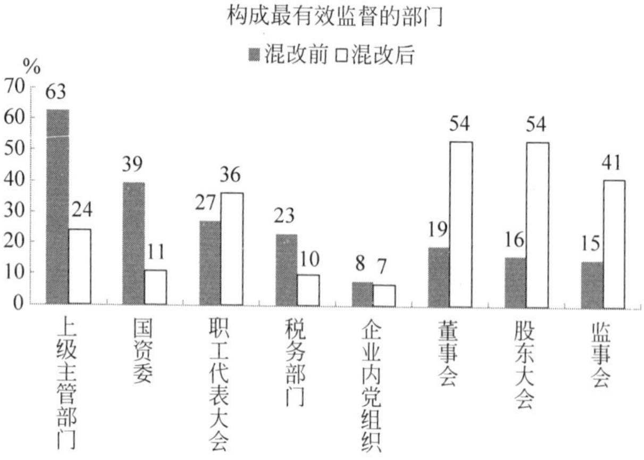

图1 混合所有制改革与企业监督部门的转变(马鞍山市调研结果)

我们在马鞍山市进行了问卷调研[1],结果显示,混合所有制改革以后,对企业构成最有效监督的部门从“上级主管部门”和“国资委”变成了“董事会”和“股东大会”。这说明股权结构的转变确实推动了公司治理机制的改善,从而倒逼国资管理部门的角色发生转变。

---

〔1〕 我们共发放问卷102份,回收有效问卷99份,其中包括36份政府问卷,14份高管问卷和49份员工问卷。

在《决定》公布以后，全国各地迅速出台了以发展混合所有制为重点的地方国企改革方案。北京市提出，国有股权低于 50% 的企业不再简单套用国有企业的监管制度。[1] 政府对国企的原有管理措施并不一定适用于混合所有制企业，因此混合所有制改革促进了国资管理部门简政放权改革措施的出台。

二、简政放权是发展混合所有制的重要保障

(一) 政府的观念变革是混合所有制改革的关键因素

在混合所有制改革中，政府对于国有企业、国有资产的观念的变革是改革成功的关键。只有政府重新厘定权力边界，重塑对于国有资产的管理模式，即进一步地简政放权，混合所有制改革才能成功。但是，简政放权是政府的自我改革，这其中容易触及具体利益群体，在把一部分权力交给企业、交给市场时，难以突破利益固化的藩篱。因此，简政放权的基础是观念的转变，需要转变对于国资管理的误区，从国家利益、人民利益的角度加深对混合所有制改革的认识。

首先，要从宏观层面转变对于国有资产管理的观念。在三十余年的改革发展中，国有企业股份制改革已经取得了巨大的成功，但是，国有资本体制的改革远远没有结束。厉以宁教授指出，国有资本体制分为两个层次：一是国有资本配置体制，这是第一层次的体制；二是国有企业管理体制，这是第二层次的体制。第二层次的改革已经取得较大的成绩，但是国有资本配置体制改革亟待开启。资源配置效率和生产效率是同等重要的。仅仅关注生产效率的变化而不关注资源配置效率的变化，不符合资本运用的原则（厉以宁，

---

[1] 《关于全面深化市属国资企业国企改革的意见》，北京市政府，2014 年 8 月。

2013）。

政府从“管人管事”到“管资本”的观念转变有助于提高国有资本的配置效率，实现国有资本的“有进有退”。有研究指出（高善文，2016），产能过剩行业[1]的国有资本平均比重高达50.5%，国有资本比重越高的行业在近年来绩效下降就越明显。这说明两个问题。第一，国有资本的配置效率较低。在经济周期变动中，国有资本不能及时转移配置到经济绩效更高的行业。第二，国有资本占比过高阻碍了企业的正常退出机制。当国企绩效恶化时，企业有可能想方设法争取地方政府的支持，这延缓了市场自发出清过程。国资管理部门不应该以特定某一家或者几家国企的成败来评价国资管理绩效，应当从国有资本配置的宏观层面评价管理绩效，实现国有资本的有进有退。

第二，要从微观层面转变对于国有企业的管理观念。政府不能再用传统管理国有企业的办法来管理混合所有制企业，必须摒弃过去的干部管理体制，以《公司法》为基础，确保一股一权、同股同权，摒弃原有的管理思维，通过参与混合所有制企业的法人治理来行使国有股东权利，即从“管理”转变为“治理”。

特别需要强调的是，在混合所有制企业中，政府不应该对于薪酬激励给予特殊限制。在以往的国有企业管理中，国企管理层一般都具有行政级别，对薪酬多以行政手段予以管理，“干多干少都一样”是国有企业薪酬激励机制常为人诟病的一点。在传统的国有企业管理中，这有一定的历史合理性。因为所需要管理的国有企业众多，国资委难以对每一家国企予以一企一策的薪酬体系，只好通过“一刀切”的方式对薪酬总额进行管理。有研究指出，政府对企业干预越多，会计业绩的度量评价作用越少，这说明这种“一刀切”的

---

〔1〕 产能过剩行业包括：煤炭开采和洗选业；黑色金属冶炼及延压加工业；有色金属冶炼及延压加工业；黑色金属矿采选业；有色金属矿采选业。

薪酬体系降低了国企的活力。在混合所有制企业中,政府股东应通过董事会和薪酬委员会来参与薪酬的制定。

此外,政府股东和民营股东在混合所有制企业中应同股同权,不宜过多引入有关国有股东的特殊权益规定。在竞争性行业中,对于“黄金股”等特殊股份的设置应采取谨慎的态度。在当前阶段,民营资本对于混合所有制改革依然抱有较为保守的态度,一个重要原因是担心混合所有制企业中民营资本的保护问题。如果政府对国有股权做出特殊规定,那么势必增加民营资本的疑虑,并且为政府介入企业打开了空间,这也并不符合“简政放权”的整体改革思路。

第三,简政放权不是一放了之,最终目标不是把“大政府”变为“小政府”,而是需要政府“有所为、有所不为”,最终成为“有效政府”。在混合所有制改革中,需要政府对许多重要问题进行顶层设计和提前说明。例如,哪些行业适宜推进混合所有制改革?不同行业的混合所有制企业中,国有股份比例是否有最低限制?在国有股份转让过程中,怎样避免对“国有资产流失”的担心?

(二)把“管董事”加入国资委的履职清单

在混合所有制改革中,简政放权的主体责任单位主要是各级国资委部门。在从“管人管事”到“管资产”的调整中,清单式改革是简政放权的重要方式。一般而言,国资委“行政权力清单”的存量并不多,对应的改革空间有限,下一步的改革方向是对具体“履职清单”的改革。

2014 年国务院 47 部门所“晒”的权力清单显示,国资委仅存 1 项审批,其项目名称为“中央企业政工职称评审审批”,属于非行政许可审批,审批的对象则为中央企业。对于大部分地方国资委而言,其行政权力清单所包含的内容也并不是很多。以上海国资委为例,其行政权力清单和行政责任清单仅包括“国有资产产权交易的监管”等三个项目。因此,各级国资委当前改革的主要内容是调整优化监管职能，即从具体履职事项来简政放权。

根据国务院国资委《关于地方国资委调整优化监管职能推动完善国资监管体制的调研报告》(2015 年 7 月)，截至 2015 年 4 月末，天津、上海、江苏等 13 个地方国资委已经制定履职事项清单，明确清单以外的事项由企业自主决策，这在客观上将部分权力从国资委下放到企业。

但是，我们发现，当前已有的改革措施对于国有企业董事的相关监督、选拔机制仍然相对不足。在混合所有制企业中，国资委所委派的董事(长)将代表国资委在公司治理的框架下参与企业的经营管理。因此，当国资委把更多的权力下放给企业时，也需要给国企中的代表国有股的董事以同等重要的义务，即权力和义务要做到对称和平衡。

在“管董事”这一领域，有如下问题亟待解决。第一，在混合所有制企业中，代表国有股东的董事应该如何推选？是主要从政府机构中选拔，还是主要从国有企业内部推选董事？第二，如何评价国有股东董事的绩效表现？第三，国企董事是否保持原有政府级别？

三、以法律建设稳定改革预期

《决定》提出积极发展混合所有制经济，它是一个政策性文件，是我们进一步全面深化改革的政策目标和行动纲领。正确的政策目标和行动纲领需要以具体措施和方式来实现，此时法治的力量不可或缺。以法治引领改革，推动改革，可以保证改革行动不偏向并顺利前行。习近平总书记曾多次强调，凡属重大改革都要于法有据。在整个改革过程中，都要高度重视运用法治思维和法治方式，发挥法治的引领和推动作用，加强对相关立法工作的协调，确保在法治轨道上推进改革。在以简政放权来推动混合所有制改革的过程中，法律建设具有基础性地位。

(一)必要性

我国的混合所有制改革虽然取得了一定的成果,但仍存在诸多问题。这些问题突出表现在:国资监管关系仍未理顺;公司治理机制仍不健全;国有资本和民营资本存在不平等待遇等。这些问题的存在对混合所有制改革中准备参股的民营资本股东来说,会存在很大的不确定性,抑制了他们的积极性与参与程度,增加了他们的观望情绪。因此,这些问题的认真审视与解决是进一步推进混合所有制改革的关键所在。

而解决这些问题必须依靠法治思维,依靠法律确定改革措施,稳定改革预期。法律制度可以界定政府与市场的边界,为政府与市场主体提供行为的准则。法治要促进市场交易自由,同时要保障市场交易安全;要严格约束政府权力,同时要保障政府正确履行职能。只有通过相关法律制度的设计以及法律制度的实施,促进政府进一步简政放权,从而推动混合所有制经济的发展,增强国有经济活力、控制力、影响力和抗风险能力,以实现国家强盛的宏大战略。

(二)完善制度,保护产权

深化混合所有制改革需要简政放权,而简政放权需要国资管理部门实现从“管人管事”到“管资本”的角色转变,关键在于健全企业法人治理结构,完善相关法律制度,切实保护混合所有制企业各类出资人的产权权益,调动各类资本参与发展混合所有制经济的积极性。[1]

---

〔1〕 在《国务院关于国有企业发展混合所有制经济的意见》(国发〔2015〕54号)中提到发展混合所有制经济的基本原则之一是“完善制度,保护产权。以保护产权、维护契约、统一市场、平等交换、公平竞争、有效监管为基本导向,切实保护混合所有制企业各类出资人的产权权益,调动各类资本参与发展混合所有制经济的积极性。”

1. 法律差异化规定

必须承认，在法律层面，对于公有财产和私有财产的法律规定是有所差异的。《宪法》作为国家的根本大法，对于两者的表述是有差异的。现行《宪法》强调“公有财产神圣不可侵犯”，而对于私有财产则只做受法律保护的一般表述。[1] 正如《宪法》对两者表述上的差异，其他法律法规对公有财产与私有财产及其权利的保护也有所区别。《刑法》对国有资产有特殊保护，如《刑法》第93条[2]关于“准国家工作人员”的规定体现了对国有资产的特殊保护。我国刑法对国家工作人员贯彻了严加管束的刑事政策，对国有公司、企业及其委派人员“以国家工作人员论”并严加管束，其目的在于加强国有资产的保护。《刑法》第165条至第169条所规定的罪名[3]以及第396条“私分国有资产罪”自然人犯罪主体均是“国有公司、企业、事业单位”中的有关人员，单位犯罪主体限定为“国有”单位，其用意就在于注重保护国有公司、企业、事业单位的利益。

而在《物权法》、《合同法》、《公司法》等私法领域，则是比较强

---

[1] 我国《宪法》第十二条规定：社会主义的公共财产神圣不可侵犯。国家保护社会主义的公共财产。禁止任何组织或者个人用任何手段侵占或者破坏国家的和集体的财产。第十三条规定：公民的合法的私有财产不受侵犯。国家依照法律规定保护公民的私有财产权和继承权。国家为了公共利益的需要，可以依照法律规定对公民的私有财产实行征收或者征用并给予补偿。

[2] 《刑法》第九十三条“国家工作人员的范围”：本法所称国家工作人员，是指国家机关中从事公务的人员。国有公司、企业、事业单位、人民团体中从事公务的人员和国家机关、国有公司、企业、事业单位委派到非国有公司、企业、事业单位、社会团体从事公务的人员，以及其他依照法律从事公务的人员，以国家工作人员论。

[3] 《刑法》第165条至第169条所规定的罪名分别为：非法经营同类营业罪；为亲友非法牟利罪；签订、履行合同失职被骗罪；国有公司、企业、事业单位人员失职罪；国有公司、企业、事业单位人员滥用职权罪；徇私舞弊低价折股、出售国有资产罪。

调公有财产与私有财产的同等对待、一体保护思想，但在现实生活中，由于公有私有的身份差别，其享受的待遇实际上相去甚远。国有企业比较容易取得政府的各种项目或者获得商业银行的贷款，而民营企业却很难；还有，在国有企业与民营企业发生经济纠纷时，国有企业往往能够得到更为充分的保护，而民营企业则常常费尽心力最终仍失望而归。这种状况与保护产权、发展混合所有制的目标几乎背道而驰。

2. 切实保护各类出资人的产权权益

由于公有财产涉及公众法益，具有公共性质，且往往缺乏类似于私有财产那样的专门的守护主体，更容易受到损害，法律给予特殊的关注是无可厚非的。在混合所有制改革过程中，不应该降低国有资产作为公共财产的保护力度、不能影响国有资产的收益，防止国有资产流失。但现阶段强调平等保护的理念具有更强的现实意义。《决定》中就明确提到："公有制经济财产权不可侵犯，非公有制经济财产权同样不可侵犯。"这一清楚的表述，表明了中国共产党改变现状的鲜明态度。要建立社会主义市场经济，我们就必须充分认识、尊重和运用市场经济运行的基本规律，让市场在资源配置中起决定性作用。我国的经济环境已经发生变化，而环境变了，法律规定没有变化，现行法律对混合所有制经济规制不够、保护不足的问题越来越显露。

发展混合所有制经济必须以法律法规的形式健全现代产权制度，完善产权保护制度，切实保护各类出资人的产权权益，使其平等使用生产要素，实行公平竞争，给予市场明确的合理期待。而在法律上需要做到以下三点：一是从顶层设计上落实平等保护、一体规制的理念，确保符合发展混合所有制的需要；二是要出台具体而明确的措施确保制定的法律法规落实到位，防止出现实际上的不平等对待现象；三是出于国家安全、国家利益考虑给予国有资产的特殊关注需要以法律的形式公诸于众，防止暗箱操作削弱国有资产的保护力度，同时透明的环境给予各类出资人参与改革的信心和思考的空间。

必须指出，保护国有资产理念与平等保护、一体规制的理念并不必然相悖。比如《刑法》对国有资产的特殊保护。现行刑法沿用了1979年刑法按照所有制标准划分企业类型的做法，将企业划分为国有公司、企业与非国有公司、企业（朱效平，2008）。经过多年的市场经济建设，我国所有制结构已发生了重大变化，集中体现在混合所有制企业的出现与发展上，形成了国有资本、集体资本和非公有资本等不同所有制主体多元投资、互相渗透、互相融合的新的经济形式。现行《刑法》中多处强调保护“国有公司、企业”的国有资产，对混合所有制经济中国有资产却没有直接保护作用，影响了国有资产的保护力度。而平等保护、一体规制的理念强调保护各类出资人的产权权益，公有制经济财产权和非公有制经济财产权同样不可侵犯。平等保护各类出资人，保护公有制经济财产权和非公有制经济财产权，严惩侵犯行为，反而扩大了法律保护混合所有制企业国有资产的范围，是保护国有资产的现实需要。可见两者并不相悖，影响国有资产保护效果的并不是平等保护、一体规制的理念，而是应该严格防止混改过程中国有资产的不当流失。

3. 防止国有资产流失

无论是混合所有制改革，还是简政放权，如何防止国有资产的不当流失一直是一个备受关注的话题。防止国有资产的不当流失需要做到两点：公开和规范。

一是规则制定的公开化。有必要在政府部门制定相关的政策、国企制定相关的改革方案时就允许社会中介机构和社会人士的参与，从而防止在制定政策和方案过程中出现“政策、方案的部门利益化和利益内部化”，减少社会对国企改革“缺乏诚意”甚至缺乏公正的质疑（吴越，2015）。在混合所有制改革中，“规则先行”必不可少。公平的规则是维护改革公正性的前提。

二是依法依规进行改革。在防止国有资产流失方面，严格按照《公司法》、《招投标法》、《证券法》、《企业国有资产法》、《企业国有资产交易监督管理办法》等法律、法规的要求行事，尤其是按照相关法律的公开化要求行事，强化内部和外部监管，防止暗箱操作和内幕交易，在最大程度上防止国有资产不当流失，降低质疑改革过程中的国有资产流失的声音。2016 年 7 月 1 日，国务院国资委与财政部联合公布《企业国有资产交易监督管理办法》，对企业国有资产交易行为做出了细致规定，明确要求国有企业的增资扩股和资产转让行为应当在产权交易机构中公开进行。这一系列规定办法都有助于规范和拓宽产权市场，推动改革进程。

三是科学地进行国有资产评估定价。首先要注意评估机构的资质、服务质量以及机构的独立性，确保评估机构在评估过程中规范操作，合理定价；其次，在评估时对评估信息来源不要只限于有形资产，避免对企业的无形资产和盈利能力评估不足；最后，还要注意其他因素对价格所带来的影响，比如权益和总资产以及盈利能力等，不同的权益、盈利能力千差万别，其价格应当合乎实际，避免错估国有资产价值（张继德和吴冰瑶，2015）。此外，改革过程中要强化独立评估和审计制度，这对防止国企混改中的暗箱操作行为有重要作用。

四、结论

简政放权与混合所有制改革是 2013 年以来的两项重要改革措施，两项改革之间互相支持、互相促进。混合所有制改革是国有企业改革的新篇章，而简政放权一直是国有企业改革的重要特征，也自然是混合所有制改革的题中应有之义。在混合所有制改革中，国资委等相关部门的简政放权改革措施具有基础性意义，而这些改革又离不开政府观念的转变。在改革过程中，正确的政策目标和行动纲领需要以具体措施和方式来实现,此时法治的力量不可或缺。我们必须从现实出发,完善法制建设,稳定社会各界对于改革的预期,进一步推动改革进程。

参考文献

1. 高善文:“守正待时”,安信证券2016年中期策略会。
2. 李林、熊秋红:“积极稳妥有序推进司法体制改革试点”,《求是》2014年第16期。
3. 厉以宁:《非均衡的中国经济》,经济日报出版社1991年版。
4. 厉以宁:《中国经济双重转型之路》,中国人民大学出版社2013年版。
5. 吴越:“国企‘混改’中的问题与法治追问”,《政法论坛》2015年第33期。
6. 张继德、吴冰瑶:“混合所有制改革如何规避国有资产流失——以中国石化混改为例”,《会计之友》2015年第19期。
7. 张文魁、袁东明:《中国经济改革30年(国有企业卷)》,重庆大学出版社2008年版。
8. 朱效平:“混合所有制企业国有资产刑法保护研究”,山东大学博士论文,2008年。

(郝阳,中央外汇业务中心;刘哲,国家食品药品监督管理总局)

国有企业改制和简政放权：激励与约束

臧元峰

作为国有企业改革的重要组成部分，国有企业改制是经济体制的转变和企业制度的创新，以调整生产关系适应生产力的发展水平，同时，它也是一个建立现代企业制度的过程。一般而言，国有企业改制将会带来三种不同的变革：一是企业形态的变革，即企业资本组织关系和治理结构；二是企业股权结构的变革；三是企业内部制度的变革。国有企业改制的意义在于建立现代企业制度，实现政府职能的转变，以及建立完善社会主义市场经济体制的改革目标。

改革开放以来，国有企业的改制工作取

得了显著的成效,在国有企业走向市场化的进程中发挥了重要的积极作用。但是,同时也呈现出诸多问题。例如,国有资产流失、企业负债率提高等。由于国有企业改制涉及到产权变更(转让)等核心问题,“不放权”则企业竞争力弱;“放权”则会带来国有资产的迅速流失,因此,以“简政放权”为核心的政府职能转变并未能取得实质性的进展,从而使得国有企业改制工作一度陷入平台期。自2012年党的十八大以来,国家将政府职能转变作为深化行政体制改革的核心,并提出以行政审批改革为突破口,大力推动简政放权等改革,这为国有企业改革带来了新的契机,它标志着我国国有企业改革进入了制度创新的新阶段。以下将主要围绕国有企业的公司化(股份制)改制,同时结合“简政放权”改革,分别从国有资本体制、公司法人治理结构、产权交易以及企业内部管理等方面进行探讨与分析。

一、深化国有资本体制改革

国有企业改制作为中国经济体制改革的中心环节,与国有资本体制的改革密切相关,而其中如何转变政府职能发挥着重要的积极作用。自改革开放以来,我国企业制度的基础结构呈现出显著的变化,由以往单一的国有制逐步向多种所有制并存转变。同时,随着国有企业改革的不断深入,政府的双重管理职能逐步得以分开,即社会经济的管理职能和国有资产的所有者管理职能分开。在这一点上,1988年设立的国家国有资产管理局具有标志性意义。它不仅意味着政府双重职能由统一向分开的历史性转变,同时也促进了国有资产由多部门管理向职能化管理的转变。在此背景下,通过1998年实施的政府机构改革,国家撤销了作为国有企业行政主管部门的专业部,并于2003年分别在中央和地方层面设立了国有资产监督管理委员会,进而明确了自身的出资人身份,国有企业才向

真正的政企分开、融入市场迈出了一大步。

国资委的设置对于发展和壮大国有经济发挥了重要的积极作用,并有效地推动政企分开,实现所有权和经营权分离,从而使企业自主经营、自负盈亏,为国有资产的保值增值提供了有力保障。但是另一方面,由于其缺乏对出资人职责的充分认识,使得国资委具有浓厚的行政色彩。一是国资委经常成为各级政府部门向国企发号施令的中间人,二是上级国资委对下级国资委负有监管责任,这些无疑都是与出资人身份不相符合的多余功能,国资委作为出资人的权力、义务和责任还未真正统一起来。

此外,关于国有企业的产权关系,尽管党的十四届三中全会提出了"出资人所有权与企业法人财产权"分离的概念,为国有企业的股份制改革奠定了坚实的基础,但是,从构建现代化企业制度的视角来看,其产权关系仍比较模糊、权责不明确,特别是在"管资产、管人和管事"的现行国有资产管理体制下,对企业的"法人财产权"并没有一个严格的界定,从而使其仅局限于"企业经营权",而不是真正意义上的"法人产权"。

从整体来看,国资委的主要任务仍放在对国有企业的管理和监督方面,政企不分的问题未得到根本性的解决。政府通过审批项目、行政垄断、封锁市场、信贷干预、价格管制等,直接插手国有企业的日常经营活动。国有企业至今仍未能成为真正的市场经营主体,仅可以称之为"不完全的市场经营主体"。一方面,政府的干预限制了市场配置资源的作用;另一方面,部分企业还存在"内部人控制"问题,总而言之,即是政府的角色转换不到位。由此可见,企业自主经营、自负盈亏,成为真正的市场主体和法人实体是现代市场经济的内在要求。

国有企业改制是一项复杂的系统工程,它需要内部制度和外部的法律、政策环境相互的配置和兼容。全面深入推进国有企业改制必须从体制改革上下功夫,积极推动政府职能的转变。作为初步的设想，应强化国资委对国有资本的配置权，构建国资委—国家投资基金公司—国有企业三个层次的资本管理体制。国资委仅负责国有资本的配置和保值增值，即将现有的国有股权划分给国家投资基金公司；国家投资基金公司通过持有国有企业的股权，对国有企业的资本运营进行监督和考核，并决定国有资本的增减。通过一系列的体制改革，一是可以进一步明晰产权、明确权责。由广义上的国家"所有权"转变为企业出资者的"所有权"，并与公司"法人财产权"相互独立，这不仅能真正、有效地履行出资人职责，同时也可以充分保护企业法人财产权，进而使市场作为"公开、公平、公正"的经济运行体吸引更多的企业参与。二是将充分调动企业主动性、积极性，增强企业活力，确立真正的市场经营主体地位。三是健全完善企业法人治理结构。国有企业作为真正的市场经营主体，将建立完善的股东会、董事会、总经理和监事会制度，进而科学合理、有效地行使企业控制、经营等各项权利，这均将为进一步深化国有企业改制提供有力的制度保障。

二、构建多元化的企业公司法人治理结构

国有企业改制的主要目的即为改变以往单一的企业法人治理结构。国有企业在改制的过程中，需要重新构建多元化的企业法人治理结构，进而改善并增强改制后企业的活力。

产权制度作为分配、行使有限资源管理权的根本依据，是企业组织和决策的重要影响因素。它决定了分配的动力机制和决策权，以及商业交易费用的标准，并通过三者的有机结合，从而确立经济活动的结构。一般而言，产权决定公司治理结构的方法主要有两种，一是产权在既定的环境下决定生成企业的形态，例如计划经济条件下的国有企业单一形态；二是公司治理结构受所有权制度的制约，即只能在产权制度所赋予管理结构的"资产组合"中进行选择，

例如,在以公有制为主体、多种所有制共同发展的制度约束下而形成的混合所有制公司治理结构。总而言之,伴随着不同的产权规则,同时也会带来差异性的公司治理结构,即产权制度是决定公司治理结构的重要影响因素。

从我国的实际情况来看,其呈现出业主制(Proprietorship)—合伙制(Partnership)—公司制(Corporation)的成长历程,同时,我国国有企业的公司化进程和法人治理结构也体现出"逆向成长"的显著特征。换而言之,在既存的国有企业治理结构的基础上,由传统的工厂制度向公司制转变,从"放权让利"、利改税、承包制,到确立政企分开、出资人所有权与法人财产权分离的企业法人财产制度和公司治理结构,是一个以政府设计和行政干预为主导的制度创新和转变的过程。

传统的国有企业作为一种组织形态,拥有自身的治理结构,同时也具备产权主体,以及与之相对应的监督、激励和约束机制。其特征主要表现为产权归属的唯一性、产权结构的统一性和产权收益的单一性,并由此而决定了其治理结构中的治理机制也具有单一性。改革开放以来,由于"路径依赖"的效应,传统工厂制度下的国有企业治理结构,对公司化进程中国有企业法人治理结构的构建产生了深远的影响,使这种单一性得以延续。

在20世纪90年代初期,党的十四届三中全会明确提出国有企业改革的方向是建立现代企业制度,并将我国的公司治理结构基本定位为在不变资本控制下的单边治理结构,即股权基础上的单边治理结构。但是,公司是以不变资本和可变资本为基础的多元利益系统,其治理结构应以两种资本为中心来决定,而公司资本,特别是不变资本占据绝对优势的地位已不适应发展的实际需求。此外,我们单纯地强调了公司股东参与公司治理的重要性,而忽视了公司员工、债权人等对参与公司治理的强烈意愿,由此在体制转型的进程中形成了诸多的"空隙",并导致出现了相应的后果。这就是在建立现代企业制度的过程中产生“内部人控制”(Insider Control)、管理层腐败等问题的重要原因。

国有企业出现“内部人控制”的根本原因是在于“所有者缺位”,或难以对经营者实行有效的监督。尽管就目前国有企业的产权而言,从法律上已基本明确为国家所有,但同时也表现出两点问题,一是与国家所有权相对应,国有企业产权并没有形成一套健全完善的制度;二是关于国家所有权的分割与流动,无论在法律法规政策上,还是在具体实践中,均具有较大的障碍。在此背景下,国有企业始终难以构建一个健全完善、有效的公司治理结构,从而必然导致“内部人控制”的出现。此外,在我国国有企业的改制过程中,企业争相上市现象的出现,同时也折射出我国国有资本结构,以及资本市场在解决管理层选择和激励上仍存在诸多问题。

从国外的发展经验来看,所有权与经营权的分离需要一个漫长的演进过程。虽然各国所采取的治理结构各不相同,其主要取决于相对应的组织资源与市场资源情况及可利用度,但是取得成功的国家均表现出一个共同之处,即拥有较为发达的金融市场和完善的法制系统。由此可见,就我国的发展实际而言,其首要的问题并不在于如何寻求一套固定的治理结构范式,而是要建立和完善产权制度,明确市场经济的运行规则,其中以发展金融市场和健全法律法规制度尤为迫切和重要。此外,由于治理结构依存于所处的经营环境,不同经营环境条件下的治理结构具有较大的差异性,因此,公司治理结构和具体的监督机制体现出特殊性、多样化的特征,且处于不断的创新中,而竞争的市场环境才是两权分离下形成有效的企业制度的前提条件。

对于优化我国国有企业产权治理结构而言,产权制度改革是一个不可逾越的重要课题。在我国国有企业改制的进程中,国有企业通过实施一系列的改革措施,尝试解决受益权和控制权不对称的核心问题,其基本的思路均为充分发挥市场的作用,逐步推动由单一的国有制或集体所有制向多元化的混合产权结构转变。随着中国资本市场的发展、机构投资者的成长和国有企业自身状况的改善,将会有更多的国有企业进入市场并实现产权结构的多元化。但是,在这里需要指出的是,完善公司企业法人治理结构不仅仅局限于产权的改革,其真正的含义在于治理机制的变化,虽然产权的转变将会给企业带来发展的资金和机遇,但并不一定意味着治理机制得以改善。因此,为了进一步深化国有企业改制,应摆脱以往行政性分权的改革路径,一是国家应通过立法的方式,健全完善产权制度,明晰产权、明确权责,这是企业运行机制转型的基础和关键,也是实现产权自由转让和优化资源配置的前提条件;二是对国家“所有权”和企业“法人财产权”进行明确的区分和界定,可通过设置国家投资基金公司将国家“所有权”转变为企业出资者的“所有权”,从真正意义上确立符合现代企业制度的企业“法人财产权”,使企业在一定程度上可以自由进行产权转让,从而为企业成为自主经营、自负盈亏的完全市场经营主体提供保障;三是实现企业法人财产权和经营权的分离。通过健全完善股东会、董事会、总经理和监事会制度,构建多元化的企业公司法人治理结构。

三、培育和发展产权交易市场

产权交易市场是资本运行和交易的重要场所,它为国有产权的转让(出售)提供了一个公平、公开、公正的规范性平台。特别是在国有企业的改制中,由于其主要是以通过产权出售进行公司化(股份制)改造为主,直接涉及到国有资产的价值水平,而产权交易市场具有最为便捷、有效和直接的发现功能,从而可以防止国有资产的流失和资产配置的不合理性,是资本市场不可或缺的重要组成部分。

改革开放以来,随着计划经济逐步向市场经济转型,资本的配置方式发生了巨大的变化，一是市场化融资开始逐步替代了财政分配；二是广大企业对从资本市场融资的强烈需求，从而为产权交易市场提供了生存和发展的空间。此外，随着近年来大规模的结构调整和高新技术产业的发展，使得对产权交易市场的需求日益加剧。

在市场经济的发展进程中，资金和资源主要是通过资本市场来实现配置和再配置，企业通过资本市场筹集创业和发展资金，但是，并非所有企业都是通过一个市场来实现这一需求，由于存在各种不同规模、不同效益以及不同发展阶段的企业，从而促进推动了多层次资本市场体系的形成。发展和培育产权交易市场，不仅可以解决我国东中西部资本市场发育不平衡的问题，同时对推动形成相互补充、相互促进、协调发展的多层次资本市场具有重要的积极作用。

除上述以外，建立产权交易市场的重要意义还在于中国经济转型和国有企业改革对产权交易的特殊需求。无论是从国有经济“有退有进”的战略性调整和国有企业改革的实际需求，东北振兴和西部开发的资金需求，还是从转变政府职能的现实诉求来看，发展和培育产权交易市场均显得迫切和重要。同时，产权交易市场也是防止国有资产流失和打击贪污腐败的有效手段。

国有经济从竞争性领域的退出是一项长期且艰巨的任务，其必然会面临重组、兼并、出售、合资等多种方式，产权交易市场将会为这一系列的经济活动提供更多的信息、规范的交易规则和合理的价格评估机制，进而有效地提高成功率和配置效率。就目前而言，国有企业的重组、转让、兼并以及流动，基本上仍是以政府为主导并予以实施，虽然这种模式具有较强的权威性，在一定程度上回避了权责的纠纷，但是其推动的力度和范围受到了较大的制约。场外“一对一”的谈判方式不仅信息不对称、成功率低，同时也潜藏着漏洞和风险。而如果将这些职能赋予市场，不仅可以提供更多的机会，也可以为防止国有资产流失提供一个公开、规范的交易场所，这也是积极推动政府职能转变的一项重要内容和要求。

就我国目前的实际情况而言,产权交易市场仍存在诸多问题,其主要有以下几点:一是国家对产权交易市场的发展欠缺宏观调控和有效的政策引导,未能制定和构建规范产权交易活动的法律和法规体系,从而导致各地产权交易市场发展不均衡,交易活动不规范;二是产权交易市场的功能仍有待进一步健全与完善;三是全国统一的产权交易市场体系仍未形成,市场机制不完善,从而在一定程度上制约了产权交易的开展。因此,为了进一步深化国有企业改制,必须强化对产权交易市场的培育和发展。一是以经济功能区为单位,建立统一的产权交易机构,突破区域分割、行业分割的局面,通过集中资源、信息,充分竞价,进而提升交易效率,缩小区域间的资本和资源差异,进而形成"统一、开放、竞争、有序"的产权交易体系。二是促进产权交易市场的规范运作和机制创新。应以转变政府职能为导向,构建与现代市场体系相适应的体制机制。政府职能应逐步由主管向监管转变,而交易所则可以作为企业法人、多元化的投资主体,根据公开、公正、公平的市场化原则,自主经营、自负盈亏。三是积极推动产权交易方式的探索与创新。在物权交易的基础上,积极推动股权、债权、知识产权等多种类型的产权交易发展。四是强化产权交易市场的自律性管理。以行业自律为核心,健全完善有效的约束监管机制,保障交易双方的合法权益;以行业协会的组织机构建设为重心,促进市场的规范化建设,提升工作和行业管理水平,保障产权交易机构的合法权益。

四、健全完善企业内部管理制度

国有企业改制,其本质在于通过转变组织、管理、分配等制度体系,增强企业发展的积极性与动力,并根据市场规则不断进行自我完善,以实现企业自主经营、自负盈亏、自我发展和自我约束的经营体制,从而提高企业经济效益,追求企业利益的最大化。以上从宏观层面对国有企业改制中的产权、权责、产权交易等进行了探讨与分析，而随之而来的是改制后企业内部管理制度建设的问题，即如何实现科学的企业管理，这同时也是建立与社会主义市场经济体制相适应的现代化企业制度的重要内容之一。

首先是企业的组织管理架构。从国有企业改革的发展变迁来看，1980 年 8 月，邓小平同志在中央政治局扩大会议上发表了《党和国家领导制度的改革》的重要讲话，明确提出要有准备、有步骤地改变企业领导体制，进一步理顺企业内部关系。尽管在 20 世纪 60 年代初，通过“工业 70 条”（《国营企业工业工作条例》）的颁布，业已对国有企业的领导体制、企业与政府之间的关系作出了初步的规定，即在政治上实行企业党委的集体领导、在生产上实行厂长负责制，但进入 20 世纪 80 年代后，国企厂长的自主权得以进一步加强，党委的权力相对削弱。尤其是通过 1988 年《全民所有制工业企业法》的颁布，使厂长负责制有了法律依据。此外，随着改革的推进，国有企业逐渐完成了股份改制，并根据《公司法》的规定设立股东大会、董事会和监事会，称为“新三会”，这与由党委会、职代会、工会构成的“旧三会”存在着不可避免的矛盾。1999 年 9 月，在十五届四中全会通过的《中共中央关于国有企业改革和发展的若干重大问题的决定》中，明确指出公司法人治理结构是公司制的核心，明确了所有者对企业拥有最终控制权，董事会、监事会、经理层要各负其责，并对董事长、党委书记的兼任问题作出清晰规定。此后，通过采取设立国有资产管理监督委员会等方式，逐步将国企的所有权、管理权分离开来，在领导体制方面完成了一次大转型。

如上所述，我们可以发现这并不是真正意义上符合现代企业制度的公司法人治理结构，同时也没有形成由股东代表大会、董事会、职业经理人员和监事会组成的相互依赖、相互制约的格局。因此，应该要进一步明确法人治理结构权责边界，即权力机构、决策机构、执行机构和监督机构的权责边界要界定清晰。具体架构如下：一是作为公司最高的权力机构和决策机构,股东代表大会由全体股东组成;二是董事会由股东代表大会选举产生,履行公司管理和执行战略决策的职能,并对股东大会负责;三是经理层由董事会委任,履行公司的经营管理职能;四是监事会是由股东代表大会选举的监事以及由公司职工民主选举的监事组成,对董事会和经理层行政管理系统履行监督的职能。在这里需要特别指出的是,遵循上述对国有资本管理体制的设想,以往国资委行使的国家"所有权"将转变为企业出资者"所有权",并由国家投资基金公司来行使相应的职责,因此,并没有由此而削弱国家对国有资本的管控。

其次是职业经理人的选拔、激励和约束。目前,我国国有企业改制后,在经理层的选聘方面仍带有浓厚的行政色彩,企业的高级管理人员大多数仍由上级主管部门直接任命,由董事会任命的仅占少数,从而难以形成有效的职业经理人市场、竞争机制以及激励约束机制。随着国有企业改制的不断深入,更多的企业逐步改制为自主经营的混合所有制企业,职业经理人制度的建立和推广,以及职业经理人市场的出现和成长将是必然的发展趋势。在现代化企业制度下的法人治理结构中,董事长和董事会作为股东的代理人,均负责企业的战略决策和对经理层的监督,而企业的经营管理职能由总经理来履行。推行职业经理人的市场化选择机制,将是一种有效的激励制度,不仅可以使其保持危机感和紧迫感,也可以较大程度地提高工作效率。同时,多元化的薪酬结构以及股权激励制度不可或缺,这将充分调动职业经理人的积极性,实现经营者利益和企业利益的一致,从而确保企业的长期、稳定发展。此外,完善的约束机制也至关重要,可以通过内外部监控机制来实现对职业经理人的监督与约束。

最后是企业的人力资源管理和薪酬体制。随着现代化企业制度的不断完善,人力资本对企业发展的重要作用不言而喻。但就目前的现状而言,企业的人力资源管理呈现出管理理念落后、人力资源投入少、培训体系滞后,以及激励机制缺失等诸多问题。此外,在薪酬体制方面,尽管企业对薪酬设计和薪酬制度改革均十分重视,但是收效甚微,同时也表现出差距过大、分配约束机制不完善、结构设计不合理等众多不尽人意之处。因此,从人力资源开发与管理来看,一是要改变传统的人力资源管理理念,对企业员工进行重新的认识定位,增强员工对企业的归属感。二是制定科学合理的人力资源开发与管理规划。应以企业整体发展战略为导向,吸收和培养相关的专业人才和管理人才,并结合员工的自身发展需求,开展人力资源开发与管理工作。三是健全完善绩效评估体系。有效的绩效管理是实现人力资源管理的重要前提之一,它不仅能加强队伍建设,提高管理效率,同时也可以促进企业和员工的双向互动,提高员工的主观能动性和积极性。四是健全完善教育培训体系。通过"走出去"和"请进来"相结合的方式,有针对性地加强对员工的教育培训,并采取轮岗、与绩效和薪酬考核挂钩等多种方式激励员工学习,不断提高员工自主学习的积极性。从薪酬体制改革来看,应根据企业管理层和员工等不同层面的实际需求,优化调整企业薪酬分配体系设计,例如,针对管理层可以引入市场机制,建立多元化的薪酬收入组合,将短期激励和长期激励有机地结合起来;而对于普通员工而言,可以结合基本薪酬、激励薪酬和福利制度进行综合的考虑。在此基础上,逐步推行和完善"主体明晰规范、制度科学、关系合理、激励充分、约束严明"的符合现代企业制度特征的薪酬制度。

参考文献

1. 迟文成:《国有企业改制理论与实务研究》,北京师范大学出版社 2011 年版。
2. 国家统计局企业调查总队:《国有企业改革及热点问题研究》,中国统计出版社 2001 年版。
3. 李晓西:"国家'所有权'与企业'法人财产权'关系探讨",《改革》1994 年第 1 期。

4. 厉以宁:《中国经济双重转型之路》,中国人民大学出版社 2013 年版。
5. 厉以宁:“国企改革:重在国有资本配置体制改革”,《文汇报》2014 年 3 月 18 日。
6. 厉以宁:“简政放权与培育自主经营的市场主体”,《行政管理改革》2015 年第 9 期。
7. 刘永泽:《国有企业改制及其相关问题研究》,东北财经大学出版社 1998 年版。
8. 任洪斌主编:《国有企业改制解惑》,中国财政经济出版社 2004 年版。
9. 邵宁主编:《国有企业改革实录》,经济科学出版社 2014 年版。
10. 戚聿东、边文霞、周斌:《国有经济战略调整与国有企业改制研究》,经济管理出版社 2003 年版。

(臧元峰,北京大学光华管理学院博士后,神华国华电力研究院)

土地转让、确权和简政放权

许可　戴维　李成明　李浩民

根据厉以宁教授的经济非均衡理论，经济非均衡状态分为第一类非均衡和第二类非均衡[1]（厉以宁，1990）。而中国经济正处于市场既不完善又缺乏真正市场主体的

---

〔1〕第一类非均衡是指市场不完善，价格不灵活，超额需求或超额供给都存在，需求约束或供给约束也都存在着，但参加市场活动的微观经济单位却是自主经营、自负盈亏的独立商品生产者，是标准意义上的市场主体，他们有投资机会和经营方式的自主选择权，他们自行承担投资风险和经营风险。第二类非均衡是指市场不完善，价格不灵活，超额需求或超额供给都存在，需求约束或供给约束也都存在着，但参加市场活动的微观经济单位并非自主经营、自负盈亏的独立商品生产者，并非标准意义上的市场主体，他们没有投资机会和经营方式的自主选择权，他们自行承担投资风险和经营风险。

第二类非均衡状态，因而通过产权改革[1]建立真正的市场主体是当前中国经济改革的核心问题之一。30 多年来，中国产权改革取得了不少成绩，国有企业和民营企业的市场主体地位基本建立，混合所有制企业越来越多，集体所有制企业成功改制，但由于历史原因农村产权改革长期未被重视，推进缓慢。

虽然 1979 年实行的家庭联产承包责任制是一项重大改革措施，但并非真正意义的产权改革。如今一家一户土地承包难以实现规模经营，农民外出务工后土地利用率不高，农民缺少财产性收入，农民抗占地与强拆民居等问题依然存在，这与现有法律未能有效保护农民财产权益有关。因而，在简政放权大背景下土地确权将是中国下一步农村改革的核心工作。土地确权后农民具有三权三证[2]（厉以宁，2013），权益得到有效保障，农民心里踏实了，劳动积极性与土地利用率将同步提高，土地流转将更加高效。当农民成为产权清晰的家庭农场主，以市场主体的身份出现在中国经济中，中国将跨越第二类经济非均衡状态。然后随着市场的进一步完善，中国经济也将逐渐由第一类经济非均衡向经济均衡状态靠拢，其现实意义重大。

本文将以简政放权的视角，梳理中国农村土地制度变迁，明晰土地确权的重要意义及与简政放权关系，并用实证模型分析验证土地转让、确权对中国经济社会发展的积极作用。最后，本文综合中国改革现状与国外土地制度经验，提出相关政策为中国农村土地改革发展献言献策。

---

〔1〕 产权改革指明确产权、界定产权、培育独立市场主体。

〔2〕 三权是指农民承包土地的经营权、农民宅基地的使用权、农民在宅基地上自建住房的房产权；三证是指农民承包土地经营权证、农民宅基地使用权证、农民在宅基地上自建房屋的房产证。

一、中国农村土地制度变迁

中国现行的土地制度带有很强的中国特色和历史根源，通过梳理中国农村土地制度的发展演进，能够为农村土地制度改革提供宝贵历史借鉴。建国以来，农村土地制度按照农村土地所有权和经营权的关系变化总体上可划分为三大阶段（胡穗，2004）：

（一）个体所有，自主经营阶段（1949—1953 年）

新中国成立初期实行的这一制度是中国共产党在革命时期相关制度的延续。

1949 年 9 月，共同纲领[1]中确定有步骤地将封建半封建的土地所有制改变为农民的土地所有制而为接下来的工作指明了方向。随后，土地改革法[2]以正式法律条文的形式确定了农民的土地所有制并于 1950 年 6 月开始施行。

这段时期，土地所有权归属农民并与土地经营权紧密结合在一起。经过土地改革，广大农民获得了土地，解放和发展了农村生产力，改善和提高了农民的生活水平，真正实现了"耕者有其田"，农民生产积极性空前高涨。国家统计局数据显示，在全国粮食总产量方面 1952 年的 16 393.1 万吨较 1949 年的 11 318.4 万吨增加 44.8%；在单位面积产量方面 1952 年的 1 322.25 公斤/公顷较 1949 年的 1 029.33 公斤/公顷增产 28.5%。

（二）集体所有，统一经营阶段（1953—1978 年）

1953 年中国共产党确立过渡时期的总路线，伴随着农业合作化的推进，土地制度也相应不断调整，最终形成了农村土地集体所

---

〔1〕 指《中国人民政治协商会议共同纲领》。

〔2〕 指《中华人民共和国土地改革法》。

有制,具有鲜明的时代特征。主要调整如下:

这一时期,土地所有权和经营权经过短暂分离后再次紧密结合,皆属集体。人民公社中,由于缺少有效的激励措施,农民没有生产积极性,降低了劳动效率,虽然在农村发展方面也取得了一定成就,但为此付出了沉重的代价。

(三) 集体所有,承包经营阶段(1978 年至今)

1978 年,中国共产党十一届三中全会确定把经济建设作为工作重心,会上审议通过的《农村人民公社工作条例(试行方案)》鼓励扩大生产队自主权为接下来的农村土地制度改革奠定基础,开启了新时期土地改革的序幕。之后一段时期的主要政策如下:

到 1983 年 1 月随着相应文件[1]的出台,以家庭联产承包责任制为核心的农村土地制度得以正式确立。三十多年来,农村土地制度改革不断推进,如增加土地承包期限、立法保护承包关系等,使得这一农村土地制度不断稳定和完善。

这一时期,土地关系再次发生改变,土地所有权归属集体而经营权给予农民,使其获得更大生产自主权,农民积极性被极大地调动起来,从而促进了中国向现代农业的发展,农业产量得到迅速提升。

---

〔1〕《当前农村经济政策的若干问题》。

下表为中国建国以来土地制度改革相关政策条例梳理（陈丹等，2009）：

表1　中国土地制度改革相关政策条例一览表

时　　间	条　　例	主要内容
1949年9月	《中国人民政治协商会议共同纲领》	“有步骤地将封建半封建的土地所有制改变为农民的土地所有制。”
1950年6月	《中华人民共和国土地改革法》（草案）	确立土地的农民所有制，承认土地的自由经营、买卖及出租权利。
1950年11月	《关于填发土地房产所有证的指示》	改革前的土地契约作废并相应颁发土地房产所有证。
1953年2月	《关于农业生产互助合作的决议》	全国发展互助组和试办初级农业生产合作社。
1953年12月	《关于发展农业生产合作社的决议》	开始发展高级农业合作社。
1956年6月	《高级农业生产合作社示范章程》	完成向高级合作社转变，土地也由农民所有制转向集体所有制。
1958年8月	《关于在农村建立人民公社问题的决议》	人民公社化开始启动。
1961年6月	《农村人民公社工作条例》（修正草案）（俗称“农业六十条”）	“生产队范围内的土地，都归生产队所有。”
1979年9月	《关于加快农业发展若干问题的决定》	“可以在生产队统一核算和分配的前提下，包工到作业组，联系产量计算劳动报酬，实行超产奖励。”
1982年1月	《全国农村工作会议纪要》	为“包产到户”正名。
1983年1月	《当前农村经济政策的若干问题》	正式确立了家庭联产承包责任制。
1984年1月	《关于一九八四年农村工作的通知》	延长土地承包期，“土地承包期一般应在十五年以上。”
1986年4月	《中华人民共和国民法通则》	土地承包经营权物权化，“承包双方的权利和义务，依照法律由承包合同规定。”
1986年6月	《中华人民共和国土地管理法》	对土地所有权和承包经营权进行立法保护。

续表

时　间	条　例	主要内容
1988年4月	《中华人民共和国宪法》(修正案)	宪法层面强调"土地的使用权可以依照法律的规定转让"。
1993年3月	《中华人民共和国宪法》	将"农村集体经济组织实行家庭承包经营为基础、统分结合的双层经营体制"载入宪法。
1993年11月	《关于当前农业和农村经济发展的若干政策与措施》	"在原定的耕地承包期到期之后,再延长三十年不变。"
1997年6月	《关于进一步稳定和完善农村土地承包关系的通知》	提出土地承包关系"大稳定、小调整"政策。
1998年8月	《中华人民共和国土地管理法》修订	"土地使用权可以依法转让。"
2002年8月	《中华人民共和国农村土地承包法》	坚持土地承包经营权的长期稳定。
2003年6月	《中共中央国务院关于加快林业发展的决定》	集体林权制度改革开始试点。
2008年6月	《关于全面推进集体林权制度改革的意见》	集体林权制度改革全面启动。
2008年2月	《土地登记办法》	推动和规范土地确权登记发证、硬化地权。
2008年10月	《关于推进农村改革发展若干重大问题的决定》	首提土地承包关系保持稳定并长久不变,明确提出搞好农村土地确权、登记、颁证工作。

二、土地确权的重要意义

作为农民基本的生活资料以及赖以生存的生产资料,土地自古以来是农民最直接、最关心的问题。近年来频发的农民维权抗争活动中,涉及到土地流转、土地征用及其赔偿等方面的农村土地纠纷问题更是其中的症结所在,严重威胁着农村社会的稳定与发展。十八届三中全会通过的《中共中央关于全面深化改革若干重大问题的决定》提出要“健全归属清晰、权责明确、保护严格、流转顺畅的现代产权制度”，完善产权保护制度，为农村产权制度的改革指明了方向。土地确权后农民成为真正的市场主体，中国才能成为真正富强的社会主义经济国家（厉以宁，2013）。土地确权作为农村产权制度改革的突破口，具有深刻的经济社会意义。

（一）土地确权与土地转让、土质改善

土地确权有助于更好地保护农民的权益，进行适当的规模经营，促进农民增收。近年来土地确权在中国农村得到广泛推广，但最终未能形成一个规范的流转市场。根本原因在于产权不清晰，农民的主体地位不健全，心里不踏实，农民担心转让出去的承包地最终归于他人，权益得不到法律保障，不愿把土地流转出去。

土地确权后，流转后丧失财产权、收益得不到保障等心理顾虑解除，将有更多的农民把土地进行流转变现，加速土地流转，提高土地利用效率；同时，土地确权后也有利于村集体和地方政府从利益的纠葛中抽身，把工作重心放到规范产权流转交易市场和服务上，让市场发挥资源配置的决定性作用，有利于土地流转。

刘涛等在对南京土地流转调查中发现，不健全土地交易权下的土地转让，在一定程度上导致了农村土壤长期肥力的衰退（刘涛等，2008）。土地确权后，因农民土地权益稳定，农民在土地上的长期投入有了更好预期，减少了因土地频繁变动导致的肥力降低，改善了土壤的肥力，进而提高农作物的产量。

（二）土地确权与农民收入

农村土地改革的红利最直接的体现就是农民收入的增长。一方面，土地确权后农民有了明晰的财产权，生产积极性被充分调动起来，生产效率显著提升，同时财产权的确立随之带来财产性收入

的增加,土地、房屋等转让出租变现,农民会多出一份收入来源。另一方面,通过土地流转,农民转包更多土地扩大生产,实现规模经济,提高专业化水平,粮食增产农民收入增加,让改革发展的红利惠及更广大的人民。

(三)土地确权与社会稳定

历朝历代的社会动荡皆源于农民权益和根本利益得不到基本保障,一旦农民失去了自己的土地,不得不揭竿而起。因此,土地问题是影响社会稳定的核心因素。近年来,农民抗占地、村集体被举报等事件时有发生,农民的根本利益得不到合理补偿,权益得不到法律有效保障,增加了农村社会的不稳定性。究其原因在于产权界定不清晰。土地确权在一定程度上为农民的三权提供保障,而征地拆迁等现象也因为合同的制定变得有法可依。农民权益得到法律保障,土地问题带来的纠纷减少,社会更加和谐稳定。

三、土地确权与简政放权的关系

土地确权通过法律法规的方式,落实农村土地三权的归属,把产权完整的权利主体地位归还给农民。确权是农村土地产权改革的首要内容,是土地转让顺利进行的前提(王全宝,2011)。它有效维护了土地流转中,由于产权不明晰,合法权利得不到保障的农民的主体地位,属于法律的范畴。现在土地所有权归村集体所有,农民名义上"人人拥有土地,又人人无份",使得土地资源在村委会、乡镇政府和房地产开发商利益的权衡下"限制性"地转让,农民的合法财产权利难被承认;同时,现有土地制度导致近几年涉土腐败现象高增,不少地方政府通过土地征地、拆迁、利用,把手伸进了监督监管薄弱的环节,骗取补偿资金等。简政放权,精简政府机构,规范政府在农村土地流转过程中的行为,让市场发挥决定性作用的同时做好政府管理服务的工作,这属于政府的行政范畴。

(一)土地确权有利于简政放权政策的实施

土地确权前,土地法律产权不明晰的情况下,一方面,对于土地流转过程中出现的问题,由于缺乏相应的法律规范,政府不得不在土地流转时充当管理者的同时,担当裁判的角色。这增加了政府的行政链条,农民在土地流转的过程中要走很多窗口,增加了交易过程中的时间与交易成本,严重地阻碍了农村土地的有效流转。另一方面,地方政府既做管理者又做裁判的过程中,权责利益难免有失平衡,涉土腐败等问题屡见不鲜,严重阻碍了简政放权的政策方针下土地流转上的顺利实施。

而土地确权后,在土地产权清晰的前提下,明晰了政府行政管理的职责,同时适当地拓宽了农民的转让自主权,有利于重塑政府职能及形象,进而有利于中央简政放权政策的顺利实施。

(二)简政放权政策的实施可确保土地确权工作实现最大效益

土地确权的目的是通过对农村土地权属确定的过程,来规范农村土地流转市场,促进市场的繁荣,最终实现农民增产增收;简政放权是通过精简政府机构的方式,理清政府与市场的关系,让市场发挥决定性作用的同时做好政府管理服务的工作。政府应以"放管"结合的方式,管好该管的事,放掉该放的权,重塑各级农业主管部门的职责,最终实现农村经济的协调发展。

简政放权的加强实施,一方面转变政府职能定位,使政府的监督管理职能效率最大化(陈蕾,2015),进而完善土地流转相关法律法规,土地转让过程中产生的纠纷冲突可以通过司法等渠道解决。逐渐增多的土地纠纷司法案件也会倒逼立法部门,出台产权清晰的土地确权法律文件。市场经济下,各级农业部门的职能转变为充分发挥土地流转中市场在农村资源配置中的决定性作用,从而为激发农村经济活力提供保障。另一方面,村集体和乡镇政府对于简政放权的落实,也可以把工作重心从土地流转繁琐的行政程序中解放出来,得到主体地位的农民会更愿意进行土地流转,经过理性的判断做出对自己更有利的土地流转选择,从而最终实现增加自己的财产性收入,缩减城乡收入差距,促进城乡一体化,确保土地确权工作实现效益最大化。

四、实证分析土地确权益处

(一) 基本思路

通过土地确权,归还农民土地,政府的目的无非是希望农民的收入能够提高,同时国家粮食产量也能增长。虽然通过土地确权这种方式,农民的的确确是拥有了土地,但是土地流转是否是有效的激励措施,是否会促进农民有动机去保护自己的产权,高效地利用土地,仍然是亟待解决的问题。此时,农业保险应运而生。因此,农业保险的购买意愿很大程度上反映出土地流转政策的实施效果。我们从农业保险的购买意愿出发,探求土地流转带来的哪些因素会影响土流流转的实施效果。

(二) 研究方法

那么,究竟是什么因素影响了农民购买农业保险呢? 虽然中央对于农业险进行的大力度扶持让越来越多的农民认识到了购买农业险的重要性,但如何使农业险获得农民的认可、满足农民保险意愿,仍是亟待解决的问题。因此,发现能够影响农民对于农业保险购买意愿的重要因素十分重要。

因此,我们首先在安徽和江苏典型农村实地考察了 1 018 个农户、56 家合作社及家庭农场,从灾害的影响与风险管理策略、对农业保险的认知和接受程度等五个方面进行调查和采访。然后通过调研数据建立 Logit 模型,得出我们探寻的重要因素。

(三) 调研内容

1. 人口特征。

2. 经济特征——主要包括农田种植情况:种植面积、农田的处理情况及原因、种植技术(生产手段、灌溉方式);家庭收入情况:全家人每年的总收入、主要收入来源、农业经营收入、选择农作物品种的主要原因、销售途径、主要作物的市场价格;家庭费用情况:平均每年的家庭费用总支出(最高费用项支出)、购买农资产品方式等。

3. 灾害的影响与风险管理策略——主要包括了解农户日常生活中最担心的风险、最担心的农业灾害、对农业灾害的形成和防御知识的了解、灾前相关信息的了解及了解的渠道、对农业合作社的看法、为减少农业灾害风险而在灾害发生前采取的方式、灾害发生时采取的措施、灾害发生之后维系生活的办法、对政府救灾的建议等。

4. 对农业保险的认知和接受程度——主要包括对农业保险产品的了解和经历、农业保险赔偿情况(包括保险公司勘损速度、理赔速度、理赔程序、理赔实际情况等)。

5. 对农业保险的需求及负担能力调查。

(四) 模型建立

接下来运用 Logit 模型进行回归分析。自变量 X 可参见表 2。

表 2　解释变量的取值说明及解释

变　　量	符号	赋　　值	解　　释	预期影响方向
年龄	X_1	1:11—20 岁 2:21—30 岁 3:31—40 岁 4:41—50 岁 5:51—60 岁 6: >60 岁	年纪大的农户耕地经验丰富,相较于年轻者不容易接受农业保险。	不确定

续表

变　　量	符号	赋　　值	解　　释	预期影响方向
性别	X_2	0:女性 1:男性	实践过程中,我们发现女性对于购买农业保险的意识淡薄,比较不了解。但是一些家庭男性外出打工,女性反而是耕田的主要人员,对投保有决定性作用。	不确定
家庭人数	X_3	1:1 人 2:4 人及以下 3:5 人及以上	家庭人数等也对投保有潜在的影响,因而我们没有排除,而是列在了回归公式中,用于检验。	不确定
受访者的务农年限	X_4	1: <20 年 2:20—30 年 3:30—40 年 4:40—50 年 5: >50 年	在实际调查中,我们发现务农年限越多,农户对于农保的积极性越低。一般的老农户都会觉得农业是自食其力、听天由命,不指望也不信任外界的帮助。	反方向
家庭外出务工人数	X_5	1:0 2:1 3:2—3 4: >4	事实上,外出务工人数对于购买农业保险正反影响都存在。一方面,在张跃华等(2007)的研究当中,“是否务工”变量对农业保险的需求有正的影响,可能的解释是农户外出务工会增加对保险的认知,同时由于收入提高,对保险的购买力也会增加。另一方面,外出务工人数增多导致在家务农人数减少,因此种植农田的亩数有限,对于保险的需求也随之下降。	不确定

续表

变　　量	符号	赋　　值	解　　释	预期影响方向
受访者的受教育水平	X_6	1:没上过学 2:小学 3:初中 4:高中 5:职业学校 6:大学	张跃华等(2007)认为受教育程度越高,越能更好地理解和把握保险的作用和特点。根据经验,教育水平越高的人他的认知水平就越先进,对新兴事物的接受能力相对而言也较文化水平低的群众强,并且他们的防范意识会较高,这都直接导致了对购买意愿的执行决定。	正方向
家庭种植业收入	X_7	1:<30 000 2:30 000—50 000 3:50 000—100 000 4:>100 000	该变量测量的是家庭为单位的种植业总收入。一般情况下,种植业收入越高,风险越大则越容易受到重视。种植业收入越低,越不容易受到重视。另一方面,收入高的农户家庭富裕,因此会愿意支出多余的钱来投保。	正方向
家庭总收入	X_8	1:<5 000 2:5 000—7 500 3:7 500—10 000 4:10 000—20 000 5:>20 000	与种植业收入类似,收入越多,投保可能性越大。相反,农户收入越少,越不易掏出钱来缴纳保费。	正方向
家庭费用	X_9	1:<4 000 2:4 000—5 000 3:5 000—7 500 4:7 500—10 000 5:>10 000	家庭开销越大,即便收入再高,一经抵消,都可能成为制约投保的因素。	不确定

续表

变量	符号	赋值	解释	预期影响方向
农业保险了解程度	X_{10}	1:一点不了解 2:有点了解 3:一般了解 4:很了解	该变量是通过“您是否听说过农业保险?”“您了解您的投保、查勘定损及理赔信息么?”“您知道农业险有中央地方的保费补贴么?”答案按照每题叠加的效果设置四档。	正方向
受访者的风险防御知识	X_{11}	1:没有防御知识 2:有较少防御知识 3:有较多防御知识 4:有很多防御知识	该变量是通过询问农户“您对农业灾害的形成和防御知识了解吗?”“您是否采取措施来减轻灾害对产量的影响?”“您在灾前,会采取什么方式减少农业灾害风险?”答案按照每题叠加效果设置四档。	正方向
自有农田亩数	X_{12}	1: <3 亩 2:3—5 亩 3:5—10 亩 4: >10 亩	在实地调研中,我们发现很多粮食大户都是保险公司单独承包的对象,有些大户的条件相比散户更为严格,这也说明了大户的易赔性,与投保有不可忽视的关系。	正方向
种植技术	X_{13}	1:完全手工劳动 2:部分机械化作业 3:农药、病虫害和疫病防治技术 4:全部使用农业机械化技术	主要是了解农户作业时的主要生产手段,答案分为“完全手工劳动”、“部分机械化作业”、“全部使用农业机械化技术”和“农药、病虫害和疫病防治技术”。据此来了解农户的技术水平,进而探究与投保的关系。	正方向
政府救灾与否	X_{14}	0:不救 1:救助	政府越投资救灾,农户的自主性越差。反之,越高。	正方向

续表

变　　量	符号	赋　　值	解　　释	预期影响方向
今年是否购买农业保险	X_{15}	0:不购买 1:购买	通过询问"今年是否购买农业保险",我们能了解到已投保的农户对于继续投保的意愿为何,进一步探索农保发展的瓶颈。	正方向

之后使用SAS软件建立Logit模型,第一步是只包含截距项而无变量时的结果,见表3。

表3　截距对应指标值

卡　方　值	自　由　度	概　　率
64.166 3	15	<.000 1

第二步变量X_{10}进入模型,得到表4。

表4　AIC、SC、−2 Log L指标值

指　　标	仅　截　距	截距和协变量
AIC	398.636	342.667
SC	403.159	351.715
−2 Log L	396.636	338.667

对模型进行总的检验,结果见表5。

表5　模型的检验

检　　验	卡　方　值	自　由　度	概　　率
Likelihood Ratio	57.968 0	1	<.000 1
Score	52.636 6	1	<.000 1
Wald	41.433 2	1	<.000 1

原假设是所有变量的参数为0,根据检验结果可以看出模型总体有意义。

-2 Log L 和 Score 用来检测自变量是否显著。-2 Log L 中的 L 就是 Likelihood Ratio，Likelihood Ratio 和 Score 的 p 值都小于 0.05，故 X_{10}是一个很显著的解释变量。

接着，我们用相同的方法继续把其他变量加入检验，最后得到极大似然估计的结果，见表 6。

表 6　极大似然估计（MLE）结果

变量	自由度	估计值	标准误	Wald 卡方值	概率
截距	1	-1.160 7	0.501 7	5.352 4	0.020 7
X_{10}	1	1.414 2	0.219 7	41.433 2	<.000 1
X_{11}	1	0.366 7	0.128 2	4.326 2	0.037 5
X_{12}	1	0.453 2	0.164 3	5.345 7	0.045 3

表 7 给出了模型参数的估计。对 X_{10}来说，95% 的置信区间不包括 1，说明 X_{10}是一个非常显著的解释变量（比率的置信区间不包括 1）。

表 7　比数比估计

变　量	点估计值	95% Wald 置信区间
X_{10}	3.677	[2.414，5.601]
X_{11}	1.306	[1.016，1.679]
X_{12}	1.406	[1.124，1.734]

从中我们可以发现：家庭拥有的农田亩数很大程度上会影响农民购买农业保险的行为。当通过土地流转得到更多土地时，农民会对自己的土地更加关注，原来的一两亩土地不足轻重，但是现今的五六亩土地会真的给农民的生活带来一些改变和影响。农民会受到土地面积增大的鼓舞，更加关注自己的农田，愿意在土地流转获得更多土地以后去购买农业保险，为自己的土地收入做一定的保障，从而进一步保证有增产增收的正向回报。与此同时，不少农民也会考虑到，将自己的土地流转给更加专业的种粮大户，进一步确

保土地的产量。在这种效应的带动下,农业合作社和种粮大户等组织及个人,如今在农村是农业主心骨。他们通过科学合理的管理模式,大范围的机械化耕作,大规模种植,获得规模效应,使成本大大降低,产量大幅度上升。对于自然灾害,他们有较为科学的防御措施,且他们已经有意识地通过购买农业保险来降低他们的风险暴露。仍记得采访的一家种田大户,他本人是农业大学毕业的,他们家把全村人的地都包了,通过科学化的种植和灌溉,使得农业收入每年高达50多万,通过这种方法解决了家庭收入的后顾之忧。显然,通过土地流转带动农业发展是一条科学的道路。

五、农地资源流转中国外相关经验启示

(一)发达国家土地流转经验启示

1. 美国农村土地流转

相较于其他发达国家,美国农村土地主要以家庭农场为最小经营单元;由于其高度发达的经济体系,农地资源流转的市场化水平也非常高。在美国的法律体系中,与土地制度相关的法律比较健全,可以有效保护农场主在土地传承、抵押、出租等各个方面的合法权利不受侵扰。另外,重要的民间组织农场局在美国农村土地流转过程中为维护农户及农场主权益做出了积极贡献,发挥了其必要的利益诉求通道作用。对于我国的经验启示体现在下列两方面:一是我国农地制度改革的方向之一是不断健全有关法律法规,同时做到有法可依、有法必依,让法律为农地流转保驾护航。二是加快培育可以代表农户利益诉求的民间农户组织,以形成合力有效维护农户权益。

2. 日本农村土地流转

二战结束后,日本实行了土地制度改革,禁止法人涉足与农业生产相关领域的同时,明确了农业生产以外的主体不能购买持有土

地。直到1970年《农地法改正法》的实施，才根本性地修正了先前的土地政策，放开了由农户合资的农业生产法人购买和租用农地的自由权利，还组织建立了农地资源管理企业，为农地的租赁提供方便。1993年，日本当局再次修改了土地政策相关法律，鼓励更多青年投身农业，并建立了新型农业生产技术的普及和培训方案。随着20世纪80年代末大批农户退休现象的来临，日本相继出现大量农地的集中和转让，以致大面积生产经营农户急剧增加。对于我国的经验启示体现在下列两方面：一是应该充分意识到明晰产权界定对于土地流转的重要作用，并积极推进土地确权的顺利实施。二是政府适时、高效的支农政策是支持农业生产、促进农村生产力的重要保障。

（二）发展中国家土地流转经验启示：印度农村土地流转

印度农村曾出现土地经营过度分散的状况，以致难以进行规模化生产、生产力较低。此后，印度政府进行了土地制度改革，通过立法，采取小块土地强制合并的方式解决土地分散经营的问题。土地的强制合并导致了印度严重的土地垄断现象，土地分配不均，小农户的利益得不到保障。同时，印度各级政府对土地流转的立法不足、行政干预也不到位，使得土地流转中利益分享、运行良好的流转体系难以形成。就共同点而言，我国和印度均存在地少人多的现象，即人口数量相比耕地面积严重过剩，此时促进农村生产力、保护耕地成为稳定农业发展的重中之重。农村各级政府部门应该做好耕地保护工作，强化土地用途管理，特别是防止农地资源流转中存在的土地“非粮化”现象，以保证我国的粮食安全。

六、简政放权背景下进一步完善土地流转确权

随着各方面改革的不断深化，中央政府提出了简政放权的理

念，在一系列下放、裁减审批权的政策措施的实施过程中，这一理念已深入人心。各级农业部门在管理过程中，由于存在对土地资源权责界定不明晰的现象，从而出现了政府管理不当、管理过度、农业生产效率低下、土地等自然资源浪费严重等若干问题。农村土地确权工作的顺利开展有利于明确土地资源的权责关系，从而有利于各级农业部门转变管理职能及管理方向、提高办事质量和效率，并由此推动中央政府简政放权系列措施在农业领域的开展实施。本文认为，在简政放权的背景下，进一步完善土地流转确权工作应该从以下几个方面加以改进：

（一）完善农地流转确权工作相关法律法规

农地流转确权相关法律法规主要可分为事前、事中、事后三个部分。事前法规是指土地产权制度，即与土地确权相关的法律法规，其旨在确定土地所有权主体以及使用主体的权利义务关系。对于农户而言，土地确权主要是确立保障农民承包土地的经营权、收益权、让渡及入股抵押等各项权利。事中法规是指农地经营管理权流转体系，即与农地流转相关的法律法规，其旨在通过法律强制的形式，更好地保障农地流转中农户及其他交易各方的合法利益不受侵犯。事后法规是指土地纷争处理架构，是土地流转后期确保农民权益的重要依据，其旨在改进商讨、调解、裁决、诉讼等多维纷争处理方法。通过建立健全土地产权制度、土地承包经营权流转机制、土地纠纷解决机制等一系列法律法规，可以为土地流转确权工作形成可以借鉴的法律基础及可以依赖的制度保障。

（二）努力培养农地流转市场化平台

农村经济作为社会主义市场经济的有机组成部分，其发展的深度和广度是衡量社会主义市场经济发展程度的重要指标。为了更好地完善农村经济中农地流转这关键一环，流转市场平台的搭建和培养不可或缺。参考颜廷军(2013),本文认为,可以从以下几个方面着手,使这一平台实现效率和效用的最大化。一是构建农地流转本地数据库,以数据化管理的模式,连接农地流转市场的供求双方,极大地减少信息不对称问题。二是鼓励民间组织介入土地流转市场,为土地流转提供中介服务,实现流转的有序化、市场化、中介化,为土地的规模流转奠定基础。三是形成合理的土地流转定价机制,力求价格可以充分反映交易双方的意愿、市场供需等因素,避免操纵价格的现象出现。四是充分发挥各级农业部门的监督管理职能,引导流转工作健康运转,确保农村经济协调可持续发展。

(三)建立健全农村社会保障制度

农村社保制度不完善严重影响了农地流转发展的程度。农村社会保障制度的缺位,使得农民不得不更加依赖于土地资源这唯一的生存载体,因而在土地流转交易的过程中会担忧一旦土地流失,会失去生活的依靠。这极大地阻碍了农地流转的进程。要根本性地解决这一难题,使农民从固有思想的束缚中挣脱出来,就迫切需要创立健全的农村社保制度。这种保障制度必须是更高层次、更广维度的,可以逐步扩展城市社保的主体范围,从而实现统筹。当前农村社会保障应至少涵盖医疗保险、养老保险和最低生活保障等几个方面,着重解决好农民关心的教育、医疗等问题。只有解决好这些问题,农民才能没有顾虑,农地流转市场规模才能稳步提升。

(四)加强流转土地用途监管

在农地流转过程中,肆意变更农地使用即“非粮化”、“非农化”现象尤为突出。“非粮化”是指对于流转中得到的农地,不耕种粮食而改种水果等市场价格更高、收益更多的产品。这主要是市场价格的差异引起的,由于监管成本较高,很难实现全方位的监督。这一问题的解决一方面需要做到给予种粮食的农户相应的补贴,另一方面需要加强对农户耐心的教育开导。“非农化”本质上较前者更为严重,但处理方式更为容易,包括加强农地流转使用审批监管、对违规使用流转农地的使用者依照法律法规严肃处理等。

参考文献

1. 陈丹、唐茂华:“中国农村土地制度变迁60年回眸与前瞻”,《城市》2009年第10期。
2. 陈蕾:“论简政放权对政府信任建设的重要意义”,《理论观察》2015年第3期。
3. 冯双生、张桂文:“中国农村土地承包经营权流转障碍及破解路径——基于农地产权制度视角”,《广西社会科学》2016年第2期。
4. 高婷、张高旗:“土地确权引发的思考”,《中国市场》2015年第17期。
5. 胡穗:《中国共产党农村土地政策的演进——从农村土地所有权和经营权角度进行考察》,博士论文,湖南师范大学,2004年。
6. 刘涛、曲福田等:“土地细碎化、土地流转对农户土地利用效率的影响”,《资源科学》2008年第10期。
7. 厉以宁:《非均衡的中国经济》,经济日报出版社1990年版。
8. 厉以宁:《中国经济双重转型之路》,中国人民大学出版社2013年版。
9. 王全宝:“新土改确权开路”,《国土资源导刊》2011年第10期。
10. 颜廷军:《现阶段我国农村土地流转问题研究——以山东省宁阳县为例》,硕士论文,山东大学,2013年。
11. 张跃华、史清华、顾海英:“农业保险需求问题的一个理论研究及实证分析”,《数量经济技术经济研究》2007年第4期。

（许可,北京大学光华管理学院;

戴维,北京大学软件与微电子学院;

李成明,北京大学软件与微电子学院;

李浩民,北京大学光华管理学院）

户籍制度改革与简政放权

赵玮璇 周俊仰 张钟文 张 萍

根据厉以宁教授的双重转型理论，中国经济正在经历着从计划经济体制转向社会主义市场经济体制的体制转型，和从传统农业社会转向工业社会的发展转型。30 多年来，中国经济的双重转型构成了中国独特的改革开放之路，也造就了中国经济社会可持续发展的道路。在这一过程中，中国政治经济在各个领域展开了全方位的改革，为经济的持续发展注入了源源不断的活力。

在社会主义市场经济不断健全的今天，计划经济的政府管理模式已经不能适应对外全面开放和要素充分流动的经济模式。简政放权已成为中国特色社会主义建设中一项重要的改革议题。同时,随着传统农业社会向工业社会的转型,我国城镇化建设如火如荼。在这一过程中,如何使上亿的农村剩余劳动力[1]有序流向城镇,如何使大中小城市合理发展,如何实现公共福利的均等化享有,真正实现"人的城镇化"?这些问题都与户籍制度改革密切相连。因此,户籍制度改革与简政放权已在当今成为了双重转型过程中的核心问题。而正如厉以宁教授在序言中所言,简政放权是行政管理制度改革的一种措施,它与经济体制的深化改革是平行的,简政放权改革是同户籍制度改革相互配合、相互促进的。

综上,本文将从简政放权的视角出发,梳理中国户籍制度改革的历史与现状,并分析户籍制度改革对中国经济发展的关键意义。此外,本文还将讨论户籍—土地—财政三重改革之间的联动关系,以及它们对于新型城镇化建设的作用。最后,本文提出相关政策建议为中国改革发展献言献策。

一、我国户籍制度形成及改革的历史

我国现行的户籍制度仍然带有以"二元结构"为特征的中国特色,城市人口与农村人口界限分明,但随着经济、社会的不断发展,又相应地有了一些调整,总的来说,大致可分为四个演变阶段。

(一) 自由迁徙阶段(1949—1957 年)

在新中国成立的初期阶段,由于工作重心主要放在全国的人口数量统计方面,尚未建立健全完备的户籍制度,也没有在全国范围内明确地划分城乡的界限,因此,居民迁徙较为宽松。由公安部于

---

[1] 以目前的机械化程度衡量,农村剩余劳动力估计有 1.05 亿(国务院发展研究中心和世界银行联合课题组,2014)。

1951 年 7 月颁布的《城市户口管理暂行条例》是新中国首部户口管理规范，该条例以全国人口统计为基础，制定了当时人口迁徙的有关规定，在社会引起较大反响。这一时期，居民只需要有正当事由，就可以在迁出和迁入地的派出所提交申请，办理迁徙手续，居民在城乡、城际间的自由流动均不受任何限制。

（二）严格管控阶段（1958—1979 年）

1958 年，全国人民代表大会常委会正式颁布了《中华人民共和国户口登记条例》，该条例以正式法律条文的形式首次对户籍信息登记制度做出了较为全面的规范，旨在维护社会秩序，保护公民合法的权利与利益，更好地服务、支持社会主义建设。为加快促进经济发展，改变一穷二白的经济现状，党中央制定了将发展重工业作为首要目标的“第一个五年计划”，该计划以全面贯彻城市优先发展战略为核心，具体内容包括农业支持工业，农村保障城市，为城市工业化建设积聚资金，减少农村人口大量流入城市争夺资源的压力等等，由此，以运用政府强制手段、严控人口流动的“二元结构”为特征的户籍管理模式登上了历史的舞台。

（三）适度放宽阶段（1979—1997 年）

改革开放之后，随着市场在资源配置中的作用日益增大，劳动力流动的意愿逐渐增强，机会逐渐增多。1984 年 10 月国务院发布的《关于农民进入集镇落户问题的通知》，率先为我国户籍制度改革打开了一条政策上的突破口。1992 年，为能有效解决小城镇、特区、开发区的人力资源需求问题，公安部为这部分公民制发了“当地有效城镇居民户口”，因这种户口簿由蓝色皮革制作，故又称为“蓝印户口”。此外，国务院还根据当时经济社会发展的现实情况，陆续制订、颁布了常住人口、暂住人口、寄宿人口三种户口登记管理制度。尽管国家有关部门对这一时期的人口流动有所放宽，但考虑到改革开放之初的社会稳定性,仍然对人口流动采取了较大程度的管控。

(四) 改革开放新时期(1998 年至今)

随着我国改革开放的不断深入以及城镇化进程的加速推进,跨区域、跨城乡的人口流动日益频繁,规模不断增大。“农民工”作为一个极具代表性的庞大群体出现;资金、就业、产品的流动,置业、创业的选择等都带来了城乡、城际间的广泛而频繁的流动。现在的制度已无法适应当前社会发展的需要,从而对城镇化进程产生了某种程度的抑制作用,因此,需要借鉴世界其他国家的先进经验,总结失败的教训,顺应国内人口流动规模扩大的趋势,减少人口流动的政策障碍,加快“二元制”的户籍改革,为构建新型的户籍管理模式作好准备。

下表为我国建国以来户籍制度改革相关政策条例梳理:

表 1　我国户籍制度改革相关政策条例一览表

时　　间	政策条例	主要内容
1949 年	《中国人民政治协商会议共同纲领》	第一次对公民的迁徙自由做了描述。
1951 年 7 月	《城市户口管理暂行条例》	规定了公民有迁徙的自由,使得户口登记得以统一,这部条例是我国第一部具备户籍管理职能的条例。
1955 年 6 月	《关于建立经常户口登记制度的指示》	规定办理户籍管理和登记及主管部门为县级以上人民委员会的民政部门和内务部。
1958 年	《中华人民共和国户口登记条例》	是我国第一次以立法的形式确定户籍制度,规定全国户籍划分为“农业”与“非农业”两种性质,公民的身份第一次被人为地划分了。
1964 年 8 月	《公安部关于处理户口迁移的规定(草案)》	对农村迁移城市又做了更为严格的限制,农民进城居住审查更为严格。

续表

时　　间	政策条例	主要内容
1975年1月	《"七五"宪法》	取消了"居民有居住与迁徙自由"的权利，居民被固定在现有空间，城乡空间被人为性分割，二元制户籍制度正式形成。
1984年	《中共中央关于一九八四年农村工作的通知》	对于一些进城务工及经商办服务业的农民，允许在城镇落户，但要自理口粮。
1985年7月	《公安部关于城镇暂住人口管理的暂行规定》	使得暂住制度得到推行，户籍制度体系也进一步得到完善。
1992年8月	《关于实行当地有效城镇居民户口制度的通知》	农转非的限制条件被进一步降低，农民只要花费一部分钱就可以购买城镇户口转变"身份"。
1992年年底	《国务院关于户籍制度改革的决定》	取消了1958年制定的"农业"与"非农业"的区分标准，制定了新的户籍落户标准，规定户籍应以居民经常居住地、暂住地等形式为基础。
1998年10月	《关于严格控制"农转非"过快增长的通知》	提出了抑制农转非过热的意见，制定农转非具体的计划指标，在数量上进行控制，并出台相关政策与之相匹配，对农转非数量进行严格控制。
2013年	《党的十八届三中全会的决定》	提出的户籍改革线路更加合理化，特大型城市的规模空前扩大，必须合理地控制和引导人口的流动，对中小城镇的发展，要放开与扶持，合理引导进城务工有条件的农民逐步落户，合理制定相应的落户政策与标准，特大城市与中小城市相协调发展，争取两个十年周期完成户籍制度改革的目标。
2014年7月	《国务院关于进一步推进户籍制度改革的意见》	对人口迁徙自由又进一步做了强调，并对涉及公民人身权利的相应政策作了方向性指导，要求必须加快户籍制度改革进程，稳步推进相应配套制度的制定与落实，统筹分配公共资源确保农村与城市平等待遇。

二、户籍制度改革现状分析

（一）发达国家的人口管理

1. 美国：生命登记制度 + 社会保障号制度

美国在人口登记上实行的是生命登记制度，对于每个公民，政府不仅会登记其出生、死亡、婚姻、生育等情况，而且会对其父母基本情况、父母与子女的社会关系进行记录，形成较完整的登记手册。与生命登记制度配套的"社会保障号"制度是美国进行人口管理的基石，每个美国公民或者长期居住在美国的外国人都拥有唯一的社会保障号，该保障号是持有者享受医疗、就业和住房等方面保障的凭证，并且凭借社会保障号可以实现人口自由迁移。美国不实行迁移登记制度，将迁移登记与纳税地址相联系，只要向当地纳税就能享有当地的社会保障服务。尽管美国允许人口自由迁移，但同时颁布了一些法律法规对人口迁移进行约束，以保障当地居民的生活秩序。

2. 欧洲：民事登记制度 + 事后迁移登记制度

欧洲各国采用的人口管理制度与美国有所不同，大部分国家实行的是民事登记制度，这一制度的特点是以居民实际居住地址或者常住地址为依托，对每个居民的出生、死亡、婚姻、生育等情况进行登记，同时还会登记每个居民的父母或配偶的收入、职业等详细信息。而且欧洲很注重从法律层面来保障人口管理制度，已经将民事登记制度法制化了。但是由于各国在基本国情、行政体制和民事登记立法等方面的差异性，大致分为三种模式：集中行政管理模式、分散行政管理模式、集中与分散相结合的模式。对于人口迁移的管理，欧洲各国采用的是事后迁移登记制度，在这一制度下，各国政府都允许人口自由迁移，迁移者事后到政府负责部门登记备案就可以。

3. 日本:“户籍簿+住民票”制度

日本的人口管理制度兼具东西方文化的特色,采用“户籍簿+住民票”为核心的人口管理体制。户籍簿制度是亚洲国家普遍采用的户籍登记制度,它将家庭作为编制的基本单位,主要的记录内容包括居民身份信息和家庭成员关系;住民票制度则是以个人作为编制的基本单位,以个人居住地为依托,记录的内容包括居所地址变动、迁移以及纳税等信息,是个人获取政府公共服务的根本凭证。在管理人口迁移方面,日本允许人口自由迁移,独创性地开发了“户籍随人走”的制度,但同时政府对居民办理户口迁移设定了一套严格的法律法规。居民在迁出之前需要到当地政府说明迁出原因和迁入目的地,办理住民票迁出证明;并且在迁入到新的居住地之后,需要在14天之内到迁入地政府办理迁入登记。随着信息化技术的应用,日本目前已经实现了公民凭个人登录号完成网上迁移登记的改革。

从发达国家的实践来看,人口管理体现出三个结合的特征:管理体制上,依据市场原则加法治管理相结合;人口登记上,实现民事登记与人口动态统计相结合;人口迁移上,允许自由迁移与“事后迁移登记”相结合。

(二)中国各省市户籍制度及分析

户籍制度改革是近年来我国政府大力推动的改革方向之一,从改革的推进进度上来看,户籍制度在小城镇已经基本放开,各地都在推动将“农业户口”与“非农业户口”统一成为“居民户口”,大中城市则采取放松落户条件的方式进行改革,特大城市(北、上、广)的户籍制度改革是比较谨慎的。2016年官方提出任务,要使“所有地方都能够出台具体落实国务院户籍制度改革的做法和政策”。截至2016年4月25日,上海市公布《关于进一步推进本市户籍制度改革的若干意见》,我国出台户改方案的省区市已经达到29个。通过控制大城市规模、取消农业和非农业户口区别、放宽城市落户限制等方式，户籍制度改革加速推进，释放诸多改革红利。以下本文对中国各省市户籍制度改革实施的现状进行分析。

总体来说，现阶段的户籍制度依然承担着人口控制、社会管理、资源配置和利益分配的作用。通过对我国现行的户籍制度等的分析，发现存在以下一些问题：

第一，形成身份歧视。在我国不同的户籍对应着不同的公共服务，目前因为户籍不同，在城市居民与农村居民、东部与中西部、不同城市之间，在社会保障、教育和就业机会方面存在着明显的差异，从而形成了身份歧视。

第二，法制保障薄弱。我国以户籍制度为核心的人口管理，主要采取的是行政命令体制，严重缺乏法律规则，导致相关主体的权利、责任无法明晰。目前还在沿用50多年前的《人口管理条例》，已经明显不能适应当前人口管理的需要了。

第三，不适应现代人口管理。我国的人口登记主要采用户籍登记，反映的只是户籍人口的状况，是一种静态的管理方式。伴随着经济社会的快速发展，劳动力流动变得十分频繁，仅对户籍人口进行登记，就会使得大量的人口迁移活动没有被记录到相关的登记资料中，从而使得人口登记与实际情况存在较大差距，人户分离的现象较为突出，这为现代的人口管理带来了很大的挑战。

第四，抑制人口自由流动。尽管近年来人口流动是非常频繁的，但是在人口迁移管理上，我国目前仍然采用事前迁移登记，居民迁移之前必须获得迁入地批准，这种安排使得户籍制度体现出控制人口的倾向，抑制了劳动人口从农村向城市、以及城市之间的自由流动。而且关于流动人口的管理方面，许多大城市对流动人口落户设定了非常苛刻的准入条件，流动人口在接受政府公共服务上无法享受与当地居民同等的待遇，从而不可能真正实现人口的自由流动。

三、户籍制度改革的意义

根据最新统计数据[1],我国城镇化率截止到2015年已达到56.10%。到2030年,中国的城镇化率预计将达到70%左右(国务院发展研究中心和世界银行联合课题组,2014)。也就是说,到时大约会有10亿人生活在城市里,共享经济现代化建设的成果。因而城镇化的有序推进,将直接决定中国发展目标与升级任务的成功完成。

然而,现行的城镇化率是以城镇常住人口为口径计算的,以户籍人口为口径计算,我国城镇化率仅为39.9%,两者之间存在着16.2个百分点的差距[2]。同时,我国流动人口近年来也呈不断上升的趋势(如表2所示),这些流动人口为经济带来要素再分配红利的同时,也对经济体制改革提出了挑战。广大的农村转移人口以"人户分离"的状态生活在城市中,无法与户籍人口享有同等的福利待遇。这不仅造成了公共服务不均的不公平现象,更给社会稳定带来了隐患。可见,积极推进户籍制度的改革对我国经济社会方方面面都有巨大的积极作用。

表2 流动人口与户籍分离人口数

年份	流动人口数(亿人)	人户分离人口数(亿人)
2010	2.21	2.61
2011	2.3	2.71
2012	2.36	2.79
2013	2.45	2.89
2014	2.53	2.98
2015	2.46	2.92

数据来源:中华人民共和国国家统计局:《中国统计年鉴2015》。

---

〔1〕 中华人民共和国国家统计局:《中国统计年鉴2015》。

〔2〕 国家发展和改革委员会:《国家新型城镇化报告2015》,中国计划出版社2016年版。

(一)提高我国经济生产效率

根据传统的发展经济学理论,经济体在二元转型的过程中,大量农村剩余劳动力从传统农业部门来到现代工业部门,以较低的工资水平为经济建设提供了人口红利。然而,城乡分割的二元户籍制度也造成了二元经济体制,严重阻碍了人口的自由迁徙就业。只有生产要素的充分自由流动,才能在全国形成统一的生产要素市场,才能形成资源的有效配置。因此,进行户籍制度改革在促进劳动力流动方面,对我国经济效率的提高具有重要意义,这也是学者常常提及的"改革红利"。

据国务院发展研究中心和世界银行联合课题组 2014 年的研究表明,从目前传统产业与城市现代产业的生产率差距出发计算,每 1% 的人口从农村迁徙到城市,就能使我国 GDP 提高 1.2 个百分点。根据都阳、蔡昉等(2014)的研究,以《国家新型城镇化规划 2014—2020》确定迁徙目标,并假设经济增长率为 5.5% 的情况下,全面户籍改革的净收益每年在 12 000 亿元以上。可见户籍制度的改革将有效改善我国劳动力市场环境,并推动我国不断释放经济潜力,由此继续推动经济健康、可持续地发展。

同时,我国城乡之间存在着较大的消费水平差距。如图 1 所示,自 90 年代以来,尽管我国城镇化率从 27.46% 提高到了 56.10%,城乡消费水平比却长期保持在 3 左右。

由于户籍制度的限制,大量的农业人口进入到城市,却没能在身份上真正转变为"城里人",其福利保障、消费习惯都与户籍人口存在着差别,形成了城市内部的二元结构。推行全面的户籍制度改革,就是要让这些外来人口真正融入到城市之中,在为其提供基本保障的同时充分释放其消费潜力,拉动消费市场的扩大。同时,为外来务工人员及其子女提供就业、医疗、教育等公共服务也是对人力资本的一种长期投资。这种投资虽然在短期内不会有明显的经

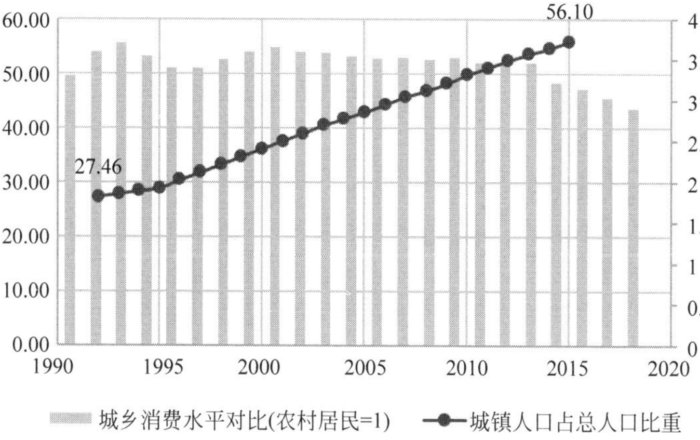

图1　城镇化过程中城乡消费水平对比

资料来源:中华人民共和国国家统计局:《中国统计年鉴2015》。

济效果,却会在长期中改变中国经济粗放型的增长方式,最终推动产业结构升级和国际竞争力提高。

(二)缩小城乡收入分配差距

国家统计局公布的数据显示,2015年全国居民收入基尼系数为0.462,仍高于国际警戒线0.40;城乡居民人均收入倍差略有下降,但为2.73,仍然较高。据《中国劳动力动态调查:2015年报告》显示,2014年全国有收入劳动者的总收入平均数为29 394元,其中东部劳动者收入最高,人均为34 980元,而中西部地区则分别为26 408元和23 897元。

我国长期以来一直面临着较为严重的收入不平等现象。这种不平等既有城乡二元之间收入的不平等,也有东中西地区之间收入的不平等。而户籍制度这种严重限制人口流动的政策,正是造成各种不平等现象的重要因素之一。在城乡之间,人们的生活水平及各种福利状况存在着很大差距。如图2所示,农村居民的恩格尔系数一直高于城镇居民;公共服务以医疗卫生为例,城市居民每千人拥有的卫生技术人员数长期在农村居民的两倍以上，且有扩大的趋势。

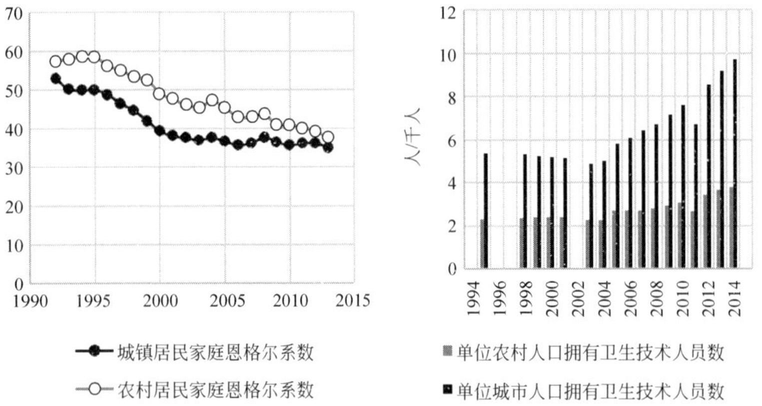

图2　城乡居民生活水平对比

资料来源：中华人民共和国国家统计局：《中国统计年鉴2015》。

户籍制度的限制造成严重的制度藩篱，使农村剩余劳动力无法有序转移到城市中共享经济发展的成果。而对于大量来到城市中的外来务工人员，他们为当地经济发展及财政税收做出贡献，但却因为户籍限制，无法享有与户籍人口相同的社会福利保障待遇。就业保障、子女教育、医疗、住房、社保等一系列公共品获取的缺失，使这些新市民难以融入到城市中，收入水平与户籍人口不断拉大。因此，只有逐步剥离城市户籍之上的特权和户口背后的各种利益，剥离附着在户口本之上的诸多政治、经济、文化利益，才能使每一个为城市做出贡献的市民享有均等化的公共福利；只有把隐藏在户口之后的劳动、人事、工资、物价、教育、卫生、社会福利等诸多制度与户口脱钩，才能创造出一个公平的发展环境，减少不公平带来的社会隐患。

此外，根据北京大学蔡洪滨教授的理论，社会流动性是经济长期增长的核心，只有保证公平竞争的规则，消除教育医疗等人力资本投资的不均，才能实现机会的均等化，实现社会的充分流动性。因此，进行户籍制度的改革，充分消除体制歧视，建设公平的劳动力市场并保证机会公平，是中国成功摆脱中等收入陷阱的必然要求，更是中国经济长期健康增长的必然选择。

四、户籍制度改革与财政改革、土地改革

户籍制度改革是一个系统工程，其本质是一个与城市化机制相伴的公共服务问题，涉及到劳动力、土地、财税管理体制等方方面面的问题。土地、户籍和财政作为推进新型城镇化建设的“三驾马车”，三者紧密相连，相互影响。其关系如图 3 所示：

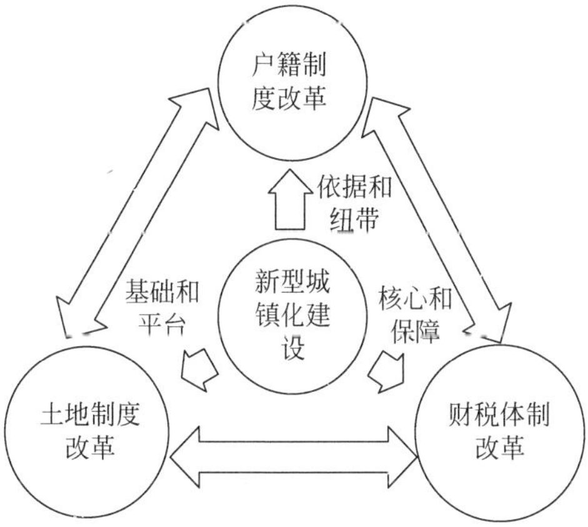

图 3　户籍、土地及财政改革的关系

土地是城镇化进程中的重要物质载体，也是广大农民赖以生存的基本保障。地方政府作为提供公共服务和推动户籍制度改革的主体，其行为受到现行财政体制的根本约束。户籍制度改革与财政体制改革的根本目标都是实现公共服务均等化，形成农业人口进城的引力。而土地制度改革则是要盘活土地资源，在明确权益的基础上使土地资本化，为进城农民提供基本的物质保障，使其消除后顾

之忧。各地如何因地制宜,创造性地驾驭好这"三驾马车",确保经济发展方式顺利转型升级,形成新一轮中国经济改革发展的强大合力,是值得我们认真思考的问题。

(一)户籍制度改革与财政改革

户籍的真正内涵是以住房、低保、教育为核心的公共服务,而户籍制度改革的实质是户籍权益的调整。众所周知,公共财政的基本目标是要为市场主体提供一视同仁的公共服务。但由于现行的分税制财政体系,地方政府的财权与事权难以统一,以致政府往往趋向于以户籍制度为门槛规避对流动人口的支出责任。因此,协调好中央与地方、地方与地方之间的财政关系,通过预算制度完善财政分权,建立政府为农民工提供公共服务的有效激励机制,对于户籍制度改革的成功推进至关重要。

农民工市民化过程中面临的主要问题有就业、社会保障、子女教育和农民工教育培训等;政府的财政职能包括资源配置职能、收入分配职能,以及公共物品的供给职能。这些职能的发挥都需要巨额的财力作为保障。国务院发展研究中心课题组(2011)通过对重庆、武汉、郑州、嘉兴四个城市的调研,测算出农民工市民化的成本约为 8 万元一人。假设每年新增 1 500 万的城镇人口,则中国每年要增加 1.2 万亿元的公共支出成本。《中国城市发展报告》与《城市蓝皮书》则显示,目前我国东、中、西部地区农业转移人口市民化的人均公共成本分别为 17.6 万元、10.4 万元和 10.6 万元,全国农业转移人口市民化的人均公共成本约 13.1 万元,到 2030 年全国市民化所需公共成本达 51.1 万亿元。这笔成本的支出无疑为地方政府带来了巨大的财政负担,严重阻碍了户籍制度改革的有效推进。针对户籍改革面临的财政约束,一个普遍的解决思路是"钱跟着人走"。即在人口迁移的同时,其公共服务基金也随之拨划到新的行政区域,达到财权与事权的统一。同时,将一些公共服务收归中央统一管理，从全国的层面进行人口统计，完成相应的财政支付。

此外，针对分税制下支付责任不明确的问题，我们应积极完善横纵两个维度的转移支付体制，应对人口大量流动的经济现状。在现行的公共服务提供制度下，多数公共服务的决策权集中在中央，而地方在承担支出责任的同时，只有执行权和少量决策权。实行纵向的转移支付可以解决上下级政府间的事权与财力不对称的问题。同时，面对由于人口流动造成的各地方政府间财政收支不匹配的问题，我们还要积极加大国家信息化建设的力度，完善地方政府间横向转移支付的制度。刘大帅与甘行琼(2013)对此提出，应将我国的转移支付模式区分中央与省和省以下两个层次，中央与省之间实行纵向转移支付模式，省以下实行纵横结合的转移支付模式。这一改革建议具有很高的参考价值。

(二)户籍制度改革与土地制度改革

从引力与推力两方面考虑，目前我国农民市民化遇到的问题主要有两个。一个是将粘附在户籍上的福利功能剥离，另一个是将粘附在土地上的保障功能剥离。只有彻底打破户籍社保与土地社保的二元化制度安排，才能真正打破中国二元分割的经济结构，实现从计划经济体制向社会主义市场经济体制、从传统农业社会向工业社会的双重转型。

对此，我们一方面可以通过将成本在政府、企业与个人之间进行分担，减轻市民化成本压力，并通过居住证制度过渡，真正以居住地管理模式取代户籍属地管理模式；另一方面，应积极修改当前的土地制度，允许农民转为市民后放弃土地耕种的同时保留土地权益，即“放土不放权”。张翼(2011)曾对此进行研究，结果表明如果要农民交出承包地，有近九成的农民不愿意进城落户。可见，用土地换户籍的改革方式并不具有现实基础。刘羽飞等(2015)从法理的角度进行分析，也认为土地换社保的本质在于拿农民现有权利去交换应有的权利，政府的公益成本便转嫁到农民的失地补偿上，违背了公平。

在1962年实行的“三级所有，队为基础”的制度基础上，我国确定了现行的农村土地所有制结构。2014年中央一号文件指出，在落实农村土地集体所有权的基础上，要稳定农户承包权、放活土地经营权。2014年7月国务院颁布的《关于进一步推进户籍制度改革的意见》更是明确规定，土地承包经营权和宅基地使用权是法律赋予农户的用益物权，集体收益分配权是农民作为集体经济组织成员应当享有的合法财产权利，不得以退出土地承包经营权、宅基地使用权、集体收益分配权作为农民进城落户的条件。因此，户籍制度的改革应与农村土地制度的改革联动进行，将农村土地转换为农村居民的法人财产权，并通过积极发展基于农村土地财产权的市场流转体制，充分保障农民群体的合法权益。

农村土地制度改革的首要任务是土地确权，只有通过确权颁证，才能确定土地对应的权属关系，并展开其他各项改革工作。据新华社报道[1]，我国农村集体土地所有权确权登记发证率已超过九成，并计划用5年时间基本完成土地承包经营权确权登记颁证的工作。此外，产权流转制度的建设是农村产权制度改革的核心。积极开展土地股份制改革，推动农村产权规范有序流转，可设立农村产权交易中心，组建新型农民合作经济组织，进一步完善农村土地流转担保等配套政策，提升农村土地流转活跃度。我们相信，这种土地资本化、城乡一体化的土地新制度，不仅可以为农民提供启动非农产业的原始资本，更可以从根本上推动户籍制度的改革、城镇化的发展，并支撑城乡经济社会一体化的最终实现。

---

〔1〕 http://www.jjckb.cn/。

五、政策建议

(一) 东中西均衡发展、大力建设中小城镇

目前我国城市中存在着户籍福利与非户籍福利两种类型的福利。非户籍福利主要包括城市基础设施、非正式的就业机会、信息、环境和文化氛围等一系列非竞争性的公共品。由城市之间经济社会发展水平差异决定的不同城市居民之间非户籍福利的差异,是影响人口迁移的重要因素。由于当前城市之间经济社会发展水平的差距过大,大城市非户籍福利水平甚至高于小城市户籍福利和非户籍福利水平之和,农民工即使到大城市作非户籍居民也不愿到小城市作户籍居民。由此导致的农村人口向大城市的过度集中,使得城市内部福利非歧视化的户籍改革政策难以产生实质效果。人民大学经济学院邹一南(2014)也提出,我国的城镇化目前面临着不同规模城市发展水平失衡和城市内部户籍居民与非户籍居民分享城市福利失衡的双重失衡问题,严重影响着户籍制度改革的效果。

因此,在进行城市内部福利均等化改革的同时,我们应着力缩小不同城市发展水平的差距,通过一系列的政策措施,引导人口、投资、社会资源向中小城市流动,促成均衡协调的城市发展格局,为户籍制度改革的深入推进打下基础。

(二) 推进信息化建设与法制建设

我们应完善联动改革进程中的相关配套法律法规,从根本上保障改革的顺利进行。尽管各省市响应国务院的号召,已在《关于进一步推进户籍制度改革的意见》的基础上出台了户籍制度改革方案,但是仍需进一步完善实施办法;尽管涉及农村土地产权的法律法规有不少,例如《农村土地承包法》《农村土地承包经营权流转管

理办法》《中华人民共和国物权法》《土地管理法实施条例》等，但这些都比较笼统概化，还需要进一步细化，其中涉及到退出机制、补偿标准、农民社会保障等环节的相关配套法规仍需完善。

在信息化建设方面，我国应以人口信息的基本管理为基础，对人口实施准确、完整、及时的行政管理。为此，国家户籍管理部门应努力建立健全人口信息库，改革人口信息管理处于部门分割、管理分散、重复建设、各自为政的现状。理顺国家信息管理制度，重点加强我国人口信息中心数据库的建设，共同开发先进的人口信息技术，使人口信息管理融入社会生活的方方面面，为社会主义建设服务。

（三）落实简政放权，变管理型政府为服务型政府

“居敬行简、为政至简”是这轮简政放权的基本理念。李克强总理更在 2015 年政府工作报告中提出，“大道至简，有权不可任性，”获得了代表们的共鸣。简政放权是健全社会主义市场经济体制的内在要求，是要把本来属于市场、公众、企业、社会组织和地方政府的权力交出去，充分尊重它们的权利和发挥它们的应有作用，最大限度地增进经济社会发展活力、创造力和运行效率。在户籍改革的过程中，我们要坚持简政放权的理念，改户籍登记审批模式为迁入登记模式，简化手续流程，促进人口流动。同时我们政府的工作思路也应进行相应的改变，从管理型政府转变为服务型政府，积极为居民提供均等化的公共服务，助力新型城镇化建设。

相信在简政放权思路的指导下，我国定能顺利完成户籍制度改革的任务，完成经济的双重转型与长期稳定发展，最终走出一条独具中国特色的成功道路。

参考文献

1. 陈学法：“走出农民市民化的困境：户籍与土地管理制度创新”，《江苏社会

科学》2015 年第 3 期。
2. 邓智华:“新型城镇化建设:土地、户籍、财税改革是关键”,《经济纵横》2014 年第 8 期。
3. 都阳、蔡昉、屈小博等:“延续中国奇迹:从户籍制度改革中收获红利”,《经济研究》2014 年第 8 期。
4. 国务院发展研究中心和世界银行联合课题组:“中国推进高效包容可持续的城镇化”,《管理世界》2014 年第 4 期。
5. 国务院发展研究中心课题组:“农民工市民化进程的总体趋势与战略取向”,《改革》2011 年第 5 期。
6. 甘行琼、刘大帅:“论户籍制度、公共服务均等化与财政体制改革”,《财政研究》2015 年第 3 期。
7. 黄桂琴:“外国户籍法律制度比较研究及启示”,《河北法学》2012 年第 12 期。
8. 黄勇:《农民工市民化进程中公共服务供给的财政约束与制度推进》,硕士论文,中国海洋大学,2013 年。
9. 接栋正:“发达国家人口管理办法对我国的启示与思考”,《人口与经济》2008 年第 4 期。
10. 刘大帅、甘行琼:“公共服务均等化的转移支付模式选择——基于人口流动的视角”,《中南财经政法大学学报》2013 年第 4 期。
11. 刘羽飞、谢浩强、陆冠南:“户籍制度改革视角下农村土地产权法律规制研究”,载刘云生主编:《中国不动产法研究(第 12 卷)》,法律出版社 2015 年版。
12. 厉以宁:《中国经济双重转型之路》,中国人民大学出版社 2013 年版。
13. 屈小博、程杰:“延续中国奇迹:从户籍制度改革中收获红利”,《经济研究》2014 年第 8 期。
14. 王桥:“中国户籍改革与人口信息化管理”,《当代经济管理》2014 年第 12 期。
15. 邢冬静:“统筹户籍制度与农村土地产权联动改革的对策研究”,《中国农业信息》2016 年第 2 期。
16. 张诗雨:“发达国家城市人口治理经验:国外城市治理经验之十”,《中国发展观察》2015 年第 11 期。
17. 朱识义:“户籍制度与农村土地制度联动改革机理研究”,《求实》2014 年第 12 期。
18. 张翼:“农民工‘进城落户’意愿与中国近期城镇化道路的选择”,《中国人口科学》2011 年第 2 期。

19. 邹一南:“城镇化的双重失衡与户籍制度改革”,《经济理论与经济管理》2014 年第 2 期。

20. 邹一南:“户籍制度改革的内生逻辑与政策选择”,《经济学家》2015 年第 4 期。

(赵玮璇,北京大学光华管理学院;
周俊仰,中国社会科学院金融研究所;
张钟文,北京大学经济学院;
张萍,北京大学对外汉语教育学院)

教育改革与简政放权

刘宁

中国经济进入新常态，经济增长速度换挡、结构调整和前期刺激化政策的消化三期叠加。全球经济从2008年以来，长期萧条、增长乏力，人类历史上第一次出现了负利率的金融现象，这使得深化改革成为国内外深层次经济问题的突破点。简政放权，将政府的权力关进笼子，激活市场和地方政府的活力就是这轮改革的重点。中国通过30多年的改革，全面的市场体系已经基本建立；企业主体通过股份制等改革明确了产权，激发了活力，产生了对价格体系的敏感反应能力；民营企业已经成为市场的主要力量。但是，在教育领域，计划经济的痕迹依然非常明显，政府角色多元，既是教育的提供者和经营者，又是制度的制定者和教学质量体系的评估者，教育家以政府官员的指令为工作目标的现象比比皆是。若将学生比喻为教育的产品，生产什么、生产多少，乃至于如何生产都完全听从于政府。社会化办学无论从法律上还是在实践中都仅仅起到拾遗补缺的作用，这也使得办学机构信心不足。这种计划经济烙印下的教育模式，政府角色不清，外加封闭运营，使得内部人控制现象较易出现，进而贪腐事件不断出现。另一方面，在教育质量亟待提升的情况下，国际化教育外溢现象严重，甚至出现低龄化留学比率快速攀升的现象。从 2014 年 7 月至 2015 年 2 月，在美接受基础教育的中国留学生增长了 23.5%，接受高中教育的增长了 50%。中国已经成为全球最大的留学生来源国。这种教育改革的滞后和经济改革的巨大反差表明，中国目前的教育模式需要改革。

目前全球经济面临新技术革命的档口期。信息、能源、生物技术的突破为中国的经济转型提供了以创新、创业为主要特征的时代背景。通过高新技术的提升、改造和带动传统工业制造业，通过和信息技术的结合，物联网和人工智能技术的使用，以及 3D 打印技术、新材料的使用，使得生产能及时按需小批量进行，实现工业革命 4.0 为主要内容的中国制造 2025。这是我国面对人类新兴技术抢抓历史机遇，实现弯道超车，从工业大国到工业强国迈进的关键一步。而其基础就在人才，就在于各种研发型人才和专业技术职业人才。另一方面，中国经济结构调整就要将消费和服务业作为新的引擎和抓手。而移动互联网、云计算、物联网、大数据、人工智能、虚拟现实等新的技术手段赋予了服务业新的内涵和外延。例如在移动互联网领域，通过 online（线上）技术手段的使用，使得社会闲置资源第一次被如此精确地发掘出来，和需求者相对接。而在线下（offline），由于信息匹配的准确和具有地球卫星信息定位系统（GPS）的手机终端的使用，线下工作的效率大大增强，使得线上下单,线下配送成为可能,使得共享经济成为可能。

经济、科技发展的变化就要求我们的教育提供者能顺应变革,为未来培养社会需要的人才;要求我们的教育随着市场的变化,采用新的技术培养人才。教育领域以简政放权为主要内容的改革将成为国家经济转型、中华民族腾飞的重要一环。基于此,党中央和国务院在2010年颁布的《国家中长期教育改革和发展规划纲要(2010—2020年)》提出"以简政放权和转变政府职能为重点,深化教育管理体制的改革,推进中央向地方放权,政府向学校放权,明确各级政府责任,规范学校办学行为,促进管办评分离,形成政事分开,权责明确,统筹协调,规范有序的教育管理体制," "落实和扩大学校办学自主权,政府及其部门要树立服务意识,改进管理方式,完善管理制度,减少和规范对学校行政审批事项,依法保障学校充分行使办学自主权。"在2013年《中共中央关于全面深化改革若干重大问题的决定》中进一步提出要"深入推进管办评分离,扩大省级政府教育统筹权和学校办学自主权,完善学校内部治理结构。"这为教育领域的简政放权指明了方向。

一、从教育目标的梳理准确理解教育领域的简政放权

一切改革都是为目标服务的,教育目标的确定成为定义政府角色、设计简政放权框架的关键。在教育的过程中,有学生和家长、学校、政府、社会各界力量的共同参与,大家为了教育从不同角度贡献自己的力量。确定教育的目标,有助于理清政府在简政放权过程中,在上述的几方参与者中减哪方面的政,减给谁,放给谁,如何放。

纵观历史,世界各国对于教育的目标和政府在其中的作用有过不同的理解,它甚至决定了国家的走向和兴衰。教育是国家意志的体现,是政府培养国家人才的方式。从人才使用的角度,我们定义

教育为“教育是培养人的一种社会现象，是传递生产经验和社会生活经验的必要手段。”通过教育为将来学生走向社会培养应有的技能。这种教育目标更强调的是未来劳动者的统一培养，这样政府从知识体系的设置，传授的方法以及过程的管理都有参与的必要。因为政府代表最大公约数的民众，教育目的统一性通过政府是容易完成的。同时，教育又是一个个体的过程，是发挥个体潜能的过程。如果以此为目标，考虑到个体需求的多样性以及满足需求的复杂性，政府就应该更多地发挥市场和社会的作用，将更多的精力放在宏观调控，让教育提供者针对不同孩子的需求，开发课程，因材施教，开发其潜能。政府更应鼓励民众以脚投票，选择适合自己或孩子的教育。

今天，面对高新技术的快速发展、服务业带来的人的技能的分层，以及中国制造2025所需要的多层次需求职业技能，我们是否应该更多考虑教育的个体属性，考虑教育是采用一定的手段，把某种本来就潜藏于人身上的东西引导出来，从一种潜质转变为现实。上个世纪，教育大师怀特海更进一步指出：“学生是有血有肉的人，教育的目的是为了激发和引导他们的自我发展之路。”

现代教育的很多观点都论证了教育目的在于发掘人的潜能，尊重每个个体的能力，重要的是使学生的认知结构得到发展，把内心潜在的发明和发展的可能性表现出来。按照皮亚杰的话说，教育的首要目的是培养儿童能做新事，有创造能力和发明兴趣，而不在于只训练重复既有事情的人；教育的目的就是，要培养儿童的批评性，具有求证的能力，而不只是接受知识。尊重这个教育目的，那么利用市场，利用看不见的手会成为改革的主要方向。为此，我们有必要对教育的目的进行确定。中国台湾地区和大陆对于教育目的的不同解释如下：

台湾地区教育法的解释是“教育之目的以培养人民健全人格、民主素养、法治观念、人文涵养、强健体魄及思考、判断与创造能力，并促进其对基本人权之尊重、生态环境之保护及对不同国家、族群、性别、宗教、文化之了解与关怀，使其成为具有国家意识与国际视野之现代化国民。”

中华人民共和国教育法中，教育目的的解释是“教育必须为社会主义现代化建设服务，必须与生产劳动相结合，培养德、智、体等方面全面发展的社会主义事业的建设者和接班人。”

二、从政府在教育中的作用和角色，明确简政放权的出发点和着力点

政府对于教育的积极参与，公立教育体系的形成乃至于成为教育的主要提供者是与工业化、国家现代化息息相关的，它是国家利益的体现；是与工业化过程中，国家发展的诉求相关的。

人类历史上完成了教育提供职能的两次转变，第一次从家庭走到了宗族和社区，而只有在工业化后，才完成了到国家的转变。在工业化国家现代化过程中欧美各发达工业国把教育纳入国家权力之中，用行政的手段发展公立学校系统，以公共的渠道提供教育服务，从而形成了一种崭新的、以服务公众为目的的社会制度形式，最终形成公立学校系统。公立学校系统成为以公共教育服务为基本目标、以政府责任为主要推动力、以公立学校为主要实施机构的一种定型化的教育制度。

政府参与教育目标是与政府在国家发展中追求效率和公平的两个角度相匹配的。作为公共意志的体现，如何快速提升民众素质，提高国家的科研技术人员力量是政府参与教育的对于质量的诉求。同时随着工业化的进行，贫富悬殊现象日益恶化；而在城镇化的发展过程中，教育在城乡、不同地域间的不均衡不断扩大，政府的积极参与将会有效地解决教育公平和不均衡的问题。

以美国的数据来看，政府对于教育的参与并没有带来教育质量

的改善。

自1970年起扣除通货膨胀因素后美国基础教育阶段
(K12)学生17岁时政府投入学费和教育结果的比较

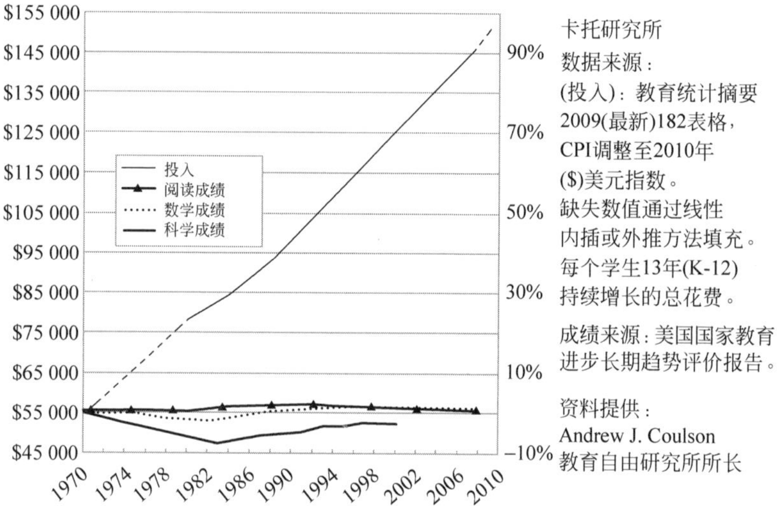

图 1　自 1970 年起扣除通货膨胀因素后美国基础教育阶段（K12）
学生 17 岁时政府投入学费和教育结果的比较

从上图我们看到，尽管在 2011 年政府通过公立教育体系为每个学生的基础教育（K12）投入达到 151 000 美元，是扣除通货膨胀因素后 1970 年投入的三倍之多，但是，学生的阅读和数学能力并没有得到太多提升，而科学成绩反倒出现了下降。这种情况的发生直接与学习方式和创新能力的不足相关。而从深层次看，政府对教育的参与将学习从能力获得变成了义务和责任。公民处于从属的地位，没有任何的发言权，只能被动接受。而公立教育机构本身很可能为了应对政府的规定，将很多力量放在了繁文缛节和合规性方面。由于政府的垄断，公立学校的办学完全根据政府的计划进行，而丝毫不考虑学习者的选择和同行的竞争。

同样,通过有限的数据,在图 2 中,主要是通过美国白人和黑人教育差距的分析得出的结论是,在政府主导的教育中,教育公平要比教育质量的实现效果好很多。白人和黑人学生间的学习差距在减少。

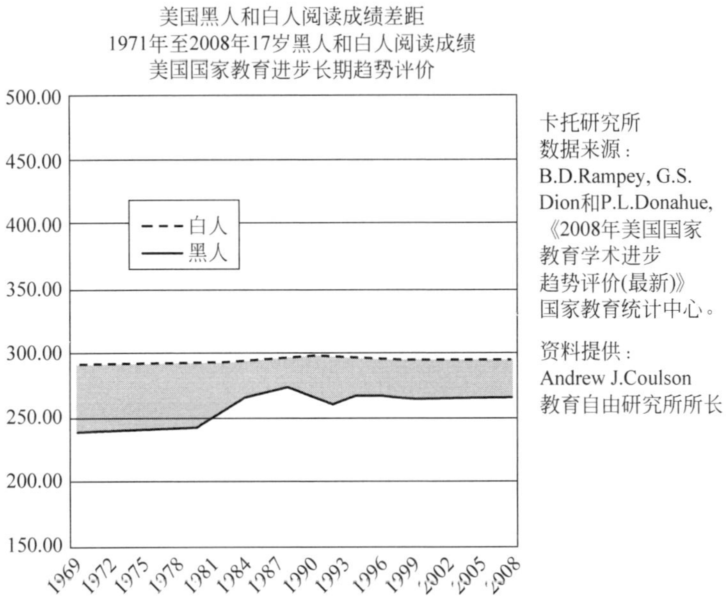

图 2　从 1971 年到 2008 年 17 岁美国黑人和白人阅读成绩的比较

现代化国家发展过程中,政府被赋予了教育的主导权。总体来看,政府在教育方面有如下的权利:

财政权和拨款权:作为公共服务品特征一面的教育是政府在公众服务中较大财政支出项。通过政府财政预算,保证公民的教育权利是现代文明的基础特征,是国家权力的体现。但是,如何管理这种权力,保证公平分配的有效性,减少申请过程中的效率低下乃至腐败是需要不断在政府简政放权中研究的课题。其中的一些权力包括政府教育资金的金额和发放的管理规则;教育资金通过中央和地方财政资金提供的比例以及如何鼓励教育机构寻求资金的自主权;激励计划的设置和数量;学生助学金额的类型和数量以及关于教育方面的税务规则。

规划权:其中具体有两个方面的权利。(1)为了保证教育均衡,配合城镇化的发展,如同城镇发展的规划权(zoning)一样,国家通过法律授予政府相关机构教育区域规划的权利。(2)作为国家和地区发展意志的体现,政府提出教育的规划、目标以及标准,保证教育质量的统一;提出教育机构市场准入的规则以及资质等。具体内容也包括教育提供者的数量和类型的确定,信息收集,技术采用等。

主办权:政府是各种教育机构的主办方,乃至于经营方,最后直接参与教育机构的日常经营中。但是政府本身又不具备教育经营的能力和经验,如何通过有效授权并进行有效的管理,让真正懂教育的人去办学校是政府下放主办权的核心。

评估权:对于教育结果自己或委托第三方进行评估,并根据评估给予教育机构相应的奖惩。并及时将相关的信息公布于民众。

对政府参与教育相关权利的梳理,我们可看到在新一轮的政府简政放权中,应该通过积极引进社会化力量,推行市场化和民营化以便实现教育质量的提升;而政府的主要重点是在教育公平上。对政府在教育中权利的梳理,我们看到《中共中央关于全面深化改革若干重大问题的决定》中进一步提出要"深入推进管办评分离,扩大省级政府教育统筹权和学校办学自主权,完善学校内部治理结构。"管办评相分离的改革方向无疑是有很高的前瞻性和正确性。通过宏观管理和权力清单让政府从具体的、琐碎的管理中退出来,更多地抓住规划力,这是约束政府权力、深化教育改革的重要一环。发挥办学主体的积极性,调动学校法人主体的利益是解放主办权的核心。依托社会第三方机构和专业的教育机构打破信息不对称所带来的教育结果无法有效评估问题就涉及到评价体系的放权。

三、从我国教育改革的历史沿革来看教育领域的简政放权

教育领域的简政放权是个不断渐进的过程，是和其他经济、社会体系改革相配套的过程。回顾过去三十年教育领域的几次重大变革以及对当下的影响，对我们在新的改革浪潮下应该如何简政放权具有指导作用。1985年中央发布的《关于教育体制改革的决定》（以下简称《决定》）对中国的教育改革和简政放权具有深远的影响。

《决定》在教育体制改革的目标方面明确表述："中央认为，要从根本上，有系统地进行改革。改革管理体制，在加强宏观管理的同时，坚决实行简政放权，扩大学校的办学自主权；调整教育结构，相应地改革劳动人事制度。还要改革同社会主义现代化不相适应的教育思想、教育内容、教育方法。"在这里"简政放权"是一项重要的内容。在这样的指导下，我国教育在简政放权方面采取了如下的措施：

1. 管理权下放：将权利和责任交给地方。中央政府主要是提供大政方针和宏观规划，而具体政策、制度、计划的制定和实施以及对学校的领导、管理和检查，责任和权力都交给地方。省、市（地）、县、乡分级管理的职责如何划分，由省、自治区、直辖市决定。

2. 鼓励多元化办学：地方鼓励和指导国营企业、社会团体和个人办学，并在自愿的基础上，鼓励单位、集体和个人捐资助学，但不得强迫摊派。同时严格控制各方面向学校征收费用，减轻学校的经济负担。

3. 扩大学校办学自主权：第一次从官方文件的角度，明确提出了学校办学自主权的概念。尤其是高校的高等学校办学自主权。高校有权在计划外接受委托培养学生和招收自费生；有权调整专业的服务方向，制定教学计划和教学大纲，编写和选用教材；有权接受

委托或与外单位合作，进行科学研究和技术开发，建立教学、科研、生产联合体；有权提名任免副校长和任免其他各级干部；有权具体安排国家拨发的基建投资和经费；有权利用自筹资金，开展国际的教育和学术交流等等。

1993年中共中央、国务院颁布《中国教育改革和发展纲要》（《纲要》），规定教育改革的目标为："教育体制改革要采取综合配套、分步推进的方针，加快步伐，改革包得过多、统得过死的体制，初步建立起与社会主义市场经济体制和政治体制、科技体制改革相适应的教育新体制。"又一次梳理了教育改革和国民经济总体改革的关系。开始考虑市场经济体制对于简政放权的影响，要积极发挥市场主体的作用，对教育这一原本的公共服务品中增加了市场的因素，增加了商品因素的考虑。在这个思想体系下，1993年的《纲要》在简政放权中提出新的办法。比如：

1. 建立社会多元化办学的体系："一公多元"，建立以政府办学为主体、社会各界共同办学的体制。基础教育以地方政府办学为主，高等教育要逐步形成以中央、省（自治区、直辖市）两级政府办学为主、社会各界参与办学的新格局，职业技术教育和成人教育主要依靠行业、企业、事业单位办学和社会各方面联合办学。

2. 进一步放权给教育主体：在学校内部积极推进人事制度和分配制度改革。在合理定编的基础上，对教职工实行岗位责任制和聘任制，在分配上按照工作实绩拉开差距，打破平均主义，调动广大教职工积极性，转换学校内部运行机制，提高办学水平和效益。

3. 进一步引入市场机制，将市场竞争和社会化力量首先体现在学校的后勤工作中。用市场化因素，改革和完善教育投资体制，增加教育经费，增加商品属性，实现非义务教育的收费制度。逐步实现以国家财政拨款为主，辅之以征收用于教育的税费、收取非义务教育阶段学生学杂费、校办产业收入、社会捐资集资和设立教育基金等多种渠道筹措教育经费的体制。提高非义务教育阶段学生学费标准，学费和杂费收取标准和办法，由省、自治区、直辖市政府和直接管理学校的中央业务部门考虑群众承受能力确定。对家庭确有困难的学生，可减免学杂费或提供贷学金。

4. 政府要加强对学校办学集资工作的统筹管理，运用金融、信贷手段，融通教育资金，支持校办产业、高新科技企业以及勤工俭学的发展，开办教育储蓄和贷学金等业务。

5. 政府从日常办学中退出，强调宏观管理。通过立法明确高等学校的权利和义务，使高等学校真正成为面向社会自主办学的法人实体。

6. 在财政拨款机制上，提出了分类管理的概念，按照不同层次和科类的学校，拨款标准和拨款方法应有所区别。鼓励学校按照市场化的要求，依法筹集资金。

但是，由于市场化机制的不突出以及兼顾公平和效率双诉求的不平衡，尽管学校已获得一定的办学自主权，但学校相对于政府的依附性仍然是这对关系的主要特征，学校的实际地位还没有得到实质性的改变。

1995 年全国人民代表大会通过了《中华人民共和国教育法》，第一次明确了公立学校的法人地位和有法律保护的权利行使资格，使得“学校办学自主权”落在实处。“学校及其他教育机构具备法人条件的，自批准设立或者登记注册之日起取得法人资格。”并且规定“学校及其他教育机构在民事活动中依法享有民事权利，承担民事责任”，以及“学校及其他教育机构兴办的校办产业独立承担民事责任”。

目前进一步的教育改革应该从利用和加大 1995 年后不断丰富的市场主体入手，尊重群众自发性的改革，从法律上、制度建设上弥补市场失灵的问题，将教育改革的目标细化。关注在人民生活发生巨大提升后的教育需求，教育个体化特征的需求，强化供给侧改革，提升教育质量。将丰富教育产品、满足多元化需求的工作更多地交给市场;而政府的公立教育更多地将教育公平作为服务的目标。在这两个不同体系下,设立教育简政放权的具体内容。

四、简政放权首先就要承认教育的商品属性、交换属性、盈利属性

从国际范围看,从 1994 年开始,WTO 的关税贸易总协定就已经在服务贸易的 12 大类中,明确将教育纳入其中,完全承认教育的商品特征,把教育特别是高等教育纳入了有可能会被市场化、民营化的领域,是一种可以贸易与进出口的商品。根据世界银行的数据,2012 年,中高收入国家的出国留学人数达到 142 万人,与 2000 年的 54 万人相比,增长率高达 160.9%。其次是印度、印度尼西亚、菲律宾等中低收入国家,留学人数从 2000 年的 34 万人增长至 2012 年的 75 万人,实现了 120.6% 的增长。相比之下,高收入的 OECD 国家和非 OECD 国家的留学人数输出相对稳定,年增长率基本保持在 10% 以下。

虽然截止到 2013 年,我国民办高校有 718 所(含独立学院 292 所),在校生 557.52 万人,分别占全国普通高校总数的 29.5%,占在校生总数的 22.5%,但是,无论从法律还是政策管理角度看,教育的商品属性、交换属性和盈利属性还是没有得到充分确定的。2003 年的《民办教育促进法》中规定“民办学校在扣除办学成本、预留发展基金以及按照国家有关规定提取其他的必需的费用后,出资人可以从办学结余中取得合理回报。取得合理回报的具体办法由国务院规定。”但是又非常明确地指出“民办教育事业属于公益性事业,是社会主义教育事业的组成部分。”

2015 年的《教育法》修订中虽已删去了“任何组织和个人不得以营利为目的举办学校及其他教育机构”,代之以“以财政性经费、捐赠资金举办或者参与举办的学校或者其他教育机构不得设立为

营利性组织”,同时《教育规划纲要》明确提出,“积极探索营利性和非营利性民办学校分类管理,”但是,在实践中,有如下的困难,阻挠了教育商品相关属性的实现。

1. 民办教育机构无法上市,无法获得便利的直接融资通道。按照《民办教育促进法》第3条规定:“民办教育事业属于公益性事业,”民办教育机构只能在民政部门登记为非企业法人,这和我国目前规定的上市主体要是经工商行政管理部门审批并登记成立的企业法人不相匹配。据此,民办教育机构的公益性和民办非企业法人的自然属性就决定了其难以成为上市主体。

2. 多头管理,管理部门众多,民办教育培训机构的审批和登记比较混乱。《民办教育促进法》第11条规定:“举办实施学历教育、学前教育、自学考试助学及其他文化教育的民办学校,由县级以上人民政府教育行政部门按照国家规定的权限审批;举办实施以职业技能为主的职业资格培训、职业技能培训的民办学校,由县级以上人民政府劳动和社会保障行政部门按照国家规定的权限审批,并抄送同级教育行政部门备案。”民办教育培训机构的审批部门有教育部门、劳动和社会保障部门和工商部门,登记部门有民政部门和工商部门。

3. 向社会公众募集资金的限制:《民办教育促进法实施条例》第8条规定,“民办学校的举办者不得向学生、学生家长筹集资金举办民办学校,不得向社会公开募集资金举办民办学校。”但是,对“不得向社会公开募集资金”尚不明确是在学校最初成立之时的举办资金还是本身就无法上市向社会公开募集资金。

从全球范围看,通过市场化和民营化的途径来实现简政放权的公立学校运行模式,在政府与学校之间建立“公私伙伴关系”以及通过其他市场化的选择来向社会提供公共服务、在服务提供者之间培育竞争是教育改革的趋势。

1. 在美国,首先绝大多数大学是私立的,例如哈佛、耶鲁等常春藤大学。在基础教育阶段，小学有20%左右是私立的，中学有10%是私立的。同时，近年来出现了"charter school"(特许学校)这种新的市场化的公立学校。在上个世纪90年代，在"No One Left Behind"("不让一个孩子掉队"法令)要求下，如果公立学校连续三年在州标准化统考中不合格将面临被关闭的制裁，这时当地的社会机构、企业，乃至个人可以将其接管，转为特许学校。特许学校的启动基金来自州政府，包括"不让一个孩子掉队"法案在内美国联邦政府每年提供超过20亿美金的基金支助。对于特许学校地方政府按照公立学校的每个学生补助金额每年给其学生付费。学校举办方按照自己的办学特点和内容通过申请从政府接管这些公立学校。至今，美国有5 637所特许学校，占全美学生总数的4%。

2. 在英国，虽然只有7%左右的学生在私立中小学就读，但是办得最好的学校也是这些私立学校。而且，近年来出现了一种类似美国托管学校的"自治学校"(Free School，自由学校)。这些学校享有充分的自主权：不受地方政府控制，享有较大的预算控制权，在招募员工、设定教师工资、设立教学大纲等方面有接近完全的自由，甚至有权改变学校的学期长短和教学日程。2013年，政府又核准了102所"自治学校"，招收10多万学生，已经报名满额。对于"自治学校"举办人，政府规定只要愿意推动平等和民主的价值观念，能够做到尊重个人、善待环境，并且承诺反对暴力和种族主义，无论企业、个人、社会团体都可申请开办学校，按自己的意愿实施教学。

3. 在日本，公私立大学比例是20:80。公立大学的比重呈下降趋势，国公立大学都改成法人机构自负盈亏。

确定教育的商品属性，有助于明确政府的权属，带来以下的改革红利：

1. 通过确认教育的商品属性，确认办学主体的法人地位和市场地位，将有效地减少政府对经济主体的随意干预，从法律和经济的角度保证办学自主权。会从根本上解决目前普遍存在的"教育局长办教育”，局长可以任意地让校长参加各种会议，直接参与学校的日常运营工作的现象。

2. 通过市场机制，提升办学效率，保证教学品质。如同经济改革，构架市场体系，保证市场主体的权利，就势必降低了政府对无端耗费国家资源的不良国企的支持。市场机制将鼓励民营企业家提供产品和服务，通过合同承包、特许经营、凭单等形式把责任委托给在竞争市场中运营的私营公司和个人。

3. 通过市场机制，保证了消费者选择的权利，对优秀产品追求的权利。通过把财政、人员调配和政策制定等权力下放到各个教育机构，强调提供者和消费者在教育领域中的义务和责任，尤其是教育消费者的选择，让个人在教育市场中具有最大机会。同时把公立学校转变为特许学校、自由学校将有利于其参与市场竞争，促进教育资源配置的最优化，促使公立学校为教育消费者提供最好的服务。

4. 能够有效保证教育公平：各国教育改革的实践表明，教育的市场化、民营化改革会把更多的教育机会带给平民，促进教育公平。因为在激烈的市场竞争中，当教育一旦作为一种服务业并进入市场时，教育服务的提供者就会千方百计地降低成本、提高服务水平，学习者就会有更大的自主权和选择权，能在价格和服务水平及方式上有更多的选择可能性。教育的市场化、民营化使学校更加重视来自学习者的要求，有助于改变传统公立学校的弊病，促使学校以更为灵活的方式满足消费者的不同需求，最终使学习者获得更大的自主权和选择权。

五、教育财政券有利于从源头、从政府教育的拨款权的分离进行简政放权的实践

美国经济学家米尔顿·弗里德曼以家长及学生的选择权为核心，以充分的市场竞争为基础提出了教育财政券的概念。教育财政

券是政府把原来直接投入公立学校的教育经费按照生均单位成本折算以后以购买券的形式直接提供给每个学生。这不仅将给每位家长较多的选择机会，同时也迫使公立学校通过收学费而自筹资金。最终，不仅公立学校之间要展开竞争，而且还要同私立学校竞争。政府对于教育有财政拨款权，同时这种权利非常容易地产生教育的管理权和经营权。米尔顿·弗里德曼教育财政券的优势在于有效地分离了政府的教育拨款权，有效地发挥了市场的主导作用，减少了政府由拨款权而带来的其他权利的滥用和混淆。通过将教育券给公民，保证了公民对教育选择的权利可以根据国家的教育要求和自己的教育需求，选择不同的教育提供方，体现了教育公平。如果国民面对政府提供教育产品的不足，选择了私立学校，通过教育券可以补贴他们在私立学校的学费，体现了教育公平。否则，送孩子去私立的、没有津贴的学校的公民就等于支付两次教育费用，一次系以一般税收的形式，一次是直接支付学费。

当然在实践中，仍有很多操作的困难。目前美国只有两个城市和一个州在采取米尔顿·弗里德曼所提出的教育券制度。以中国的教育不平衡的现实情况和操作的复杂性，推广这种教育券的制度具有很大的困难。但是，这种方法和思路会为我们教育改革和简政放权提供一种新的思路，尊重市场化的力量，在教育公平和质量中，发挥不同主体的作用，在简政放权过程中可以更多地考虑将权利交给市场。

六、借鉴企业改革的有益实践和理论，有效解决公立学校的出资人、代理人机制

我们的企业改革是不断伴随着落实企业产权理论完成的。在改革初期，我们希望通过承包制，通过经营人个人财产的抵押，解决“包赢不包亏”的问题；后来我们希望通过国资委体系落实出资人

义务和管理,进而我们建立了多层次的股份制体系将产权明晰并落实到每个单位和个人。目前在增加学校办学自主权的过程中,出资人和代理人的体系不明晰,管理权限没有落实,已经出现了校长内部人控制等一系列问题。

公立学校所实行的实际上是"公共资产代理人领导下的校长负责制",但是实际上公共资产所有人的权利又是通过政府机构——教育局承担的,这种保障在制度上是缺乏严格控制的,如同经济改革前,计委决定企业的一切,如果没有国资委代表全民体现出资人管理义务,计委减少对企业的干扰是不现实的。虽然公立学校在法理上有法人资格,但是缺少相应的法人治理结构,我们有理由相信政府向学校下放办学自主权就必然导向对校长下放办学自主权。

向校长下放办学自主权具有较大的"体制性成本",权力过于集中,兼备决策、行政、监督等重大职能于一身。权力过度集中、缺乏有效监督而产生的公共资产低效和流失,公共权力被滥用和寻租等现象,也将必然在公共教育领域内存在和滋长。

近年来,广东、海南、浙江、吉林等多地纷纷曝出"回扣门",大到一栋楼,小到一册图书,从工程招投标到校服采购,从教学招生到学校建设出现了不少腐败现象。2015 年海口教育系统有 49 名干部违纪违法,其纪委负责人表示,教育腐败的主因仍是领导干部、尤其是校长"一言堂",权力不受监督。"学校在设备采购中向提供方要求参数。"海口市检察院的一位办案人员说,只要校长提出"技术指标",就轻而易举地确定最后中标人,招投标就成了走过场。

简政放权是教育改革的方向,核心是确定政府的角色定位和权力范围。只有对教育的目标有充分的认知,充分尊重新时期教育的特点,我们才能有效明确管、办、评权力分离时不同主体新的定位。我们分析政府参与教育的原因和历史脉络,划分清楚了政府的四种教育的参与权,更加明晰权力分配的机理。改革是个渐进的过程,从 1984 年教育改革开始,我们就将简政放权作为改革的目标,30

多年来我们的经验是什么？重启改革，新时代的简政放权有何新的特点或困难？这只有通过对教育改革30多年历程的回顾，认识新阶段、新条件下简政放权的内涵和外延。在新一轮教育改革中，我们有必要从理论上旗帜鲜明地将教育从原有的公共服务品的范围内解放出来，承认其市场属性和商品属性。在这个基础上，我们重温企业改革的一些理论和实践过程，借鉴在这个过程中有益的知识将丰富我们在教育领域简政放权的理论和实践，为新时期的简政放权建立坐标体系。了解米尔顿·弗里德曼关于教育券的一些理论，对于我们区分政府的财政拨款人和教育经办人的角色有很大的框架性思考作用。教育同时承载着公共服务品和商品的属性；学校既是国家意志的体现，是形成国家意志、形成国民共同意识形态的教育场所，又是回归教育本质，充分在个性化的基础上发掘个人潜能，提升自身能力的教育场所。如何在这种不同的要求下，根据中央政府、地方政府、市场、学校、家长和学生等各自的特点进行放权和分权将决定着我国长期经济、教育事业的发展，决定国民素质的提升，决定着产业升级，最终避免中等收入陷阱。

参考文献

1. 胡润研究院：《2014海外教育特别报告》，2015年5月。
2. 劳凯声："公立学校200年：问题与变革"，《北京大学教育评论》2009年第10期。
3. 米尔顿·弗里德曼：《自由选择：个人声明》，商务印书馆1982年版。
4. 蒲蕊、徐蕾："对教育放权改革的思考"，《教育学报》2015年第5期。
5. 《中国大百科全书·教育卷》，中国大百科全书出版社1985年版。
6. 中国与全球化智库（CCG）：《国际人才蓝皮书：中国留学发展报告（2015）》，社科文献出版社2015年版。
7. 中华人民共和国教育部：《共和国教育50年》，北京师范大学出版社1999年版。
8. 朱永新、马国川：《重启教育改革——中国教育改革十八讲》，生活·读书·新知三联书店2014年版。

9. Andrew J. Coulson, "The Impact of Federal Involvement in America's Classroom", available at http://www. cato. org/publications/congressional-testimony/impat-federal-involvement-americas-classrooms.

10. Jennifer A. Marshall, " Effects of the Federal Role and Intervention in Education", available at http://wwwJennifer A. MarshallheritageJennifer A. Marshallorg/Research/Testimony/2011/03/Effects-of-the-Federal-Role-and-Intervention-in-Education.

11. Wayne J. Urban and Jennings L. Wagoner Jr. ,*American Education: A History*, 4th . New York, NY: Routledge, 2009.

（刘宁,青岛瀚美公学）

简政放权的关键是精简机构和人员

田惠敏　李佐军

简政放权是政府机构改革和职能转变的重大决策，对完善社会主义市场经济体制、健全政府治理体系、保持经济社会健康持续发展具有重要意义。深化行政体制改革、继续简政放权、转变政府职能，是党的十八大确定的一项重大任务。党的十八届三中全会通过的《中共中央关于全面深化改革若干重大问题的决定》强调，必须深化机构改革，优化组织结构。建国以来，我国也曾进行过多次政府机构改革，试图使机构臃肿的情况得以改善，但却始终跳不出"精简—膨胀—再精简—再膨胀"的循环怪圈，从而衍生出职权交叉、运行效率低下等问题,对国家治理产生消极的作用。目前,我国在取消和下放行政审批事项改革方面力度较大,但只要机构和人还在,改革就会大打折扣。简政放权的关键是精简机构和人员,目前在精简机构和人员方面还存在很多障碍,如何有效地进行精简机构和人员是一个亟待解决的问题。

一、简政放权对全面深化改革的意义

(一)简政放权是加快转变政府职能的重要举措

转变政府职能是行政体制改革的核心,是提高政府治理效能、推进国家治理体系和治理能力现代化的重要内容。简政放权是全面深化改革、完善社会主义市场经济体制的重要内容,也是提供政府现代治理能力的关键举措,是政府的自身改革。

通过简政放权,即精简政府机构及人员、下放权力于社会和市场,可以改变过去政府机构庞大臃肿,层次过多,职责不清,互相扯皮等问题,从而加快转变政府职能,不断提高政府管理的科学化、法治化水平,为经济社会发展创造良好环境。因此,加大简政放权的力度,可以加快政府职能转变的步伐,为增强微观主体活力、促进我国经济转型升级提供有力保障。

(二)简政放权是优化行政运行机制的重要方面

行政运行机制是在一定行政体制条件下展开的、为保证政府职能正常行使的具体工作程序、工作规则及实际动作状态的总和。建设廉洁政府是政府改革的重要目标,更是人民的普遍期待。要大力建立高效、公正、透明的行政体系,完善我国行政运行机制。

简政放权是优化行政运行机制的重要方面。简政放权是全面削减和约束政府审批权、全面重构公权力、提升政府公信力的重大制度创新,通过简政放权,政府可以把“运动员”的角色交给社会,通过为社会确立规则并充当裁判者，不断激发市场活力和发展动力；通过建立、规范政府权力清单、责任清单和打造公开便捷的服务平台，构建激发企业活力的长效机制，给市场让出更大空间。通过简政放权，可以有效提升行政运行的协调机制、激励机制、适应机制和制约机制。

（三）简政放权是提高行政运行效率的迫切要求

提高行政运行效率就是提高政府效率，而政府效率就是政府生产力，对推动社会发展具有十分重要的意义。简政放权可以有效提高政府行政的组织效率（高级决策层所表现的效率）、管理效率（中间管理层所表现的效率）和工作效率（基层工作人员所表现的效率），也能更有效地实现政府行政行为的公平、政府行政程序和行政制度的公正，从而更好地维护社会公平。

“帕金森定律”指出，某个行政组织的运行效率与工作人员数量并无关系，管理层数的增减也与工作本身无关。所以压缩政府层级，减少中间管理层次，并不会造成政府管理的不力。于是政府职能的重新界定、政府内部结构的优化、行政管理方式的转变等就成了理所当然的事情，这也意味着分权、机构裁减便不可避免。

在取消和下放政府审批事项之前，政府机关人浮于事的现象较严重，而随着政府大规模取消和下放审批事项，情况会更加严重。精简机构和人员是解决人浮于事，是政府改革、作风建设、提高行政效率的关键环节。

（四）简政放权是破除既有权力与利益格局的重要举措

行政权力天生就具有自我膨胀和扩张的本性，与“大政府”体制相伴的权力为权力寻租和腐败提供了便利。每一项权力背后都是活生生的利益，每一次权力的取消和下放都联结着利益的较量和博弈。

因此，不断地简政放权和转变政府职能，不断削减政府部门的权力，从制度上规范权力运行，对有效减少权力寻租将发挥重要作用，从而从源头上防治腐败，有效打破固有的利益格局，将过分集中的权力削减，下放到社会。通过简政放权，解决“简政放权”带来的“权力阵痛”，放眼长远，加强政府自身公信力、执行力的建设，树立风清气正、廉洁高效的政府形象，用今天的改革推动明天的发展。

二、精简机构和人员面临的主要问题

（一）精简机构和人员缺乏统筹安排

长期以来，我国政府系统的行为常采取行政命令方式。在精简机构和人员改革方面缺乏统筹协调，主要表现在我国各级党政监督机制不健全；人事调配随意性强，缺乏公正严肃的约束机制；机构改革缺乏硬配套支持，机构设置因人设事、因人设机构，机构编制没有法律依据；财政拨付与支持随机构和人员的增多随意增加，“僧多则粥多，僧少则粥少”；精简机构和人员在思想和观念上不够解放，政府行政人员缺乏自我改革、自我舍弃、自我加压的勇气；缺乏改革的前瞻性预判、系统化思考以及有效的方法。

（二）呈现“精简—膨胀—再精简—再膨胀”循环怪圈

我国政府机构长期存在臃肿重叠、层次过多、职责不清、缺乏效率，机构职数和人员存在严重超编的现象，设置机构存有较强随意性，机构职责整合困难，机构存在硬性合并与盲目升格等问题。经历多轮机构改革，其中有四次明确提出对机构和人员进行精简的目标，但机构改革成效不大，重新回到“精简—膨胀—再精简—再膨胀”循环怪圈，几次政府机构改革，财政供养规模不仅没有减少，反而急剧增加。我国财政供养人口出现公职人员结构不合理，“官多兵少”的局面。

据统计，1978 年到 2009 年，我国人口从 9.6 亿增长到 13.4 亿人，增加了 39.6%，而同期行政部门的官员数量从 467 万人增长到 1 553 万人，增长了 2.5 倍。截至目前，我国共有公务员 700 多万人，加上“吃财政饭”的机关事业单位公职人员 3 000 多万人，合计有近 4 000 万人。如算上其他财政供养的人员，则整个财政供养人员规模达到近 6 000 万人之众。

（三）政府机构层级多，存在多头管理

目前，我国政府层级过多，分为五级，即中央政府、省级政府（省、直辖市、自治区、特别行政区）、地级政府（地级市、地区、自治州、盟）、县级政府（市辖区、县级市、县、自治县、旗、自治旗、特区、林区）、乡镇政府（乡、民族乡、镇、苏木、民族苏木）。这样的层级结构进一步加重了行政组织层级过多的程度，直接导致基层政府信息向上传达层层失真，中央政策向下层级传达时，各层级层层截留，不利于下级政府的职能履行和积极性调动，也不利于政府管理职能提高，更不利于政府体制的创新。

此外，还存在政府机构多头管理问题。在中央政府各部门之间，有的权力过于分散并且交叉，有的权力过于集中不利于部门制衡。在中央政府和地方政府之间，权力配置头重脚轻，中央掌握大量的人权和财权，而大量的事权却在地方政府。臃肿的机构，过多的工作人员不仅不能提高工作效率，反而会增加行政负担、降低工作效率。

（四）政府行政人员对改革消极拖延

改革在对现有利益结构调整和分配时，必然会损害某些部门和人员的既得利益，精简机构和人员改革亦是如此。

一方面，在改革过程中，一些行政人员“可能会把变革看成是对

他们既定权力、地位和影响力的一种现实的或潜在的威胁，从而激发对变革的否定态度”（约翰·密尔，1997）。在其自利动机的驱使下，往往会在执行中维持其自身既有利益，消极拖延，影响政策执行。利益驱使加之成本与收益分摊不均，政府人员本着先改先吃亏的认知，以暂不改革、相互观望作为行为之首选。

另一方面，面对中央权威的压力和改革的进程而不得不进行调整时，行政人员往往通过与改革政策讨价还价的方式阻挠改革推进。一些部门没有从经济社会发展全局出发，只考虑部门自身利益，忽视社会公共利益最大化。一些部门、地方、利益集团为了权力寻租和维护部门、地方和集团利益千方百计地抵制，阻碍改革精简结构和人员改革。

（五）政府机构臃肿，人员分流安置不畅

虽然机构改革已进行过多次，我国国务院设置组成部门（除国务院办公厅外）还有25个。地方政府不仅行政机关多，而且还有其他众多的政治机构。比如每个地方都有包括党委、人大、政协、纪委、工会、妇联、共青团、武装部等的多套班子和多套人马，政府组成人员相对较多。相比而言，西方发达国家有些城市只有市长一人，很少有副职，更不要说有七八个以上的副职，其所对应的办事机构和职能机构也精简得多。我国政府机构数量偏多，机构设置分工过细，职能重叠交叉。政府部门自我扩张导致机构数量和领导职数双膨胀，导致行政成本和财政支出负担沉重。

此外，在精简机构和人员过程中，安置富余人员存在三大问题：其一，就是被精简人员“回流”问题。过去实施过几次大的精简机构行动，但由于精简不彻底，导致人员越精简越多。其二，将精简人员向下赶的“下移”问题。即省级被精简人员到地市，地市被精简人员到县、乡镇。其三，将精简人员往国有企业、事业单位输送，换汤不换药。

（六）政府行政人员存在消极思想

在进行精简机构与人员改革中,相关利益部门与人员容易产生消极思想,主要表现为,一是消极拖延,被动观望;二是讨价还价。具体表现为:一是传统价值意识的障碍,行政人员官本位思想的制约,对改革不确定性的忧虑,对惯有模式和习惯的依赖;二是长期以来在旧的体制下形成的旧观念和习惯势力根深蒂固;三是干部身份终身制,国家养到老包到底,政府有多少钱就能养多少人,机关变成了旱涝保收的就业单位;四是干部能进不能出、能上不能下;五是官本位思想和等级观念严重等。这些思想观念的障碍是机构改革的最大阻力。

三、阻碍精简机构和人员工作的深层次原因

（一）缺乏顶层设计,相关制度不配套

相关制度不配套。在简政放权改革,特别是精简机构和人员改革中,需与政治体制、经济体制、文化体制等改革相配套。要改革社会组织管理制度,激发社会组织活力,使其成为政府职能的可靠承接者;要建立健全机构编制约束机制,用法律、法规形式巩固改革成果;要尽快制定出台《国家机构编制法》,实现编制管理主体法定、程序法定,以预算控制编制;要加快社会保障制度改革,建立统一健全的社会保障体系。只有这样,才能保证精简机构和人员改革的顺利开展。

（二）现有财政供养体制的制约

由财政涵盖个人工资与工作费用的人员被称作财政供养人口。目前,我国的财政供养人口可以分为三类:其一是党政群机关工作人员;其二是事业单位工作人员;其三是以上两类的离退长休人员。

目前,我国财政供养人员的结构与功能方面仍然面临巨大挑战,虽然截至目前我国进行了几次机构精简改革,然而财政供养人员却始终保持着增长的态势,我国财政供养压力仍在增加,虽然增幅相对有限。如果与美国相比,中国财政供养人员“超标”近20倍。相关权威机构研究显示,目前我国的财政供养规模的扩张与收缩,同我国财政支出规模的扩张与收缩的周期高度吻合。并且,由于政府权力过于集中,从而衍生出越发庞大的政府人员规模,政府的费用开支也相应急剧升高,最终会导致财政供养人员的薪酬降低等现象的发生。

(三)政府职能转变滞后,政府权力过大,控制资源过多

自改革开放以来,政府从以经济建设为中心的全能型政府向公共服务型政府转变,政府职能转换滞后一个最直接的原因是经济市场化改革不彻底不到位。政府规模取决于它的权力,与它支配的资源多少成正比。此外,政府机关的权力过于集中,但相应的监管举措并不到位,从而导致寻租现象的发生。寻租现象的存在将使简政的效果大打折扣。这些年政府改革的经验表明,有审批权与没审批权的部门比,前者人员精简要难得多:一是搞审批要有人手;二是审批权背后有利益,利益所系,当事者当然不愿被精简。

(四)政府角色矛盾的固有制约,既有权力与利益格局固化

作为政府主导性的改革,简政放权客观地受到政府主体的内在制约,内在制约因素形成源自于政府主体的角色、利益、意识。同时,改革配套制度设计本身的缺陷,也一定程度上强化了政府简政放权中的内在制约。简政放权,本质上是政府制度变迁和制度创新的过程,核心特征即体现在改革政府原有的权力格局,形成符合经济、社会发展客观需要的权力体系。随着简政放权改革的深入,机构深化改革不仅在于精简政府机构部门和裁汰冗员,将更多权力下

放至市场主体和社会,还在于转变政府职能和行政观念。由于改革意味着对政府权力、利益及资源的重新调整和分配,这必将触及到政府中的既有权力与利益格局的改变。改革在对现有利益结构调整和分配时,必然会损害某些部门和人员的既得利益。既有权力与利益部门为实现其利益最大化,往往最大限度来加强自己的职能,并组成利益共同体来稳固地位和扩张权力,不愿涉足自身改革,从而加大改革的难度。政府利益性部门的客观存在,成为阻碍简政放权改革的深层次根源。

(五)机构编制不科学,分流人员管理不到位

在简政放权转变政府职能的同时,也要解决一个机构臃肿、人浮于事的问题。围绕转变政府职能和理顺部门职责关系,需要探索实行职能有机统一的大部门体制,为此,还需要解决机构编制不科学,分流人员管理不到位的问题。需要对人员进行相应的调整与分流,能否对冗员进行妥善分流与安置,对大部门制改革能否顺利进行至关重要。这需要政府利用现有的资源安排,为分流人员进行不同类型的培训教育,为其职业发展提供空间和机会。

(六)传统行政文化对政府人员主体意识的内在制约

行政文化作为行政体制的深层结构,是一种政府行政领域内的“集体意识”,通过行政人员的思想意识对政府实践施加影响。基于传统行政文化的意识障碍,政府行政人员所固有的官本位思想和对惯有模式的依赖,以及因改革不确定性而产生的一系列心理反应,都直接影响了政府在改革中的具体行为,成为简政放权内在制约因素形成的意识性要素。我国长期形成的官本位行政思想和全能政府行政理念,对政府人员主体意识形成较大内在制约,对我国政府机构改革顺利推进形成障碍。受传统行政文化长期影响,政府机构与人员容易形成官僚主义思想下的官僚作风和特权思想,高度

集权的思想导致政府职能不明确，管制型行政文化使得政府重管理而轻服务。

四、有效推动精简机构和人员的思路与对策

（一）加强改革顶层设计，健全相关配套制度

加强精简机构和人员的顶层设计。改革始终是复杂与繁琐的，因此需要顶层规则的制定和整体运行的协调一致。同理，如果要在简政放权上达到既定的效果与目标，就必须设计好顶层的规则以及整体上的配合，这样才能达到预期中的效果。加强精简机构和人员的顶层设计，应从国务院的角度做好部门间、地方间的统筹协调。

一要解放思想、积极接受新事物。思想方面的解放对于顶层设计而言有着关键的作用与影响，必须作为首选，要有自我改革、自我舍弃、自我加压的勇气；二要对精简机构和人员改革有前瞻性的预判；三要对精简机构和人员有系统化思考和设计；四是对精简机构和人员要有好的方法论支撑；五要对精简机构和人员有科学化的、数据化的分析。

此外，精简机构和人员改革是个系统改革，需要健全相关配套制度。为此，需与政治体制、经济体制、文化体制等改革相配套，做好部门间的协调。

（二）建立合理财政供养体系，大力实施大部制改革

为了解决目前行政机构“精简—膨胀—再精简—再膨胀”的循环怪圈，关键措施是深化现有行政体制改革，精简行政层级，推行大部制。

一方面，建立合理的财政供养制度，优化财政供养体系。财政供养人员对政府的运行有着极其重要的影响，其规模也影响着社会

的稳定安康。为此,要健全社会保障制度、健全政府绩效考评和监督机制、完善人大的预算监督职能、合理划分政府间事权、优化调整政府层级与行政区域等等。要对政府精简人员的难题进行有效的解决,有必要将范围由“政府机关干部”扩大至“财政供养人员”,避免国有企业和事业单位成为精简人员的“避风港”。另一方面,要大力推进“大部制”改革,将职能相近、业务范围趋同的事项相对集中,由一个部门统一管理,最大限度地避免政府职能交叉、政出多门、多头管理,从而提高行政效率,降低行政成本。顶层制度制定者也应当设立一些专职监督部门,将整个监管体系形成一个相互制约并又分离的系统。从而,一方面有利于解决权力集中问题,另一方面也有利于打破政府部门利益格局,真正形成精简、统一、高效能的政府。

(三)加快政府职能转变,合理配置政府职能

在政府部门的改革中,政府应将自身部分权力与职能下放,划清职责范围,转变政府职能,使政府职能侧重点变为市场监督、公共服务等层面,将政府的权力锁在笼子里,从管制政府逐步向服务型方面转变。为此,要加快政府职能转变,合理配置政府职能体系。中央应大手笔压缩行政审批,将审批制改为备案制,不然机构改革会持续过长时间。

第一,对政府结构的优化与职能的分层制定更加具体的措施,形成相互制约与协调的体系,着力解决机构重叠、职责交叉、政出多门问题。第二,依据政府职能重心转变的要求,对职能进行分解与分析,明确各自的职责与分工,克服职能不清、职能交叉、人浮于事、推诿扯皮的弊端。第三,开展省管辖县的试点。第四,加强对各个层级的政府机构的改革,努力减少行政费用,提高行政效率。

(四) 打破既有利益藩篱,重构高效政府机构

针对我国政府角色矛盾的固有制约与既有权力与利益格局固化问题,要想彻底解决这些问题,就必须打破固有制约与利益格局的羁绊,突破既得利益束缚。

精简政府机关和人员,本质上是利益与权力的重新分配与调整。简政放权要依法治国,依法推行简政放权,对抵制、阻碍改革的要从法律上予以追究和制裁。尤其针对地方政府的改革,要大力破除利益勾结的阻碍,构建高效的行政框架。

(五) 优化政府机构设置,加强分流人员安置

针对我国政府机构臃肿,人员分流安置存在的问题,需不断优化政府机构配置,加强分流人员安置工作。

在优化政府机构设置方面,建立保障政府机构改革长效机制。十八大报告表明要对行政机构进行控制,减少人员配置,提高行政效率。从而要加强机构编制管理,严控机构编制;要创新机构编制管理,从源头上防止机构编制增长,确保财政供养人员只减不增;要建立机构编制“刚性”管理,健全机构编制综合约束机制;要严肃机构编制纪律,建立机构编制管理的合力机制;要建立机构编制管理与财政预算相配套的约束机制和监督机制;要加快政府机构编制的立法进程,将政府机构编制的增减纳入法定程序。

在加强分流人员安置工作方面,要抓紧制定分流人员人事、收入分配、社会保障等配套改革措施;对分流人员的再就业给予大力支持,甚至贷款等金融方面的优惠与扶持等;政府也可运用社会资源对分流人员进行就业指导方面的培训。

(六) 转变政府行政观念,建立科学用人机制

精简机构是一场革命,首先是一场深刻的思想革命和观念变

革。传统行政文化的人治化、封闭化、官僚化特征对政府机构改革的顺利进行造成了严重阻碍,以及一些官本位的理念等,对我国改革都形成了消极的影响。因此,必须转变政府传统的价值观念,使其与改革发展观念相一致,重视简政放权改革中的文化建设,从而消除政府内在意识方面的制约,激发改革主体的精神动力。此外,在建立科学用人机制方面,要按照科学、公平的原则,对现有人员进行筛选,从而确定留用人员。与此同时,要大力完善人员选拔上岗的制度,建立起能上能下、能进能出、严格监督、竞争择优的用人机制。

总之,简政放权是我国全面深化改革的“先手棋”和转变政府职能的“当头炮”。简政放权的关键是精简机构和人员,要解放思想、提高认识、统筹谋划、协同推进各种配套改革措施,深化行政体制改革,真正实现建立职能科学、结构优化、廉洁高效、人民满意的服务型政府的目标。

参考文献

1. 高楠、梁平汉:“为什么政府机构越来越膨胀?——部门利益分化的视角”,《经济研究》2015 年第 9 期。
2. 李毅丹:《改革开放以来政府简政放权的内在制约因素研究》,硕士论文,山东大学,2015 年。
3. 李俊琼、赵二辉:“从帕金森定律看我国政府机构精简”,《今日湖北(理论版)》2007 年第 1 期。
4. 李忠蔓:“对历次政府机构精简的再思考”,《山西师大学报》2006 年第 9 期。
5. 刘亮、宋国学:“政府预算过程中的多方利益博弈”,《财贸研究》2004 年第 5 期。
6. 刘远举:“精简机构的治本之道”,《凤凰周刊》2013 年第 10 期。
7. 秦鹏川、黄炯:“大部门制背景下我国政府机构精简中富余人员的安置”,《工会论坛》2008 年第 11 期。
8. 王伟:《构建与嬗变:中国政府改革发展 30 年》,郑州大学出版社 2008 年版。
9. 王学杰:“简政放权:新一轮政府机构改革思路之观察”,《湖南行政学院学报》2013 年第 6 期。
10. 县级行政体制改革课题组:“县级政府机构精简人员难点与出路”,《国家行政学院学报》2005 年第 3 期。
11. 薛小和:“我国单位 GDP 公务员数超发达国家 20 倍”,《中国改革报》2006 年 2 月 13 日。
12. 谭燕萍:“政府部门职能界定中的博弈分析——基于职能交叉现象的思考”,《学术论坛》2008 年第 7 期。
13. 约翰·密尔著,汪瑄译:《代议制政府》,商务印书馆 1997 年版。
14. 张艳玲:“简政放权警惕出现‘机构精简人员不简’现象”,中国网 2014 年 10 月 17 日。

(田惠敏,国家开发银行研究院副研究员;
李佐军,国务院发展研究中心资源与环境
政策研究所副所长,研究员)

简政放权与我国行政问责制度之完善

闫大伟　樊　波

简政放权具有政治、经济、法律等多重的意蕴。当前，中央明确提出全面深化改革、全面推进依法治国。在此背景下，简政放权不仅对全面深化改革具有重要的意义，同时还是全面推进依法治国的内在要求，是连接我国当前改革与法治的关键环节。从法治的基本要求来看，简政放权改革要在法律上界定好政府、企业和社会的权利边界，需要全面贯彻落实依法行政基本理念。法治对于简政放权的真正落实具有重要的促进和保障功能，因而在简政放权改革中必须要重视并充分发挥法治的积极作用。在我国当前的法治建设进程中,行政问责制对简政放权的促进和保障具有更加明显的直接作用,进一步完善我国的行政问责制,不仅具有十分重大的理论意义,同时还有助于解决我国行政管理工作中的实际问题。

一、简政放权背景下的行政问责制

(一) 行政问责制的产生及其发展

理论界和实务界对行政问责制的理解和界定不尽相同,但总体来看,一般都认可行政问责制是政治问责的重要组成部分。

自 20 世纪 80 年代以来,世界各国公共行政改革趋势明显,强化政府工作人员的行政责任,建设责任政府,成为历史的潮流。在此潮流的影响下,很多国家和地区建立了行政责任制。2002 年 4 月 17 日,香港特别行政区政府向立法会提出了高官问责的具体方案,该方案于同年 7 月 1 日开始实施,开启了香港地区的行政问责。近些年来,党中央、国务院高度重视行政问责的制度建设问题。在 2004 年《政府工作报告》、党的十七大报告、十八大报告、十八届三中全会报告中均有明确体现。从近期情况来看,2015 年 5 月 13 日召开的国务院常务会议对行政问责做出了重要部署。2016 年 1 月,十八届中央纪委六次全会工作报告更是明确提出要把行政问责制度化、法治化。2016 年 6 月 28 日,中共中央政治局召开会议,审议通过的《中国共产党问责条例》,规范和强化了党的问责工作,对我国行政问责也具有重大引领作用。从地方制度建设的情况来看,各级地方政府也积极响应。例如,湖南等地陆续出台了一批行政问责的暂行规定和办法。

(二) 行政问责制的基本功能

1. 惩罚与教育功能。行政问责本质上是追究相关责任人责任的法律制度，可以认为是国家对违法行政行为的一种否定性评价。行政问责不仅包含着道义上的谴责，而且通过强制责任主体——实施违法行政行为或不履行行政职责的行政机关或行政公务人员——承担某种不利后果，使责任人在政治、经济或者其他方面受到一定的损失。行政问责制度的教育功能主要是在归责过程中实现的。在具体的归责过程中，首先要确定行为主体是否负有相关的行政法律义务以及其行为是否与法定义务相违背，在此基础上，根据法律规定确定行为主体应承担的法律后果。通过对责任的认定和追究，使行政主体明确合法行政行为的标准和尺度，并从中吸取教训，避免违法行政行为的再次发生。规定和追究相关人员的法律责任，不仅可以教育违法者本人，而且可以教育其他行政主体，使其引以为戒，更加自觉地用法律来规范自己的行政行为。

2. 警示和预防功能。在现实生活中，因实施违法行政行为而被追究法律责任的行政机关和行政公务人员情况不是很多，但行政问责的实施对象不能仅仅局限于实际承担法律责任的单位或者个人，而应当是所有的行政机关及其行政公务人员。因此，从这种意义上讲，责任追究制度，对于责任者之外的其他行政机关及其工作人员同时也具有一定的警示和预防功能。

3. 安抚与补偿功能。行政行为的相对人因为违法的行政行为，其合法权益受到侵害。这种客观损失的存在将会使行政行为的相对人对其责任人或其所在的行政机关产生不满，甚至会有一定的报复心理。设立行政问责制度，对违法行政者进行依法追责，不仅可以使受害人在心理上或精神上得到安抚，而且可以通过恢复名誉、消除影响等责任形式，对行政行为的相对人进行补偿，在客观上起到一定的安抚与补偿的作用。

（三）简政放权与行政问责制之间的基本关系

简政放权和行政问责制具有天然的密切联系。行政问责制是全面推进简政放权的重要保障,而简政放权则为行政问责制的实施和完善提供了重要的契机。在当前简政放权的背景下,行政问责制具有更加特殊的含义。

1. 行政问责制是全面推进简政放权的重要保障。简政放权的实现需要行政问责制予以保障。对于推进简政放权不力的相关责任人通过行政问责制予以追责,可以增强简政放权的工作力度和实施效果。同时,简政放权,意味着政府管理的事情在量上减少,有利于发挥市场机制的作用,但同时也有可能会出现政府不作为的现象。完善的行政问责制不仅可以有效防止政府部门过多地干预经济从而扭曲市场机制,同时还可以对不作为的情况进行责任追究,从而在一定程度上减少和避免政府不作为现象的发生。

2. 简政放权为行政问责制的实施和完善提供了重要契机。一方面,简政放权有利于增强行政问责制实施的针对性。通过简政放权,可以减少大量不必要的行政干预行为,从而使得行政问责制的实施更加具有针对性。另一方面,简政放权的进一步深入推进,使得行政问责的工作重心不再局限于传统的行政"乱作为",同时还包含了消极的行政不作为。这在一定程度上拓宽了行政问责制的实施范围,丰富了行政问责制的内涵。

总之,简政放权是我国行政改革制度的重大课题,简政放权的真正实现,需要行政问责制的密切配合;同时,简政放权则为行政问责制的完善提供了良好的契机。简政放权的推进与行政问责制的完善必须同步进行,这是二者之间的内在本质联系。

二、行政问责制实践中的主要问题及其原因探析

在我国,行政问责制建立的时间较短,存在一些不完善的地方,很有必要在理论上进一步完善,并在实践中进一步地探索。总体来看,我国当前行政问责制存在的主要问题可以概括为其在实质意义

上的虚化。这种虚化大致可以从宏观和微观的两个基本层面来分析。

（一）宏观层面的问题及原因分析

1. 专门性的法律制度严重缺位。之所以强调“专门”二字，是因为我国的法律中有内容涉及行政问责，但它们都没有进行系统化和理论化，具有碎片化倾向。例如，我国将引咎辞职引入了《公务员法》，这一做法为我国行政道德法制化建设做出了突出贡献，但并未从根本上真正实现我国行政问责的法治化。

2. 政策多于法律。现有的行政问责制主要体现在中央的有关文件。例如，十届全国人大二次会议上的《政府工作报告》中有一定体现，《全面推进依法行政实施纲要》中也有相应的内容。此外，还有十届全国人大三次会议上的《政府工作报告》、十一届全国人大一次会议上的《政府工作报告》以及中共中央、国务院共同出台的《法治政府建设实施纲要（2015—2020 年）》等一系列文件。但这些文件只是中央的政策而并没有上升到法律的层面。

3. 全国性统一性法律制度的缺失。2004 年 7 月，重庆市政府实施行政问责制，并颁布了《重庆市人民政府行政问责制暂行办法》。随后，海南、深圳、天津等地相继出台了与各地政府相适应的问责规章。这标志着我国解决了长期以来“有问责之事，无问责之法”的尴尬境地。但这种地方性立法仍然存在诸多问题。尤其是地方立法中的局部利益化和司法体制有限理性难以将行政问责落到实处，亟需建立全国统一性的法律制度。

（二）微观层面的问题及原因分析

1. 问责对象不全面。根据行政法的基本原理，行政主体或者行政机关的公务人员在被授予行政权力的同时，就意味着要承担相应的行政责任，而且手里的权力越大，身上的责任也就越重。而我国当前无论是相关的法律规定，还是追究责任的实例，主要把行政问责的对象指向行政首长，对普通公务员的问责覆盖度较低。

2. 异体问责建设方面相对薄弱。从我国目前行政问责的实践来看，问责的主要方式是同体问责，问责的制度依据主要是党的文件和行政机关的政策法规、规章及其他规范性文件。但是，同体问责固然重要，异体问责更重要。从某种意义上讲，异体问责比同体问责更重要，是问责制度的关键。然而，从我国当前问责的具体实践来看，异体问责主体的缺位问题严重，这在一定程度上影响了我国行政问责的效果。

3. 职责权限比较模糊。职责明确是行政问责的前提。所谓职责明确，即不同级别、不同部门、不同职位之间有严格的责任划分，并以法律法规的形式加以明确规定。在现实生活中，由于我国党政关系十分复杂，加上行政问责职权模糊等问题的存在，这就造成了当前行政问责在具体操作层面存在不少难点问题。

4. 行政问责的范围显得过于狭窄。行政问责所问责的范围应当包括不履行法定职责和不正确履行法定职责。在行政问责的具体实践中，问责的适用范围显得过于狭窄，问责大多局限于重大安全责任事故的事后责任追究等方面，忽视了其他方面责任的追究，影响了行政问责制度发挥作用的范围。

5. 承担责任的形式不够全面。总体来看，我国法律所规定的公务员承担责任的方式，主要有通报批评、行政追偿、行政处分以及刑事处罚等方式。然而，在行政问责的具体实践中，会出现不论责任大小、有无过错，甚至动辄要求引咎辞职的现象。这些情况的出现不利于责任的真正追究。

6. 缺乏司法救济途径。就目前的情况来看，规定我国公务员权利救济的法律规范主要体现在《公务员法》里面。当然，《国家公务员申诉控告暂行办法》和《公务员申诉案件办理规则》也有一些规定。这些法律规范中基本上都是把救济途径局限在内部救济方面,缺少司法救济的途径。

7. 责任追究的弹性较大。目前,我国行政问责尚未实现法制化,容易受到个别领导批示和社会舆论的影响,责任追究的弹性较大,一定程度上存在责任追究畸轻畸重的情况。

三、完善我国行政问责制的理论基础和重要意义

(一) 完善我国行政问责制的理论基础分析

任何制度的形成和发展都有其独特的社会背景和深刻的理论基础。对于行政问责制,可以分别从以下三种理论作如下解释。

1. 社会契约论。该理论最早起源于古希腊的思想家亚里士多德,后来一些古典自然法学派的思想家(如格劳秀斯、斯宾诺莎、霍布斯、洛克、卢梭等)从自然法的角度发展和完善了社会契约论。社会契约论是以契约来约束国家与政府行为的学说。社会契约一方面意味着公民有服从公共权力管理的义务、监督与制约公共权力的权利,另一方面更强调政府是在承诺维护公共利益的基础上才拥有了公共权力,即管理社会的权利、服务社会的义务和满足公众需求的责任。

2. 委托代理论。委托代理论是建立在人民主权理论基础之上的。人民主权意味着人民是主权的所有者,每个公民平等地拥有国家主权,也拥有同等的管理国家事务的权利。但是,主权不可能由所有公民共同实行,只能通过公民中的一部分人员和机构来行使。委托代理论的观点是,公民把权力委托给政府,政府向公民负责,根据公民的意志和利益制定政策,按照公民选出的代表制定的法律行事。如果政府制定的政策违背了公民的意志,损害了人民利益,或者行使权力超出法定范围,应对公民承担责任,受到处罚。

3. 人民主权论。按照人民主权论,国家的权力属于人民所有,但要使人民主权理论得到实现并成为政治生活中的一项基本准则,

就必须在制度上确立并实现人民对国家机关及其工作人员的监督权，必须使政府及其工作人员特别是政府官员在行使国家权力的过程中负有相应的责任，确保公务人员在行使国家权力的时候受到责任追究制度的约束，而不是违背人民的意志，从而促进人民利益的实现。

（二）完善我国行政问责制的价值和意义

1. 有利于促进国家发展。为了更好地促进国家发展，必须实现政府职能的转变。政府应当明确自己在经济社会发展中所扮演的角色，真正按市场规律办事；政府要加强对市场的宏观调控，对市场经济消极因素进行有效的抑制。除极少数关系国家安全的公共产品和国计民生的重要产品需要国家统一管理外，政府应全方位退出直接管理的微观经济领域，退出对资源的直接配置，更好地发挥政府的核心功能和基本职能。因此，大力推进行政问责制具有深远的现实指导意义。

2. 有利于适应国际形势的发展。当代政府的职能发生了重要变化，由以往重视经济发展转向维护社会稳定、保护环境等多个方面的综合平衡发展，政府肩负着更加重大的责任。从经济上看，经济全球一体化的趋势日益增强，政府对社会责任的实现显得日益重要；另一方面，信息时代的到来使得各主权国家之间的竞争越来越激烈，市场的多变性与信息技术的迅猛发展，迫使传统的政府运行体制必须转变。在经济实力彼此较量的同时，政府治理的崭新理念在世界范围内传播，与传统意义的政府责任发生了冲突与偏离。近些年来，西方各国政府的内部改革引发了人们对现代政府责任的重新审视，进一步完善行政问责制是适应国际形势发展的必然要求。

3. 有利于提高政府人员的责任意识。开展行政问责制将有力打击公务人员的玩忽职守行为，提高政府工作人员的责任意识。一切政府机关都必须依法行政，切实保障公民权利。政府人员应当树立向公众负责、公共利益至高无上的行政理念，并且将这种理念内化为信念，形成良好的行政品德。

4. 有利于加强对政府公务人员的管理。行政问责制的推行，必然要求权力的拥有者、行使者承担一定限度的责任，使领导者逐渐形成权力、职位和责任相联的正确认识，有助于建立正常的淘汰机制，优胜劣汰。从制度的层面加强行政工作人员的责任意识，通过必要的制度确立，推行保障行政人员的权益的措施。同时，将行政不作为作为问责的领域之一，为真正做出实绩的行政工作人员提供晋升的机会，提高国家机构工作人员的工作热情和积极性。

5. 有利于责任政府的建设。政府权力是由人民委托赋予的，政府在拥有权力的同时，也被赋予相应的责任。政府与人民通过选举构成了一种契约性权责关系，政府责任是人民赋予政府权力的伴生物，即政府权力和责任都来自于人民。一个负责任的政府必须建立在各级负责任的官员履行职责的基础之上。行政问责制的推行有利于提高公共管理的能力与水平，减少失职现象的发生，有利于扭转重权力、轻责任的局面，建设一个“权、责、利”相一致的政府。

6. 有利于公民责任意识的增强。长期封建思想的压迫和制约，“官本位”思想的残害以及民众对权力的崇拜导致公民对政治生活的冷漠，相比之下，官场上的一些公务员则以“父母官”自居，根本没有将服务意识放在心间，政治制度并没有为公民提供太多参与政治的途径，行政问责制的推行将有力地改善公民在政治生活中的缺位问题。建立问责制，让人民能对行政机关的行为“指手划脚”，让那些在其位不谋其政或者谋不好政的领导干部失去群众基础和制度保护，为民众行使监督权开拓畅通的渠道。

四、完善我国行政问责制的具体对策和建议

（一）确立正确的行政问责制的基本原则

行政问责制的基本原则是贯穿于制度始终的基本精神、理念和

指导思想,是行政问责制度体系的中枢和灵魂。这些原则直接关系到行政问责活动的合法性、准确性和及时性。具体来讲,行政问责的立法和实践应当遵循下列原则。

1. 依法问责原则。依法问责,是指行政机关和行政公务人员的法律责任,必须由特定的国家机关在其法定权限内,依照法律规定的条件和程序予以确认和追究。根据这一原则,行政机关和行政公务人员是否应当对其做出的行政行为承担责任、承担什么样的责任、由谁来确认和追究、如何确定和追究等,都必须遵循法定原则。

2. 坚持权责相一致原则。权责一致原则主要体现了权利和义务的辩证统一关系。在任何一个法律关系中的各方当事人,都可以看做是权利和义务的结合体。一般来讲,权利与义务在数量关系上可以被认为是等值的。在行政职权的行使过程中,权责相一致是权利与义务的对等性的具体和重要表现。

3. 坚持过罚相当原则。过罚相当是指在行政问责活动中,应当根据责任人的违法行为的性质、过错大小、情节轻重以及社会危害程度来决定惩罚的种类,以防止和避免重责轻罚、轻责重罚以及当罚而不罚、不当罚而罚等现象的发生。惩罚与过错相适应是衡量和评价惩戒合理性的一个重要标准。在行政问责实践中,只有坚持过罚相当原则,使责任人口服心服,才能实现行政问责的目的。

4. 坚持惩罚与教育紧密相结合原则。惩罚与教育相结合,是指设定和追究行政机关和行政公务人员的法律责任,既要体现对责任者的惩罚和制裁,又要教育违法者自觉守法,实现制裁与教育的双重功能。责任追究是对作出违法行政行为的单位和个人的惩罚,但是,惩罚并不是责任追究的惟一内容和最终目的,而是一种手段,其目的在于促使行政机关和行政公务人员增强法制观念,坚持依法行政,避免和减少违法失职行为的发生,保证国家法律的正确实施。惩罚和制裁本身就是一种教育形式,通过使责任者承担某种不利后果,既可以教育本人,又可以教育他人,起到特殊教育和一般教育的作用。

5. 坚持追究责任和改进工作相结合、相一致的原则。追究责任与改进工作相结合，是指在行政问责过程中，既要依法追究责任者的责任，使其对自己实施的违法行政行为付出一定的代价，又要及时纠正行政管理中存在的薄弱环节和漏洞，有效地改进行政管理工作。行政问责作为一种监督制约制度，其目的在于为行政权力套上责任的枷锁，促使各级国家行政机关和行政公务人员依法行政。责任行政要求行政公务人员在享有与其职位相适应的权力的同时，承担与这种权力相适应的责任。然而，仅仅对直接责任人予以处罚是不够的，必须针对行政管理工作中存在的问题，认真分析其原因，采取行之有效的措施加以改进。

6. 追究行政机关的责任与追究公务人员的责任相结合原则。追究行政机关的责任与追究公务人员的责任相结合，是指在责任的设定和问责活动中，既要追究作为行政主体的行政机关的责任，又要追究有过错的行政公务人员的责任。从责任主体不同的角度划分，可以将行政违法责任分为行政机关的责任和行政公务人员的责任。国家行政机关享有广泛的行政职权，同时也负有相应的行政职责。在行政管理的过程中，行政机关不仅要在自己违法行使行政职权或者出现不依法履行行政职责的行为的时候进行负责，而且还要依法对其行政公务人员以及受其委托的组织和个人所实施的一些违法行政行为承担相应的责任。

7. 效率和公开原则。所谓效率原则就是要求问责主体追究问责对象责任时，要以尽可能短的时间，尽可能少的投入，高效开展工作。效率原则要求问责程序的设计科学合理，一旦启动问责，各个环节能够快速高效协调地运转，保证在最短的时间里对公众做出回应。公开原则作为行政问责制度的一项基本原则，是民主政治和宪法政治的必然要求。问责主体的一切问责行为（涉及国家秘密的除外）必须公开，对行政行为的监督、约束乃至整个行政权力履行的全过程,整个问责程序,如质询、罢免、听证、调查等都应该公开接受公众的监督,允许媒体介入报道,有关问责的信息能够及时准确地向社会和公众公布和传递。

(二) 建立全国统一的行政问责制

至今为止,全国性的行政问责方面的法律仍然缺失,当前我国行政问责实践的主要依据是党内的一系列条例。建立全国统一的行政问责制度很有必要。

1. 完善行政问责主体。行政问责主体因为有权决定是否实施问责和追究何种责任,能够直接处分问责对象的实体权利和义务,因而必须由法律明确设定,具有法定性。行政问责主体建设中,应当着重解决好以下几个方面的问题:一是要设定明确的问责主体;二是划分行政问责主体职责权限;三是规定问责机关与公民、组织的关系。

2. 进一步确定和明确行政问责的客体。我国将要制定的《行政问责法》,首要问题是确定行政问责的对象,即哪些人应该受到《行政问责法》的约束。为了确保《行政问责法》的立法意义和法律效力,必须明确问责对象。例如,《重庆市政府部门行政首长问责暂行办法》主要是针对该市政府部门的领导的行政问责,而对政府机构的工作人员只起到警示的作用。宪法中规定部门工作人员是在部门负责任的领导下开展工作,但是并不能因此认为部门工作人员对政府决策、日常工作不负有任何责任。《行政问责法》应当明确规定国家机构中的领导及其公务员的责任,可以参照《公务员法》制定不同的责任承担原则,建议在制定一些刚性原则的同时,应该为现实情况留足弹性空间,制定具有层次性的责任承担体系,切实约束国家机构工作人员的行为,保障法律实施的公平、公正,真正为问责提供具体的操作依据。

3. 统一问责认定标准。在行政问责的具体实践操作中,应当综合考虑下列因素：其一，是否存在法定职责。对于行政公务人员来说，履行法定职责是一种法定的义务。其二，行政问责的对象是否确实存在不履行或不正确履行其法定职责的行为。履行法定职责的行为有作为和不作为之分，只有在未履行法定职责或不正确履行法定职责的情况下，才承担相应的法律责任。其三，责任人主观上是否存在过错，这是判断其责任有无和轻重的重要依据。其四，责任行为与损害事实之间是否存在因果联系。

4. 构建完整的问责程序。行政程序问题至关重要。行政程序的透明度与行政监督的效果具有十分密切的关系，透明度越高意味着行政机关受公众监督的程度越高。必须依公开的程序办事，而不能随意违反程序，或者随意改变和增减程序规则，在程序不公开的条件下，这是很容易作到而且是经常发生的。一套完整的问责程序大致应包括：提案、立案、调查、决定、救济五大环节。《行政问责法》应细化程序中每一个环节的具体内容。

5. 强化问责的救济力度。救济是作为行政问责程序的一个环节出现的，并不是问责程序完成后而独立出现的。之所以单列出来，是鉴于它的重要性。就我国目前的情况来看，行政问责在我国尚未形成一整套成熟健全的机制。我国现行的行政救济法规中对受处分的行政人员的救济办法处于薄弱甚至真空状态。行政问责的客体与我国现存的行政救济法规的对象存在着较大的错位，很有必要予以改进。

（三）建立与《行政问责法》相配套的法律法规和措施

要真正实行行政问责法制化，就必须通过健全相关配套制度的方式进行支持。一部全国统一适用的《行政问责法》也不可能规定的面面俱到，其中有些具体内容的落实要靠其他法律、制度的配合。

1. 建立政府信息公开制度。深化政务公开，推进简政放权，保证公众的知责权，这意味着政府信息公开的法制化，问责的前提是公开与知责,对人民负责首先意味着让人民知道这个国家正在发生的一切。公民必须得到必要的信息,了解政府行为的过程以及可能导致的相应后果。要建立我国政府信息公开制度,一是要对现有的相关法律法规进行必要的修订完善,修改保密法,科学界定公开与保密的关系;二是要制定相应的法律法规,规定公开程序、监督与救济措施、行政机关的法律责任,使得政府信息公开成为一种制度化、法制化的行为。

2. 要进一步健全我国公民参与行政问责的相关制度。这就需要进一步在公民参与的制度化和程序化方面加强建设,同时通过相应的立法手段来推动公民参与的进程,通过相应的制度安排来保障公民的民主决策方面的权利。要进一步健全和完善选举制度、听证制度、公民参与立法的制度、对公职人员进行的评议制度以及公民批评建议的相关制度等;在充分尊重宪法和法律依法赋予我国公民的政治权利和自由的基本前提下,对公民参与内容、方式、途径做出明确的规定,做到有法可依、依法参与,使公民参与做到制度化、规范化、程序化。通过行政程序使得公众参与行政权力的运作,以社会监督国家的形式保证监督的有效性。

3. 要进一步完善我国行政问责的人大监督相关法律制度。在行政问责制中,各级人大应成为行政问责的主力军。但自从行政问责实行以来,人大一直没能充分发挥其应有的监督作用。各级人大对于政府和政府工作的监督问责,在权力设置方面应当进一步细化,进一步具体化,进一步强化。这种细化和具体化就是要通过法规制度的形式,使得监督问责的范围进一步明确,把问责的渠道进一步清晰,使之具有较强的可操作性。例如,对于人大机构对政府行为监督问责的直接职权等问题,必须明确规定行使的方式和运作机制。这里所指的强化,是指相应的监督问责必须在增强人大行使其权力时的独立性和权威性的同时予以加强,各级人大为实施监督问责功能所需要的各种资源必须得到保障。

4. 制定新闻法以保障新闻媒体的公开问责。新闻媒体的作用相当重要,当国民对某一官员有强烈的否定意愿时,能够充分、自由地表现出来,形成巨大的舆论压力,迫使官员主动承担责任。媒体作为舆论监督的主要形式,与信息公开紧密相连,它既是信息公开的工具,也是问责主体实现问责的手段。媒体报道的天职就是向大众迅速、充分和客观地报道事实的真相,提供准确的信息。然而,我国一些地方政府为了地方的政绩及政府的形象不受损害,采取行政强制手段设法干预或主导新闻报道的方向和内容,向公众隐瞒信息或报道假信息。例如,有些地方公共事件发生后,该地政府不是向外界公布事实真相,而是对信息进行全面封锁,以求内部消化,不了了之。针对这一现象,应该制定以新闻法为主导的保障新闻媒体公开问责权的法律法规,以法律的权威赋予新闻媒体以独立人格,保障媒体自由、公正的报道权。

参考文献

1. 让-雅克·卢梭著,何兆武译:《社会契约论》,商务印书馆 1980 年版。
2. 约翰·密尔:《代议制政府》,商务印书馆 1982 年版。
3. 威尔逊:《国会政体——美国政治研究》,商务印书馆 1985 年版。
4. 胡建淼:《领导人行政责任问题研究》,浙江大学出版社 2005 年版。
5. 张文显:《法理学》,高等教育出版社、北京大学出版社 1999 年版。
6. 杨解君:《行政责任问题研究》,法律出版社 2003 年版。
7. 卡尔·拉伦茨:《德国民法通论》,法律出版社 2003 年版。
8. 房绍坤等:《国家赔偿法原理及实务》,北京大学出版社 1998 年版。
9. 厉以宁:《中国经济双重转型之路》,中国人民大学出版社 2013 年版。
10. 陈党:“论构建有效的行政问责法律制度”,《河北法学》2007 年第 2 期。

(闫大伟,中共河南省纪律检查委员会;樊波,煤炭总医院)

实践篇

简政放权与新三板市场的融资功能拓展

周小全

简政放权的过程是一个不断市场化的过程，其根本目的在于有效释放市场活力，激发社会创造力。新三板市场的发展其实就是简政放权的产物。三板市场起源于2001年“股权代办转让系统”，设立初衷在于解决原STAQ、NET系统挂牌企业的股份流通问题和主板退市问题。2006年1月，为支持中小高新技术企业发展，完善场外资本市场体系，北京中关村科技园区非上市公司代办股份转让系统正式成立，即为“新三板”。2012年8月，非上市股份公司股份转让试点扩大，上海张江、天津滨海、武汉东湖国家级高新区被纳入股份转让试点园区范围。2013 年 1 月 16 日,全国中小企业股份转让系统正式挂牌成立,全力推进场外资本市场建设。2013 年 12 月 14 日,国务院下发《国务院关于全国中小企业股份转让系统有关问题的决定》,明确将挂牌企业由之前的四个试点拓展至全国,并大幅简化行政许可程序,对于股东人数未超过 200 人的股份公司申请挂牌,证监会豁免核准,权力下放至股转系统。简政放权使得新三板市场步入一个爆发式增长时期。截至目前,新三板挂牌企业已接近 7 500 家[1],与 2014 年年底相比增长了 3.65 倍,新三板市场已成为支持我国中小高新企业发展的重要资本平台。

一、简政放权下的新三板市场:多元化融资格局初步形成

简政放权不仅促进了新三板挂牌企业数量的爆发式增长,还拓展了以股票增发为核心的多元化融资渠道。2013 年年底修订后的《非上市公众公司监督管理办法》(以下简称《管理办法》),赋予了以新三板挂牌企业为代表的非上市公众公司股权融资、债权融资等多项融资权利。

与沪深交易所 A 股相比,新三板定增制度较为灵活,以事后备案为基础,不设财务条件,也不限制发行间隔,融资方式、时点、规模、价格等基本由市场自主协商决定。《管理办法》第 45 条规定,“向特定对象发行股票后股东累计不超过 200 人的,中国证监会豁免核准,由全国中小企业股份转让系统自律管理。”这为新三板市场构建小额、快速、灵活的发行制度扫清了障碍,并促使了 2015 年以来新三板挂牌企业股票发行融资的井喷。2015 年,新三板市场共

---

〔1〕 数据来源:wind 资讯。Wind 资讯是一家独立的金融经济数据提供商,数据内容涵盖股票、基金、债券、外汇、保险、期货、金融衍生品、现货交易、宏观经济、财经新闻等领域。如无特别说明,本文中原始数据均来源于 wind 资讯。

计增发事件2 571次,涉及1 884家增发企业,募集资金总额1 233亿元,比2014年增长了8.68倍。

除股票增发融资外,股权质押融资也初见雏形。与定增融资相比,股权质押融资的优势在于不会稀释公司股权,且融资审批流程更为快捷。新三板已经和多家国有商业银行、股份制银行建立了合作关系,积极为挂牌企业提供股票质押贷款服务。截至目前已有近1 850例股权质押,合计质押约180亿股,尤其是2014年以来,受益于新三板挂牌企业数量的扩容以及做市商制度引入提升了股权流动性,股权质押业务规模快速上升,2014年质押股数增长至23亿股,比2013年增长了4.61倍,2015年更是增长至87亿股,比2014年增长了2.77倍;2016年股权质押融资继续保持增长,截至今年5月中旬,已质押股数达到58亿股,相当于2015年全年的67%。

债券融资对新三板股权融资也形成了一定补充。2012年以来,共有17家新三板挂牌企业发行了25只债券,融资规模合计61.38亿元,多数为在沪深交易所上市的私募债品种。这主要是因为2012年5月、10月深圳、上海证券交易所相继发布了《中小企业私募债券业务试点办法》,明确了中小企业私募债以非公开方式发行转让,不设行政许可,对发行人也没有净资产和营利能力要求,是完全市场化的信用债券品种。目前新三板企业发行的债券票面利率从5%到11%不等,单笔发行金额差异也较大,其中最大单笔融资为中科招商于2015年年底发行的一笔公司债,金额达到13亿元。

二、存在的主要问题、症结及原因探析

整体看,行政许可的取消及权力下放极大提升了新三板市场的融资效率,新三板小额、快速、灵活的融资机制初步建立,多元化融资格局初步形成,但与中小企业巨大的融资需求相比,现有的制度设计及融资模式仍存在几个显著问题。

（一）增发融资资金承接力度减弱，企业融资需求尚未完全满足

虽然2016年新三板市场股票定增绝对规模依然保持较高水平，但增速开始有所回落。去年12月份拟募资金额达到534亿，但3月以来已下降至140亿元左右。定增规模的下降，一方面是由于股转系统为防范金融风险，暂缓了PE、小贷公司、担保公司、典当、P2P等非正规金融机构的挂牌与增发融资，受此影响，金融行业融资规模大幅下降，2016年以来新三板金融行业融资总额占比不到5%，而去年占比超过30%；但另一方面，定增规模的增速放缓也显现了增发项目的资金承接力度转弱，资金供给能力不足。2015年新三板定增整体处于超募状态，企业融资意愿得到了较好满足，但今年以来实际募集资金金额占拟募集资金金额的比例下降到了78%，且平均每笔增发项目从预案公告到增发完成的时间周期有所拉长，去年年底这一时间周期大致在90天左右，而今年4月拉长至了115天，这是资金供需不平衡的必然结果。目前新三板市场的投资者门槛较高，个人投资者门槛设定为500万元，而机构投资者的引入力度又不及市场融资力度，公募基金、券商资管、保险、QFII等尚未大举进场，虽然做市商制度的引入一度缓解了流动性问题，但伴随做市企业数量激增，做市资金已捉襟见肘，市场流动性不足的问题日益明显，这影响了融资功能发挥。

（二）股权质押融资规模偏小，券商参与力度不大

虽然新三板市场股权质押融资业务发展较快，但整体规模不大，7 000多家挂牌公司中通过股权质押融资的企业家数不到800家，占比10%左右，质押股数占比更是低至5%。质押融资的金额也较小，以2015年为例，按照每股净资产平均40%的折算率计算，全年股权质押融资规模不到70亿元，不及增发融资规模的6%，而同期沪深交易所股权质押参考市值达到3.41万亿元，按照40%折

算率计算,融资规模接近1.4万亿元,与同年IPO、增发、配股等股权融资规模基本相当。流动性不足是导致新三板股权质押业务规模偏小的主要原因。受制于流动性问题,新三板市场的价格公允性不强,股权质押业务的定价依据主要以每股净资产为主,这直接影响了质押规模;流动性不足也加大了资产处置难度,增加了潜在业务风险,使资金融出机构心有余悸,这也直接影响了业务规模。

此外,银行主导了新三板股权质押业务,2010年以来由银行作为质押方的家数占比达到了45%,质押股数占比接近50%,担保公司是第二大业务开展主体,质押家数占比约为15%,质押股数占比10%左右。券商作为新三板市场的重要参与主体,却在近几年中基本缺位股权质押业务,目前仅有国海证券、山西证券、太平洋证券等少数几家券商有所尝试,这与场内交易所市场券商绝对主导股权质押业务形成了鲜明对比,2015年沪深交易所6 815家(次)股权质押业务中,由证券公司作为质押方的次数高达4 366次,占比64.06%。与银行、担保等其他金融机构相比,券商在股权质押业务开展上具有定价能力强、机制灵活、流程便捷等独特优势,本应与沪深交易所市场一样,在新三板股权质押业务方面占据绝对主导权,之所以形成目前局面,主要在于监管上的限制,虽然2015年7月中国证券业协会发布了《证券公司开展场外股权质押式回购交易业务试点办法》[1],但在该办法中并未明确券商可开展新三板市场股权质押业务。

(三)债券融资发展缓慢,新三板市场公司债尚未推出

目前新三板市场债券融资规模整体偏小,2012年以来的累计

---

〔1〕 该办法中,“标的股权”为:(1)在中证机构间报价系统股份有限公司注册挂牌的股份有限公司的股票及有限责任公司的股权;(2)在符合条件的区域性股权交易市场挂牌转让的股份有限公司的股票及有限责任公司的股权;(3)中国证监会及协会规定的其他股权。

融资规模不及增发融资的3%。这主要在于新三板挂牌企业多为小微企业,公司偿债能力普遍偏弱,且绝大多数缺乏质押抵押等有效增信手段,债券外部评级也偏低,甚至部分债券没有外部评级,25只已发行债券中有外部评级的仅有11只,且多数未达到AA+评级,这直接影响了挂牌企业的发债能力。此外,新三板市场自身缺乏创新型债券融资工具。目前发行的25只债券虽然发债主体是新三板企业,但全部是在沪深交易所及银行间市场发行的(其中23只在沪深交易所挂牌交易,3只在银行间市场交易),尚无新三板挂牌交易案例,并非真正意义上的新三板公司债。虽然早在2014年8月证监会发布的支持小微企业发展的十条具体措施(简称"融十条")中,就提出了"允许全国中小企业股份转让系统挂牌公司发行中小企业私募债",股转系统也表示已配套制定了挂牌公司发行私募债的相关业务规则[1],但受制于近期债券市场的信用违约事件频发,以及基于新三板分层的分类监管及信息披露机制尚未建立,新三板私募债发行的具体业务规则迟迟未出台,还有待政策上的放行。

(四)创新型融资工具仍在探索之中

2015年9月股转系统发布了《全国中小企业股份转让系统优先股业务指引(试行)》,新三板优先股开始破冰。作为一个混合型资本工具,优先股兼具权益与债务工具双重特性,被市场予以厚望。自"指引"发布以来,已有11家挂牌企业先后披露了优先股发行预案,不过由于优先股尚属新鲜事物,监管层在业务推出初期较为谨慎,审批周期较长,目前仅有中视文化取得批复,推进力度不及市场

---

[1] 2015年年底,全国股转系统公司副总经理隋强表示,目前《非公开发行公司债券业务细则(试行)》已起草完毕,实现挂牌公司非公开发行公司债并在新三板挂牌转让,在此基础上研究扩大非公开发行公司债的发行人范围,结合市场分层研究推动挂牌公司公开发行公司债试点。

预期。其次,受制于技术系统建设滞后,优先股的转让流通机制尚未建立,日后优先股上市后的流动性将成为问题。对于可转债、资产证券化等其他具有衍生品性质的融资工具,股转系统多次提出要大力发展,2015年证监会出台的《关于进一步推进全国中小企业股份转让系统发展的若干意见》,也明确提出要"发展适合中小微企业的债券品种,加快推出优先股和资产支持证券",但受制于以分层为核心的分类监管体系尚未建立,目前这些创新型融资工具仍仅停留在论证与探索阶段。

三、简政放权,制度创新,夯实新三板融资基础

综上,新三板融资功能的发挥并非孤立的,融资过程中存在的问题本质上源自于制度设计上的障碍。因此,要完善融资功能,就必须要进一步简政放权,加快制度创新,完善市场交易、微观结构、监管体系等配套设施。

(一)以新三板分层为契机,为简政放权扫清障碍

从美国纳斯达克市场的发展经验来看,实施分层制度是场外市场实现跨越式发展的重大制度安排。2016年6月27日,股转系统正式实施《全国中小企业股份转让系统挂牌公司分层管理办法(试行)》,将新三板初步划分为创新层与基础层,并定期调整挂牌公司所属市场层级。分层制度的推出,为新三板市场的进一步简政放权扫清了障碍。伴随我国新三板挂牌数量的急剧增长,挂牌公司在发展阶段、股本规模、股东人数、市值、经营规模、融资需求等方面的差异日益显著,各公司良莠不齐,鱼龙混杂。在此情况下,若采用一刀切式的制度安排,冒然推进制度创新,可能引发系统性风险。实施分层制度之后,通过差异化的制度安排以试点方式推进简政放权与制度创新,将能够确保在风险可控前提下,不断提升新三板市场的

服务能力，降低投资者的信息收集成本，推动新三板在交易、融资、投资以及资源配置方面的功能发挥。

下一阶段，要以实施分层为契机，采用分类监管政策，强化创新层公司的信息披露义务，严格要求创新层公司不断完善公司治理、对外投资、对外担保、关联交易、投资者关系、利润分配等管理制度，并要求设立董事会秘书岗位。在做好信息披露的基础上，股转系统可考虑进一步简政放权，完善创新层的竞价交易、股票发行、债券发行等顶层制度设计，充分激发新三板的创新活力。

(二) 完善市场交易制度，用交易功能带动融资功能拓展

融资功能的发挥有赖于新三板流动性的提升，这需要进一步完善市场交易制度。做市商制度的引入使新三板流动性的提升产生了一次飞跃。自去年 6 月以来，做市转让成交金额已持续超过协议转让金额，不过还远无法满足新三板迫切的流动性需求。截至 2016 年 5 月底，新三板共有 87 家证券公司从事做市商业务，在 1 500 多只做市股票中平均每只仅有 3.97 家做市商，而美国纳斯达克市场做市商家数高达 600 家以上，平均每只挂牌股票有 20 家做市商[1]。目前新三板做市商还基本处于券商垄断格局之下，这不仅导致新三板的流动性需求不能得到很好满足，还导致做市商的盈利模式发生偏差，券商做市收益的主要来源不再是提供流动性过程中的买卖价差收益，而是库存股票的投机收益，长此以往，将导致新三板定价功能被削弱，进而影响融资功能。因此，做市商制度亟需改革。一是要尽快扩大做市商队伍，打破券商垄断格局。早在 2014 年 12 月，证监会就发布了《关于证券经营机构参与全国股转系统相关业务有关问题的通知》，支持基金管理公司子公司、期货公司子公司、证券

---

〔1〕 数据来源："做市商单月浮盈 70% 躺着赚钱 新三板离纳斯达克就有多远"，新浪网，2016 年 3 月 8 日。

投资咨询机构、私募基金管理机构等机构经证监会备案后，在全国股转系统开展做市业务，但具体政策与管理办法始终未落地，这可能是出于对券商的监管体系较为成熟，业务风险容易控制，投资咨询机构及私募基金的监管还大多处于游离状态，鉴于此，可考虑优先放行基金管理子公司及期货公司这类监管较为严格、监管体系较为成熟的金融机构开展做市业务，扩大做市商群体。二是完善新三板做市商激励约束机制，提升做市商在交易组织者及流动性提供方面的功能。如在激励机制方面，考虑引入做市商卖空机制，丰富做市商风险对冲手段，为做市收益的稳健增长提供制度保障；约束机制方面，要进一步强化做市商的做市义务，如在报价更新方面不仅强调提供双向报价的时间，还要关注报价的合理性，促进定价功能的发挥。此外，要严格贯彻落实2016年年初发布的《全国中小企业股份转让系统主办券商执业质量评价办法（试行）》，不断完善做市业务的评价体系与奖惩机制，促进做市商勤勉尽责。

不过，做市商制度具有交易成本高、透明度低以及难于监管等缺点，而竞价交易具有运行成本低、透明度高、市场信息传递速度快等优点，能在一定程度上弥补做市交易的不足。从海外市场看，在做市商制度基础上引入竞价交易，构建混合式交易模式已是通行做法，如NASDAQ于1997年实行新的委托处理规则OHR（Order Handling Rules），建立了“竞价制度+竞争性做市商”的混合制度；伦敦证券交易所在2003年11月推出新的混合交易系统SETSmm，融合SETS系统和做市商制度的优点[1]。借鉴海外经验，新三板分层实施后引入竞价交易、与做市商制度形成互补将是制度创新的一个着力点，但竞价交易实施面临挂牌企业股权分散度低、信息披露机制不健全、机构中介投研体系建设滞后等诸多制约因素，在此背

---

〔1〕 参见深交所课题：《我国证券市场引入做市商制度研究》，深证综研字第0110号，2005年5月31日。

景下，竞价交易的引入应是一种渐进式思路，可考虑前期以新三板做市成分指数为试点。

（三）放宽投资者门槛，优化新三板投资者构成

流动性的提升，还有赖于新三板投资者群体的扩大以及投资者结构优化。无论是做市商制度还是竞价交易制度，若缺乏持续的新增资金入场，均无法从根本上解决流动性不足问题。在分层基础上可考虑以创新层公司为试点，加强新三板市场的投资者建设。一是要坚持新三板机构投资者为主体的发展方向，简化政策流程，出台扶持政策，吸引公募基金、券商自营、资产管理计划投资新三板；研究落实 QFII、RQFII 参与新三板的制度安排，并积极推动新三板纳入保险资金、社保基金和企业年金等长期资金投资范围。二是在做好投资者适当性管理及投资者教育前提下，适当降低个人投资者投资门槛，吸引高净值客户入场，与机构投资者建设形成互补。

（四）推进监管转型，引导市场良性发展

简政放权并不意味着政府一放了之，无所作为，任由市场野蛮生成，而是要做到放管结合，以市场化、法治化为导向推进监管转型。2014 年以来在新三板市场迅猛发展的同时，也暴露出监管中的一些问题，如部分挂牌公司募集资金并未用于主业，而是用于炒房炒股、购买理财产品、高价收购控股股东私人财物等[1]。为此，要不断强化对新三板挂牌企业的规范要求，对各种违规违法行为给予严厉打击，确保有异动必有反应，有违规必有查处。要增强股转系统的自律组织权责，明确监管系统的内部分工，充分发挥规则监管、市场约束、公司自治以及信息披露的各自作用，构建职责明确、

---

〔1〕 参见新浪专栏文章："别让土豪作死新三板！圈钱搞投机是真差钱还是不差钱?"，2016 年 3 月 24 日。

分工清晰、信息共享、协同高效的新三板监管体系，维护市场公开公平公正。此外，还要持续加强投资者权益保护工作，严格执行投资者适当性管理制度，落实主办券商投资者适当性管理责任，规范开户管理和产品销售行为，完善风险提示基本规范和纠纷调解制度。

四、构建多元化融资渠道，拓展新三板融资功能

在做好新三板相关配套体系改革基础上，融资层面上的简政放权与制度创新将有望加快，通过构建多元化的融资渠道，持续提升对实体经济的服务能力。

（一）完善新三板储架发行制度

储架发行，即一次核准、多次发行制度。与传统发行制度相比，储架发行简化了发行流程，降低了企业发行成本及监管机构的审批成本，有利于更好满足市场融资需求。再者，储架发行相当于为发行人提供了持续再融资的长期利益，可以引导发行人及时披露相关信息，规避谋取短期利益的不理智行为。储架发行还使得投资者可以通过考察公司前次募集资金的使用情况来决定投资意向，降低了投资的盲目性，有利于对中小投资者的保护。由于制度设计上的优势，目前储架发行已被美国、英国、日本、马来西亚等多个国家采用。我国在债券发行方面也实施了储架发行制度。2007 年 8 月证监会发布的《公司债发行试点办法》规定，“发行公司债券，可以申请一次核准，分期发行。”[1]2007 年 9 月，长江电力公司债券率先采用了储架发行，随后又扩展至企业债层面。

---

〔1〕 具体规定为：自中国证监会核准发行之日起，公司应在六个月内首期发行，剩余数量应当在二十四个月内发行完毕。2015 年 1 月开始实施的《公司债券发行与交易管理办法》，将首期发行的时间周期延长至了十二个月以内，融资灵活性进一步提升。

新三板采用储架发行法律上已无障碍。2013 年开始实施的《非上市公众公司监督管理办法》规定,“公司申请定向发行股票,可申请一次核准,分期发行。自中国证监会予以核准之日起,公司应当在 3 个月内首期发行,剩余数量应当在 12 个月内发行完毕。”然而在实际操作层面仍存在较大阻碍。新三板挂牌企业融信租赁曾于 2015 年 3 月尝试储架发行,但最终并未通过。之所以监管层比较谨慎,可能是考虑到新三板信息披露机制尚不健全,担心储架发行沦为挂牌公司恶意圈钱的工具,损害投资者利益。不过新三板分层实施后,伴随分类监管及分类信息披露机制的建立健全,储架发行制度的实施条件将不断夯实,可考虑由那些已履行持续性信息披露义务、无违规记录的优质挂牌公司试行储架发行,进一步巩固完善新三板市场小额、快速、灵活的融资机制。

(二)积极促进券商开展新三板股权质押业务

要加快新三板股权质押业务发展,除提升流动性之外,还需要扩大业务开展主体,积极鼓励券商开展业务,充分发挥券商在资本市场的优势。一是尽快出台券商开展新三板股权质押业务的具体管理办法,借鉴沪深交易所经验,可采用会员权限管理制度,股转系统重点做好对券商的权限管理,对业务规模进行前端控制,但具体业务开展方式如质押标的、折算率及风险控制机制等则交予中介机构。二是逐步放宽券商参与资金的来源限制。前期试点运行期间,可要求仅限于券商以自有资金参与,并以净资本为基准对业务规模进行控制,参考中证协 2015 年 7 月发布的《证券公司开展场外股权质押式回购交易业务试点办法》,可将融出资金余额限定在券商净资本 50% 以内,并限定为单一融入方融资的累计融资余额不得超过净资本的 5%,以防范潜在业务风险扩散。待试点运行成熟后,可逐步放宽对券商自有资金融出规模的限制,并允许券商资产管理计划参与股权质押业务,以更好满足股权质押业务的投融资需求。

(三)完善新三板债券融资工具,与股权融资形成互补

考虑到新三板发债主体普遍规模偏小、违约风险较大,日后新三板公司债应以私募债为主要方向。不过从沪深交易所的私募债发行及成交情况看,并不十分理想,发行规模不大,并有逐步萎缩趋势,目前沪深交易所中小企业私募债仅占全市场债券托管额的0.6%,与当前我国中小企业在国民经济中的占比超过60%形成了极大反差。鉴于此,要做大新三板私募债市场,必须在制度设计上有所创新。一是加大私募债发债主体的信息披露力度。沪深交易所仅对发债主体规定了首次信息披露与重大事件披露义务,缺乏定期披露机制。为便于投资者对债务违约风险进行动态评估与及时应对,可强制性要求发债主体履行定期披露义务,以完善的信息披露机制提升私募债吸引力。二是建立健全私募债信用评级制度。信用评级向投资者传递了低信用风险信号,能够提升投资者对债券的认可度,降低融资成本。美国高收益债券市场对信用评级制定了严格规定,要求发行人至少有一家资深评级机构提供信用评级,但我国尚无此项规定。为促进新三板私募债的良性发展,建议股转系统在相关政策制定中强制性要求发债主体引入第三方信用评级,并进行动态评级跟踪;信用评级机构也应根据中小企业的特殊情况,建立专门针对中小企业私募债券的评级体系和评级方法。三是完善担保体系。担保是一种常用的增信手段,增强了对债权人的利益保护,便于债券的顺利发行。不过中小企业多为轻资产企业,普遍缺乏抵押质押等物保手段,担保模式有待创新。借鉴美国高收益债发行经验,可引入群体信用作为增信手段,将一个地区的或一个产业链上的相关企业整合成一个主体捆绑发债,企业内部相互担保,相互监督,从源头上降低债券发行人违约风险。我国中小企业集合债实际上采用的即为该模式,不过发行集合债的组织协调难度较大,前期准备成本较高,这就需要充分发挥股转系统的居间协调作

用，做好债券池储备工作，协调组织发行，降低发行成本。

（四）鼓励券商直投加大新三板投资力度，拓展风投融资渠道

证券公司从轻资产业务向以资本中介、资本投资为代表的重资产业务转型已是大势所趋，直投业务成为券商布局重点。新三板的蓬勃发展，尤其是日后竞价交易的引入为直投资金的变现提供了便利，这不仅有助于提升券商的盈利能力，更有助于拓展新三板企业的风投融资渠道，以风险投资带动新三板企业发展。券商直投的优势在于可以充分整合母公司在资本市场的运作经验，通过项目主办及持续督导等手段，识别发展潜力较好、增长空间较大的优质新三板项目，并形成强大的示范效应，撬动社会资本。要鼓励券商直投资金加大新三板投资，关键是从政策制定上赋予券商一定优惠与便利，形成强刺激。一是建议对有直投资金介入的券商，在后端产业链上如挂牌、做市、再融资方面给予一定业务开展优先权及补贴政策，鼓励券商开展全产业链业务。二是鼓励发起设立新三板直投基金，促进直投业务向资产管理模式转型，以券商自有资金撬动社会资本，引导民间资本投向。三是推动直投业务子公司向私募基金子公司转型，建立完善的自律管理体系，充分发挥母公司的管控作用和子公司的自我约束作用。

（五）创新融资工具，完善优先股、可转债等新型融资模式

优先股方面，目前推进力度低于市场预期，要适度加快审批流程，并尽快完成技术系统的升级改造，使优先股可以挂牌转让，以应对流动性问题。再者，要充分发挥优先股在新三板并购重组中的作用。目前已披露的优先股预案中发行目的均为补充运营资本，尚无用于支持并购重组的案例。从海外看，将优先股作为收购资产或换股的支付工具，有助于推动并购重组的顺利进行，建议股转系统尽快完善股份权益计算、要约收购特殊规定、信息披露要求等新三板

并购重组相关规则,为优先股创新扫清障碍。

可转债是新三板融资创新的另一着力点。可转债兼具股债双重特性,具有融资成本低廉以及潜在二次融资等优势,较适用于具有较大融资需求、公司成长波动性较大的新兴产业,欧洲可转债在产业分布上正是以医药生物、信息技术等新兴行业为主。不过,我国沪深交易所可转债市场受制于对发债主体较高的盈利能力要求,导致可转债品种多为传统制造业及银行业,广大中小高新技术企业被拒之门外,可转债的应有功效并未有效发挥。考虑到可转债的独特特性,建议新三板可转债发行要促进发债主体的多元化,尤其是积极扶持战略新兴行业发债,适度降低发债主体指标限制,将审核重点从发行公司的资格审查转到募集资金的项目上来,积极支持高新产业发展。再者,目前沪深交易所可转债采用公募发行模式,这显然不适用于新三板,新三板可转债应以私募发行为主,以简化发行流程,缩短发行周期。此外,借鉴海外经验创新可转债种类,考虑通过具体条款的变化形成不同特征的转债品种,如零息票可转债、普通可转债、上市前预售可转债等多种类型,丰富可转债融资工具。

参考文献

1. 白冰、逯云娇:“中国场外市场发展研究”,《经济问题探索》2012 年第 4 期。
2. 陈颖健:“非公众股份公司股权交易问题研究”,《证券市场导报》2011 年第 8 期。
3. 惠建军:“我国场外交易市场与小微企业发展的互动效应研究”,《财经问题研究》2015 年第 10 期。
4. 李建伟、姚晋升:“非上市公众公司信息披露制度及其完善”,《证券市场导报》2009 年第 12 期。
5. 李明明、秦凤鸣:“担保机制、信用评级与中小企业私募债融资成本”,《证券市场导报》2015 年第 9 期。
6. 深圳证券交易所:《我国证券市场引入做市商制度研究》,2005 年 5 月 31 日。

7. 王小军、杜坤伦:“资本市场化改革与信息披露制度完善”,《财经科学》2016年第5期。
8. 杨星、范纯、郭璐:“场外市场交易制度的国际比较与借鉴”,《南方金融》2014年第11期。

(周小全,中原证券股份有限公司)

政策加减法破解小微企业融资难题

——来自商业银行的调研

刘海北

一、引言

2013年3月14日,《国务院机构改革和职能转变方案》(以卜简称《方案》)发布,这是改革开放以来我国推进的第七次政府机构改革。会议提出简政放权的理念,要处理好政府与市场、政府与社会的关系,把该放的权力放掉,把该管的事务管好。

2016年6月国务院总理李克强在对人民银行、中国建设银行等金融机构调研过程中强调,要更大力度推动解决企业尤其是小微企业、民营经济融资难、融资贵问题,减少和规范企业融资过程中担保、评估等方面的收费。引导商业银行多措并举满足小微企业和民营经济“短、小、频、急”的融资需求，助力民间投资，防止对一些信誉好、有市场的企业惜贷压贷抽贷。

一直以来国务院都高度重视小微企业融资问题，原因在于小微企业主体的特殊性。小微企业关乎民生，有效地解决了就业问题，近年来民营经济的快速发展使小微企业成为国民经济的重要组成部分。但是作为承贷主体，小微企业具有先天的劣势，规模较小，担保不足，经营稳定性差等诸多因素制约着小微企业对外融资。小微企业融资业务服务的提升需要政府政策的引导。本文将围绕小微企业融资难的成因与现行政策评价展开讨论，以商业银行小微金融服务作为切入点，讨论如何利用政策的加减法解决小微企业融资难的问题。

目前银监会对商业银行小微企业融资考核中，没有对承贷主体做明确说明，既包括以企业作为承贷主体的流动资金贷款也包括以企业法人代表个人名义申请的生产经营贷，但本文只讨论以企业为承贷主体的融资业务。

二、小微企业融资难的双层含义与原因分析

小微企业融资难具有两层含义：准入难与流程难。“准入难”体现在向商业银行申请小微企业贷款须要有效抵押物作为第二还款来源，处于发展初期的小微企业很难获得准入资格。而“流程难”体现在小微企业作为特殊的融资主体具有风险高、收益低的特点，银行从事此类业务的成本较高，加之房屋抵押过程中涉及抵押登记流程，一般办理周期在一周以上，极端情况可能要排队数月才能完成抵押登记。

（一）小微企业融资的“准入难”及原因分析

目前银行信贷管理办法普遍要求对小微企业融资的还款来源

做出双重保障,即以企业实际经营情况确定第一还款来源,以抵押物评估价值确定企业的第二还款来源。两个因素共同决定企业是否能够获得贷款和贷款规模。企业经营情况的判断一般是由银行的工作人员通过实地调查与查阅账目来完成,根据企业的财务数据和账户往来情况核算一个银行方面认可的企业收入,再根据企业所处行业并综合考虑成本因素给出一个合理的授信规模。第二还款来源指抵押物的评估价值,目前常规的抵押物是企业法人或者实际控制人的房产,或者企业法人(或实际控制人)直系亲属的房产,当然这需要房屋所有人做出抵押承诺。抵押物评估价值乘以抵押率所得即是由第二还款来源确定的授信规模。两种还款来源确定的授信空间取其中的较小值,作为企业可以获得的贷款金额。

小微企业从银行获得贷款除了需要经营状况良好外还需要有效的房产抵押,仅这一条限制就将很多处在创业初期的小微企业排除在外。当然,很多互联网金融公司设计了类似流水贷,针对小微企业的应收账款融资等金融产品,这些产品仅从企业账户流水或企业财务报表上的应收账款来确定企业的贷款金额,不需要抵押物作为第二还款来源,看似为小微企业开辟了新的融资渠道,可这类无抵押的融资产品具有较高的风险溢价,这种溢价直接体现在贷款利率上。

笔者曾经就此问题调研过北京市丰台区多名在银行有贷款余额的企业法人,调研产生一致性结论:第一,申贷周期方面互联网平台快于传统商业银行。向银行申请小微企业流动资金贷款得到批复的周期一般在1—2个月的时间,而向互联网平台或小额贷款公司申请无抵押类的贷款最快可以实现两天之内放款。第二,融资成本方面互联网平台显著高于传统银行,互联网平台的流水贷的利率大概是银行小微信贷利率的2—3倍。关于融资成本的问题很容易理解,银行吸收存款的成本较低,互联网平台本身吸收的就是以高收益为目标的理财资金,所以在投放过程中,两种资金必然在市场定价方面区别明显。第三，还款方式上传统银行较互联网平台更具灵活性，互联网平台产品一般要求借款周期初期就开始偿还本金，而银行一般不要求企业提前偿还本金，只是要求企业按约还息，全部本金的最晚偿还期限均在授信的到期日，也就是银行的小微信贷产品可以最大化企业利用资金的效用。

综合以上三点结论，小微企业主普遍表示，互联网平台的融资效率虽然高，但是融资成本和资金的利用率劣势明显，银行信贷产品虽然前期准入环节较多，审批时间较长，但是融资成本和融资规模都具有绝对优势。对于可以同时向银行和互联网平台融资的企业，长期的生产经营周转首选银行贷款，如果短期出现流动性风险才会考虑成本较高的互联网平台。

从市场调研的结果可以发现，小微企业的主要融资渠道还是集中在传统商业银行，因为小微企业的盈利能力有限，获得的利润不足以支撑过高的融资成本。商业银行具有网点分布优势，实体经营场所为投融双方都创造了合作平台，因此良好开展商业银行小微企业融资业务是解决小微企业融资难的关键所在。

（二）小微企业融资的"流程难"及原因分析

小微企业融资难的第二层含义体现在运作流程上。我们这里以小微企业融资的主要融入机构——银行——为例，分析小微企业融资的流程难与原因。

1. 盈利能力弱。小微企业的融资规模较小，这主要与企业规模和房产的抵押价值相关，以某国有银行北京分行丰台支行为例，截至2016年第一季度，单笔融资规模在100万以下的占比项目总数的35%。但是无论贷款金额大小，流程都是相同的，给银行带来的利润与银行为开展此项业务投入的各种成本相比显得微不足道。

2. 风险较高。相比规模以上的成熟企业，小微企业不具备完善的公司治理结构，公司管理相对简单粗放，财务数据通常不经专业会计师事务所审计,财务数据不能真实地反映企业实际经营情况,这就存在信息不对称的问题,所以银行工作人员需要定期通过实地调查,核查账目和库存等方法确定企业的实际经营情况,但即便如此,银行方面也不可能完全了解企业真实的经营状态。另一方面,即使银行在发放贷款过程中执行了受托支付,可还是不能完全避免小微企业上下游的关联交易,将原本用以支持生产经营的贷款挪用。第三,第二还款来源的法律执行周期较长,相关的法律起诉过程十分漫长,抵押物多数为居民的私人财产,虽然在前期签署了抵押承诺书,可在实际情况下银行很难在短期内对抵押物进行强制执行。虽然具有法律上的所有权,但是第二还款来源实际上只起到一个行为制约的作用,很少能够作为清收不良贷款的手段。

3. 抵押流程繁琐。小微企业融资的特点是"短、小、频、急",然而银行的小微信贷产品在运作过程中房产抵押是不可逾越的环节,除了在贷款申请阶段借贷双方需要签署很多制式文本和法律文件以外,还要房屋所有人与银行工作人员一起通过政府的建委部门进行抵押登记,产生与房产证相对应的房屋他项证。在完成抵押登记之后才能实现贷款的实际投放。以北京市为例,从预约成功到完成抵押最快也需要至少5个工作日,在我的调研中发现最慢的抵押周期长达数月,由于抵押完成是发放贷款的必要条件,很多融资需求相对迫切的小微企业在抵押过程中放弃了申请。

三、当前政策评价

小微企业融资问题一直以来都是国务院高度重视的问题,金融监管部门也相继出台了一系列政策与办法,对商业银行等金融机构服务小微企业提出了具体的要求。这些政策与办法总体可以分为三类:第一类是服务主体多元化;第二类是对小微企业融资的规模和新增数量进行考核;第三类是提高小微企业融资的申请效率。

（一）服务主体多元化

扩大小微金融服务的范围主要通过成立新型金融机构，或者放宽对原有机构经营范围的限制。小额贷款公司、担保公司、互联网p2p、民营银行等金融机构相继成立，使小微企业获得了更多的融资渠道，从机构多样化的角度来讲这类政策是成功的。但是产品覆盖率上存在结构性问题，就如前文所提到的，小微企业还是更多地向银行申请短期流动资金贷款，服务机构单一并且金融产品单一。银行的信贷产品结构本身并不单一，但是由于小微信贷的风险与收益的特殊关系，所以银行在推广融资产品时无论是经营决策层、业务发起人还是客户经理都存在顾虑。所以扩大小微金融服务的范围，不仅要增加金融服务机构，更重要的是从产品结构上进行优化，将小微企业的融资需求细分，针对不同的融资需求提供特色的金融服务。

（二）增加小微企业融资总量与新增户数

金融监管部门先后按地区和机构来区分，对小微企业信贷投放量和新增客户数进行考核。以某国有银行为例，小微企业新增户数与投放总量工作任务会在每个经营年初根据不同属地分行的经济特点分发到各一级分行，而一级分行又会将小微企业的工作任务分发给一级支行，最后由一级支行客户部门来完成小微企业的投放任务，当年的完成情况会汇总到支行整体经营考核体系中，作为评价的重要依据。总而言之，任务分配是由上到下的，考核过程是由下到上的。这种类似行政命令的发包制的确有效地提高了银行对于开展小微融资业务的积极性。以某国有银行丰台支行为例，2013—2016 年支行为民营及小微企业提供资金投放累计 4.98 亿元，年均增长率保持在 60% 以上，累计投放 344 笔，最大金额 3 000 万元，最小金额 10 万元。利率方面，344 笔业务中最高利率为央行基准利率上浮 20%，最低利率为央行基准上浮 10%，平均利率为央行基准上浮 15%，可以看出小微企业通过银行进行融资成本相对较低。当期有贷款余额的企业一共有 144 户，其中批发零售业 87 户，占比 60%；制造业 46 户，占比 32%；其他 11 户，占比 8%。

虽然从数据上分析，政策实施以来小微企业融资总量有所增加，覆盖范围有所拓展，但是政策落地实施的结果较政策目标仍有偏差。首先，这种计划式的任务分发在划定任务之初不可能从每一个经营单位的实际情况出发进行精准测量，存在计划制定者与计划实施者的信息不对称问题，而管理架构上又要求计划的实施者必须无条件服从于计划制定者。

例如，考核指标中的融资总量和存量客户数不相匹配，单笔小微企业融资金额在数十万到数百万之间不等，很容易出现新增客户数远超计划目标，但是融资投放量不足的情况。银行为完成计划任务，往往会将一些大型企业的子公司，通过行业分类标准中员工人数等划分标准，在不违反工信部出台的中小微企业划分标准的前提下，将融资需求较大的企业法人列入小微企业，以作为小微企业融资总量的补充。

其次，考核指标虽然对总量和客户数量双向控制，但是对具体的融资产品没有做具体要求。小微企业融资的核心问题是通过金融机构获得能长期支持生产经营的流动资金，票据贴现和存单质押类的低风险无需抵押的融资产品虽然能作为小微企业融资的新增户数计入考核，但其实这类融资业务对小微企业实际生产经营并不能带来有效支持。

（三）提高小微企业申贷效率

银监会 2015 年 3 月发布的《关于 2015 年小微企业金融服务工作的指导意见》中，将 2015 年银行业小微企业金融服务工作目标由以往单纯侧重贷款增速和增量的“两个不低于”调整为“三个不低于”，从增速、户数、申贷获得率三个维度更加全面地考查小微企业贷款增长情况。前文中我们对贷款增速和增量的两个不低于进行了分析，接下来，我们针对2015年新增的考核指标“申贷获得率”进行政策评价。

所谓申贷获得率就是实际投放的户数与提交受理的户数的比值。新增这一考核指标的核心目标是提高小微企业申请贷款获批的成功率，监管当局会每月对各家金融机构的小微企业信贷的申贷获得率进行考核，并在季末对数据进行历史对比，要求此项指标不得低于上期。

政策的出发点是提高小微企业申请贷款的成功率，但是在数据监测方面有两个重要问题：第一，数据监测是以系统提交受理的企业作为申请贷款的企业，也就是计算申贷获得率的分母，这就会导致银行人员接受企业申贷申请时更加谨慎，如果不能保证申贷获批，就不会受理企业的申贷需求。这其实无形中提高了小微企业的申贷门槛，在相关测算和查询环节过后银行才能真正开始受理申贷业务，也延长了整个贷款的运作周期。第二，在季末考核时，提取监管数据仅凭借申请日期与放款日期是否同属一月，也就是说，如果在季末考核时点之前可以实现投放的业务才能在当月提交申请，否则只能在次月继续提交申请。

例如，小微企业在6月15号向银行提交申贷申请，客户经理以最快的速度进行尽职调查，但是考虑到前文介绍过的有关房产抵押的流程，抵押出证的平均周期在10天以上，不能保证月底前实现投放，因此这笔申请在6月份不会被受理，通常是等到季末考核时点结束之后才会被受理，也就是7月初才会被正式受理，政策的实际效果是在特殊时点降低了小微企业的融资效率。所以，如何将监管考核指标细化是未来政策制定的重点，例如可以用客户提出申请到贷款获批的时间监测代替原有一刀切的时点数据监测，以便银行在经营年内开展此业务时具有连续性，也能更好地满足小微企业短小频急的融资需求。

四、结论与政策建议

本文主要以商业银行小微信贷产品服务于北京市丰台区内的小微企业作为研究主线,虽然调研区域具有局限性,但是商业银行的信贷政策是统一的,所以调研的结论具有普遍意义。要彻底解决小微企业融资的问题,需要企业、金融服务部门和政府主管部门三方共同努力。

以北京丰台区为例,区内的小微企业多数处于初创期,平均经营年限在5年左右,企业的股东一般是企业法人的亲属或朋友。规模较大的企业会有独立的财务部门,规模较小的企业财务工作都是委托给第三方的记账公司。应该说小微企业的经营规范性和管理水平都有待提高,甚至上下游之间发生的业务往来都不能提供有效的单据。企业提供的财务报表都是未经会计师事务所审计的报表,只能通过企业对公账户的进出明细比照税务部门提供的纳税申报表对企业的收入进行估算。

金融服务部门追求利润最大化,小微企业融资在调查中存在严重的信息不对称问题,融资规模小、收益低,违约风险高,抵押资产实际变现的效率很低,容易出现坏账。以商业银行为例,目前开展此项业务更多是完成金融监管部门的考核,所以在产品设计上更多的考虑是组织担保,防控风险,而较少考虑产品设计是否科学、高效、适应当前的融资需求。政策目标与经营目标的矛盾应该从以下两方面去创新:一是通过对小微信贷产品进行合理配套,将能产生中间业务收入的金融服务产品嵌套在小微企业的信贷产品中,实现公私联动营销,拓宽小微企业融资的利润来源。当然,这需要建立在小微企业法人代表自愿的前提下,否则就相当于变相提高小微企业的融资成本。另一方面,现有的担保方式最常见的就是房产抵押，房产抵押的前期手续繁琐，后期法律执行效率低下，对借款人更多起到约束还款的作用，而不是将房产拍卖作为还款来源，这种机制下，业务的经办人员（基层行的客户经理）在企业出现违约时会承担更多的调查责任，甚至因为一笔小微企业的不良贷款而受到处分。所以，在以房产抵押作为担保的业务中，提高抵押物价值的执行效率或可一定程度上缓解对于银行经办人员激励机制不足、惩罚机制又过于严格的矛盾。同时也能提高企业对于诚信的重视，加深对违约风险的认识。

小微企业作为特殊的融资主体，要从本质上解决其融资难的问题，除了需要完善金融服务体系和提高小微企业的公司管理水平外，还需要精准的政策扶持。在这一问题上要求政府部门不仅单纯做到简政放权，还要做到放管结合，做好行政管理的加减法。既要通过政策制定引导金融机构加大对小微企业的扶持力度，又要细化对金融机构的监管政策，增强精确投放的考核，解除不必要的束缚，同时政府的相关部门也要配合出台有利于小微企业融资的相应政策。下面我将从金融监管政策的减法、加法以及其他政府部门的配套政策上分别进行阐释。

（一）金融监管政策的减法

金融监管政策的减法主要体现在以下四个方面：

1. 将小微企业投放增量的指标由固定指标变为区间指标。这样传导到基层经营机构的任务目标也会成为一个区间指标，一定程度上消除了计划制定者与计划执行者之间的信息不对称，也给经营行属地的经济形势不确定因素留有政策空间。

2. 将小微企业的新增户数与存量客户数设定比例同时计入考核。在过去的考核中“新增客户数”一直作为考核重点，然而一个地区的新增企业数量是有限的，做好存量客户的继续融资服务也是扶持小微企业融资的重要工作，为了避免银行盲目为新增客户数量而开展非生产经营性融资业务，考核小微企业数量时应该新增客户与存量客户并重。

3. 对银行不良贷款余额与不良率的考核中，应该对真实有效的小微企业信贷业务单独划分标准。以国有银行基层经营行为例，一笔50万的小微企业不良贷款和一笔数亿元的国有企业不良贷款，基层行客户经理都是调查第一责任人，惩罚机制较强，激励机制基本没有。前文提到了小微企业贷款具有高风险低盈利的特点，所以为了引导银行更积极主动地发展小微企业信贷业务，除了以行政手段逐级下放任务逐级考核之外，还应该对特殊业务进行特殊的风险评价。

4. 对小微企业融资效率的考核应该从实际出发，制定科学有效的考核办法，避免政策目标与实施结果背道而驰。在考核小微企业申贷获得率时，应该从业务实际流程出发，科学计算小微企业融资的合理周期，逐笔业务地提取相关数据，避免以季末或年末等人为划定的时间节点进行“一刀切”的考核。

(二) 金融监管政策的加法

金融监管的加法主要有以下三个方面：

1. 引导金融机构进行产品创新与服务创新。在此次调研过程中，笔者了解到，认真经营主营业务且经营情况良好的小微企业其实更倾向于长期生产经营贷款，而不是短期流动周转资金，不同行业每年都会有相对固定的用款周期以满足生产经营，所以企业更倾向拥有可循环使用的授信额度，随借随还。商业银行现有的小微企业流动资金贷款产品多数是一年期不可循环使用的授信设置，再次授信还将重复抵押物解押与再次抵押等一系列申贷流程。监管机构应引导商业银行在有效控制信贷风险的前提下，根据小微企业实际需求设计中长期循环额度等创新性产品，从而提高小微企业的融资效率，也减少银行人员的重复劳动。

2. 考核数量的同时，着重考核质量。在考察增量客户数与新增信用余额时应该将抵押贷款与低风险类业务进行区分，提高抵押贷款在考核中的比重，降低银行承兑汇票和存单质押融资等低风险业务在考核中的比重。让小微企业的融资金额目标与客户目标真正落实到户，用于企业长期的生产经营。

3. 建立新型小微企业担保体系。目前小微企业融资的担保方式相对单一，利用企业法人或实际控制的私有房产进行抵押，流程繁琐，权利执行过程中具有一定障碍，需要建立有兜底方并且具有企业互保机制的新型担保体系。类似的企业联保产品曾经也在商业银行试行过，由于机制设置不合理，经常产生劣币逐除良币的现象，最后的结果往往是信用情况良好的企业退出互保机制。如果引入合适的兜底方，对提供担保的企业进行准入控制，类似问题可以得到有效解决。

（三）相关政府部门的政策建议

相关政府部门的配套政策主要有以下两个方面：

1. 税务部门对小微企业监督执法规范化。例如对企业的实际收入情况进行有效核实，以保证小微企业出具的纳税申报表能够真实地反映企业当年的收入状况，提高企业财务数据的真实性。

2. 国土资源局不动产登记中心应对房产抵押融资类业务开通绿色通道，简化审批流程，提高业务办理效率。目前商业银行服务于小微企业的主要产品还都是以房产抵押作为第二还款来源的抵押贷款，而且整个业务流程中最具不确定性的环节就是房屋抵押过程，抵押效率的高低直接影响着企业获得信贷资金的快慢。

参考文献

1. 国务院办公厅：《关于多措并举着力缓解企业融资成本高问题的指导意见》，2014 年。

2.《国务院机构改革和职能转变方案》,2013 年。
3. 厉以宁:“简政放权与培育自主经营的市场主体”,《行政管理改革》2015 年第 9 期。
4. 某商业银行对公产品手册,2014 年。
5. 某商业银行行业信贷政策汇编,2015 年。
6. 银监会:《2015 年小微企业金融服务工作的指导意见》,2015 年。

(刘海北,北京大学光华管理学院)

厦门自贸区推行负面清单制度的实践

窦希铭　韩非池　廖慧玲

根据厉以宁教授的分析，新时期简政放权的工作应该从建立和制定负面清单、权力清单和责任清单制度来着手[1]。其中，负面清单是简政放权的核心之所在，李克强总理强调，自贸区负面清单的意义在于以开放带动改革，倒逼简政放权改革。市场准入的负面清单，是指政府明确列出禁止和限制经营、投资的行业、领域、业务等，清单以外的，各类市场主体都可以依法平等进入，即"法无禁止即自由"的实施理念。

---

〔1〕 厉以宁教授为本书所作序言。

党的十八大和十八届二中、三中、四中全会对全面深化改革、加快转变政府职能做出了部署,提出了新的要求。简政放权作为全面深化改革先行先试的棋子以及转变政府职能的先锋,对缓解当前的经济下行压力,营造有利于企业健康发展的良好环境,为经济社会发展注入新鲜活力有着重要意义。面对当前复杂的经济形势,简政放权,实行负面清单,能不断为经济社会发展及民生改善开拓出新的空间,绽放出新的活力。同时,福建自由贸易试验区承载着我国经济发展新阶段先行先试的战略任务以及海峡两岸统一的伟大重任,是我国经济结构全面升级的重要组成部分。

2014 年 12 月,全国人大常委会授权国务院颁布《全国人民代表大会常务委员会关于授权国务院在中国(广东)自由贸易试验区、中国(天津)自由贸易试验区、中国(福建)自由贸易试验区以及中国(上海)自由贸易试验区扩展区域暂时调整有关法律规定的行政审批的决定》,2015 年,国务院又颁布了《中国(福建)自由贸易试验区总体方案》。2016 年 4 月 1 日,福建省通过《中国(福建)自由贸易试验区条例》,设置免责条款,突出闽台合作。福建自贸区实行"准入前国民待遇 + 负面清单"的管理模式,对负面清单以外的领域一律实行内外资一致的原则。

本文拟从厦门自贸区负面清单的实践出发,认真研究《自由贸易试验区外商投资准入特别管理措施(负面清单)》、《福建自由贸易试验区自贸区总体方案》以及《中国(福建)自由贸易试验区条例》的具体规定,从与市场准入负面清单制度相适应的准入和审批体制、监管机制、社会信用体系、信息公示和信息共享制度、法律法规体系等措施,探讨福建自由贸易区厦门片区负面清单实施的外商投资管理体制,以适应市场化的要求,达到简政放权的目的。

一、"负面清单"是厦门自贸区经济发展的关键

根据国务院的相关通知,福建自由贸易试验区的实施范围

118.04 平方公里,涵盖三个片区:厦门片区 43.78 平方公里(含象屿保税区 0.6 平方公里、象屿保税物流园区 0.7 平方公里、厦门海沧保税港区 9.51 平方公里),平潭片区 43 平方公里,福州片区 31.26 平方公里(含福州保税区 0.6 平方公里、福州出口加工区 1.14 平方公里、福州保税港区 9.26 平方公里)[1]。

其中,厦门片区是福建自贸区的重要组成部分,无论从国际形势、国家战略还是从区域自身的发展来看,厦门片区的经济发展都与自贸区的负面清单实施息息相关。

(一) 国际趋势

随着全球经济的发展,经济全球化以及国际分工日益明显,生产要素的充分流动以及资源的整合成为区域经济发展的重要因素。国家与国家之间,区域与区域之间愈发紧密的关系对闽台产业对接和趋于深入合作提出了更高要求。建立自贸区是我国顺应世界经济贸易发展的大潮流,这将充分发挥各自优势,形成互补,增强经济发展的活力。

厦门自贸区作为局部区域对接国际市场的窗口,承担着将国际市场的一些高标准映射到国内的市场上来、推动对内改革和创新,继而对外全面对接国际市场的重大责任。营造一个符合国家惯例、自由开放、鼓励创新的市场环境,以推动"引进来"与"走出去"来获取国外高级生产要素以助推中国企业转型升级是国家赋予福建自贸区的战略任务,同时也是厦门片区的重中之重。

从负面清单的历史来看,"准入前国民待遇 + 负面清单"的形式最早是在《北美自由贸易协定》(NAFTA)中提出来的。据我国商务部的统计,目前世界上大约有 77 个国家采取准入阶段的国民待

---

[1] 《国务院关于印发中国(福建)自由贸易试验区总体方案的通知》,国发〔2015〕20 号,2015 年 4 月 8 日。

遇与负面清单的管理模式,对外资进行负面清单的管理模式也已成为当前国际投资规则的重大趋势。

（二）国家战略

厦门自贸区的建设是福建省十三五规划中的重点项目,同时也是国家的宏观战略。《中共福建省委关于制定福建省国民经济和社会发展第十三个五年规划的建议》中提出:加快建设中国(福建)自由贸易试验区。而且要与周边区域加强对接合作,充分发挥区域内溢出效应,带动区域经济发展。此外,建议中还提到要建设阳光高效服务型政府,当前始终坚持简政放权、放管结合,建设国际化、市场化、法治化营商环境,建立健全权力清单、责任清单、负面清单制度。因此,厦门自贸区以“简政放权”为原则,着眼于对台特色以及对接“一带一路”海上丝绸之路的国家战略,进一步扩大对外的开放区域、开放领域与开放范围,改革现有体制,进一步推动政府职能的转变。

厦门自贸区建设的战略意义在于:先行先试,构筑改革新高地,总结沿海自贸区改革经验,进行复制推广。并且重点学习国内外成功经验,进行对比试验和互补试验,及时做好经验总结和复制推广。此外,李克强总理参加简政放权放管结合优化服务改革电视电话会议时提到:在部分地区试点市场准入负面清单制度,进一步压缩负面清单;要抓紧建立行业准入负面清单制度,破除民间投资进入电力、电信、交通、油气、市政公用、养老、教育等领域不合理限制和隐性壁垒,坚决取消对民间资本单独设置的附加条件和歧视性条款,做到同股同权,保障民营资本合法权益。

（三）区域需求

与广东、天津等不同的是,在自贸区成立一周年节点前不久,福建正式出台《中国(福建)自由贸易试验区条例》,率先确立了福建自贸区的"基本法",以立法形式明确了自身的特殊定位——闽台交流合作以及21世纪海上丝绸之路核心区建设。在片区具体的定位中,厦门自贸区的地位集中在"两岸新兴产业和现代服务业合作示范区,两岸区域性金融服务中心和两岸贸易中心",进一步发挥厦门片区对台跨境融资与跨台贸易自由化的优势,以及充分发挥改革先行,对台优势,推动两岸合作的深入发展。两岸合作新机制的创新,进一步推动与台湾地区投资贸易自由化程度,以及推动货物、服务、资金、人员等各类要素自由流动都离不开厦门自由贸易区负面清单的实施发展。

二、厦门自贸区推行"负面清单"的实践

厦门自贸区自2015年4月21日成立以来,实行"准入前国民待遇+负面清单"的管理模式,其负面清单的实践及推行过程如图1所示。

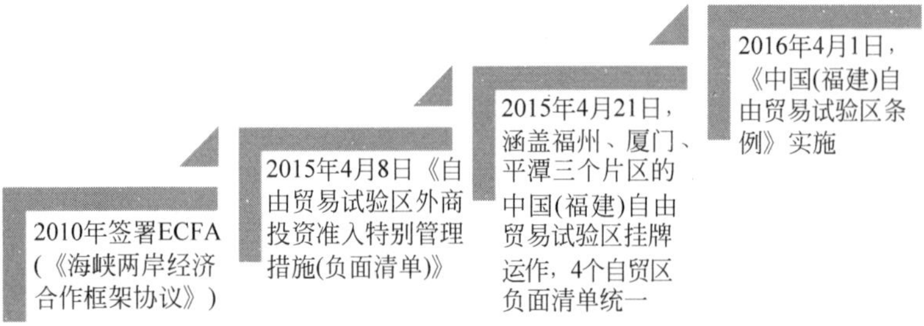

图1　厦门自贸区负面清单推行过程

总体来看,厦门自由贸易试验区负面清单实践成效明显,极大地激发了社会创业投资以及外商投资的激情。尽管实施的时间不长,但具体的实施细则以及实施措施都在逐步出台,逐步完善。

负面清单不仅仅只是一份清单名录,同时还有各方面的配套措施以及市场环境等方面的问题需要探索。我们将从具体分析与负面清单相配套的准入机制、审批体制、监管机制、社会信用体系、信

息公示制度和信息共享制度、法律法规体系等方面来探讨厦门自贸区负面清单的实践。

(一) 准入机制——负面清单文本的解读

2015年4月8日,国务院批复《自由贸易试验区外商投资准入特别管理措施(负面清单)》,该负面清单依据《国民经济行业分类》(GB/T 4754—2011)划分为15个门类、50个条目、122项特别管理措施。适用于目前我国设立的4个自贸区,包括福建、上海、广东和天津自贸区。

与2015年4月24日国家发改委、商务部发布的《外商投资产业指导目录(2015修订)》(正面清单)相比,2015年版的负面清单《自由贸易试验区外商投资准入特别管理措施(负面清单)》并没有很大的实质变化,在正面清单中厦门自贸区鼓励外商投资的产业目录有12个产业、349条;限制外商投资的产业目录有14个产业、38条;禁止外商投资的产业目录有12个行业、36条。

2016年4月国务院发布《市场准入负面清单草案(试点版)》,在天津、上海、福建、广东四地试行。其中,《草案》包括禁止准入类96项,限制准入类232项。

表1 负面清单文本各协议禁止、限制部门数目

协　议	禁止部门数	限制部门数	总部门数
《自由贸易试验区外商投资准入特别管理措施(负面清单)》2015年版	43	21	122
《外商投资产业指导目录(2015修订)》	36	38	432
《市场准入负面清单草案(试点版)》2016年	96	232	328

在对文本的解读中,我们发现自2015年到2016年以来负面清单变化相对明显的是,对台放宽了外资准入。对于在自贸试验区投资的台湾地区投资者参照《自贸试验区负面清单》执行,但对于符

合条件的投资者有更优惠的开放政策和措施，可参照《海峡两岸经济合作框架协议》来执行。对外商的投资限制放宽不少，尤其是金融领域、航运服务、商贸服务、专业服务、文化服务、社会服务及先进制造业等领域扩大对外开放。降低外商投资性公司准入条件。完善投资者权益保障机制，允许符合条件的境外投资者自由转移其合法投资收益。

而在航运服务方面，内地与台湾之间的海上运输需要审批。商贸服务方面，禁止类项目只有禁止违法违规人员从事特定旅游服务（《市场准入负面清单草案（试点版）》2016 年）；在专业服务方面，仍在探索电信新业务备案批准，非经营性互联网信息服务备案等。但对外商投资的管理体制更加清晰明确。

（二）审批、监管机制——管理模式创新

对于与负面清单相对应的审批体制、监管机制，厦门市率先推动管理模式改革创新。

采取备案制度。福建省厦门市自贸区的外商投资企业设立、变更以及合同工章程的审批等都采取备案管理制度，备案后按相关规定办理手续。对外商投资实行全周期的监督管理，减少事前的审批，实行事中及事后强监管的制度，紧抓“互联网 +”的窗口，积极地推进网上并联审批。

“三证合一”。厦门自贸区推出的“三证合一”主要有三种模式：一是“三证同发”。营业执照、组织机构代码证和税务登记证，由统一窗口办理颁发。二是“一照三号”。在同一个营业执照上有三个号码。三是“一照一码”商事主体登记制度改革，这也是厦门国税第一批发出的举措，一次性领取印有唯一的证照编号的营业执照，该证照编号兼具组织机构代码证、税务登记证等功能。以上三种模式都简化了企业办证的程序。工商、税务、组织机构的三证合一，极大地缩短了注册的时间，进一步地降低了开办企业的成本。

“单一窗口”。在实行单一窗口办理前，申请人需要分别向5个不同的部门递交5套35份的材料，往返10次以上，至少花费申请人10天的时间。但实行了单一窗口后，只需提交一份材料，一个窗口递交便可办理，时间直接缩短为1天。国际贸易的“单一窗口”为国际贸易的统一申请以及办理提供了不少便利，极大地推进了国际贸易的便利化。企业“一点接入”，实现87个服务项目的“一个窗口、一个平台、一次申报、一次办结”，方便快速地办理了口岸众多业务流程，在节省时间的同时也节省了人力成本。

在两岸交流方面，为了促进两岸金融行业的合作交流，厦门自贸区突出了极具特色的在岸“代理行模式”，这一跨海峡的人民币代理清算机制极大地满足了市场的需求，是一个有效的监督监管以及合作交流平台。

（三）信息公示及信息共享制度——制度创新得到不断推动

厦门自贸区的门户网站公布了国家和本市关于自贸区的法律法规、规章制度、政策、办事程序以及组织人事等信息，方便了社会各方面的查询。

依据《中华人民共和国政府信息公开条例》，福建自由贸易试验区厦门片区管委会应当向社会公众至少公布以下的内容：主动公开政府信息情况（2015年主动公开341条，历年累计341条）、政府信息依申请公开办理情况（2015年公开规范性文件类信息25条；财政信息12条；服务企业信息10条，施工招标公告11条；其他主动公开类283条）、政府信息公开的收费及减免情况（2015年不存在收费及减免）、因政府信息公开申请行政复议和提起行政诉讼的情况（2015年厦门片区也不存在因信息公开申请行政复议和行政诉讼的情况）。总体而言，厦门片区的信息公开公示及共享制度良好，这充分表明自贸区的市场环境向着公平公正公开的方向良性地发展。

(四) 法律法规体系

1. 制定并颁布权力清单

福建自由贸易试验区厦门片区明确管委会及各驻区机构的权力清单及其运行的流程。2016 年 3 月 11 日厦门市自贸区管委会公布了最新的行政权力清单,相应取消 18 项省级行政许可事项,厦门自贸片区管委会承接的 252 项省级行政许可事项调整为 234 项。因此厦门片区管委会的行政许可权力有 234 项;行政处罚权力有 224 项;行政强制权力有 3 项;其他事项 2 项;部门权力合计 463 项。

2. 向社会公开征求意见

厦门自由贸易试验区在制定有关本自贸区发展的法律法规、规章制度以及规范性文件时,公开草案的内容,向社会大众征求意见建议,集思广益。例如《中国(福建)自由贸易试验区条例(草案修改稿)》从 2016 年 2 月 25 日起公开征求意见,截止日期为 2016 年 3 月 10 日,中间预留了合理的时间。

厦门自由贸易试验区的法律法规制度也正在逐步地完善,市场环境向着法制化的轨道方向不断前行。

(五) 加强两岸合作,吸引台商投资

与其他自贸区不同的是,福建自贸试验区对于自身的战略定位是闽台交流合作以及 21 世纪海上丝绸之路核心区建设。因此厦门自贸区的建设更加突出闽台的产业对接、金融合作等各方面的合作,且不断创新两岸服务业合作的新模式,以带动两岸经济的协同发展。

厦门自贸区的特色突出表现在对台的跨境融资以及贸易便利化两个方面。

1. 金融服务业创新,打造商务服务全功能平台

“简政放权、放管结合、优化服务”。厦门自贸片区简化了经常

项下跨境人民币业务流程，明确除负面清单企业外，企业均可凭指令办理经常项下人民币结算的具体流程；简化对台跨境人民币贷款试点管理流程，基本在1个工作日内出具备案回执；梳理自贸区跨境人民币业务备案事宜，明确备案材料和流程，设计备案报表和台账，确保备案工作简化、规范、高效。

两岸合作平台发展迅速，跨境结算规模扩大。截至2016年4月底，厦门跨境人民币业务量累计达到6 283.37亿元，其中1—4月厦门跨境人民币业务结算量达790.43亿元，同比增长33.51%，占国际收支比重30.8%，同比上升4.73个百分点。自贸区挂牌以来，已经有834家区内企业办理人民币跨境结算377.52亿元，其中货物贸易人民币结算166.06亿元，跨境融资人民币结算77.70亿元。2015年7月，厦门获批开展跨境人民币贷款业务试点。截至2016年4月末，已经有13家厦门的企业累计办理了3.19亿元的对台跨境人民币贷款，其中4家自贸区企业提款量占到40.44%。

外汇管理改革创新，贸易投资便利化。对区内企业办理外汇业务采用展业"三原则"，有效减轻企业及银行负担。实施细则试点以来，累计办理外汇收支58.5亿美元，占全市的19.8%；结售汇28亿美元，占全市的18.6%。此外，区内货物贸易外汇管理分类等级A类的企业办理货物贸易外汇收入无须先进入待核查账户，缩短了货物贸易项下收入的入账时间。试点以来，累计办理了3.7亿美元不经过待核查账户的外汇收入，占同期外汇收入的45%。

支持金融机构积极创新，优化服务。厦门自贸片区坚持"金融服务实体经济，改革创新先行先试，风险可控稳步推进"的原则，逐步推进自贸金融政策落地，形成近30个可复制、可推广的金融创新成果。

2. 贸易服务业

在对台货物贸易方面，福建自贸区率先简化ECFA原产地证书提交手续，单方面采信台湾检验检测机构出具的认证结果和检测结果。据福建检验检疫局介绍，福建自贸区对120种台湾商品实施"源头管理、结果采信、抽检验证"的两岸商品快速验放模式，放行时间由原来的5—7天缩短至1—2天。此外在CFPA以及ECFA的基础上，对原产地证书提交需求上也做出了简化处理，对于海上货物运输的判定标准也放宽了，该项做法由海关总署复制推广至全国四个自贸区，取得了良好的成绩。

2015年，闽台贸易额695亿元人民币，实际利用台资13.1亿美元，增长10.3%；对海上丝绸之路沿线国家和地区出口增长5%，新增对外投资增长2.7倍。

3. 专业服务、人才服务

根据《中国（福建）自由贸易试验区总体方案》的安排，台湾专业服务提供者到内地设立机构或执业，有投资规模、台湾人士一年在内地的工作时间、雇用的台湾员工比例等限制条件。但2016年4月1日通过的《平潭综合实验区条例》和《中国（福建）自由贸易试验区条例》提供了不少的优惠及便利。如专业资格互认，到内地机构实习，可在内地参加专业资格考试等，鼓励台湾的机构和个人在内地开展业务。在专业服务领域，根据国家的法律法规以及有关的行业规定，专业人员的资格认定是非常重要的。

（六）厦门自贸区"负面清单"实施的成效

厦门自贸区自实行负面清单管理模式以来，出现了至少以下三个方面的变化并取得了良好的成绩。

首先，外商投资的管理体制基本与国际投资体制相接轨，这对于我国实行开展双边贸易保护的谈判极为有利，同时也有利于我国本土企业走出国门。其次，负面清单的涵盖领域广，覆盖面大，透明度较高，形成更加透明的外商管理制度。再者，围绕负面清单管理制度，自贸区内取消核准制、采用"备案制"的方法简化了流程，加强事中及事后监管，节省了人力成本，形成内外资统一管理的行政管理制度，提高了行政运行效率。

福建厦门自贸区从挂牌至今，推出一系列创新改革措施，取得了不错的收效，自贸区成立一周年累计新增企业 12 185 户，注册资本 1 711 亿元，实施了 194 项创新改革措施，其中有 30 项属全国首创。2015 年厦门市合同利用外资金额为 41.6 亿美元，实际利用外资金额 20.9 亿美元；2016 年前 4 个月，福建自贸试验区厦门片区合同利用外资达 23.1 亿美元，占同期厦门市合同利用外资额的 94%。

此外，福建自贸区厦门片区也在积极推进各项重点实验项目，2016 年片区的重点实验项目截止到 2016 年 6 月为止，已完成了 35 项，其中包括知识产权扶持、法律服务等方面的内容。而 2016 年重点推进的 105 项任务重，主要涉及产业转型升级、金融创新以及两岸交流合作等。

在两岸和平发展的大环境下，厦门自贸区突出自身对台特色，努力推动海峡两岸经济合作。当前，厦门已引入台资企业 336 户，其中以桂格为例，投资额 40.7 亿元，全面启动了对台跨境人民币贷款业务，该项业务厦门片区总投资额占大陆试点地区业务总额的 85%。厦门自贸区还成立了两岸青年创业创客基地，首次允许台湾青年创业者以个体工商户的名义，无需外资备案便可进驻基地，且为入驻基地的青年提供一体化的专业化导师服务，加快促进两岸的深度融合。

三、厦门自贸区“负面清单”实施存在的问题

厦门自贸区在过去一年中，交了一份令人满意的答卷，但是其负面清单在实践过程中仍有一些问题，亟需我们去解决，才能更好地把自贸区外商投资管理体制的经验推广开去。

（一）商事登记，监管难度加大

厦门自由贸易试验区采取备案制度。而作为“负面清单”管理

制度配套保障措施的商事登记备案制度，可能会存在以下的问题：第一，由于该制度具有“宽进严管”的特征，因此在事后的监管过程中会出现难度加大的情况，可能会出现“皮包公司”、洗钱诈骗等的风险，令人防不胜防。第二，从原来的“重准入，轻监管”到目前的事中事后严监管，对于人员配置方面也提出了更高的要求，要求监管人员要花费更多的时间和精力对企业进行一一深入的调查，对经营实体的实际情况掌握更为细致。并且对监管人员的能力也有了更高的要求。因此，对相关部门工作人员的数量和素质有了更深层次的要求。第三，商事登记制度的实施过程中存在“配合时滞”，由于过程中需要多部门的信息沟通交流以及协调，因此，多部门信息化平台在统一中可能会出现信息不对称以及“配合时滞”的问题。

（二）信息平台：更新之后，集成度低

“负面清单”的实施要求信息的高度透明以及主动推送，同时需要各部门的紧密合作，部门与部门之间的信息互通，方能适应“负面清单”管理模式的改革实践。但在实践过程中，“负面清单”是一个顶层设计的制度模式，在具体的过程中，由于各主体单位的理解偏差，会出现与预期不相符合的情况。例如，程序不明朗，信息公布不及时等问题会导致外商投资望而却步。

（三）信用体系：规划建设滞后，缺乏立法约束

当前我国信用体系建设还不够完善，假冒伪劣产品、商业欺诈等问题时有发生。尽管福建省自由贸易区厦门片区努力营造良好的营商环境以吸引更多的外商投资，但信用体系建设的滞后仍然是问题之一。

四、简政放权，厦门自贸区推行“负面清单”的思考

根据钱震杰和胡岩（2015）的理论，自贸区从根本上来说是一个

靠政府支撑,而又依赖市场规律发展起来的经济系统。因此,要解决这个经济系统在运行过程中可能会出现的问题,必须从政府、自由贸易区的管理者或者经营者出发,从他们每个可能参与的环节中发现问题,解决问题,充分发挥出其应有的作用,方能创造持续的创新力和竞争优势。负面清单并不仅仅是一张清单,还有与之相配套的审批机制、监管机制、社会信用、信息公布和信息共享制度、法律法规等一系列的措施。

厦门自由贸易试验区内的运行主体要以法律手段为主,以市场为介质,以企业利益为出发点。自贸区的运行同时也需要稳定的政策环境。但市场的力量才是决定自贸区是否能升级为高级形态、形成产业群的关键。因此,自贸区成功运行必须要对企业行为进行相应的研究、引导和利用。

(一)完善法律法规

负面清单管理制度并不是一个孤立的市场准入制度,其建立与完善需要依赖于整个国家其他法律制度的完善。因此需要对现行的法律法规进行梳理,将不符合自贸区实际发展需求的规定废止及调整,将过时的、与自贸区发展有偏差的条款进行调整,将法律空缺的地方补充起来,制定相对应的法律法规。法律的制定更应该营造公平公正的营商环境,有效地保证区域内的经济安全。在市场准入这个方面,政府扮演了重要的角色,因此对于市场准入的调整这一职能也应该有相应的法律法规来约束,权力清单便成为了关键。

(二)信用体系建设

针对目前国内信用体系规划比较落后的情形,亟需完善公共信息网络平台,建立集中统一的市场监管和综合执法体系,实现高效监管,提高透明度。

此外,还需要建立年度报告抽查制度,加强事中监管,程序规范,信息透明。企业按照规定通过一定的系统向管委会提供年度报告,获得资质资格的许可信息,工商部门则每年按照一定规则抽取5%的年度报告进行抽查,年度报告抽查不合格的单位,由商事登记机关录入经营异常名录,并通过市场主体信用信息公示系统向社会公示。商事主体被载入经营异常名录未满五年,且已纠正被载入经营异常名录行为的,可向商事登记机关申请从经营异常名录中移出。商事主体被载入经营异常名录超过五年的,不得从经营异常名录中移出。

(三)减少准入限制,审批权责统一对等

第一,进一步减少市场管理“负面清单”。虽然负面清单开放领域广度和行业深度都明显高于中国加入 WTO 时所做出的承诺,但是在实践中仍存在落实效果欠佳、准入门槛高、配套法律法规不完善等问题。“负面清单”直接列出不予开放的部门,列明与“最惠国待遇、国民待遇、市场准入”等承诺不符的措施,除此之外的部门均予以开放,增加透明度,促使各商业部门真正地开放,推动商事制度的改革,转变政府职能和制度创新。

第二,各个政府部门明确自身权责,列示审批权限“正面清单”,并负责对本部门审批的项目和内容监管,以达到权责对等、提高监管和执法效率的目的。

第三,简化审批程序不仅要“减量”,还应“提质”,实现“简便化与规范化”相结合,实现一站式审批。针对审批程序复杂问题,整合部门,明确流程,统一受理,实现“一次申报,多项审批”。还需要提高审批效率:减少重复程序,取消不必要程序。涉及多部门的行政审批常包括重复程序,对于相同效力的程序应尽量进行合并或者减少,部门间互认。

五、总结

当前我国的自贸区改革已进入了全面发展阶段,负面清单的推广也势在必行,在建设开放型的经济新体制过程当中,厦门自贸试验区发挥了不少的示范作用。在未来的发展过程当中,应更加注重研究国内外试验区成功及互补的经验以及结合自贸区自身的实际情况实行负面清单,积累经验,形成可复制和可推广的市场准入负面清单。并加强应对 TPP、中韩等自贸区的影响,进一步发挥自身对台优势和战略支点的强大作用。

此外,厦门自贸区还应充分发挥厦门"一带一路"建设核心区的枢纽作用,支持本土企业走出去,深化自贸区负面清单和简政放权工作,创新监管制度,减少行政许可和审批事项。以开放带动改革,进一步深化以负面清单为核心的简政放权改革。李克强总理曾说:"通过简政放权、放管结合,给市场让出更大的空间,创造更公平的环境,让市场主体的创造活力、潜力、竞争力争相迸发出来,这本身就是最有效的'刺激'。"

参考文献

1. 陈二厚、齐中熙、韩洁:《打造中国经济升级版——新一届中央政府简政放权改革纪实》,中国言实出版社 2015 年版。
2.《福建自由贸易试验区总体方案》,《福建质量管理》2015 年 Z2 期。
3. 冯蕾:"《市场准入负面清单草案(试点版)》发布",《光明日报》2016 年 4 月 13 日。
4.《国务院办公厅关于印发自由贸易试验区外商投资准入特别管理措施(负面清单)的通知》,《中华人民共和国国务院公报》2015 年第 13 期。
5.《国务院关于印发中国(福建)自由贸易试验区总体方案的通知》,《中华人民共和国国务院公报》2015 年第 13 期。
6. 李白蕾:"《中国(福建)自由贸易试验区条例》本月起施行",《福州日报》2016 年 4 月 4 日。
7. 林发新、吴菲:"福建自贸区台商投资与负面清单制度之完善",《经济与社会发展》2015 年第 6 期。
8.《平潭综合实验区条例》,《福建日报》2016 年 4 月 22 日。
9. 钱震杰、胡岩:《比较视野下自由贸易区的运行机制与法律规范》,清华大学出版社 2015 年版。
10.《全国人民代表大会常务委员会关于授权国务院在中国(广东)自由贸易试验区、中国(天津)自由贸易试验区、中国(福建)自由贸易试验区以及中国(上海)自由贸易试验区扩展区域暂时调整有关法律规定的行政审批的决定》,《中华人民共和国全国人民代表大会常务委员会公报》2015 年第 1 期。
11.《外商投资产业指导目录》,《中华人民共和国国务院公报》2015 年第 14 期。
12. 吴妍:"《中国(福建)自由贸易试验区条例》开始施行",《福建轻纺》2016 年第 4 期。
13. 张光强:《粤港澳服务贸易自由化:"负面清单"管理模式》,中国社会科学出版社 2014 年版。
14. 郑建成、王卓等:《中国市场准入环境与贸易投资新政——基于若干行业的实证研究》,对外经济贸易大学出版社 2015 年版。
15.《中共福建省委关于制定福建省国民经济和社会发展第十三个五年规划的建议》,《福建日报》2015 年 11 月 18 日。

(窦希铭,厦门市人民政府;韩非池,国家发展和改革委员会;
廖慧玲,武汉大学经济与管理学院)

简政放权与高中教育发展

蒋 承 秦海地

高中教育在我国教育体系中有着重要的地位。正如教育部在 2003 年颁布的《普通高中课程方案(实验)》中指出的:“普通高中教育是在九年义务教育基础上进一步提高国民素质、面向大众的基础教育。”《国家中长期教育改革和发展规划纲要(2010—2020 年)》(以下简称《纲要》)要求“加快普及高中阶段教育”,并对十年间的高中发展作了指导性规划。2016 年 3 月,《中华人民共和国国民经济和社会发展第十三个五年规划纲要》进一步明确:到 2020 年,我国要普及高中阶段教育,全面满足初中毕业生接受高中阶段教育的需求。正是由于在国民教育和公民素质提高方面的基础性作用,高中教育越来越受到党和国家的重视,迎来了新的发展机遇。如何在新的历史背景下促进高中教育的深化发展,理论界和实践界的讨论较为丰富,本文将着重从简政放权的视角来展开讨论。

一、简政放权与当前高中教育发展的新背景

1. 随着改革的不断深化,高中教育发展面临挑战

首先,高中对于学生的培养正由“升学”为主要目标转向培养学生的核心素养为主要目标,社会责任、公民素养、自主发展能力和社会交往能力等新指标逐渐成为社会对高中学生评价的主要依据。而现行的重点学校制度,为选拔少数尖子,确保少数人的升学,而不惜淘汰大多数学生的“精英教育”政策与培养核心素养的现代高中教育目标相悖。

其次,新的考试招生制度的改革,使教育主管部门对于高中课程设置的统一要求失去了可操作性的基础。无论是浙江试点的7选3的改革方案还是上海试点的6选3的改革方案,高中学校都将面临学生选择复杂、班级类型复杂、课程安排复杂的局面,使得原有的对教师业绩评价形式和评价方法失去作用;教育主管部门也无法针对班级规模、管理形式、教师结构、课程设置等传统权限下的管理内容做出统一的要求和指导性设计。

第三点,高中办学模式和学校类型二元化趋势被打破。在原来普通高中和职业高中分立的基础上,建立融通普通高中和职业高中的综合性高中、特色高中,使得高中办学模式日益多元化。而且,由于民办资本的注入,高中教育办学主体灵活多样,办学诉求也在进一步丰富。这就对传统的教育政策和法规提出了挑战。

面对这些新的挑战,在教育制度、办学体制、管理体制等方面进

行大胆探索和创新实践成为破解高中教育发展难题的必然;而前提是,以转变政府职能为目标的简政放权在教育领域能够得到切实的执行。

2. 以转变政府职能为目标的简政放权成为高中教育发展的强大助推力量

2015 年 5 月 23 日,李克强总理在"全国推进简政放权放管结合优化服务改革电视电话会议"上明确指出,放管服改革实质是政府自我革命,要削手中的权、去部门的利、割自己的肉。用政府减权限权和监管改革,换来市场活力和社会创造力释放。会议同时提出,要处理好政府与市场、政府与社会的关系,放管并重。总结来看,简政放权主要内容由最初的经济体制改革扩展到整个社会,放权对象既包括下一级政府,也包括社会和市场,改革的视角更加全面。这就为消除高中教育发展的政策性阻力提供了依据。

关于教育领域中的简政放权,《纲要》也提出了具体的要求:"以简政放权和转变政府职能为重点,深化教育管理体制改革,提高公共教育服务水平。推进中央向地方放权、政府向学校放权,明确各级政府责任,规范学校办学行为,促进管办评分离,形成政事分开、权责明确、统筹协调、规范有序的教育管理体制。"

简政放权所带来的高中教育发展成果,有具体案例。2015 年 9 月,某教育公司发布了全国高中百强排行榜,在上榜的学校中河北占有五席,分别是衡水中学、石家庄市第二中学、衡水市第二中学、正定中学和武邑中学。在进入本排行榜的中学中衡水市占 3 席,超过了省会石家庄。另外,在河北省排名前十的中学中石家庄市和衡水市各占 4 席,唐山和邯郸各占 1 席,衡水学校的排名也在石家庄学校的排名之上。根据河北省发布的经济统计数据,2014 年衡水完成地区生产总值 1 139 亿元,只占唐山 6 225 亿元的六分之一左右,占石家庄 5 100 亿元的五分之一左右。在当年的地区生产总值的排名中,衡水地区在最后一位,但是高中教育发展水平却与省会石家庄齐头并进。该现象背后固然有其他很多因素，但是总体可以反映简政放权对教育发展的显著效果。调研发现，衡水的学校比其他地区的学校拥有更多的办学自主权，在课程设置、办学特色、育人理念、资源配置上有很大的自主性，甚至衡水市将教师的招聘权都下放到高中学校，产生了积极的效果。

二、高中教育目前面临的政策性障碍分析

不可否认，现行教育制度和教育管理体制对高中教育发展起了巨大的促进作用。但是我们也观察到，“在长期的教育实践中，教育行政部门存在着越位管理、错位管理和不作为管理的问题。”虽然学校面向社会自主办学的有关法规已经颁行多年，但教育主管部门干预、限制、回收学校合法经营权的现象仍然相当普遍。因此继续大力实施简政放权，促进现代学校制度在更广范围内建立并逐步完善是促进高中教育发展的必要条件。根据调查，目前高中教育面临的政策性阻力可能来自以下五个方面：

1. 管理体制方面的障碍

在当前的教育体制中，政府与学校是直接的管理与被管理的关系，政府扮演着投资者、管理者、办学者“三合一”的角色。学校虽然能独立从事教学、研究活动，但在很大程度上仍是政府的附属机构，被动地执行政府的行政决策。学校一方面面临提高教育质量，大力推进素质教育的重任，另一方面却不得不花相当一部分精力来应对一些来自多部门的，涉及办学规范、安全、财务、法制、疾病预防等多项“检查、评估、验收等，不仅导致了行政成本的增加，而且影响了校长、教师的主动性与创造性。”

学校在教育资源配置方面自主性不强。一是各级重点中学制度使得教育主管部门在资源配置上政策性地向重点中学倾斜，客观上加大了教育不平衡性。二是教育法规都在强调基础教育的“地方

负责”和“分级管理”制度。由于我国地区间经济发展不平衡,不同地区政府尤其是基层政府的基础教育经费投入能力差异显著,造成高中教育地区间差异明显。三是政府及职能部门对教育资源及资金的利用统的过死,造成了资源的闲置和浪费。

校长的产生途径和角色定位一定程度上也阻碍了高中发展。目前我国公立高中校长的产生多数仍采取上级主管部门任命的方式,学校和教师的发言权很弱。虽然政府或教育主管部门努力任命德才兼备的人担任校长,但是放眼全国范围来看,“外行”担任高中校长的例子也比比皆是。另外,很多校长身兼较多的社会兼职,将过多的精力放在社会活动、甚至是创收工作上,无法全身心投入教育管理与学校改革。

2. 人事制度方面的障碍

教师是学校开展教育工作的核心元素,也是学校人力资源体系的主要组成部分,是学校生存、发展的根本。一所学校的发展成功与否,在很大程度上取决于它能否管理好教师,能否有效促进教师队伍健康发展,能否培养、锻炼出优秀的教师队伍。在现行的管理体制中,行政管理部门对于公办高中的人事监管较为全面和深入,浓厚的行政色彩制约了学校人事管理的改革和优化。主要表现在:

一是学校人事自主权受到全面制约。学校对教师队伍的管理停留在向上报计划,等待教育、人事主管部门统一招聘下派教师的现状,教师往往到岗后易进难出,甚至只进不出,导致学校人事聘任在择优选用、优化队伍、激励竞争方面发挥的作用十分有限,在很大程度上仍然是一种行政行为。

二是现有人事制度过于侧重对教师的身份管理,也就是编制计划的限制。在实际工作中,教师编制身份导致的优越性使教师易于产生依赖性和倦怠心理,对待教育事业缺乏责任感、使命感和危机感。而学校自主聘任的老师因为没有事业单位“教师身份”的保护,导致养老、医保等不能享受到与在编教师同等的待遇,工作积极性受到影响。

三是现有人事制度造成教师队伍相对固化，缺乏流动性，“中庸无为”思想根深蒂固。在教师队伍、尤其是中年以上教师中，吃“平安饭”、图安逸思想普遍存在。教师待遇的高低虽与个人教学业绩有一定关联，但更重要的还是看资历、看职称高低，优质优酬的原则在学校内部难以得到真正体现。

3. 评价机制方面的障碍

《中共中央国务院关于深化教育改革全面推进素质教育的决定》指出：要“建立符合素质教育要求的对学校、教师和学生的评价机制”。但是从评价主体、评价标准、评价机制和评价反馈上还存在着诸多问题，这影响了学校评价的科学性，制约着学校的发展。

一是评价主体单一，对学校的评价活动的主体是上级教育行政部门。作为评价对象的学校完全处于被动的地位，没有任何主动选择的余地，只能按照上级教育行政部门的意图和要点文过饰非，甚至弄虚作假，没有余力来关心如何通过评价建立适合于学校自身的认识问题、解决问题的自主发展机制。

二是评价标准单一，一“率”障目、唯“分”是评的现象相当严重。这种评价基本上都是用“一把尺”去衡量学校，不分学校层次与类别，都是执行一套评价方案，学校难有特色。不少地方，升学比率、统考得分成了评价学校教育质量的唯一标准，也成了教师奖惩荣辱、工资晋升、职称评定的唯一依据。在这样的背景下，学校教育及其管理活动中一些违背规律与方针的偏差行为很容易出现，导致学校教育转轨问题一直难有突破。

三是评价机制重结果轻过程，挫伤学校办学积极性。现在的教育评价注重的往往是区分、甄别和选拔性功能，比较关注学校办学活动的结果（如办学条件的好坏、升学率的提高等），少有考虑学校在发展过程中的努力程度和进步状况。这样的评价往往导致学校走上以片面追求升学率为目标、以抢夺优质生源为工作重点、以换取资源倾斜投入为动力的非均衡发展道路。

4. 招生制度方面的障碍

相比大学多元化录取方式，绝大多数省份的高中招生依然采取由政府部门统一录取的体制，这种政府部门卡得过紧和过死的现状，阻碍了高中教育的发展。

目前的高中招生人数由政府下达到各学校；考试由政府有关部门统一出题，统一组织考试，统一阅卷评分，统一划录取分数线；录取新生也由政府有关部门统一组织审批录取。随着教育改革和发展的深化，这种招生制度的种种弊端越来越明显地暴露出来。

一是我们现在的统一招生录取体制，权力过分集中在政府部门，基本上是一种"学校招生，政府录取"的招生体制，不能充分体现高中学校以不同类型、不同层次、不同培养目标来选拔人才，也影响了学校、考生的积极性。

二是选拔过于注重分数。按照学校教育培养目标来说，应录取德、智、体等全面发展的学生。但在政府部门统一录取的体制下，主要以分数为依据，只能绝对按总分从高到低录取。这样总分不高、却有特长的考生就可能被淘汰。

三是录取模式缺乏活力。现行高中的招生制度和形式是单一的国家计划招生制度。每年只进行一次统一考试、统一录取招生，学校没有再进行招生的机会，学生也没有再报考的机会。这样不能发挥学校的教育特色和地域教育优势，也不能满足考生选择学校读书的要求。

5. 办学要求及课程设置方面的障碍

《纲要》提出要推动普通高中多样化发展，陶西平以《纲要》为背景，对我国普通高中教育的性质、功能、办学模式进行了定位与梳理，为我国普通高中多样化发展的必然性、必要性提供了理论支持。

但是，当前普通高中在追求特色发展的道路上还存在较大的阻碍和困难。一方面，教育行政主管部门在普通高中的"办学体制、培养模式、课程设置、教学内容、校长聘任等方面都具有绝对主导权”，导致“普通高中在资源调配、课程设置、培养方向等方面所拥有的可调整范围非常有限，不足以从根本上形成学校的办学特色”，同时也抑制了普通高中去探究更符合自身特点模式的工作热情。

另外，目前教育行政部门对课程的实施效果往往体察不深，使得高中课程相对单一和功利，选修课仍围绕九大学习领域安排选修内容与课时，没有起到开设必修课的教育作用。有些地方教育行政部门出于确保教学质量或者出于方便统一管理的考虑，统一要求开设一些指定课程，统一使用指定教材，课程开设行政化倾向广泛存在。

三、高中管理方面简政放权的可行性设计

《纲要》指出：“推进政校分开管办分离。适应中国国情和时代要求，建设依法办学、自主管理、民主监督、社会参与的现代学校制度，构建政府、学校、社会之间新型关系。适应国家行政管理体制改革要求，明确政府管理的权限和职责，明确各级各类学校办学的权利和责任，形成不同办学模式，避免千校一面。”这为进一步简政放权、排除制度性和管理体制阻力、促进高中教育发展指明了方向，具体措施可以包括如下几点。

1. 简政放权，首先要扩大学校自主管理权限

一是减少对学校的检查、评比、评估等行政干预，教育主管部门可设立标准，引导学校自主管理、评估，教育主管部门或邀请第三方加入进行监督。可以仿照江苏镇江的模式，进行自主管理试点，“除安全工作和财务工作由教育局统一管理外，其余工作全部由学校自主管理，没有学校的邀请，教育局相关处室原则上不到校检查工作。”

二是保障基础教育经费投入，建立合理的投资体制。提高国家

财政对教育的整体投入力度。把财力更多地投到基础教育上，重点扶持薄弱学校。增加国家和省级政府的投资比例，平衡地区间教育投资的差异。进一步促进高中教育融资渠道多元化，促进基础教育公平。尝试学校按照部门预算要求进行预算管理，将专项资金中用于学校基础设施修缮、设备购置、图书选购等项目的安排使用权限，下放给学校。学校的基建维修项目，投资在某一标准以下的，由学校依法自主管理和验收。

三是推行校长队伍专业化。教育主管部门应在优秀教师群体中选择学历合格，懂教育教学，有教育管理经验，按教育规律办事的人选作为校长候选人，由学校教职工进行公开选举产生，实现专家办学。加快建立现代学校制度，从政策和制度层面上赋予校长自主管理的权利，促进校长从行政领导者转变为发展服务者。进一步体现学校管理的主体责任，减少行政干预，推进学校管理去行政化。

2. 扩大学校招聘用人自主权

《纲要》第三十九条中明确指出，"扩大普通高中及中等职业学校在办学模式、育人方式、资源配置、人事管理、合作办学、社区服务等方面的自主权。"据此可做如下突破：

一要探索建立区域内高中教师岗位"总量控制，动态调整"机制，扩大学校在教师招聘工作中的参与权、话语权、决定权，实行学校自主招聘，改进新任教师公开招聘办法，建立符合不同学段、专业和岗位特点的教师招聘机制。全面落实中小学教师聘用合同管理，严格聘期管理，实行全员竞聘。

二要推动教师人事管理由身份管理向岗位管理转变。行政主管部门应该根据每所学校的学生数和用编标准将编制核算到校、到岗而不是到人，实行"编制总量控制、岗位按需设置、人员统筹使用"的流动管理。放开教师职称"低职高聘"和"高职低聘"，打破职称"终身化"的格局。

三要真正实行教师聘任合同制，引导教师合理流动。通过签订

“聘任合同”让学校与教师间建立起平等的多向选择关系，建立起公平竞争、择优上岗、合理流动、来去自由的新的用人制度，建立以师德、能力、业绩、贡献为核心的学校、教师、学生、家长和社会多方参与的教师评价体系，合理拉开分配差距，形成能上能下、奖勤罚懒、褒优汰劣、优质优酬的人事管理格局，促使教师自觉履行岗位责任和保持旺盛的工作动力。

3. 进一步优化评价机制

推动评价主体的多元化，即评价主体由单纯的教育行政部门转变为学校、社会甚至是教师、学生、家长。引入第三方评价机制可以使评价结果更加客观公正，从而使学校根据评价反馈进行更好的整改。

首先，学校评价重心应由政府层面下移至学校层面，鼓励学校自评，由学校自主设定发展规划和评价标准，自定评估程序和方法，自主实施过程性评价和结果评价，以激发学校自主发展的内驱力，引导学校在达到国家规范性评估标准的基础上，把主要精力集中在优势领域和薄弱环节，关注自身的远期发展和特色发展。

其次，学校评价还应强调倾听家长和社会的评价和呼声，畅通多方面信息渠道，使学校评价真正成为管理者、学校、教师、家长、专业人士共同积极参与的交互活动。

4. 积极尝试和探索“高中自主招生”新途径

一是自主选拔综合素质突出的学生。综合素质测试是学校办学、招生自主性的重要体现，学校应高度重视和精心设置综合素质测试的方式，以体现学校人才选拔的主要意志。在统一考试中，对于综合素质突出的学生，教育行政部门和招生部门应允许学校在一定分数区间内或等级相同的情况下自主录取。

二是尝试建立“中学校长实名推荐制”。自主招生是政府放权、扩大学校自主权、深化招生录取制度改革的重要举措，也是对选拔优秀创新人才的新探索。因此，在招生选拔上，考试分数不是唯一的标准，应该在考试分数的基础上，综合评价，择优录取。2009年，北京大学率先做出了“中学校长实名推荐”的尝试，在一定程度上体现了高考招生选拔方式的多样性和对公平选才的积极探索。对于高中招生，也可尝试借鉴“高考校长实名推荐制”，通过校园公示、网上公开等多种方式方法建立严格的监督体系。

三是建立健全初中学业水平考试制度。随着我国普及高中阶段教育目标的逐步实现，中考作为选拔和分流高中学生的功能应逐步淡化，推进素质教育的导向功能应进一步强化。应建立健全初中学业水平考试，进一步明确学业水平考试成绩和综合素质评价情况在招生录取中的具体使用办法，为高中学校自主招生选拔工作提供重要依据。

5. 高中办学模式和课程设计多样化

首先，引导普通高中进一步分化，在其内部分化出与普通高中和职业高中地位平等的综合高中、科技高中、数理高中、人文高中、外国语高中、艺术高中、音乐高中、体育运动高中、学术性高中、国际学校等更多类型的特色高中学校。

二是构建各校特色课程。高中既要从学生发展的需要出发，也要考虑到自身的师资等各方面资源条件，因校制宜。“一要做好国家课程的校本化实施或二次开发工作；二要开发具有学校特色的校本课程体系，包括实践类的活动课程和学生社团等，”以增加学生的选择空间、培养学生的学科兴趣为基础，有效促进个性化发展。

三是在制度上实行更大的突破，继续放宽综合性高中的办学限制，促进综合性高中发展。比如，可以尝试允许综合高中学生有普通高中和职业高中“双学籍”，积极推进学历证书和职业资格证书“双证书”制度等。

四、办学制度环境优化后的高中发展愿景

通过简政放权的积极作为，高中教育将向着“依法办学、自主管

理、民主监督、社会参与”的现代学校制度迈进，逐步形成“政府服务学校发展、学校着力自主发展、社会支持学校发展”的新型高中办学格局。

1. 管理体制进一步优化，学校办学自主性增强，有利于提高办学活力，减小高中教育发展的不平衡性。

通过管理体制方面的进一步简政放权，教育部门最大程度地减少对学校的行政干预，校长和学校领导层可以用更多的时间和精力“思考学校如何按规律运转、按规划发展。”政府则通过制定实施法律法规、通过经费下拨，以及通过督导机构的督导和以中介机构为主的评估手段，对学校施加影响。逐步建立起学校发展规划评审机制、学校发展规划实施自我评价机制、督导评估机制，使政府及其部门真正成为“教育体系的建构者、教育条件的保障者、教育规则的制定者、教育公平的维护者、教育标准的设计者和教育质量的监控者”。

通过权力下放，学校在教育资源配置方面拥有更大的自主权，进一步优化资源配置，提高教育专项资金的利用率，减少浪费。通过完善经费投入机制，规范民间资金进入高中教育领域，实现教育资金投入渠道多元化，缩小地区间、学校间资金投入差异，缩小高中教育发展的不平衡性。

2. 通过推进人事制度改革，扩大学校人事自主权，为高中教育发展注入新的动力。

积极稳妥地推进人事制度的改革，扩大学校人事自主权，广泛实施以学校为主体的教师聘任制，创新教师管理机制，推进教师队伍管理改革，逐步建立有效的用人和人才竞争机制，进一步提高政府财政性教育经费使用的效率，有利于消除“吃空饷”、“磨洋工”、“早休养”等消极现象，解决学校非一线教学人员臃肿、实际教学人员吃紧的矛盾，调动教师劳动积极性和学校办学积极性，将为高中教育发展注入新的动力。

在国家相关法规和政府配套政策的规范和保障下，保证学校教师人事管理机制灵活性，区域性政策的连续性和持续性，切实维护教师合法权益，从而真正实现人尽其才，人尽其用。在各地的教育改革过程中，部分地区如成都市武侯区已经在扩大学校人事自主权方面做出了尝试，给我们提供了有价值的借鉴。2014 年，成都市武侯区以简政放权、释放活力为重点，通过破解公办学校人权、事权、财权“三权”困局，在该区四川大学附属中学西区学校率先实施“教师自聘、管理自主、经费包干”的“两自一包”改革，破解教师编制难题、激活教师工作活力，通过近两年时间的改革试点已经取得了显著的成绩。

3. 通过引入评价主体与受评价主体无隶属关系、但却是有利益关系的第三方评价，实现评价机制多元化，体现社会对高中教育的综合要求，优化高中教育发展方向和发展途径，促进教学质量进一步提高。

教师、家长、教育专家、大学以及社会人士加入对高中人才培养质量的评价后，就增加了社会监督的影响。有了社会的监督，其评价体系才是多元的、立体的、有效的，其评价效果则会体现社会对高中毕业生核心素养的要求，进而改变原有的评价只强调甄别与选拔功能而忽视改进与激励的功能，只注重学习成绩而忽视综合素养。只有使高中发展置身于社会监督之中，学校才能依据评价结果认真梳理学校的工作，针对存在的问题进行有效的改革，以适应社会发展需求，促进教学质量进一步提高。

4. 打破由教育行政部门统一划线、由高分到低分录取的局面，逐步扩大高中学校招生自主权，符合高中多样化、特色发展要求，有利于学生个性与特长的发展。

学校一方面要加强自主办学的能力，以教育主管部门的教学大纲为原则制定本校具体的教学计划，办出自身的特色，从而实现政府宏观管理、推动教育发展的目的；另一方面则要加强校内外的民主机制建设，进行“二次放权”，将所得到的权力进一步下放到教师、学生、家长及其他社会组织，吸引多元主体共同参与到学校教育管理过程中，避免出现校长集权、校内集权的现象。

政府放权，高中学校采取推荐保送、特色招生等多种自主招生途径，可通过多元录取形式来增加学生的录取机会，促进初中学校尤其是薄弱校的发展，推动区域内教育的均衡发展。同时也通过综合素质测试和学业水平测试等方式来激发学生的潜在特长，促进其个性发展，推进素质教育的全面落实。

5. 实现高中办学模式多样化和课程设计多样化，适应学生的志趣、特长发展的需要，也符合人才发展的需求，进一步满足经济发展方式由要素驱动向创新驱动的转变对创新人才的需求。

大力推进普通高中多样化发展，广泛建立综合高中，摆脱“千校一面”、同质发展的旧模式，满足当前学生的多元发展需求，是高中学校当前和未来较长一段时间内的发展战略。另一方面，多种办学模式下的高中教育为学习者提供多样化的自主选择机会，所培养的人才具有多方面素质，为经济社会培养多样化人才提供保障。

例如，可以以新课程改革为契机，进一步增加学校课程选择和设计的自主权，使学校立足本身实际，制定灵活、开放、个性化的课程体系，进而打破学科间的壁垒，促进学校生活和社会生活进一步联通，解放学生心智，培养学生自主意识。同时以多样化课程体系为核心，可以进一步促进生涯辅导、特色化办学和高考招生政策等一系列的改革，使高中教育体系发展进入良性循环，促进我国高中教育科学、快速、均衡发展。

参考文献

1. 戴璐岭：“破解公办学校‘三权’困局武侯试点‘两自一包’”，四川新闻网，2016 年 3 月 15 日。

2.《国家中长期教育改革和发展规划纲要(2010—2020年)》。
3. 刘志军:“新课程背景下的学校评价改革”,《中小学管理》2003年第10期。
4. 陶西平:“普通高中多样化发展的走向”,《中小学管理》2011年第9期。
5. 叶忠:“学校与政府关系的转型:从国家管理到公共治理”,《教育科学研究》2009年第8期。
6. 猿题库评价研究中心:《2015中国高中排行榜》,中国工信出版集团、电子工业出版社2015年版。
7. 张建雷:“发展性学校评价初探”,《辽宁教育行政学院学报》2006年第1期。
8. 赵珏:“简政放权:构筑基层学校自主发展新格局”,《中小学管理》2014年第1期。

(蒋承,北京大学教育学院;秦海地,河北省衡水第二中学)

高校行政管理体制改革与简政放权

傅帅雄

高校行政管理体制改革的方向是简政放权，扩大高校自主权，促进政府行政职能与高校教育职能基本分离，完善高校内部党政学管理体制。《国家中长期教育改革和发展规划纲要(2010—2020年)》要求“加快建设现代学校制度，推进政校分开、管办分离，落实和扩大学校办学自主权”，在一定程度上扩大和落实了高校办学自主权，促进了我国高等教育事业和经济社会发展。国务院印发《统筹推进世界一流大学和一流学科建设总体方案》，提出鼓励和支持不同类型的高水平大学和学科差别化发展。目前，高校办学自主权不够的问题仍然存在,政府高校之间的关系尚未理顺,高校教育活动与经济社会发展联系不紧。高校行政管理体制改革的简政放权,不仅仅是处理好高校与政府之间的关系,还需要处理好高校内部行政与学术之间的关系,理顺高校内的行政管理运行模式,通过科学合理的教师评价考核体系来释放教师的活力,建立灵活的人事管理制度来落实高校办学的自主权。高校行政管理体制的"简政放权"将成为高等教育综合改革的大势所趋,是统筹推进建设世界一流大学和一流学科的基本要求。

一、高校行政管理体制推进简政放权的意义

(一) 高校行政管理体制简政放权有利于推进落实高校办学自主权

目前,高校行政管理体制改革的核心问题是扩大高校办学自主权。高校办学自主权是指高校依据法律能够按照实际情况制定适合自身发展的章程和决策。1998 年颁布的《中华人民共和国高等教育法》规定了社会力量可以依法举办高等学校,高等学校面向社会,依法自主办学。国家通过法律确权、简政放权等多种举措,落实和扩大我国高校办学自主权,对促进我国高等教育发展起到了重要作用。但是,我国政府对高校的管理依然存在权力界限不清的缺位和越位现象[1],政府习惯通过行政、立法和财政等手段控制高校的自主发展,导致高校不能根据经济社会发展的实际需要来主动选择学科发展和学制设计。高校的功能主要包括根据社会需要培养相应的人才、利用高校科研资源开展相应的基础性科学研究、利用高校的智库和知识水平服务于经济社会发展等。为了落实这些功能,

---

〔1〕 彭鸿:《中国大学自主权的发展历程、问题及对策研究》,硕士论文,南京航空航天大学,2013 年。

必须能够适应社会的多元化需求，落实高校办学自主权，及时调整人才培养类型并选择恰当的人才培养方式，改变政府的管理方式，减少和规范对高校的直接干预，鼓励不同类型的高校和学科差别化发展。推进落实高校行政管理体制简政放权，加快转变政府职能，理顺高校与政府关系，是推进落实高校办学自主权的关键所在。

（二）高校行政管理体制简政放权有利于完善高校治理体系现代化

高校行政管理体制简政放权是推进高校治理体系和治理能力现代化的内在要求，是党和政府全面推进治理体系和治理能力现代化的重要组成部分。高校治理体系现代化要求高校能够制定符合现代治理体系要求的规章制度，各方利益主体在符合法治要求的治理框架下自主实现其相应的权责利。当前，高校治理模式较为单一，在政府办学理念指导下，治理体系尚不健全，大多不能根据高校自身实际情况制定切实有效的治理模式，而只能延续以往的治理模式，不能适应当前治理体系现代化的要求。完善高校行政管理体制治理体系和治理能力现代化，要在国家全面推进落实治理体系和治理能力现代化的基础上，根据高等教育发展的规律和经济社会发展的基本要求，建立科学规范、运行有效的制度体系。合理优化、规范政府与高校权责运行，是构建和完善高校治理结构的基本要求。在完善高校治理体系现代化过程中，既要坚持落实党委领导下的校长负责制，又要注重推进政府、高校、社会等多元主体参与高校行政管理的治理结构，弱化高校行政化的管理体制，建立法治化的治理体系，促进落实高校自主权和党政学的权责利分工，改善组织管理运行效率，推进高校发展。

（三）高校行政管理体制简政放权有利于统筹推进高校“双一流”建设

统筹推进世界一流大学和一流学科建设是新形势下我国高等教育发展的重要目标。到21世纪中叶，使我国高等教育中一流大学和一流学科的数量和实力进入世界前列，基本建成高等教育强国。[1] 建立一流大学和一流学科，要鼓励各高校和学科差别化发展，破除过去“985工程”和“211工程”高校建设中身份固化的模式，实行滚动评选，激发高校竞争力。要结合各地实际，强化以学科为基础，充分发挥高校的主动性和特色，根据自身实际情况来选择建设有特色、有竞争力、有发展潜力的学科，通过学科建设带动学校建设，让各个高校都有机会建立有特色的发展路径，避免追求大而全，鼓励小而强的高等教育发展路径。同时，转变过去由政府统一规定发展目标的情况，鼓励行业企业积极参与“双一流”建设，使得学校和学科建设能够更加符合经济社会发展需要。

（四）高校行政管理体制简政放权有利于建设中国特色现代大学制度

建设具有中国特色的现代大学制度是新形势下保证高等教育规范有序、健康有活力、健全有特色发展的重要基础。建立现代大学制度是教育综合改革的紧迫任务。现代大学制度的核心是在政府的宏观调控下，大学面向社会，依法自主办学，实行民主管理。[2]

---

[1] 国务院：“统筹推进世界一流大学和一流学科建设总体方案”，《人民日报》2015年11月6日。

[2] 袁贵仁：“建立现代大学制度　推进高等教育改革和发展”，《国家教育行政学院学报》2000年第2期，第23—26页。

建设具有中国特色的现代大学制度则要求在现代大学制度体系中加入具有中国特色的治理制度、运行制度、学科建设制度等,使得大学能够服务于具有中国特色的社会主义制度的发展。在建设中国特色现代大学制度中,简政放权能够在具有中国特色的基础上,进一步建立符合高校自身发展特色的制度。高校行政管理体制的简政放权是建设中国特色现代大学制度的基础,通过简政放权,加强法律规章制度的建设,要推进放管结合、政校分开、管办分离,完善内外部治理结构,落实高校办学自主权,规范大学有序发展。在此基础上,发挥学术权力在高校治理体系中的作用,在学科建设、学术评价、学术发展中要充分落实学术委员会等学术权力组织的权威性,实现学术权力在大学制度中的独特作用。

二、目前高校行政管理体制存在的问题

(一)行政管理模式官僚化,高校办学自主权未落实

一是高校外部管理模式的行政官僚化。目前政府对高校的管理模式是沿用了政府管理体系中的模式,特有的党政双重领导,从国务院、部委一直延伸到高校的院、系、科等行政组织。政府通过对高校领导的任免和选拔控制了学校的人事权。高校自主权的行使不能完全依照高校意愿,高等教育事业在政府集中控制和行政约束的制度环境中运行,通过等级结构由上而下进行垂直领导[1]。依托政府的行政管理模式在一定程度上通过资金支持促进了高等教育体系的发展,保证了国家经济社会发展所需要的各类人才能够及时通过高校培养出来。虽然《中华人民共和国高等教育法》中对高

---

〔1〕 祁占勇:"落实与扩大高校办学自主权的三维坐标——高校与政府、社会关系的重塑及内部治理结构的完善",《高等教育研究》2013 年第 5 期,第 26—31 页。

校拥有的自主权做了较为详细的规定,但是在实际管理过程中,高校的自主权并未完全落实,高校与政府之间的用行政方式管理的关系并没有根本性改变。由于相关详细法规制度的建设落后,政府仍然能够通过通知、文件等手段对其所属高校的工作运转和办学过程中的一些具体环节进行干涉,而对于高校根据自身实际情况提出的发展需求管制过多,遏制高校的自主性发展。政府对高校的资源配置主要是通过各种评估、评审、评比等形式,缺乏能较长时间遵从的规范,抑制了高校的办学能力与活力,造成高校的内部结构与运行机制趋于僵化,使得高校的资源分配难以按照市场规则进行公平配置和运作。政府通过行政体系中的官僚化管理模式来管理高校,政府和高校的权责利不能进行明确的规范和约束,高校的办学自主权不断受到政府行政管理的掠夺。

二是高校内部管理模式的行政官僚化。高校内部的行政管理模式一定程度上延续了高校外部的行政管理模式,行政官僚化趋势已经蔓延到高校内部,高校内部的机构设置与政府机关相似,机构臃肿、职责交叉的情况也相当严重。高校内部各行政部门的设置体现了科层化的管理模式,行政权力在很多事务决策中往往占主导地位,强化高校内部的主体权力向行政系统倾斜。这种管理模式起到过积极的作用,但也滋生官本位思想、学术事务决策权旁落等问题,学校成为政府机关序列中的“官僚化”层级是高校办学自主权难以落实的根源[1]。有的不顾工作需要,设立机构增加层次,加剧了高校行政管理中各级人员的比例失调,与师生、科研、教学直接相关的工作人员减少,造成纵向联系的层层关卡,横向联系的阻断隔绝,无形中拉长了上级与基层组织之间的行政距离。

---

〔1〕 戚务念:“高校行政化归因与出路借鉴:组织社会学的分析”,《教育学术月刊》2011年第2期,第49—53页。

(二) 内部党政学权责不清,学术权力逐渐行政化

一是党委领导与校长负责制下,职责和权力划分重叠交叉。1985年通过的《中共中央关于教育体制改革的决定》要求学校实行校长负责制,这是教育体制改革的一个重要决策。《中华人民共和国高等教育法》规定了党委和校长的职责范围。“党委领导下的校长负责制”制度的建设符合我国经济社会的发展需要,保证了高校能够按照国情需要培养国家所需要的人才,让大学的发展方向符合国家学科建设、政策导向的需要,建设了符合中国特色的现代大学制度。党委领导下的校长负责制的关键在于党委领导和校长负责之间的权责划分,两套班子成员之间交叉任职的现象无法避免,特别是校长和书记在党委和行政之间的身份交叉、学术委员会中党委领导、行政官员的介入,模糊了党政学之间的权责界限,使得高校功能定位模糊,不能较好地适应经济社会发展的需要。

二是内部权力向行政权力倾斜,学术权力逐渐行政化。高校各类资源大多由行政管理部门掌控,内部权力过多地倾向于行政群体,学术权力组织在行政权力的引导下行使相应的权利,学术群体在参与高校各种日常事务管理中难以发挥应有的作用,学术权力在高校工作中应有的民主参与和监督权被取代。行政人员不断参与到教师聘用、职称评定、课题申报、教学任务、科研工作、学术委员会成员推选等学术事务当中,高校内部的学术组织在行使学术权力时缺乏自主权,学术权力过多地依赖行政权力,行政管理人员在学术组织中承担相对重要的角色使得学术权力显现出行政化的倾向。高校内部行政权力泛化,成为主导高校发展的核心力量,将学术权力边缘化,阻碍了高校的良性发展[1]。

---

〔1〕 钟秉林:“关于大学‘去行政化’几个重要问题的探析”,《教书育人(高教论坛)》2010年第9期,第4—7页。

(三) 组织管理运行效率低,内部交易成本不断增加

一是管理机构不断膨胀,增加了内部交易成本。高校的交易成本主要是内部管理成本、信息沟通成本等。高校作为政府机构的附属和延伸,缺乏办学自主权,内部机构设置也有政府的指令性要求。高校内部行政管理机构的设置法治化程度不够,新设机构的随意性较大,容易产生为了某个专项工作而新设机构的冲动,比如,为了应对本科教学水平评估而新设评建办,为了申请学士、硕士、博士学科点而建立学科办等。随着行政机构的增多,虽然能够对某些专项事务集中办理,但是也很容易造成各部门之间的职能交叉、效率低下等问题,学校领导对单独部门的控制力下降,增加了管理成本。

二是日常管理工作重心下移,加大基层教职员工压力。面对高校扩招带来的学生人数增加,各高校办学规模扩大和学科、专业布点不断增多,政府对学校的评估工作、申报工作日益繁琐,学校管理工作压力显著加大,各高校通过简政放权、明确分工,推行和加强二级管理,构建校、院(系)两级管理的分层管理工作模式,将日常管理的重心下移到基层院(系),校级管理向指导、监控、检查、考核的职能转变。但是,院(系)级教学单位由于主要以教学为主,行政管理人员相对较少,繁重的日常管理工作下压过来,导致院(系)工作压力提高,人手短缺,办事流程不畅,事务积压严重。同时,日常管理工作重心下移,使得高校向科层制组织结构转变,管理层级增多,信息沟通成本也相应提升,上下沟通不畅,导致决策不民主和低效率。而且,行政人员在福利待遇、职称评定等方面与教学人员相比处于弱势地位,容易导致行政人员的心里不平衡,阻碍行政事务办事效率提升。

(四) 教师考核体系不合理,教师积极性主动性不够

完善的高校教师考核体系对于激发教师的创造性、积极性、主

动性具有重要的作用。与高校的管办评尚未完全分离的行政管理体制相关，针对教师的评价考核体系中教师的参与程度不高，评价考核体系的设计和制定主要由相关政府部门和高校行政管理机构完成。在这种评价考核体系中，评价考核体系的基本原则、评价指标、方法、目标等，都是基于组织目标和管理而设定的，由教师完成了既定教育目标的多少来评价教师，忽视了评价考核客体教师的价值观，使得教师对于考核体系的满意度不高，无法让教师获得相应的满足感、成就感。评价方法更多地注重能够较易获取的定量数据，将教师的工作量化，重视数量而忽视质量。特别是将科研指标作为教师评价的重要方面，导致教师专心发论文、申请课题而对教学重视不够。而认真完成教学目标、获得学生认可的教学老师，很可能因为科研工作不够而无法评上职称，极大地伤害了专心教学的教师的积极性。

（五）人事管理制度不灵活，制约人才培养管理方式

高校人事改革与我国教育改革发展全局相伴同行，着力提高高等教育质量，必须深化高校人事改革。当前高校人事制度存在的问题主要是编制管理方式僵硬、各类岗位职级等设置不合理、用人机制不够灵活。高校人事制度管理延续了政府机关的管理方式，人才引进、选拔、评选、辞退等都有严格的人事管理程序，一定程度上造成了能进不能退、能上不能下的僵硬机制，严重影响了教职员工的积极性和创造性。而且，各高校无法根据自身需要而选择相应的人才培养模式和与其相配套的人事管理方式，一旦由上级主管部门确定了相应的人事编制和人事管理方式，则很难根据实际情况进行相应调整，使得高校的人力资源分布僵化，不能适应社会的发展需要。教育部人事司在2013年针对200多所教育部直属、部属、地方高校的领导所做的调查问卷显示，高校的用人机制不够灵活和完善以及

主管部门管得太死等,已经成为各高校反映最强烈的问题。[1] 绝大部分高校的实际用人数量已经远远超过上级核定的编制数。这种僵化的、高度控制的人事管理体制,严重影响了高等教育事业与社会相衔接,导致高校活力不够。

三、下一步推进高校行政管理体制简政放权的建议

(一) 转变政府职能,赋予高校更多自主权

一是厘清政府和高校关系。政府与高校的权力运行方式,应从传统的由政府对高校下达命令、文件等单向管理模式向高校、政府双向互动,两者之间相互制衡转变,取消实际存在的行政级别和行政化管理模式;政府管理高等教育的模式由政府占绝对主导力量向高校依法自主办学、社会主体多元参与的方式转变。建设有中国特色的现代大学制度,需要明确政府与高校的权责利界线,降低高校外部治理模式向行政化、官僚化倾向转变的趋势。落实高等教育管办评分离制度,转变政府职能,赋予高校更多自主权,发挥社会参与作用,规范高校办学行为,形成政府、高校、社会等主体参与,政学分离、权责清晰的高等教育管理模式。减少各类对提高教育质量意义不大的评估与检查,让高校拥有更多的办学自主权。同时,要加强顶层设计和统筹规划,做好相应的导向性工作,完善事中事后监管。建立和维护良好的市场秩序并为高校提供公平竞争的外部环境,加快实现由办教育向管教育转变。

二是建立健全相关法律法规,提高高校行使自主权的有效性。政府通过不断完善法律规范来协调政府与高校之间的利益关系,进一步落实高校办学自主权的范围,在赋予高校行政管理权的同时,

---

〔1〕 问卷调查组:"简政放权:高校有哪些期盼",《中国教育报》2014 年 4 月 14 日。

也要对其行政权力进行约束,构建政府、高校、社会等多元主体共同治理高校的法治管理方式。积极采用第三方评价机制,健全评价机制,提高高校管理的科学性和公信度。创新政府对高校的财政支持方式,建立绩效导向的约束激励机制,鼓励政府财政资金向特色、高水平的学科和学校倾斜,激发高校在创一流、办特色、有活力中发挥其应有的作用。

三是完善政府、社会、学校共建机制。高校行政管理体制改革,要弱化政府在高校运行管理各环节中的话语权,加强社会力量介入,形成多元化投入和支持的格局。特别是鼓励有关部门和行业企业积极参与到学科建设当中,围绕社会亟需的人才、技术等瓶颈问题,加强三者之间的合作,发挥高校服务经济社会发展的能力。

(二) 优化内部治理,加强权力监督与制约

在落实和扩大自主权的同时,要依靠政府的宏观调控与法律制衡,注重协调政府管理权和高校自主权的关系,完善高校内部治理结构,促进学术力量与行政力量的互动平衡,建立办学自主权运行的监督机制和自我约束机制。[1] 优化内部治理结构,要注意处理好党政学之间多方面的关系。

一是完善党委领导下的校长负责制。具有我国特色的党委领导下的校长负责制的党政关系建立对于高校内部治理具有导向作用,有利于建设具有中国特色的现代大学制度。完善高校内部治理机制的基础和核心是要完善党委领导下的校长负责制,避免校长领导下的行政、学术的发展缺失方向性、指导性、目标性。落实党委领导下的校长负责制,要明确界定两者之间的职责权力范围,通过建立权力清单的方式,使责权关系具体、规范、法治,通过完善的程序

---

〔1〕 孙霄兵:“我国高等学校办学自主权的发展及其运行”,《中国高教研究》2014 年第 9 期,第 9—15 页。

来保障职责权力的规范行使。

二是处理好行政权力和学术权力的关系。教授治学是中国特色现代大学制度的特质，是高校区别于政府、企业运转模式的显著特征。[1] 高校必须搞好行政管理，但在学术事务上要“去行政化”，让高校回归学术的根本特性，强化学术人员在高校治理中的作用，加强学术权力对行政权力的制约，明确学术和行政之间的权责关系，促使行政权力法治化。行政管理组织主要集中通过提升管理效能来服务于学术，学术组织则在学科建设、学术发展中占有绝对主导地位。学术委员会全部由专家组成，行政领导不介入，注重发挥专家学者在学术问题上的发言权和审议权。

三是落实高校章程治校机制。简政放权后，高校章程将成为高校实施自主办学的主要依据。各类高校应依法制定章程，依照章程规定管理学校，这是建设中国特色现代大学制度的必然要求。[2] 推出由全校师生共同参与制订的办学章程，以使高校内部权力运行始终处于“依法治校”状态，以章程规范促进学校的可持续性发展，以章程推进现代高校制度法治化。要精心制定高校章程，章程要结合各自学校的实际情况和发展规划，通过章程明确内部的权力运行规则。要严格执行高校章程，明确章程的法定地位，成立高校章程执行监督机构，定期检查章程执行情况，形成以章程为统领的治理体系。

（三）重构组织机构，实现管理精简有效能

在高校繁杂的行政事务条件下，高校内部的组织机构必须进行

---

〔1〕 史宁中：“教授治学：大学科学发展的基本理念”，《中国教育报》2009年9月7日。

〔2〕 张文显、周其凤：“大学章程：现代大学制度的载体”，《中国高等教育》2006年第20期，第7—10页。

必要的机构改革，以实现多元化的管理目标。一是精简行政工作机构。使高校行政机构实现组织结构的扁平化、矩阵化、柔性化，赋予普通工作人员更多的决策权力，充分调动组织成员的自主性，更好地为教学科研服务。高校行政管理体制改革的机构设置要做到精简、统一和有效能，将业务相近、管理职能相似的部门进行有效的整合，使机构设置、人员编制和运行机制置于教代会等机构的监督之下。在行政结构设置上，精简行政机构数量和人员编制，利用电子校务推进学校的行政机构改革。通过结构性调整、合理设置机构，使高校机关、后勤、教辅单位的机构设置、职能责任更加趋于合理。行政人员破除官本位的思想，以为教学和科研服务为主，缩短办事流程，精简办事机构。二是处理好学校和院系的关系。在行政管理事务向院系集中的趋势中，要进一步明确校院系之间的职责关系，根据实际情况制定三者之间的运行机制。将重大发展战略、方针等职责向学校倾斜，学院强化在教学和科研中的主导地位，系则以学术管理为主，落实教学和科研目标。院（系）级教学单位通过不断创新二级管理机制，改造原有行政色彩浓厚的科层制，优化机构设置和工作流程，以服务院（系）、服务师生为导向，协调好垂直管理和扁平管理的关系，不搞上下完全对应，不搞校内层层审批，让院系能够按照学科领域的特点和规律办出特色、展现活力。

（四）完善评价机制，充分发挥教师能动性

完善教师评价考核体系，是确保提高高等教育质量、完善高校治理体系的根本。教师作为高校教育中的重要一环，承担的角色具有多样性，其评价考核体系也应该具有充分评价各类不同教师的能力。教师评价的内容要从注重数量向注重质量转变，确保教师能够在教学、科研、服务社会上发挥更大的主观能动性。要探索根据教师职位而进行分类评价的考核机制，根据教师各方面的贡献确定科学的考核评价指标体系，确保各个岗位的教师都能够根据自身贡献

而有其相应的职称提升途径。构建教师评价主体的多元性,提高教师在评价指标体系中的参与程度和重要性,发挥教师自评的关键作用,学校、学生、第三方机构能够共同参与评价,破解现在相对单一的评价模式,让教师根据自身兴趣和能力,在教学、科研和社会服务上都能充分发挥主观能动性,实现自身价值。

(五)改革人事制度,落实人事管理自主权

深化高校人事改革是建设现代大学制度的题中应有之义,也是增加高校活力的要求,能够从根本上落实高校办学的自主权。改革高校人事制度的重点是加强对不同人员的分类管理,强化合同制、聘任制教职员工在高校发展中的重要性。全面落实学校人事管理自主权,让高校根据自身发展实际和战略定位来选择其所需要的人力资源类型,能够根据实际需要制定并适时调整内部组织机构设置、岗位设置管理、人员聘任和考核评价等相关政策和制度,形成动态的、灵活的人才流动与人员调整机制。改革高校机构编制管理和人力资源配置方式,实施教师分类管理和教职员岗位聘用制。探索不同类型职员的职业发展通道,强化职业化导向。

参考文献

1. 国务院:“统筹推进世界一流大学和一流学科建设总体方案”,《人民日报》2015 年 11 月 6 日。
2. 彭鸿:《中国大学自主权的发展历程、问题及对策研究》,硕士论文,南京航空航天大学, 2013 年。
3. 戚务念:“高校行政化归因与出路借鉴:组织社会学的分析”,《教育学术月刊》2011 年第 2 期。
4. 祁占勇:“落实与扩大高校办学自主权的三维坐标——高校与政府、社会关系的重塑及内部治理结构的完善”,《高等教育研究》2013 年第 5 期。
5. 史宁中:“教授治学:大学科学发展的基本理念”,《中国教育报》2009 年第 9 期。
6. 孙霄兵:“我国高等学校办学自主权的发展及其运行”,《中国高教研究》

2014 年第 9 期。
7. 问卷调查组："简政放权：高校有哪些期盼"，《中国教育报》2014 年 4 月 14 日。
8. 袁贵仁："建立现代大学制度　推进高等教育改革和发展"，《国家教育行政学院学报》2000 年第 2 期。
9. 张文显、周其凤："大学章程：现代大学制度的载体"，《中国高等教育》2006 年第 20 期。
10. 钟秉林："关于大学'去行政化'几个重要问题的探析"，《教书育人（高教论坛）》2010 年第 9 期。

（傅帅雄，北京大学光华管理学院）

简政放权背景下集体经济组织对集体建设用地入市的作用

刘丽文　陈　骐

我国农村土地政策的变化可以被认为是我国自建国始的经济政治方针的缩影，特别是改革开放以来，随着我国家庭联产承包责任制的实施，我国农村土地政策开始了“统分结合”的管理道路，即农村土地三权分立，所有权归属村集体、承包权属于农民、经营权允许流转。但现实中，我国农村土地、特别是集体建设用地入市受到诸多限制，也受到诸多部门的约束。为进一步完善我国农民、农村集体的财产权，应该在简政放权的基础上，允许集体建设用地入市。

然而简政放权毕竟是行政管理制度改

革的一种措施，它与经济体制的深化改革是平行的、相互配合的。简政放权不是权宜之计，也不是“头痛医头、脚痛医脚”的应急措施。广大农村正在推行土地确权改革，使农民有承包地的经营权和经营权证，使农民有宅基地的使用权和使用权证，使农民在自家宅基地上盖的住宅有房产权和房产权证。这项改革过程中应有简政放权改革的配合，但主要是农村产权制度的改革。[1]

本文认为在简政放权背景下，土地确权、允许集体建设用地入市需要相关措施的配合，特别是集体经济组织应该在这一过程中发挥重要而突出的作用。同时集体经济组织为更好地服务集体建设用地入市亟需在政府简政放权减少审批手续的前提下完善自身程序，以更好地保障农民权益。

一、集体建设用地的市场化交易

农村集体建设用地是指乡（镇）村集体经济组织和农村个人投资或集资，进行各项非农建设所使用的土地，包括宅基地、公益性建设用地和经营性建设用地。20 世纪 90 年代以来，起初由政府鼓励和扶持的乡镇企业效益下降，经营亏损比较普遍，村集体经济组织开始将原有的乡镇企业用地出租、转让，直接获取租金。同时，地方政府为加快本地区经济发展，进行招商引资，组织集体建设用地流转，兴办工业园区，农村集体经营性建设用地的出租、出让更加普遍。

1999 年年底，国土部正式批复安徽芜湖作为第一个集体建设用地使用权流转试点。2004 年修改的《土地管理法》以及 2007 年 10 月 1 日起实施的《物权法》规定乡镇、村企业的建设用地使用权不得单独抵押，仅可同乡镇、村企业的厂房等建筑物一并抵押。《国

---

〔1〕 该段引自厉以宁教授为本书所做序言。

家新型城镇化规划(2014—2020年)》提出,在符合规划和用途管制前提下,允许农村集体经营性建设用地出让、租赁、入股,实行与国有土地同等入市、同权同价。2015年2月27日,第十二届全国人大常委会第十三次会议通过《关于授权国务院在北京市大兴区等三十三个试点县(市、区)行政区域暂时调整实施有关法律规定的决定》,在试点行政区域暂时调整实施关于农村土地征收、集体经营性建设用地入市、宅基地管理制度的有关规定。

目前虽然国家已经对集体建设用地入市交易进行试点,但就整体政策而言,仍然受到诸多限制,特别是在与城市建设用地同权同价以及入市方式等方面仍然存在差距。未来亟需通过简政放权,开放对集体建设用地入市的限制,以满足市场所需以及农村集体的利益诉求。

在非试点地区,对集体建设用地入市的限制较多,集体建设用地要进行商业开发,必须经过征为国有的程序,由城市政府担任土地性质转变的中间人,土地的增值收益也由城市政府获得。这导致集体经济组织多选择自主开发或简单出租的方式经营集体建设用地,严重制约了集体建设用地入市模式的创新,故而简政放权,减少对集体建设用地入市的程序限制,成为未来入市模式创新的基础。目前,农村集体建设用地被大量小规模企业和个人占用。土地多为粗放式经营,开发强度低,伴随着产业发展无序扩张,土地利用程度低,用地效率低下。总体来说农村集体经济建设用地的开发利用遇到了瓶颈,原因为以下几种:

(1)集体经济组织土地开发能力有限,租地成为了集体产业土地利用的主要方式。由于乡村集体开发能力和资金实力的限制,自建物业多属于低档的厂房、办公楼,租金收益长期处于较低水平。

(2)集体建设用地规划受限制比国有土地更多,产业项目规划手续审批时限长,部分用地规划难以落实。产业规范缺乏整体引导,产业规模经济不明显,辐射作用不强。

（3）农村地区基础设施建设、公共服务和城市管理职能由集体经济组织承担，投资规模有限，缺乏有效的融资渠道，对外来投资的吸引力有限。

（4）现有农村集体建设用地的产权限制较多，集体土地的土地使用者的权益得不到保障。法律对于集体建设用地的用途、使用权权能以及土地使用权抵押的有效性都有较多的限制，阻碍了集体建设用地交易市场化的进程。

实践表明，城镇化已经带来了农村土地的流动和配置的变化，对土地权益分配、农业生产和农民收入产生了深远影响，这些变化反过来又对城镇化的推进产生深远的影响。农村集体建设用地用途的变动，以及人口在城乡之间的流动及其劳动力资源在农业和非农业产业配置方面的变化，都可能对现有集体建设用地土地制度提出新的命题。按照现有相关法律法规，农村土地归集体所有，这使得在城镇化征地过程中，集体将作为代表决策相关事宜，并统筹使用和分配征地补偿款。虽然这一过程在一般情况下能够获得多数村民同意，从而能够有效降低交易成本，对城镇化的顺利推进具有重要意义。然而，在具体操作中，由于各种原因，极易造成失地农民在补偿款、宅基地和承包地的补偿时间及数量上的差异，将引起新的不平等。同时由于目前我国村民自治体系尚不完善，缺乏相应的监督和制约机制，使得腐败问题、补偿款使用不当问题、分配不公问题等频发，严重影响了社会稳定。

征地补偿标准是另一容易引发农村矛盾的问题。按照有关规定，农村征地补偿款的赔偿机制必须根据土地用途确定。例如以城镇道路、公园用地为代表的公益用地，其补偿标准不能超过所征土地农业产值的30倍。而商业用地没有相应硬性补偿标准，由开发商与农民谈判决定。这就使得即使相同的土地在补偿款方面也存在差异，将可能严重妨碍征地工作特别是公益用地征地工作的开展。

二、集体经济组织的作用与问题

十八届三中全会后，部分地区农民土地被允许入市交易，包括农用地、集体建设用地、农民宅基地以及农村集体经营性资产。这些都属于农村集体资产的范围。具体而言可以被分为三部分，第一部分涉及到国家征地，包括用于工业化、城镇化的农村集体用地，第二部分为农村集体建设用地，包括宅基地、乡镇企业用地、公共设施用地等，第三部分为农业生产用地。在十八届三中全会的决议中，要求第一第二部分的土地可以进入建设用地市场进行交易，和国有土地同等权利。但如果农民将其住房抵押、担保、转让，就意味着违背了原本农民宅基地是以集体组织成员身份申请获取的初衷，从而将涉及到农村宅基地制度的根本改变。为此，允许集体经济组织在农村集体建设用地入市过程中发挥更大作用，应该是未来我国农村经济探索的重点。

为促进集体建设用地入市的畅通，简政放权、重构集体产权是重要的环境。2015 年“一号文件”对推进包括土地政策改革在内的农村集体产权制度改革进行了重点阐述。改革农村集体产权制度，明晰集体产权归属，简政放权完善集体产权含义，是促进农村集体产权自由流动、优化组合的基础。

1999 年《宪法》将集体经济组织定义为“农村集体经济组织实行家庭承包经营为基础、统分结合的双层经营体制”。这一定义虽然奠定了集体经济在我国农村中的地位，但未有完全的法律、法规对集体资产的管理、处置进行规范。

我国农村多年积累下来的集体资源，其农地使用权归属农民，生产资料大部分流向乡镇，而土地所有权属于集体经济组织。但集体组织主体不清，产权归属不明晰，缺乏相应的处置程序。这在现实中造成了管理复杂混乱、多重机关插手等问题，贪腐等问题频发。

故而亟需通过简政放权，明晰权力，减少集体资产特别是集体建设用地入市的手续及潜规则。

目前我国的农村集体经济组织面临着诸多的问题，影响了其在推动农村集体建设用地入市等方面的积极作用。

第一，总规模偏小。我国目前农村集体经济组织总体规模较国外偏小，未能形成足够的规模经营。随着我国农村集体经济组织的不断发展，虽然目前已经初具规模，但与国外相比，仍然存在一定的差距，特别是在参社人数、土地规模等方面存在巨大的差距，我国农村集体经济组织的发展仍有较长的路要走。此外，相对而言，我国农村集体经济组织资金缺乏，在国内，其资金仅高于个体经营者，而与国外先进水平相比，如日本农协，则资金存量存在巨大差距。较小的规模限制了农村集体经济组织的发展，也限制了规模经济的效益。

第二，干部兼职严重。我国农村集体经济组织中，村干部兼职现象严重，这容易导致一系列影响效率的行为发生。我国基层农村集体经济组织中，村干部兼职负责人的现象比较严重。首先，这容易导致寻租行为，村干部权力过大，既能决定村集体的利益分配，又能干涉合作社运营，过大的权力，极易引发寻租行为，从而影响经济组织的经营效率。其次，村干部的兼职容易影响经济组织的市场决策。村干部兼职过多，其决策时考虑因素在无形中有所增加，这将会直接影响决策效率以及决策的市场效应，对经济组织发展不利。再者，村干部兼职会导致利益分配不均。在拥有多个经济组织的村集体中，有村干部兼职的经济组织，更加容易获取政策倾斜，导致利益或资源分配不均，这有违市场在资源分配中起决定性作用的方针，也将严重影响总体生产效率。

第三，治理结构混乱。综合因素的影响使得我国农村集体经济组织内部治理结构混乱，缺乏有效的内外部监督机制。干部兼职使得干部权力集中，对农村集体经济组织有着决定权，即使村干部不是第一负责人，但也可能由于干部兼职而将第一负责人架空。资本的过于集中使得经济组织的理事会、监事会等控制在少数人手中，使得监事会不能起到应有的作用，加上部分参社农民对民主决策的参与意愿不高，最终容易导致农村集体经济组织内部监督机制形同虚设。此外由于我国目前有关法律法规不够完善，对农村集体经济组织的外部监督机制完全缺失，制度的因素使得我国农村集体经济组织的外部监督机制丧失。农村集体经济组织内部治理结构的混乱、内外部监督机制的缺失，容易导致农民权益的损害。如果农村集体经济组织不改变治理结构混乱的现状，其发展空间有限。

第四，经营水平较低。我国农村集体经济组织经营水平较低，发展空间有限。我国当前农村集体经济组织多数处于无利润或者亏损的窘境，这是由经济组织经营水平低下直接引起的。治理机构的混乱，权力的过分集中，使得农村集体经济组织的经营大多取决于个人因素，加上我国农民水平普遍偏低，接受新兴事物的能力较弱，这就导致农村集体经济组织难以通过不断学习提升经营管理水平，也直接导致了农村集体经济组织经营水平低下的窘境。在农村市场的改革不断深化的情况下，落后的经营模式难以应对市场化浪潮的冲击，农村集体经济组织长期无盈利甚至亏损也就不难理解。

三、简政放权背景下佛山市集体经济组织的探索

大沥镇位于广东省佛山市南海区东部，全镇总面积 95.9 平方公里，28 个社区（村），常住人口 61 万人。

大沥镇农村产权制度改革完成后，根据广东省 189 号令《广东省农村集体经济组织管理规定》，各社区（村）组建了经济联合社（经联社），各个村民小组（自然村）组建经济社（目前有 360 多个）。2015 年农民股东人均分红达 8 000 元（南海区为 5 000 元）。

南海区从 2010 年起陆续建立起公共资源交易中心、财务监管

中心及股份交易管理中心，分别开发了资产交易系统、财务监管系统以及股权管理和交易系统，由区科技局管理。目前已经完成区、镇、村（社区）全覆盖。实现了对集体经济组织人、财、物全方位管理。

（一）财务监管中心的建立

大沥镇财务监管中心建立于2012年，统筹管理全镇28个经联社、360多个经济社名下400多个账户的资金进出及账务处理。具体情况如下：

1. 组织架构及人员配置

大沥镇财务监管中心依托“佛山市农村管理信息系统”，建立起区、镇、社区（村）三级在线监控体系，有资金监管、票据监管、合同监管、领导管理和会计科目监管等功能模块。

其运作则引入专门财务公司为中介，推行“出纳驻村、会计驻镇、集中会计核算、财政专项资金专户管理”的模式。即各社区（村）设一名会计，为中介工作人员，在镇监管中心集中办公；每个社区（村）设两名专职出纳在社区（村）办公，其身份也为中介工作人员；各个经济社设保管员一名，由本经济社人员出任。

目前，大沥镇各社区（村）共有会计28人，出纳56人，为大沥镇财务监管中心委托的中介公司工作人员，其人工成本由镇里负担。保管员300多人为各经济社工作人员，其人工成本由各经济社负担。

以上工作人员的办公场所及办公设备，依据属地原则，在镇里办公的由镇里负担，驻各村办公的由各村负担。

2. 运作流程及资金使用权限

各个社区（村）日常财务业务，在按照规定权限由有关经办人及负责人签字后，由驻村出纳将有关票据以传真、电子邮件或图片形式发送到镇监管中心，经负责本村业务的会计（及中心会计主管）审批后办理。月底，各村将财务资料原件送到监管中心，由会计编制当月的财务报表（第二个月监管中心将上个月资料返还给各村进行保存)。各社区(村)财务报表定期在本村公布栏进行公示。

各村资金使用的审批权限为,日常资金单笔10万以下为社区审核(8万—10万增加监管中心财务负责人共同审核),10万以上要上报镇里有关领导审核。专项资金无论金额大小均需报镇里审核。

如支出一笔资金收支达到相应额度,而未办理规定的审批手续,监管平台系统便会向镇监管中心进行预警,实现了监控前移,有利于及时发现问题,保障集体经济组织财务安全。

目前,集体经济组织资金管理中的一个主要问题是,由于有规定,集体经济组织资金不可直接借给企业及个人,也不允许购买非保本理财产品。同时,目前各个集体经济组织主要收入以土地、物业租赁流转收入为主,基本不投资实体项目。因此各经济社资金沉淀比较多,资金利用效率不高。从整个南海区来看,目前各个经济社、经联社账上资金总额达到120多亿。[1]

(二) 资产交易平台

大沥镇集体资产交易通过镇公共资源交易中心进行。公共资源交易中心是南海区于2010年统一建设的,目前已经实现了区、镇、村(社区)全覆盖。主要业务为政府采购、政府资产处置和集体资产交易。集体资产交易部分,南海区2010年至今,已经成交5万多个项目、总交易金额400多亿。具体到大沥镇,其2015年交易额达到29亿多(通过镇级交易27亿多,村(社区)交易1个多亿)。同时,通过经管部门定期清产核资工作及多年交易记录的数据,已经基本完成了全镇集体资产数据库的建设。目前,资产交易平台和财

[1] 由于南海区集体经济组织无实体项目,因此其征地款等收入大部分均按股份发放给股东,和北京市原则上不允许将这类资金分光而要求用于发展集体产业来壮大集体经济组织是不一样的。这个差异应该是由南海区这类城市农村今后发展方向是城镇化,而北京市农村发展的目标为实现城市化,产业升级的动力更大造成的。

务监管平台正在进行接轨，逐步实现数据关联，可以通过资金流动及资产变动的对比实现对集体资产的有效监管。

1. 交易业务流程和交易权限

集体资产交易的主要流程为：

（1）经济社、经联社提出申请，由城乡统筹局对项目进行立项；

（2）立项通过，形成交易方案，由经济社、经联社组织股东进行投票表决，表决通过后报镇公共资源交易中心；

（3）镇公共资源办公室和镇纪委等部门对方案进行审核，审核通过后，授权公共资源交易中心进行项目发布；

（4）公共资源交易中心进行项目发布；

（5）公共资源交易中心组织交易和竞标、开标，并将交易结果通过网络、电视、报纸等方式进行公示。

交易权限划分为：流转期限超过五年或者标的价值超过100万元的交易项目，必须通过镇级公共资源交易中心组织交易；其他小额及短期流转的项目可以通过公共资源交易平台在社区（村）的分支机构进行，镇里可通过网络监控及摄像等方式对交易过程进行控制、监督。

目前在包括大沥镇在内的整个南海区已经形成了通过交易中心进行集体资产流转的舆论氛围，实现了各集体经济组织股东倒逼管理层通过交易平台进行交易的良好效果。

2. 集体经营性建设用地入市及统筹

广东作为改革先试先行地区，上世纪80—90年代，大量农用地被转为集体建设用地，其中大部分虽经过国土部等有关政府部门审批同意，但没有办理所有权证及使用权证，南海区也基本上属于这种情况。目前，南海区的集体经营性建设用地入市以国土部门为主导进行，但仍使用集体资产交易平台及交易流程。[1]

---

〔1〕 其业务实质上主要是承认既成事实，将过去没有权证、私下进行流转的土地通过这次试点补全有关手续，因此不具有推广意义。

南海区于2014年9月出台了《佛山市南海区集体建设用地使用权流转实施办法》。截至目前，整个南海区已经有21个项目入市，今年有10个项目正在进行运作。[1] 按照规定，成交项目应按成交金额30%缴纳集体建设用地流转城乡统筹提留金，由于各社区（村）农民对缴纳此项费用抵触情绪大并且推高了土地成本，造成交易项目锐减，因此在实践中调整为成交价格的5%—15%。即使这样，交易量仍下降了50%。

实践中，有少数村不愿意缴纳此笔费用，因此采取的一个变通手段为：项目交易后将其中一部分土地转为公共设施用地，其使用权属于政府，用于建设医院、公路等公共设施以抵偿应缴纳的提留金。

集体经营性建设用地交易存在的一个问题是，集体土地使用权到期后的续期政策及手续没有明确规定，造成土地后续价值不确定，使得土地越接近使用期限其价值越低，而不像国有土地那样随着周边设施的完善而升值。

关于集体建设用地跨村（或集体经济组织）统筹，在实践中，大沥镇乃至南海区都存在这样的项目。但是政府部门没有出台正式的协商和利益分配机制，只能靠各村之间自行协商[2]。

目前大沥镇也希望能够成立跨集体经济组织的集体建设用地集约利用管理中心，但需要在国土部门指导下进行，目前仍只是统筹办方面的一个意向。

---

〔1〕主要为三旧改造项目，所谓三旧改造指"旧城镇、旧厂房、旧村庄"改造，是广东省特有的改造模式，即将目前的集体土地征为国有，将工业用地转为住宅用地，产生的增值部分由集体和政府五五分成（扣除一级开发商的成本及利润部分）。

〔2〕南海区于2013年出台了《佛山市南海区人民政府关于公布实施南海区集体建设用地基准地价的通知》，出台了基准地价，可以作为协商的依据。

（三）集体股份交易平台

1. 集体经济组织股份改革进程

广东省从上世纪 80 年代起推行包产到户工作。到 90 年代，由于广东省经济发展，分户经营已经不能适应经济发展的需要，同时广东作为改革先行地区，早于其他地区开始进行集体经济组织产权制度改革。因此，从 90 年代末起大部分集体土地就不以包产到户方式发包给村民，而是由集体统一经营管理，同时进行产权制度改革。一方面进行清产核资，将土地及集体其他经营性资产予以股份化，划分本集体总股份。另一方面，确认农民集体经济组织股东身份，按人分配股份并予以固化。

这一改革，使分散经营的农民转变为股东，按照其股份数额享有集体土地及其他资产的经营收益。目前，南海区 79 万多农民中有 78 万为集体经济组织股东，享受分红收益。产权制度改革后，集体经济组织在运行中仍存在一些问题，主要是：

第一，转制后集体经济组织的法律地位不明确。集体经济组织法律地位始终没有得到明确，到工商部门登记，面临税费、股东人数受限等问题；不能成为独立的市场主体，这客观上导致农村集体经济定位的混乱。目前南海区采取由统筹办进行登记发放《经济组织证明书》，其法人地位是不确定的。[1]

第二，政企不分，集体经济组织权利和义务不对称。集体经济

---

〔1〕 同样的问题在北京市也存在，北京市产权制度改革后，有些村将转制后的组织定位为股份制企业，进行工商登记，这导致了农村股份经济合作社要缴纳营业税、所得税、社员收益分配的红利税等税收。大多数集体经济组织没有进行工商税务登记，而是到经管部门登记为股份合作社，其法人地位受到质疑。北京市经管部门领导郭光磊提出需要“研究制订《北京市乡村集体经济组织条例》，确立集体经济组织的法人资格，赋予经济活动中签署合同的法律效力。”

组织改制后管理模式行政化的现象仍然比较突出，村委会和集体经济组织选举合并进行，使得管理层存在交叉任职。政企职责也没有完全分开，转制后集体经济仍支付社区公共开支、承担社会服务职能。[1]

为此，2012 年起，南海区开始了“政经分离”改革，即社区（村）委员会选举和集体经济组织管理层选举分开进行，只有具有股东身份的村民才能参加集体经济组织管理层选举。同时规定，村委会及党委主要领导不能兼任集体经济组织负责人，使得股东利益得到有效保障。作为配套措施，南海区还实行社区（村）主任、委员工资由政府从财政拨款承担，既断开了村委会与集体经济组织的经济联系，又保障了社区（村）公共服务机构的正常运转。

2. 集体经济组织股份流转的实践

集体经济组织产权制度改革初期并未考虑股份流转的问题，随着社会的发展集体股份逐步出现流转的需求。[2]

佛山市南海区于 2013 年年底公布了《南海区村（居）集体经济组织成员股权（股份）管理交易办法（征询意见稿）》，规范集体股权在集体经济组织内部的转让、继承、赠与、质押。主要内容是集体经济组织为管理股权流转需设置的机构及其职责，流转的程序和限制

---

〔1〕 如有的村常住人口 12 000 人，集体经济组织股东只有 4 000 人，理论上集体经济组织利润为 4 000 名股东享有。但实际上，由于村委会领导兼任集体经济组织负责人，为拉拢其余 8 000 名有选举权的村民常常将经济组织财产用于村公共建设，使股东权益受损，导致集体经济组织负担重。权利和义务的严重不对称，也造成村委会选举激烈，甚至出现非法竞选情况。

〔2〕 农业部经管司司长张红宇指出，集体资产股份权能改革“重点探索农民对集体资产股份有偿退出的条件及退出的范围、程序和方式，探索贷款人不能偿还到期贷款时集体资产股份作为抵押物变现的具体途径，探索具备法定继承人资格但不是集体经济组织成员的人员如何继承集体资产股份等内容。”

性规定。

同时，南海区是全国33个农村土地改革试点地区之一，实践的一个重点是“以户为单位进行确权，将股权确权到户”。即将原来集体经济组织确权固化到个人的股份分配到户，按照每户人口重新划分股份并固化到户，同时确定户主。今后集体分红只针对户主进行，股份及分红在户内的分配、变动集体不予干涉。[1]

目前南海区大部分地区都进行了这一改革，大沥镇今年也准备开展这一工作。

3. 股份交易平台

南海区于2013年成立了股份管理交易中心，开发了股份管理系统。目前已经实现78万集体经济组织股东均录入了管理系统，可查阅其拥有股份数量及分红金额，以保障股东依法取得分红的权利。在股份流转方面，实践中没有通过交易平台进行的交易项目。[2]

---

[1] 这一改革虽然符合集体土地承包到户的规定，使股权与承包经营权分配相吻合，但是实际上并不利于股份的流转。首先，这次确权到户首先要看各户人口重新确定股权，实质上是把已经固化到人的集体股份收归集体重新分配，在法律上是对私人产权的侵犯（北京有的村也有类似的政策）。第二，将按人重新划分的股份固化到户，实质是把矛盾下放到家庭内部，随着今后家庭人口变迁、相互间血缘关系淡化必然产生利益分配矛盾，特别是不在本地区工作生活的股东其收益权无法得到有效保障，不利于人才的有效流动。第三，由于股份固化到户，如需要流转实际上要在本户所有股东取得一致意见后才可行，随着户内人口变化，股东间关系逐步疏远，利益逐渐分化，取得一致意见越来越不可行，给股份流转制造了障碍。

[2] 由于股权交易办法仍是以“实行股权固化到人”为基础制定的，因此在南海区实行了股份固化到户后，已经失去了指导意义，必须进行大幅度修改才能实施。但是其规定中要求股东转让股份必须保留一部分股份的规定值得其他地区借鉴，其股东数据库的建立也为集体经济组织股份流转打下了良好基础。

佛山市大沥镇对集体经济组织管理经营结构的探索是对政府简政放权、放松对土地管理、允许集体建设用地入市的重要措施补充，其建立的财务监管体系、资产交易平台以及集体股权交易平台，都是针对目前我国集体经济组织所暴露出的问题的比较完善的弥补措施，值得在全国范围内推广。

参考文献

1. 高钰玲:《农民专业合作社服务功能:理论与实证研究》,博士论文,浙江大学, 2014 年。
2. 梁红卫:“农村集体经济组织风险管理研究”,《决策探索》2014 年第 18 期。
3. 梁巧、黄祖辉:“关于合作社研究的理论和分析框架:一个综述”,《经济学家》2011 年第 12 期。
4. 王勇:“农村集体经济组织面临新境况分析”,《中国农村观察》2012 年第 5 期。
5. 郑丹、王伟:“我国农村集体经济组织发展现状、问题及政策建议”,《中国科技论坛》2011 年第 2 期。

（刘丽文，北京大学光华管理学院；陈骐，北京大学光华管理学院）

农垦土地资源优化利用中的简政放权研究

刘江涛　李旭鸿

一、问题的提出

我国农垦体系拥有丰富的国有土地资源，以大基地、大产业、大企业和市场化、专业化、组织化运作等独特优势，在农业现代化建设中发挥着重要的作用。2015 年年初，中央一号文件《关于加大改革创新力度　加快农业现代化建设的若干意见》中明确提出了“加快农垦改革发展”；2015 年 11 月 27 日，中共中央、国务院通过了《关于进一步推进农垦改革发展的意见》。这表明，在新常态的经济新形势下，作为农业发展中重要的国有经济主体,农垦体系的改革得到了中央的高度重视,改革全面进入加速阶段。

农垦体系拥有 36.6 万平方公里土地,管理经营 9 316 万亩耕地、2.28 亿亩草地、5 955 万亩林地等国有资源性资产。在我国存在着国有土地和集体土地两种不同的土地所有制模式:"城市的土地属于国家所有。农村和城市郊区的土地,除由法律规定属于国家所有的以外,属于集体所有;宅基地和自留地、自留山,也属于集体所有。"[1] 相应地,我国土地制度包括了城市土地制度和农村土地制度,城市土地均属于国家所有,而农村土地则存在着国家所有和集体所有两种形式。农垦土地的特殊性就在于这些土地基本上位于农村和城市郊区,但其性质不是集体所有,而是国家所有,农村土地国有形式主要就体现在农垦的土地上。因此,农垦土地制度的改革对于农垦体系改革和农村土地制度改革均起到重要作用。

《关于进一步推进农垦改革发展的意见》指出:我国农垦是在特定历史条件下为承担国家使命而建立的。推进农垦改革发展,要坚持社会主义市场经济改革方向,坚持政企分开、社企分开,以保障国家粮食安全和重要农产品有效供给为核心,以推进垦区集团化、农场企业化改革为主线,依靠创新驱动,加快转变经济发展方式,推进资源资产整合、产业优化升级,建设现代农业的大基地、大企业、大产业,全面增强内生动力、发展活力、整体实力,发挥现代农业建设的骨干引领作用。要加强党对农垦工作的组织领导,加强农垦资产管理,防止国有资产流失。要按照统筹兼顾、标本兼治、上下联动、点面结合的原则稳步推进。其中在第三条第十三点针对性地提出了要"创新土地管理方式"[2] 的具体意见。

---

[1] 参见《中华人民共和国宪法》第一章第十条。

[2] 参见中共中央、国务院 2015 年 11 月 27 日印发的《关于进一步推进农垦改革发展的意见》第三条第十三点。

国务院副总理汪洋2015年11月16日在《人民日报》发表署名文章《用发展新理念大力推进农业现代化》,文章提出“要加强农垦在农业现代化中的引领作用”。著名经济学家厉以宁教授认为:“农垦改革的总目标应该是把国有资源或者资产,包括土地、资本和人力等三方面搞活,更好地发挥效益。”

因此,作为农垦改革中重要国有资源的农垦土地资源,在新经济形势下将会加快改革创新力度、不断优化利用,从而提升整个农垦体系的可持续发展能力,为我国农业现代化建设和农村土地制度改革做出新的重要贡献。同时,政府职能部门的政策法规完善和审批流程优化等对农垦土地资源的优化利用起到非常重要的作用。本文将重点研究我国农垦土地资源优化利用中政府简政放权的重要性、存在的问题,并提出改革发展的总体思路和政策建议。

二、农垦土地资源优化利用与简政放权的概念解析

(一) 农垦土地资源优化利用的概念解析

土地资源优化利用是指在一定社会经济和技术条件下,在土地资源利用现状的基础上,根据土地特性和土地利用系统原理,运用科学的技术手段和管理方法,在时间和空间上对土地资源结构、布局等进行改进,以期达到土地资源利用的经济效益、社会效益和生态效益最大化的目标,保持人地系统的协调运行和可持续发展。土地资源优化利用的途径可以分为利用方式优化、数量结构优化、空间布局优化以及综合效益优化等。因此,土地优化利用是系统性工程,由多个子系统组成,逻辑关系复杂,同时涉及诸多因素,如经济发展、生态保护、资源开发等,优化目标具有多元性且有时是相互制约的,需要进行协调性的综合优化。

农垦土地资源的优化利用即是指在现有社会经济和技术条件下,在农垦土地资源利用现状的基础上,根据农垦土地特性和农垦

土地资源利用系统原理,运用科学的技术手段和管理方法,在时间和空间上对农垦土地资源结构、布局等进行改进,以期达到农垦土地资源利用的经济效益、社会效益和生态效益最大化的目标,保持人地系统的协调运行和可持续发展。

农垦土地资源优化利用可以包括以下几方面内容:一是农垦土地资源供给和需求的总体平衡;二是在现有约束条件下实现农垦土地资源数量结构利用的最优化;三是农垦土地资源空间布局的优化,即在对各类用地进行发展趋势等综合分析及土地资源利用分区的基础上,在区域范围内进行空间布局设计;四是农垦土地资源产出率和利用率的优化,即在数量结构和空间结构的基础上合理组织利用,以最大限度地提高其产出率和利用率;五是农垦土地资源制度安排的优化,即通过制度的安排,使农垦土地资源能够在人类生产生活中发挥更重要的作用,实现经济效益、社会效益和生态效益的和谐统一。

(二)简政放权的概念

习近平总书记2014年7月8日给福建30位企业家的回信中写道,“当前,各级政府正在加快转变职能,大力简政放权,目的之一就是让市场更好发力,让企业创新创造源泉更加充分涌流,这是又一次重要的‘松绑’放权,也是企业家更好发挥智慧力量的历史新机遇。”

简政放权,就是精简政府职能,简化不必要的事务,减少不应有的权力,理顺政府、社会、市场和公民个人的关系,明确政府自身的定位,将有限的政府资源用于真正需要管理、服务、监督的事务上,在经济运行调节与规范、市场监督、社会治理、公共服务、城市运行管理与环境保护等方面,降低社会主体从事生产、经营、生活的成本,释放改革红利、强化社会管理、激活社会能量,促进经济增长。

三、农垦土地资源优化利用中简政放权的重要性分析

（一）农垦体系改革发展的重要性分析

农垦体系从解放前三五九旅南泥湾垦荒的雏形，到解放后成为从事农业生产的国家队，在农业现代化建设、粮食安全生产、新型城镇化建设、生态可持续发展、农村发展的示范带动、维稳戍边等方面为我国经济社会发展做出了重要贡献。农垦体系改革发展的重要性主要体现在以下方面：

首先，农垦体系的改革发展将会壮大国有农业经济占比，提升国家对农业战略产业的控制力和影响力。农垦体系的土地是国有性质，不同于农村集体所有制土地，属于国有经营性资产；农垦员工是国有企业职工，国有农场同农垦员工之间的土地承包是建立在劳动合同基础上的经营合同关系，不同于农民承包农村集体土地的用益物权。作为国有农业经济的主要实现形式，农垦体系始终是农业先进生产关系和生产力的重要代表，农垦体系的可持续发展将会推动形成以国有经济为主导、家庭农场为基础、多种经济主体共同发展的战略格局，提升农业的生产效率，提高农业产业集中度和参与国际竞争的主动权，保障国家农业发展战略的实现。

其次，农垦体系的改革发展将会加速农业的现代化建设进程。当前我国已进入传统农业向现代农业加速转型升级的新时期，农垦体系的可持续发展将会推动这一进程。在农业生产规模化上，据测算，全国农垦种植业从业人员人均经营耕地约 2 公顷，大幅高于农村平均水平，农垦体系的改革发展将会改变当前农业经营主体规模小、分布散等状况，确保农业生产经营的统一组织和管理，培育新型农业经营主体、发展适度规模经营、实现农业生产的规模化；在农业产业化方面，农垦体系在以粮食、棉花、天然橡胶、糖业、奶业、种业等为主的一批优势产业基础上，通过改革发展将会不断延伸和完善

产业链，形成内外相联、优势互补、产销衔接的一体化产业格局；在企业集团化经营方面，农垦企业集团通过改革发展，可不断提升经营规模、管理水平、效益水平、市场竞争力和行业影响力等，从而不断推进农业现代化建设的进程。

第三，农垦体系的改革发展将会加快推进新型城镇化建设。2014 年政府工作报告中明确提出“推进以人为核心的新型城镇化”的目标，要求“今后一个时期，着重解决好现有‘三个 1 亿人’问题，促进约 1 亿农业转移人口落户城镇，改造约 1 亿人居住的城镇棚户区和城中村，引导约 1 亿人在中西部地区就近城镇化。”2014 年 3 月 16 日，中共中央、国务院印发《国家新型城镇化规划（2014—2020 年）》，明确了未来城镇化的发展路径、主要目标和战略任务，并统筹相关领域制度和政策创新。农垦体系有 1 000 多个小城镇分布在全国各地，特别是中西部和边疆地区，近年来，已累计完成危旧房改造 160 多万户，农场城镇面貌有了翻天覆地的变化，形成了颇具规模的小城镇，为新型城镇化建设作出了积极贡献。农垦体系的改革发展将会进一步推进我国新型城镇化建设。

第四，农垦体系的改革发展将会确保我国的粮食安全。习近平总书记指出，中国人的饭碗任何时候都要牢牢端在自己手上，粮食安全的主动权必须牢牢掌控在自己手中。随着农业国际化的发展，我国农业产业安全面临着严峻的挑战，要确保国家粮食安全的主动权，根本在于不断增强国内粮食的综合生产能力。作为实施国家粮食安全战略的重要主体，农垦体系拥有稳定的大规模生产基地和商品粮供给渠道，在农业科技水平、规模化和产业化经营等方面具有优势，农垦体系的可持续发展，将会强化自身的组织化、规模化和机械化等优势，提高土地产出率、劳动生产率和商品供给率，建设出一流的粮食生产基地，培育出农垦体系的国际大粮商，从而确保国家粮食的安全。

(二) 农垦土地资源优化利用中简政放权的重要性分析

由于土地资源的特殊性质,土地资源的优化利用一定离不开政府部门职能的优化,因此,简政放权在农垦土地资源优化利用中的重要性主要体现在:

首先,简政放权将会促进农垦土地资源得到充分优化利用,促进农垦体系改革的成功。农垦土地资源是农垦体系的重要资源,是国有性质。简政放权将会使农垦土地资源中的农用地得到充分利用,将会有效提升我国农产品的产出效率,推动我国粮食生产的安全性;简政放权将会使农垦土地资源中的建设用地得到充分利用,将会有效推进我国新型城镇化建设;简政放权将会使农垦土地资源得到有效资本化和资产化运作,将会提升我国农垦集团资本实力,推动企业的集团化运作。

其次,简政放权将会有效推动农村土地制度改革的进程。农垦土地资源是农村土地资源的重要组成部分,其国有属性的农村土地与集体所有制属性的农村土地共同构成了农村土地。农垦土地资源的优化利用离不开农村土地制度的改革,简政放权将会使农垦土地资源得到优化利用,共同推进农村土地制度改革的成功。农垦土地资源优化利用中的简政放权可以借鉴农村集体所有制土地资源优化利用中简政放权的优秀案例,取长补短,共同推进。

第三,农垦土地资源优化利用中的简政放权将会为供给侧结构性改革作积极贡献。习近平总书记在 2015 年 1 月 10 日中共中央财经领导小组的第十一次会议中首次提出:"在适度扩大总需求的同时,着力加强供给侧结构性改革,着力提高供给体系质量和效率,增强经济持续增长动力。"供给侧结构性改革的目标就是为了更好地发挥市场配置资源的决定性作用,发挥政府在促进经济增长方面的关键作用,通过改革和创新,合理配置要素资源,扩大有效的供给,优化供给侧结构并提升其对需求变化的灵活性和适应性,从而提高社会全要素生产率和长期潜在经济增长率，推动经济结构调整和产业结构调整，保证长期可持续的经济增长。在当前，供给侧结构性改革主要涉及到劳动力、资本、土地、技术、管理等要素配置。农垦土地资源优化利用中的简政放权，就是针对供给侧结构性改革中重要的土地要素。通过简政放权，提高农垦土地资源优化配置的效率，为社会提供充足的、安全的、符合社会需求的农业产业链上的产品，将会提高社会全要素生产率和长期潜在经济增长率，为供给侧结构性改革作出积极贡献。

四、农垦土地资源的现状分析

目前，农垦体系分布在全国31个省区市，拥有36.6万平方公里土地（约占国土面积的3.8%），管理经营9 316万亩耕地（约占全国耕地的4.6%）、2.28亿亩草地（约占全国草地的6%）、5 955万亩林地（约占全国林地的1.8%）等国有资源性资产，拥有1 413万人口、319万职工、1 779个国有农场、3 200多家国有及国有控股企业、企业国有资产达10 390亿元（不含土地等资源性资产），已经建设成为农工商综合经营、一二三产业全面发展、科教文卫等设施较为完善的经济社会系统。同时，农垦体系积极实施走出去战略，已在42个国家和地区设立了113个境外企业和发展项目。

表1　农垦体系土地资源占全国土地面积比例表

类别	农垦体系面积	全国面积	占　　比
土地	36.6万平方公里	960万平方公里	3.8%
耕地	9 316万亩	20.27亿亩	4.6%
草地	2.28亿亩	37.98亿亩	6.0%
林地	5 955万亩	32.92亿亩	1.8%

来源：根据国土资源部和农业部农垦局官方网站数据整理而得。

2010—2014年农垦体系生产总值从3 382亿元增加到6 420亿元，按可比价格计算，2011年到2014年每年增长率分别为13.5%、

13.8%、12.8%和9.5%，增幅均高于GDP的增幅。其中，新疆兵团和黑龙江农垦是生产总值最大的两个垦区。农垦体系生产总值的逐年稳步增长，为农垦体系改革和农垦土地资源的优化利用提供了有力的经济支持和保障。

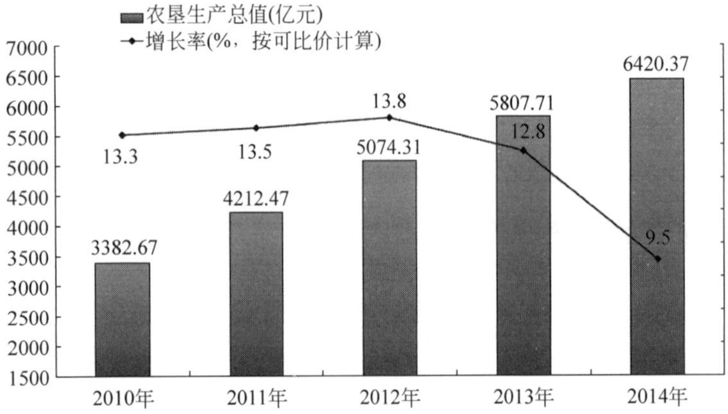

图1　2010—2014年农垦生产总值及增长率

资料来源：农业部农垦局。

由此可见，农垦体系拥有丰富的国有土地资源，以大基地、大产业、大企业和市场化、专业化、组织化运作等独特优势，在农业现代化建设中发挥着重要的作用。

五、农垦土地资源优化利用中简政放权改革面临的问题分析

（一）调研情况说明

1．基本情况

笔者有幸参与了农业部重点课题“新形势下农垦改革发展重大战略问题研究”，在课题研究中，为了能够充分客观地了解农垦土地资源优化利用中简政放权面临的问题，笔者以农垦系统中具有代表

性垦区以及垦区内的国有农场为例，运用调研分析的方法，进行了深入的分析。

2. 调研对象

主要对安徽农垦、江西农垦、上海农垦、宁夏农垦、广西农垦等垦区的管理者、职工、相关金融机构等的人员进行调研。

3. 调研方法

（1）问卷调查。制定《农垦土地资源优化利用调研提纲》，主要涉及到垦区土地资源基本情况、垦区土地管理机制、垦区土地承包经营体制、垦区土地适度规模化经营、垦区土地确权、垦区土地资本化运作和垦区土地规划使用等内容，并对调研垦区进行了调查。

（2）专项工作会议。2015 年 7 月和 2016 年 3 月，农业部农垦局分别召开了“农垦土地经营管理工作研讨会”和“农垦国有农用地有偿使用制度专题研讨会”，农业部农垦局、国土资源部、相关垦区、高校研究机构的领导、专家和工作人员参会，对农垦土地经营管理、国有农用地有偿使用等内容进行了分析和讨论。

（3）垦区现场调研。先后前往江西农垦、安徽农垦、黑龙江农垦、重庆农垦、上海农垦和广西农垦等垦区，并深入到基层国有农场，与管理干部、基层员工、相关金融机构员工等进行访谈、交流，取得一手调研资料。

（二）农垦土地资源优化利用中简政放权改革面临的问题分析

根据调研的情况，农垦土地资源优化利用中简政放权改革面临的主要问题为：

1. 农垦管理体系多样，需根据不同垦区特点制定针对性方案

农垦管理体系多样，可分为新疆生产建设兵团、农垦局直属垦区、地方管理垦区三大类。其中，新疆生产建设兵团由中央直接管理，属于党政军企合一的体制；农垦局直属垦区包括黑龙江和广东

两个垦区，属于省部双重领导，以省为主，财政预算部分基建投资和国资监管由中央来管理，干部管理等工作由省党委负责；地方管理垦区又分为两大类，一类是省级层面集团化管理的垦区，包括安徽、上海、广西等，另一类是农场下放到市县管理，省级层面履行行业指导职能，例如吉林、江西等。

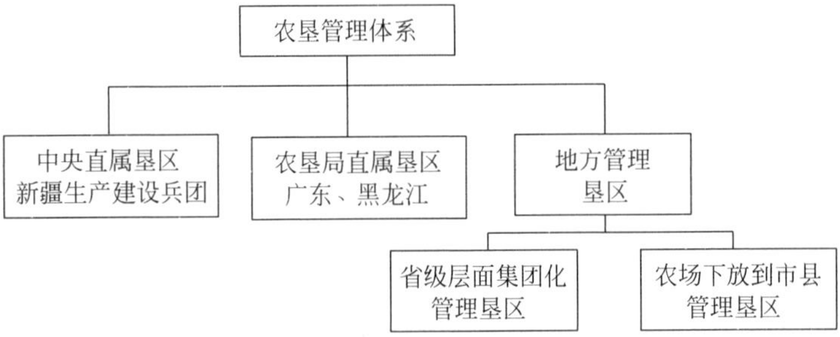

图 2　农垦管理体系表

省级层面集团化管理的垦区，目前有 17 家，省级农垦主管部门改组为集团母公司，同时保留了省级管理机构模式，绝大多数都是两块牌子一套人马，所属农场及第二、三产业企业按照发展需要改组为集团子公司或分公司，形成以资本为纽带的母子公司体制。农场下放到市县管理的垦区则较难在省级层面形成集团化的企业运行机制。

由此可见，农垦体系由于历史等原因，形成了多种经营管理体制，每种体制都有其特殊性，因此，在制定土地资源优化利用中相应的简政放权政策时，应当根据不同垦区特点制定针对性的方案。

2. 农垦土地资源利用的相关法律法规需要进行修改和完善

（1）当前与农垦土地资源利用相关的主要法律法规

按照时间顺序，与农垦土地资源利用相关的法律法规主要如表 2 所示。

表2 与农垦土地资源利用相关的法律法规

序号	法律法规名称	发布单位	发布时间
1	中华人民共和国土地管理法	全国人民代表大会	1986年6月通过,1988年12月第一次修正,2004年8月第二次修正
2	中华人民共和国城镇国有土地使用权出让和转让暂行条例	国务院	1990年5月
3	中华人民共和国担保法	全国人民代表大会	1995年6月
4	国有企业改革中划拨土地使用权管理暂行规定	原国家土地管理局	1998年2月
5	基本农田保护条例	国务院	1998年12月发布,2011年1月修订
6	关于进一步推行招标拍卖出让国有土地使用权的通知	国土资源部	1999年1月
7	关于加强国有土地资产管理的通知	国务院	2001年4月
8	中华人民共和国农村土地承包法	全国人民代表大会	2002年8月
9	中华人民共和国农村土地承包经营权证管理办法	农业部	2003年11月
10	国务院关于将部分土地出让金用于农业土地开发有关问题的通知	国务院	2004年3月
11	中华人民共和国物权法	全国人民代表大会	2007年3月
12	城乡建设用地增减挂钩试点管理办法	国土资源部	2008年6月
13	关于加强国有农场土地使用管理的意见	国土资源部、农业部	2008年10月
14	土地利用总体规划编制审查办法	国土资源部	2009年1月

续表

序号	法律法规名称	发布单位	发布时间
15	土地复垦条例	国务院	2011 年 2 月
16	土地权属争议调查处理办法	国土资源部	2002 年 12 月
17	土地复垦条例实施办法	国土资源部	2012 年 12 月
18	关于引导农村土地经营权有序流转发展农业适度规模经营的意见	中共中央办公厅	2014 年 8 月
19	节约集约利用土地规定	国土资源部	2014 年 9 月
20	关于开展农村承包土地的经营权和农民住房财产权抵押贷款试点的指导意见	国务院	2015 年 8 月
21	关于进一步推进农垦改革发展的意见	中共中央、国务院	2015 年 11 月

（2）法律法规尚需完善的方面

以上法律法规的颁布和实施，对于农垦土地资源的利用起到了有效的指导和规范，但农垦土地资源类型多，根据调研的情况，在具体实践中，还有以下方面尚需完善和明确，以使简政放权更有针对性地实施：

首先，农垦农用地由国家无偿划拨使用，但法律上对国有农用地使用权的取得、权能等都缺乏明确的规定，导致实践操作中存在很多偏差，需研究并进一步明确国有农用地的权属权能。国有农用地使用权在法律上没有明确的规定，导致在保护和利用中缺乏法律依据，需研究并进一步明确国有农用地使用权的法律定位。同时，国有农用地权利结构和构成、国有农用地使用权取得和处置权益等，都需要从充分体现国家意志和所有者权益的角度来进行规范和完善。

第二，部分法律法规的细则需再明确。比如，国家《土地法》强调只有“公益性建设需要”才可“收回国有农场土地”，但对于何为

“公益性建设”却一直未给出明确解释。国家土地政策提出了收回国有农场土地要“安排相应的社会保障费”、“规范留地安置”，但一直未明确要如何量化安排、如何规范，也未明确“收回农垦土地要与农场签订补偿安置协议”，在地方不及时跟进国家政策的情况下，农垦土地被收回时寻求合理补偿多有不便。

3. 农垦土地确权面临一定困难

（1）农垦集团层面缺乏土地直接管理权限

除了安徽农垦等个别垦区成立省级国土部门向农垦集团公司派驻的土地管理分局，诸如土地规划编制修编调整、年度计划指标单列、委托出让和出让金分享、土地合作开发利用、土地确权登记发证、执法监察等大问题都得到较好的解决；大部分垦区未能有省级国土部门向农垦集团公司派驻土地管理机构的设置和职能配置，农垦土地管理一直处于边缘化状态，问题发生后农垦局缺乏话语权。

（2）除个别发达地区垦区外，大部分垦区确权面临困难

垦区与当地政府由于历史遗留问题等，即使已经确权的土地，在很多土地权属方面仍然存在纠纷，在重新确权时，很可能由于人为因素，加大确权的难度。垦区确权发证困难的主要原因为：

一是权属调查费、测量费等偏高，缺少财政扶持。以广西农垦为例，权属调查费仍执行自治区物价局 1994 年文件，为 166 元/亩，测量费农用地和建设用地均为 13—130 元/亩，两费分开，同时都要付；广西农垦 121 万亩尚未发证土地要付权属调查费 2 亿元（166 元/亩 ×121 万亩）、还需另付测量费 1.2 亿元（平均 100 元/亩 × 121 万亩），广西农垦农场无力承担。

二是土地周边相邻人不配合不指界不签界。

三是少数地方政府对于侵占国有土地行为未能公正及时果断处理。

四是存在人地矛盾，农场职工人少、村民人口多，少数职工的守

土意识和责任感不强。

4. 农垦土地规划管理有待加强

因历史和现实、主观和客观等因素,农垦国有土地规划管理存在困难和问题较多。农垦国有土地规划由地方政府属地编制和审批,编制修编和调整过程很少征求农垦单位意见,农垦方面主动找地方政府及其国土部门沟通协调不够,农垦有关部门与农场之间沟通协商也不够,农垦经济社会发展对建设用地的客观需求在地方《土地利用总体规划》中常常得不到充分体现。

5. 农垦土地承包经营制度需要完善

农垦土地承包经营制度需要完善的内容,主要表现为:部分管理者对农垦土地承包经营制度的政策把握不准、宣传解释不到位、土地承包和土地承包合同管理不规范、土地承包收费调整频繁且调增幅度过大、经营性服务收费不透明等。

六、农垦土地资源优化利用中简政放权改革总体思路和政策建议

(一) 总体思路

在农垦总体发展规划的前提下,加大简政放权的力度,不断拓宽和完善农垦土地资源优化利用的途径和方式,规范农垦土地资源利用的法律法规,加强农垦土地确权工作,完善农垦土地承包经营制度、推进农垦土地适度规模经营,确定科学合理定价机制,采取有效措施,确保农垦农用地特别是耕地规模不被侵占,加强农垦土地规划管理,健全农垦土地管理机构和制度,积极推进农垦土地资本化和资产化、加大金融的支持力度,注重农垦土地资源优化利用中的风险防范和配套制度建设,推动农垦土地资源的优化利用,为农垦的改革发展做出积极贡献。

（二）政策建议

1. 完善农垦土地资源优化利用的相关法律法规，为简政放权提供有力的制度保障

梳理我国现有土地法律权利体系，明确国有农用地权利与其他权利的关系定位，分析存在的主要问题；厘清国有农用地权利结构，明确权利构成；从充分体现国家意志和所有者权益的角度，提出国有农用地使用权取得和处置权益意见。

建议相关部门在政策法规制定时，应当充分考虑到农垦国有土地的特点，明确权利和义务，优化制度框架，为简政放权提供有力的制度保障。

2. 加强流程梳理、优化审批环节、放开审批权限，提升审批效率

针对农垦土地资源利用中涉及到的行政审批的范围和流程，进行梳理和完善，对流程中的审批环节、权限、内容进行整合和优化，缩减审批的环节、在风险可控的前提下放开审批的权限，提高行政审批的效率。

农垦土地资源利用中主要涉及到的行政审批范围包括：土地使用权、土地承包经营权、土地拍卖和转让、土地开发、土地征收、土地总体规划、土地抵押融资等内容。

3. 积极推进农垦土地确权工作

加快推进农垦土地确权登记发证。土地是农垦最为基础的生产资料，建议在对农垦土地进行摸底调查的基础上，创新土地发证的办法和途径，不断提高公告发证的比例和水平。参照农村集体土地权属调查费标准，切实降低农垦国有土地确权发证的费用，用3年时间基本完成农场国有土地确权登记发证工作，中央和地方财政应给予相应的支持。在具体细节方面，比如，建议规定“土地证”名称与单位公章名称不一而实质上为同一国有属性单位的，免费变更

登记换证。

4. 优化农垦土地总体规划的沟通管理机制

建议优化农垦土地总体规划的沟通管理机制。加强农场与市县国土部门的沟通,及时快速向地方反映农垦经济建设和社会发展各种项目对建设用地的规划和计划指标的迫切诉求。建议国土部、农业部明文规定,在农垦配合划定基本农田的同时,理解和支持农垦发展,在制定相关规划时,多听取农垦的建议,加强沟通,提高农垦土地总体规划的水平。

5. 健全土地承包经营管理制度

农垦日常经营实行国有农场套职工家庭农场(承包经营)、统分结合的管理模式。在简政放权中,针对农垦土地承包经营管理和规模化经营,建议给予农垦更多的自主权,让农垦体系的经营农场能够根据实际情况,在法律规范允许的框架内,开展经营管理、实现自负盈亏,不断提升农场的市场竞争力。

参考文献

1. 厉以宁:《中国经济双重转型之路》,中国人民大学出版社2013年版。
2. 厉以宁:《中国道路与蓝领中产阶级成长》,商务印书馆2015年版。
3. 农业部农垦局:《2014年全国农垦经济和社会发展统计公报》,《中国农垦》2015年第7期。
4. 刘江涛、李旭鸿:"经济新常态下农垦体系可持续发展战略研究",《中国农垦》2015年第10期。
5. 钱敏、濮励杰等:"土地利用结构优化研究综述",《长江流域资源与环境》2010年第12期。
6. 万仁泉:"关于农垦土地开发的政策方向分析",《农业与技术》2013年第4期。

(刘江涛,北京大学光华管理学院博士后;
李旭鸿,财政部税政司,现派驻香港中联办行政财务部)

北京市围绕落实首都城市战略定位深化行政体制改革的实践

于鸷隆　韩振华

2014年2月26日，习近平总书记视察北京并发表重要讲话，明确了北京作为全国政治中心、文化中心、国际交往中心、科技创新中心的战略定位，提出了建设国际一流的和谐宜居之都的目标，对做好北京发展和管理工作、推动京津冀协同发展作出了重要指示，为做好新时期首都工作指明了方向。北京发展进入落实首都城市战略定位、疏解非首都功能、推动京津冀协同发展的新阶段，需要发挥好政府和市场两方面作用，进一步深化行政体制改革，进一步提高北京城市规划建设管理水平。

一、行政体制改革的理论基础和目标

所谓行政体制是相对于立法体制、司法体制而言，是管理国家行政事务的政府机关的设置、职权的划分与运行等各种制度的总称。它是上层建筑的范畴，是国家政治体制不可分割的重要组成部分。用更加通俗的语言来讲，行政体制就是政府行政部门的设置及职权的行使问题。关于行政体制，自古典经济学家以来就有很多理论观点，主要围绕政府和市场、政府和社会的关系来展开。

（一）行政体制改革的本质是处理好政府与市场和社会的关系

古典经济学家亚当·斯密认为人类有自私利己的天性，因此追求自利并非不道德之事。倘若放任个人自由竞争，人人在此竞争的环境中，不但会凭着自己理性判断，追求个人最大的利益，同时有一只“看不见的手”（指市场）使社会资源分配达到最佳状态。亚当·斯密详细讨论了政府如何以守夜为天职，根据他的论述，政府的职能主要有三项：一是保护本国社会的安全，使之不受其他独立社会的暴行与侵略；二是为保护人民，不使社会中任何人受其他人的欺负或压迫，换言之，就是设立一个严正的司法行政机构；三是建立并维持某些公共机关和公共工程。他还赞成政府管理邮政、合法限制利率、国民义务教育，及一切自由业或信用业的执照考试等。他也同意用公共规章保障国民之有形安全，比如采取卫生措施以预防传染病的蔓延。由此可见，虽然亚当·斯密被认为是主张自由放任市场经济的鼻祖，但他也认同政府必须发挥应有的职能，有所作为，以维护市场经济的高效运转。

马克思根据19世纪欧洲经济社会发展的现实，以辩证唯物主义和历史唯物主义的哲学思维，深刻分析了人类社会发展的内在规律。在分析当时的资本主义大生产时，马克思发展了劳动价值论，提出了劳动异化理论和剩余价值理论，提出了阶级斗争是社会形态演变的动力，认为国家是统治阶级压迫被统治阶级的暴力机器，人类社会的发展趋势就是要消除阶级和压迫剥削，因此在经济领域主张以劳动者联合来占有生产资料共同生产，在政治领域主张消灭国家，实行劳动者合作自治、建立自由人联合体。

随着 20 世纪 30 年代前后西方资本主义世界大萧条的发生，同期的苏联经济建设蓬勃发展，凯恩斯主义逐步兴起，认为政府在扩大有效需求、促进总供给和总需求平衡中发挥着重要作用，应该对经济实行适当干预和宏观调控，以维护就业稳定和经济增长。

以庞巴维克、米塞斯、哈耶克为代表的奥地利自由主义经济学家，对马克思主义、社会主义思潮及其劳动价值论等理论基础提出了猛烈抨击，也反对主张国家调节经济的凯恩斯主义，提倡自由主义，支持市场自发势力而反对社会主义的计划经济，反对政府干预，认为一切干预都是对市场的扭曲，将导致市场秩序的紊乱，或产生新的垄断。这一思潮在 20 世纪 70 年代资本主义世界产生滞胀后不断得到新的发展和扩张。

通过对以上经济学流派的简要回顾，可以看到，不同学派的观点，都从一个侧面论证了政府和市场的关系，在具体的时代背景下都发挥了重要作用。但总体看，政府和市场在不同社会形态的国家经济生活中都发挥着重要作用，特别是在全球化的今天，市场经济已被绝大多数国家作为经济运行的基本体制，政府在宏观调控、公共服务、社会保障、市场监管等领域也发挥着越来越重要的作用。

我国作为一个从计划经济向市场经济转型的社会主义国家，总的趋势是政府由原来的全能政府、经济运行的总管家，逐步向有限政府、服务政府归位，不断转变政府职能，深化行政体制改革，让市场在资源配置中发挥决定性作用、更好发挥政府的宏观调控作用。同时要坚决抵制新自由主义思潮的干预，坚持马克思主义的基本立场观点方法，在经济领域不盲目推行私有化改造，坚持公有制为主体、多种所有制共同发展；在政治体制上坚持党的领导、人民当家作主和依法治国的有机统一，不断发展中国特色社会主义民主政治。

（二）行政体制改革的目标是建设服务型政府

党的十七届二中全会提出了到2020年建立起比较完善的中国特色社会主义行政管理体制的目标。从政府与市场的关系而言，就是要建设服务型政府。

一是转变政府职能。继续深化审批制度改革，推进政企分开、政资分开、政事分开，减少政府直接管理和介入微观经济，更好地发挥市场在资源配置中的决定性作用，优化对经济运行的调节；大力加强市场监管，推进公共资源配置市场化改革，尤其是完善国有土地使用权和矿业权出让制度，着力解决行政权力违反规定插手干预土地使用权、矿业权出让等问题。严厉打击制假售假，坑蒙拐骗等严重危害市场秩序、损害人民群众利益的市场行为，维护公平竞争的市场秩序；大力加强和创新社会管理，更加注重履行公共服务职能，把财力物力等公共资源更多地向公共服务倾斜，加快建设服务型政府。

二是优化政府组织结构。继续推进大部门制改革，按照精简、统一、效能的原则，设置更具综合性、权威性的行政机构，逐步建成科学合理、顺畅高效的“大部门制”行政机构体系；稳妥推进行政层级改革，逐步减少行政层级；进一步理顺中央与地方的关系，妥善处理中央政府和地方政府的权限、职能与责任，科学合理界定省以下地方政府不同层级职能与权责关系，努力发挥地方各级政府的积极性、创造性。

三是推进依法行政。完善有关法律制度尤其是行政法制体系，用法律法规调整政府与市场、企业、社会的关系，依法管理经济和社会事务，推进政府工作制度化、规范化、程序化，确保行政权力在法律范围内行使，做到用法律管权、依法律办事、靠制度管人。

二、北京落实首都城市战略定位的重点任务

《京津冀协同发展规划纲要》对北京市落实首都城市战略定位提出了明确要求，主要包括疏解非首都功能、构建高精尖结构、建设城市副中心、打造全国科技创新中心等。

（一）疏解非首都功能

有序疏解北京非首都功能是北京市全面落实京津冀协同发展重大国家战略的关键环节和重中之重。京津冀协同发展战略坚持问题导向，基本出发点就是有序疏解北京非首都功能，解决北京的"大城市病"问题。北京的"城市病"根源在于功能过多。多年来，随着北京城市的快速发展，人口也越来越多，人口资源环境矛盾已成为制约北京可持续发展的根本问题。

《京津冀协同发展规划纲要》（以下简称《规划纲要》）明确了有序疏解北京非首都功能的四个重点领域：**一是**一般性制造业和高端制造业中比较优势不突出的生产加工环节；**二是**区域性物流基地和区域性批发市场；**三是**部分教育医疗等公共服务功能；**四是**部分行政性、事业性服务机构。

疏解北京非首都功能是一项复杂的系统工程，必须放眼长远、从长计议。《规划纲要》确定了非首都功能疏解的三个时间节点目标。2015 年，非首都功能增量控制取得明显成效，存量疏解工作启动实施；到 2017 年，存量疏解工作取得突破性进展；到 2020 年，有序疏解北京非首都功能取得明显成效。未来几年，北京将逐年制定疏解计划，推动各领域疏解任务落实到位、阶段目标顺利完成。

（二）构建高精尖经济结构

推动产业创新发展，特别是以制造业转型升级为突破口，通过

推动构建符合首都功能定位的“高精尖”产业体系，转换产业发展动力，转变经济发展方式，加快构建“高精尖”经济结构。围绕产业链部署创新链，加快完善以企业为主体的产业创新体系，率先实现创新驱动发展。构建“高精尖”产业体系是在新常态下转变产业发展方式、提升产业发展层次的系统工程，需要配套改革创新产业政策、服务模式、管理机制等。

（三）建设城市副中心

建设北京城市副中心，不仅是调整北京空间格局、治理大城市病、拓展发展新空间的需要，也是推动京津冀协同发展、探索人口经济密集地区优化开发模式的需要。2016年5月27日中央政治局召开会议，研究部署规划建设北京城市副中心和进一步推动京津冀协同发展有关工作，明确提出要遵循城市发展规律，牢固树立并贯彻落实创新、协调、绿色、开放、共享的发展理念，坚持世界眼光、国际标准、中国特色、高点定位，以创造历史、追求艺术的精神进行北京城市副中心的规划设计建设，构建蓝绿交织、清新明亮、水城共融、多组团集约紧凑发展的生态城市布局，着力打造国际一流和谐宜居之都示范区、新型城镇化示范区、京津冀区域协同发展示范区。要坚持以人民为中心的发展思想，坚持人民城市为人民，从广大市民需要出发。要广泛应用世界先进节能环保技术、标准、材料、工艺，建成绿色城市、森林城市、海绵城市、智慧城市。要坚持统筹规划生产、生活、生态空间布局，使工作、居住、休闲、交通、教育、医疗等有机衔接、便利快捷。要充分体现中华元素、文化基因，也要借鉴其他文化特色。会议要求要坚持先规划后建设的原则，把握好城市定位，把每一寸土地都规划得清清楚楚后再开工建设。要划定好大的空间格局，注重开发强度管控，实现城市开发边界和生态红线“两线合一”。要提升城市形态，有更多开敞空间，体现绿色低碳智能、宜居宜业特点。要创新体制、机制和政策，制定配套政策。

（四）打造全国科技创新中心

全国科技创新中心是北京城市战略定位之一。北京今后从不同层面、针对不同领域将国家重大创新部署落实落细，北京将力争到2020年，建设成为具有全球影响力的科技创新中心，引领我国进入创新型国家行列。**一是**实施知识创新中心计划，打造全球原始创新策源地。加大科学基础设施建设，超前部署应用基础及国际前沿技术研究，重点推进“中关村科学城、怀柔科学城和未来科技城”三大科学城建设；集中力量实施脑科学研究、量子通信研究、纳米科学研究等大科学计划；形成原始创新策源地，将北京打造成世界知名的科学中心。**二是**实施技术创新跨越工程，构建国家创新驱动先行区。在新一代信息技术、生物医药、能源、新能源汽车、节能环保、先导与优势材料、数字化制造、轨道交通等产业领域实施八大技术跨越工程，引领支撑首都“高精尖”经济发展。**三是**服务区域发展战略，构筑协同创新开放共享新格局。建立“京津冀”有机衔接、互联互通的合作体系，打造区域协同创新中心。把握“一带一路”等国际化发展重大机遇，形成全球开放创新核心区。**四是**集聚全球高端创新资源，构筑全球开放创新高地。引进来与走出去并重，吸引国际高端科技成果在京落地，形成面向全球的技术转移集聚区；鼓励企业在海外设立研发机构，加快海外知识产权布局，参与国际标准研究和制定，抢占国际产业竞争高地。**五是**深化全面创新改革，优化创新创业环境。注重深化改革，弘扬创新精神，建设一支规模宏大、结构合理、素质优良的创新人才队伍，加快推进全面创新改革试验区建设，不断优化创新创业生态，激发全社会创新创业活力。

（五）治理“大城市病”

习近平总书记在视察北京重要讲话中指出，北京在一定程度上患上了“大城市病”。主要表现在人口资源环境矛盾日益加剧。

从人口看，北京人口增长过快，至2015年年底北京的常住人口达到2 171万人，已突破2020年1 800万人左右的控制目标，在国内大城市中仅次于上海（2 425.6万人），位居第二位。“十二五”以来，北京市常住人口年均增长50万人以上，几乎相当于国外一个大城市的规模，人口无序增长导致城市不堪重负。

从交通看，2014年北京市机动车已达到了561万辆。中心城区交通日出行总量达到了4 454万人次，早晚高峰路网平均时速25.8公里，工作日拥堵持续时间接近2小时，人均通勤时间居全国首位。特别是中心区域功能过度集中，全市71%的产业活动和71.8%的从业人员集中在城六区，如果功能和产业在中心城区继续集聚，交通拥堵只会更加严重。

从资源能源看，水资源短缺能源匮乏的状况决定无法承载过多功能和产业。2015年北京市水资源总量降至21.6亿立方米，人均水资源量只有100立方米，不及全国平均水平的1/20。北京市约70%的电、40%的成品油、98%的煤炭、100%的石油和天然气均需外部供应。如果继续发展“大而全”的产业体系，城市正常运行甚至安全稳定都会受到影响。

从环境看，大气污染形势依然严峻，空气质量远未达到国家新标准，PM2.5污染治理成为大气污染防治工作的重中之重。垃圾处理、水环境治理形势依然不容乐观。“内涵促降”模式有待深化，环境秩序管理仍需加强。

三、新形势下北京市深化行政体制改革的主要实践

疏解非首都功能、治理“大城市病”、构建高精尖经济结构等重点任务都要靠政府和市场“两只手”，必须正确处理好政府与市场的关系。产业协作、企业创新、要素流动、资源配置等经济活动应更多地发挥市场的决定性作用；基础设施、公共服务、生态建设等领域应更好地发挥政府的规划、协调和推动作用。北京市深入学习贯彻

习近平总书记系列重要讲话精神和对北京工作的重要指示精神，紧紧围绕落实首都城市战略定位，认真谋划行政体制改革，为发挥好政府和市场两方面作用、推动重点工作开展提供体制机制保障。

（一）聚焦转变政府职能核心任务，深入推进行政体制改革

一是优化政府组织机构。以转变政府职能为核心，全面推进并完成新一轮市政府机构改革，指导区县完成了新一轮政府机构改革工作，在全国率先完成了市、区县、街乡三级食品药品监管体系建设，完成了市卫生计生委、新闻出版广电局、政务服务中心等机构的整合、组建，完成了市教育矫治局调整改革，完成了全市不动产登记机构和职责的整合。调整设立了市旅游发展委，组建了市国有文化资产监督管理办公室和市医院管理局，对区县涉农机构和职责进行了优化调整。基本完成乡镇机构改革。市属议事协调机构进一步精简规范。全市政府组织机构和职能配置得到进一步优化。

二是行政审批制度改革取得重大突破。2013 年以来，围绕群众反映突出的审批难问题，北京在精简审批事项、优化审批流程上取得了突出成效。市级政府各部门共取消下放审批事项 438 项，精简比例达到 45%，提前实现了中央提出的本届政府任期内精简三分之一的目标。优化投资审批流程并在全市推广实施，大幅压缩了投资项目审批时间。推进政务服务体系建设，全面完成了市级 40 个部门、740 余项审批和服务事项进驻市政府服务大厅。推行政府权力清单制度取得阶段性成果，基本完成了市级政府部门权力编制工作，按照“通用＋专项”新模式，完成了通用责任清单和全市跨部门、跨层级的重点事项、难点领域专项清单的编制，全市政府及政府部门权责体系基本形成。非行政许可审批事项清理、中介机构清理规范、投资项目在线审批监管平台建设等重点领域和关键环节改革工作取得重要进展。研究提出在中关村区域推进简政放权、促进大众创业万众创新的试点意见，并开展试点工作。建立健全权责清单

制度，及时公布市、区县政府部门权责清单。认真做好对应取消和调整中央设定市级实施的非行政许可审批事项的贯彻落实工作，形成本市设定市、区县实施的行政许可清单。全面开展证照清理规范工作。

（二）聚焦服务保障首都科学发展，体制机制创新成效明显

一是围绕“大城市病”治理加强体制机制保障。完成原东城、西城、崇文、宣武城四区行政区划调整相关工作，核减处级工作部门177个，精简行政编制1 357名，成立了新的东城区和西城区，为更好履行首都职能、做好“四个服务”提供了体制机制保障。研究调整了昌平东小口地区行政区划和管理体制。研究建立了推进京津冀协同发展、空气重污染应急处置等方面的体制机制，研究提出了市、区县、街乡三级完善城市管理体制的总体方案，并在石景山区开展区县城市管理体制改革试点。调整优化了城管综合执法机构管理体制，研究构建“大城管”格局有关体制机制问题。完善了大气污染防治、拆除违法建设、治理超限超载、缓解交通拥堵、打击“黑出租”等重点领域的体制机制。加强了轨道交通安全、南水北调、节能减排、“7・21”特大自然灾害善后处理等力量保障，为完善城市功能提供了体制机制保障。进一步深化行政执法体制改革，积极开展综合行政执法体制改革试点，推进水务、交通等领域综合执法工作，开展石景山区、门头沟区、平谷区综合执法体制改革试点工作，推进执法力量下沉，执法效能进一步提高。加强了安全应急管理、环境保护、国土资源等领域的行政执法机构建设。

二是围绕维护首都安全稳定加强体制机制保障。进一步完善和加强了市政府部门安全监管（管理）职责，建立了横向到边、纵向到底的全市安全监管体系。进一步完善社会建设和管理体制机制，强化了“枢纽型”社会组织功能。完善首都综治维稳体制，调整了首都综治机构职责，加强了政法部门力量，强化了对流动人口和出

租房屋等重点领域管理。对全市警务体制进行优化调整,优化了机构编制资源配置,实现了机关瘦身、警力下沉,加强了重点领域、特殊地区和基层公安工作。健全了互联网管理和对外宣传体制机制,调整设立了市互联网信息办公室。健全了反恐和维稳体制机制。此外,还对应急、信访救济等工作力量进行调整补充,为加强社会建设和管理、确保首都安全稳定提供了体制机制保障。

三是围绕创新驱动发展加强体制机制保障。调整完善了中关村国家自主创新示范区、未来科技城、区县产业功能区管理体制机制,研究建立了首都经济圈发展规划协调机制。建立健全了造林工程、维护知识产权、新首钢高端产业综合服务、质量标准化等工作的协调机制,整合了职能相近的经济规划、布局以及中小企业等工作机构,调整了农村经管体制。加强综合经济、财政、商务服务业、金融风险防范、三网融合以及"京交会"、世界旅游城市联合会等方面的服务保障。因地制宜设立功能区管理机构促进区县经济发展。配合全市重大工程建设,为园博园、园博馆、北京新机场等的建设管理提供保障。

同时,配合全面深化改革工作,组建了市委全面深化改革领导小组办公室,并协调指导区县建立健全了相应组织领导体制,加强了对全市全面深化改革工作的领导。配合纪检体制改革工作,调整优化了市、区县纪检监察领导体制、工作体制和组织机构,加强了巡视机构建设和市纪委办案机构力量,推进市纪委派驻机构全覆盖,新设7家市纪委派驻机构。配合司法体制改革工作,设立了北京知识产权法院和跨行政区划法院、检察院。

(三)聚焦加强和改善公共服务,事业单位改革和管理取得阶段性成果

一是基本完成事业单位分类工作。全面加强事业单位清理规范,全市共减少事业单位655个,收回财政补助事业编制6 714名。

基本完成事业单位分类,全市事业单位分类完成率达到 96.9%,位居全国前列。推进从事生产经营活动事业单位改革,完成 30 多家非时政类报刊出版单位、文艺院团及国资系统事业单位转企改制工作。按照中央巡视组要求,完成对全市 144 个事业单位性质的培训中心的撤并整合。全市各级事业单位机构设置进一步规范,编制规模和结构更加合理。

二是创新事业单位管理。在全国率先研究并印发了《关于创新事业单位管理加快分类推进事业单位改革的意见》,从创新事业单位编制管理、创新公益服务提供方式、创新公益类事业单位用人机制三个方面,提出创新事业单位管理的目标任务和具体举措。推进事业单位管理创新,建立健全事业单位法人治理结构,先后在十余家事业单位开展试点工作。

三是改进和完善事业单位登记管理。改革创新登记管理方式,积极推进网上登记网上办理。探索简化登记管理事项,优化登记管理流程,大幅压缩事业单位设立登记和变更等办理时限。改革了开办资金登记制度和公告方式,取消了公告收费,实行免费公告。改革事业单位年检制度,取消事业单位年检,实行年度报告公示制度。开发了北京市事业单位法人信用信息系统,建立了投诉举报受理制度与年度报告审查和监管评估制度,事业单位登记管理事中事后监管体系不断健全。

(四)聚焦严守只减不增底线,机构编制管理科学化、规范化、法制化水平不断提升

一是严控机构编制总量。按照"财政供养人员只减不增"和管好管住机构编制的要求,正确处理满足事业发展需要和严格控制机构编制之间的矛盾,坚持严控总量、盘活存量,结合行政区划调整、乡镇机构改革、事业单位改革,统筹调整机构编制,实现对各级行政编制和政法专项编制的合理使用和动态调整。积极开展机构编制

核查,健全机构编制监督检查联席会议制度和督查督办制度,严肃查处违纪违规案件,确保了“十二五”期间机构和编制不突破限额。

二是创新机构编制管理。创新工作理念,实施职能结构化管理,提出了“六横八纵”的全市党政群机构组织结构并应用于机构编制管理实践。以公安、教育、卫生系统机构编制需求为突破,探索编制管理的新模式和用人机制的新途径,实行政法专项编制动态管理,加强公安文职辅警配置并规范人员管理,在5家市属公立医院探索事业编制控制数额管理,在北京清华长庚医院探索工作人员控制数额管理,在首图等公益类事业单位探索实行人员额度管理,研究探索公立医院取消行政级别、“编外聘用”、“购买服务”等管理方式,进一步提高了机构编制资源的使用效能。

参考文献

1.《北京市简化优化公共服务流程方便基层群众办事创业工作方案》,2016年3月8日。
2.《北京市人民政府办公厅关于推进政府管理服务规范化透明化的意见》,2015年6月25日。
3.《北京市人民政府关于建立市政府部门权力清单责任清单制度的通知》,2015年12月6日。
4.《北京市人民政府关于进一步推进本市投资项目审批制度改革的意见》,2013年8月26日。
5.《北京市人民政府关于取消调整和承接一批行政审批事项的通知》,2015年12月9日。
6.《北京市人民政府关于深入推进行政审批制度改革工作的实施意见》,2015年4月23日。
7.《北京市政府办公厅关于印发大气污染防治等专项责任清单的通知》,2016年3月3日。
8. 大卫·哈维:《新自由主义简史》,上海译文出版社2016年版。
9. 王海臣:“有序有效有力疏解非首都功能”,《中国经贸导刊》2016年第5期。
10. 姚丽芳:“公共服务的政府绩效评价——以北京市为例”,《科技情报开发与经济》2014 年第 24 卷第 12 期。
11. 中共北京市委办公厅:《北京市人民政府办公厅关于创新事业单位管理加快分类推进事业单位改革的意见》,2015 年 5 月 14 日。
12. 《〈中共中央关于全面深化改革若干重大问题的决定〉辅导读本》,人民出版社 2013 年版。
13. 《〈中共中央关于制定国民经济和社会发展第十三个五年规划的建议〉辅导读本》,人民出版社 2015 年版。
14. 中共中央马克思恩格斯列宁斯大林著作编译局:《马克思恩格斯文集》(全十卷),人民出版社 2009 年版。

(于鹫隆,北京市政府研究室;韩振华,北京市政府研究室)

推进电力简政放权　深化电力体制改革

童光毅　王军礼　马海超

一、我国电力工业的成就与挑战

电力是关系国计民生的基础产业，电力供应和安全事关国家安全战略，事关经济社会发展全局。“十二五”期间，我国电力工业持续快速发展，取得了一系列举世瞩目的成就，全国发电装机容量、水电、风电、太阳能发电、煤电及电网规模均列世界第一，电力供应能力明显增强，较好地满足了国民经济和社会发展的用电需求。

当前，世界能源格局深刻调整，国内经济发展步入新常态，环境资源约束不断加强，电力工业面临新的机遇和挑战。“十三五”是我国全面建成小康社会的决战期，深化改革的攻坚期，也是电力工业加快转型发展的重要机遇期。面对新形势，党中央、国务院提出了“创新、协调、绿色、开放、共享”五大发展理念，“四个革命、一个合作”能源发展战略思想，以及“节约、清洁、安全”的能源发展方针，为电力工业持续健康发展提供了根本遵循。

（一）取得的成绩

电力工业发展规模迈上新台阶。“十二五”期间，我国电力建设步伐不断加快，多项指标居世界首位。截至2015年年底，全社会用电量达到5.55万亿千瓦时，全国发电装机达15.1亿千瓦，其中水电3.2亿千瓦（含抽水蓄能0.23亿千瓦），风电1.29亿千瓦，太阳能发电0.43亿千瓦，核电0.28亿千瓦，火电9.9亿千瓦（含煤电8.84亿千瓦，气电0.66亿千瓦）；全国跨省、跨区电力资源配置规模达到2亿千瓦，其中“西电东送”规模达1.4亿千瓦；全国220千伏及以上交流线路合计61万公里，变电容量31亿千伏安；电力在终端能源消费中占比达25.8%；全国人均装机约1.1千瓦，人均用电量4 080千瓦时，均超过世界平均水平。

“十二五”期间，华北、华中、华东、东北、西北和南方六个区域电网和省级电网主网架不断完善，城市配电网及农村用电条件得到明显改善，基本解决了无电人口用电问题。城乡供电质量显著提高，供电可靠率分别达到99.967%、99.878%，综合电压合格率分别达到99.982%、98.808%。

结构调整取得新成就。“十二五”时期，我国非化石电源发展步伐明显加快。全国水电规模稳步增加，累计投产1.1亿千瓦，水电装机占全国发电装机比重达到21.2%；风电规模高速增长，占比由2010年的3.1%提高至8.5%，跃升为我国第三大电源；光伏发电实现了跨越式发展，累计新增4 100万千瓦；核电在运装机规模居世界第四，在建 2 696 万千瓦，居世界第一。

煤电机组结构持续优化，超临界、超超临界机组比例明显提高，单机容量 30 万千瓦及以上机组比例达到 78.6%，单机容量 60 万千瓦及以上机组比例达到 41%。

节能减排达到新水平。持续推进燃煤机组淘汰落后产能和节能改造升级，累计关停小火电机组 2 800 万千瓦，实施节能改造约 4 亿千瓦，实施超低排放改造约 1.7 亿千瓦。全国燃煤发电机组平均供电煤耗降至 315 克标煤/千瓦时，达到世界先进水平，煤电机组二氧化碳排放强度下降到约 780 克/千瓦时；五年累计降低 18 克标煤/千瓦时，年节约标煤 7 000 万吨以上，减排二氧化碳超过 1.7 亿吨。

实施严格的燃煤机组大气污染物排放标准，火电机组基本安装了脱硫装置，脱硝机组比例达到 92%。2015 年电力行业二氧化硫、氮氧化物等主要大气污染物排放总量较 2010 年分别减少 425 万吨、501 万吨，减排量超额完成了"十二五"规划目标。

（二）面临的形势

电力工业发展取得成绩的同时，也暴露出一些问题。"十二五"期间，电力供应由总体平衡、局部偏紧的状态逐步转向相对宽松、局部过剩。非化石电源快速发展的同时，局部地区弃风、弃光、弃水问题突出，"三北"地区风电消纳困难，云南、四川两省弃水严重。局部地区电网调峰能力严重不足，尤其北方冬季采暖期调峰困难，进一步加剧了非化石能源消纳矛盾。电力设备利用效率不高，火电利用小时数持续下降，输电系统利用率偏低。区域电网结构有待优化，输电网稳定运行压力大，安全风险增加。城镇配电网供电可靠性有待提高，农村电网供电能力不足。电力市场在资源配置中发挥决定性作用的体制机制尚未建立，电力结构优化及转型升级的调控政策亟待进一步加强。

“十三五”是我国全面建成小康社会的决战期，深化改革的攻坚期，也是电力工业加快转型发展的重要机遇期。在世界能源格局深刻调整、我国电力供需总体宽松、环境资源约束不断加强的新时期，电力工业发展面临一系列新形势、新挑战。

电力供需宽松化。“十三五”期间，随着经济发展进入新常态，增长速度换挡，结构调整加快，发展动力转换，全社会用电量增速明显放缓。“十二五”期间开工建设的发电设备逐步投入运行，造成局部地区电力供过于求，电力系统整体利用效率下降，设备利用小时数偏低。我国电力供需将进入持续宽松的新阶段。

能源结构清洁化。大气污染防治和应对气候变化形势严峻，生态与环保刚性约束进一步趋紧。我国已向国际社会作出承诺，2020年非化石能源消费比重要达到15%左右。加快清洁能源的开发利用和化石能源的清洁利用已经成为必然趋势，建设清洁低碳、安全高效现代电力体系迫在眉睫。

电力系统智能化。推进电力工业供给侧改革，客观上要求改善供应方式，提高供给效率，增强系统运行的灵活性和智能化水平。风电、光伏发电大规模并网消纳，核电安全运行对电力系统灵活性和调节能力提出了新要求。为全面增强电源与用户双向互动，提升电网互济能力，实现集中和分布式供应并举，传统能源和新能源发电协同，增强调峰能力建设，提升负荷侧响应水平，建设高效智能电力系统成为必然的选择。

体制机制市场化。新一轮电力体制改革将转变电网企业功能定位和盈利模式，促进电网投资、建设和运营向着更加理性化的方向发展。适应市场要求的电价机制逐步形成，新兴业态和商业模式创新不断涌现，市场在资源配置中的决定性作用开始发挥，市场化正在成为引领电力工业发展的新方向。

二、政府与市场关系理论回顾

简政放权的核心意涵是简化行政干预，让市场在资源配置中发挥更重要的作用。简政放权的理论基础，实际上是如何处理政府与市场的关系，如何在“看得见的手”和“看不见的手”之间寻求平衡。为了更深刻地理解简政放权的理论基础，有必要系统地回顾政府与市场关系的理论演变及其带来的启示。

（一）政府与市场关系的理论演变

在有关政府与市场关系的经济学理论中，一般把政府与市场关系的理论演变过程划分成四个阶段。

1. 自由主义

在经济学早期起源阶段，以经济学鼻祖亚当·斯密作为早期代表，主张自由经济，提倡发挥市场本身所具备的资源配置职能，认为政府不应当对经济有太多干预。尤其在工业革命期间，西方资产阶级相信市场中“无形的手”可以对社会资源进行合理分配和科学利用，政府应扮演“守夜人”角色，职能仅限于维护市场秩序和提供公共福利上。

2. 政府干预主义

1929—1933 年期间，资本主义社会经历了一场前所未有的大萧条，自由市场的局限性被显现出来，经济学家意识到政府对市场进行干预的必要性。1936 年，现代宏观经济学之父梅纳德·凯恩斯出版代表作《就业、利息和货币通论》。凯恩斯认为自由放任不能摆脱经济危机，主张政府对社会经济进行干预，这一经济思想被后人称为“凯恩斯主义”。凯恩斯的经济思想有效解决了当时资本主义社会的经济危机，但不少国家的政府职能急剧扩张，公共财政支出迅速膨胀。

3. 新自由主义

二十世纪六七十年代之后,资本主义社会出现了一种新的经济现象,即经济停滞与通货膨胀并发的经济滞胀。面对经济滞胀的新问题,政府干预手段失灵,"凯恩斯主义"经济学家显得无能为力,一大批经济学者重新呼吁自由市场的回归,因此被称作"新自由主义"。"新自由主义"反对政府进行全方位经济干预,目标是解决政府与市场之间的平衡,为引导政府和市场提供了理论基础。

4. 新凯恩斯主义

20 世纪 90 年代初期,很多国家出现低通胀率和高失业率,"新自由主义"对此办法不多,这为"新凯恩斯主义"的产生和发展提供了契机。"新凯恩斯主义"经济学家继承了传统"凯恩斯主义"的核心思想,又合理吸收了一部分新古典经济学的理论,在总结八十年代以来的宏观经济实践经验的基础上,提出了一系列国家干预经济的新主张。

(二)我国政府与市场关系的梳理

1. 全能政府时期

建国以后相当长一段时期内,我国实行高度集权的计划经济体制,在恢复生产建设方面起到一定的积极效果。那个年代形成了"大政府,无市场"的格局,政府垄断了一切物资生产和分配领域,经济活动完全依靠政府进行统一计划和管理,市场由政府进行支配,政府权力空前强大,经济发展没有活力。

2. 过渡转型时期

实行改革开放政策以后,我国进行了长达二十多年的市场经济探索,为了配合经济改革,政府职能也做出了相应调整。在由服务计划经济向服务市场经济转型的过程中,政府职能从全面干预转向有限干预,逐渐将一些自主权力交给市场。但在我国社会主义市场经济发展初期,由于完善的市场经济体制还没有全面建立起来,政府依旧在很多领域对市场进行有条件的干预,总体上是“大政府,小市场”的格局,市场机制和计划干预并存,产生了一些矛盾和问题。

3. 不断探索时期

目前我国尚处于社会主义市场经济初级阶段,市场经济体制还需进一步发展完善。十八届三中全会通过的《中共中央关于全面深化改革若干重大问题的决定》提出了全面深化改革的指导思想、目标任务、重大原则,明确指出使市场在资源配置中起决定性作用和更好发挥政府作用。在我国经济步入新常态、全面深化供给侧结构性改革的新时期,如何更好地处理政府与市场的关系,仍有待继续探索。

(三)政府与市场关系理论发展的启示

1. 明晰政府干预领域

政府干预领域也即政府权力边界,明确划定政府干预的边界范围,有利于更有效发挥政府作用,同时避免对市场施加过多束缚。在市场机制较为完善的领域,政府需要放手,让市场机制在资源配置中占据决定性地位;在市场失灵较为严重的领域,政府应当适时介入,弥补市场功能缺陷。政府与市场之间的关系是动态调整的,在市场经济发展的不同阶段,政府干预的范围、内容、方式都应有所不同。

2. 树立有限政府理念

有限政府理念主要是指政府权力作用的程度和范围应当受到一定限制。有限政府是有为政府、有效政府的前提条件,只有建立有限政府,有所为、有所不为,才能保证政府在责任边界内有效履行职责。建立有限政府,对政府权力和行政干预进行适当限制,减少行政权力对市场机制的不合理干预,是发展市场经济的必然诉求。有效的市场和有为的政府,这是我国社会主义市场经济健康发展的两大根本保障。

三、我国电力体制改革历程回顾

我国的电力体制改革探索已经历时三十多年，其主要历程可大致分成四个阶段：第一阶段放宽准入，多家办电；第二阶段政企分开，打破行政垄断；第三阶段实施“厂网分开，主辅分离”，推进市场化改革；第四阶段全面深化电力市场改革。这四个阶段改革的基本方向都是市场化，但效果不尽如人意，一些矛盾和问题交叠出现。如今，随着新一轮电力体制改革的开启，停滞近十年的电力改革重新被提上日程。为了更好地理解我国电力体制改革的思路脉络，有必要分阶段对我国电力体制改革历程进行系统梳理。

（一）放宽准入，多家办电（1985—1994 年）

1985—1994 年期间是我国电力体制改革的第一个阶段。这一阶段改革的主要目标是解决电力短缺，鼓励民营资本进入电力投资领域，促进电力投资多元化。这一阶段改革的主要特征是放宽准入，多家办电。

1985 年，我国开始对电力投资管理体制进行改革，核心是集资办电。根据国务院《关于鼓励集资办电和实行多种电价的暂行规定》（国发[1985]72 号，简称 72 号文），鼓励地方、部门和企业集资建设电力，将电力投资全部由财政拨款逐步改为银行贷款，对部分电力实行多种电价。这轮改革打破了发电环节的垄断，为后续的厂网分开改革打下了基础。

然而，这轮改革同时产生了一些负面效果。第一，“成本加成”的电价模式虽然有助于保障新建电厂回收投资成本，但也鼓励了低效率企业的盲目扩张，电价不能反映发电侧的市场竞争状况。第二，电价体系混杂，指令性电价和指导性电价并存。指导性电价实行“新电新价”、“老电老价”，出现了九种不同的指导性电价。“一厂一价”、“一机一价”、成本倒推、一报一批式的电价形成机制，造成了电价体系的混乱，一定程度上阻碍了电力价格体制改革。

（二）政企分开，打破行政垄断（1994—2002 年）

1994—2002 年期间是我国电力体制改革的第二个阶段。这一阶段改革的主要背景是电力供给出现一定程度的过剩，希望通过引入市场机制，构建电力市场化交易模式。这一阶段改革的主要特征是政企分开，打破行政垄断，构建电力市场化机制。

在政企分开改革方面，1996 年，国务院通过了《电力部机构改革方案》，决定组建国家电力公司，保留电力部作为过渡；1997 年，国家电力公司成立；1998 年 3 月，电力工业部被撤销。在构建电力市场化机制方面，从 1998 年开始进行“厂网分开”和“竞价上网”的改革，以解决独立电厂电网不公平接入问题，引导发电企业降低成本，提高发电效率。

这轮改革也存在一些问题，集中表现为“厂网矛盾、省间壁垒”。第一，“厂网分开”试点工作未取得满意效果。试点只是将电力公司的直属电厂与电网从核算上分开经营，两者之间的资产纽带关系依然存在，独立电厂依然难以公平接入电网。第二，地方保护主义泛滥。“省为实体”的改革打破了原有的大区电网结构，也形成了省级电力市场彼此隔绝的格局，“省为实体”变成了“省为壁垒”。

（三）“厂网分开、主辅分离”，推进市场化改革（2002—2015 年）

2002—2015 年期间是我国电力体制改革的第三个阶段。这一阶段改革的主要特征是实行“厂网分开、主辅分离”，全面推进电力市场化改革。

2002 年，国务院发布《电力体制改革方案的通知》（国发[2002]5 号，简称 5 号文），将电力体制改革的任务明确为“厂网分开、主辅分离、输配分开、竞价上网”。这轮电力体制改革在“厂网分开、主辅分离”方面取得了重大进展，国家电力公司被拆分为两大电网公司、五大发电集团和四大电力辅业集团（后又被重组成两大电力辅业集团），电力市场化改革起步。

然而，电力体制改革的复杂性和艰巨性超出了预判，电力市场化改革进展得并不顺利。5 号文要求在“十五”期间逐步对配电业务实行内部财务独立核算，推进得极度艰难，“输配分开、竞价上网”遇到了极大的阻力。

（四）培育市场主体，深化电力市场改革（2015 年至今）

2015 年至今是我国电力体制改革的第四个阶段。这一阶段改革的主要目标是培育混合多元市场主体，进一步深化电力市场改革。

我国电力市场化进程受阻的主要原因有三个方面：一是垄断环节阻碍竞争性市场交易，造成市场交易的供需双方无法直接见面；二是市场中缺乏真正对价格敏感的主体；三是尚未形成与体制配套的机制。当前，我国的电力市场化进程处于“‘体’不到位，‘制’未形成”，新旧矛盾交织，改革亟待深化的特殊攻坚期。从电力市场化的历史进程、历史经验和历史方位综合分析，走中国特色的电力市场化改革道路是必然趋势。

2015 年 3 月 15 日，中共中央、国务院发布《关于进一步深化电力体制改革的若干意见》（中发[2015]9 号，简称 9 号文）。9 号文指出，深化电力体制改革要按照“管住中间、放开两头”的体制架构推进，对于深化电力体制改革的总体思路做出了战略部署，开启了电力体制改革的新篇章。

新一轮电力市场化改革方案必须正确处理好与 5 号文的承继关系，坚持理顺电网体制、改革电价形成机制、开展电力市场化交易、培育混合多元市场主体、开展电力体制综合改革试点。新一轮电力改革的突破口是改变电网企业的垄断地位和赢利模式，使电网企业成为输配电服务的提供商。在这种电网体制下，政府部门负责履行规划职能，以全社会范围内电力资源的优化配置为目标，统筹谋划电网发展，确保社会效益的实现；各级电网企业依据政府部门出台的电网规划，以建设项目投资效率最优为目标，开展具体电网项目建设工作。

四、我国电力简政放权的推进路径

（一）简政放权的总体目标和定位

2013 年 3 月 14 日，《国务院机构改革和职能转变方案》发布，这是改革开放以来我国进行的第七次政府机构改革，核心是进行简政放权，加快政府职能转变，不断提高政府管理科学化、规范化和法制化水平。

简政放权的本质要求是，减少计划经济体制下的权力集中、行政控制、审批命令，提高行政运作的效率和效能，打破束缚企业的条条框框，增强企业活力，调动基层的主动性和投资者的积极性。简政放权的最终目标是，贯彻十八届三中全会通过的市场调节在资源配置中起决定性作用这一决议，实现向市场经济体制过渡，给市场松绑，让企业成为名副其实的市场主体，让市场能够真正发挥调节经济和配置资源的作用。

自从简政放权实施以来，各级政府围绕取消或减少行政部门对市场的各种限制，对现有的行政审批管理制度逐个审核，该取消的取消，该修改的修改，该新建的新建。各级政府的简政放权举措主要有三种形式：建立和制定负面清单、权力清单、责任清单制度。从市场准入的负面清单、政府的权力清单、政府及其部门的责任清单来看，这是目前和今后简政放权的主要工作，也是继续完善我国市场经济体制的重要内容。

（二）电力简政放权的特征和区别

在新形势下，深化电力简政放权，是推进我国电力体制改革和推动社会经济持续发展的新动力。随着我国不断深化社会主义经济体制改革，随着电力体制改革的不断深入推进，我国需要坚持走中国特色的电力市场化改革之路。就简政放权而言，电力系统的简政放权与中央提出的简政放权总体思路一脉相承，但又具有一些区别和特征。

我国电力系统规模庞大，在如此顶级规模的电力系统中建设电力市场，在国际上很难寻找参考范例。我国电力工业面临的矛盾和问题错综复杂，电力工业发展的内生长效机制不健全，长期形成的管理体制相对僵化，审批机制弊病丛生，计划模式力不从心，发展节奏时快时慢，投资劲头时冷时热，供求关系时紧时松，电网企业一家独大，投资决策理性不足等诸多矛盾问题必须通过市场化手段才能彻底消除。

在电力系统推进简政放权，应牢牢把握核心思想：要放权给市场，为市场松绑，而不是简单地放权给下级行政单位。电力简政放权的最终目标是，用市场机制代替行政干预，用价格信号代替行政命令，培育多元电力市场主体，形成电力市场化交易机制，让市场在配置电力资源中起决定性作用。

电力简政放权是深入推进电力体制改革的重要环节，以更有力的举措推进电力简政放权、放管结合、优化服务，有利于电力行业发展更加尊重市场规律；有利于破除制约电力企业发展的体制机制障碍，破除民间投资进入电力行业的不合理限制和隐性壁垒；有利于提高电力项目布局、投资的科学性、有效性和针对性；有利于减少生产经营成本，降低制度性交易成本，优化营商环境，激发市场主体活力，促进我国电力行业的快速健康发展。在电力领域，相关政府部门也出台多项措施，下放了诸多电力项目审批权，进一步推进行政体制改革,深入推进简政放权、放管结合、优化服务。

(三) 电力简政放权的措施和现状

自从简政放权提出以来,各级电力监管单位按照国务院要求,实施了一系列电力简政放权举措,主要包括以下四个方面的内容。

精简审批事项,下放审批权。国家下放电源项目核准权后,按照国家精简审批事项的要求,在现行国家法律法规框架下,明确电源项目前期工作审批事项和流程,对电源项目核准所需的支持性文件进行全面梳理。凡是法律没有明文规定作为前置的,一律不作为前置审批。可由企业自主决策的,一律不作为前置条件。按照与核准事项同级办理原则,所有审批事项全部由省级主管部门办理,各有关单位进一步优化审批流程,提高工作效率。

火电项目:2013 年,在《政府核准的投资项目目录(2013 年本)》中将分布式燃气发电项目核准权限下放至省级政府;2014 年,在《政府核准的投资项目目录(2014 年本)》中将全部火电项目核准权限下放至省级政府,其中明确燃煤火电项目应在国家依据总量控制制定的建设规划内核准。

热电项目:2013 年,在《政府核准的投资项目目录(2013 年本)》中将燃煤背压热电项目核准权限下放至省级政府;2014 年,在《政府核准的投资项目目录(2014 年本)》中将燃煤热电项目核准权限下放至省级政府,其中明确抽凝式燃煤热电项目由省级政府在国家依据总量控制制定的建设规划内核准。

电网项目:《政府核准的投资项目目录(2014 年本)》将“非跨境、跨省(区、市)±500 千伏及以下直流电网工程项目和非跨境、跨省(区、市)500 千伏、750 千伏、1 000 千伏交流电网工程项目”下放至地方政府核准,其中 ±800 千伏及以上直流项目和 1 000 千伏交流项目应按照国家制定的规划核准。

制定简政放权的相关配套政策。2013 年,国家发改委印发《关于规范非跨境、跨省(区、市)500 千伏交流电网项目管理的通知》(国能电力[2013]430 号),指导地方政府开展相关项目管理工作。2014 年,火电项目核准权限全面下放后,严格按照国务院文件要求,“依据总量控制制定建设规划,”不再对火电项目发路条。2015 年,国家发改委印发了《关于做好电力项目核准权限下放后规划建设有关工作的通知》(发改能源[2015]2236 号),明确简政放权后电力规划和事中事后监管工作的要求。

制定规划电源项目前期工作节点网络图。详细分解电源项目前期工作联审联批任务,明确各项支持性文件的省、市、县各级办理流程、各流程节点、办结时间、责任单位。

落实电源前期工作联审联批责任。省直单位负责本部门审批文件办理工作,要紧抓行政审批制度改革机遇,整合审批环节,全面提高审批效率,促进项目尽早核准开工建设。项目单位是前期工作的第一责任主体,应落实工作责任制度,按照前期工作节点网络图进行计划安排,确保人员到位、资金到位、责任到位,保证项目前期联审联批工作顺利进行。项目所在地发展改革委(能源局)负责项目前期统筹协调工作,建立健全电源项目建设工作领导小组,统筹协调项目前期工作,提高重点项目服务水平,督促项目单位落实人员、资金,协调环保、土地、水利等涉及项目前期审批工作,并协助项目单位开展省直部门报批工作。

(四)电力简政放权的成效和问题

自从党中央、国务院提出简政放权以来,各级电力监管部门在“简政放权、放管结合、优化服务”方面取得了积极的成绩,但与党中央、国务院的要求相比,还存在一定的距离,还不能完全满足电力发展对“简政放权、放管结合、优化服务”的实际需要。

1. 取得的成效

简政放权、取消和下放行政审批等事项,对推动全面改革、激发市场活力、增强发展动力、转变政府职能具有非常重要的引领和带动作用。自从实施简政放权以来，国家能源局先后取消和下放电力审批事项17项，全面清理规范性文件，建立合法性审查制度，颁布或修改一大批电力法律、法规、产业政策和行业标准。

简政放权进一步释放了市场和社会活力，推动了稳增长、促改革、调结构、惠民生各项政策措施的落实。以河南省为例，2016年核准了周口隆达、濮阳龙丰等8个煤电项目，合计规模982万千瓦，平均核准时间6个月，比简政放权前节约1年左右的审批时间，当年形成有效投资超过80亿元，对促投资稳增长发挥了重要作用。为促进热电联产健康发展，河南省进一步将背压式热电机组核准权限下放至地市能源主管部门，省级能源主管部门仅对地市热电联产规划的政策符合性进行把关，对于农林生物质热电，连同热电联产规划审批权限一并下放至地市能源主管部门，大大提高了热电联产项目的审批效率。

通过减少审批流程，减轻企业负担，提升公司生产经营效率，改善企业经营效益。以广东省为例，2014年5月，南方能源监管局豁免了1 000kW以下的发电许可证审批权，有3 000多家发电企业从中受益。据广东省电力工程企业协会开展的调查，电力工程施工许可证申报材料简化以后，广东省电力工程企业协会有460家会员企业的施工许可证申报时间大大缩短，企业经营效率进一步提高。

2. 凸显的问题

电力简政放权的目的是从“计划手段”配置电力资源走向“市场在资源配置中起决定性作用”。但是从目前来看，一些电力领域的简政放权举措，首先将中央统一管理的权力放到了省级政府管理，甚至更低一级的政府，而后因各部门放权的力度不一致，实际又走向了中央、省级双重管理。与此前相比，这种管理方式更加复杂，而且没有凸显市场配置资源的作用。具体而言，电力简政放权的问题主要表现为以下几个方面。

一是放权不够到位。在取消和下放行政审批事项的过程中，部分审批事项尚没有下放，审批许可权限仍保留在中央，影响了地方在电力资源市场化配置中的作用。有些审批权并没有取消，只是下放给下级行政单位，或者前置改后置，仅仅降低了管理层级，实际的行政管理环节并没有简化。以投资项目核准的前置审批调整为例，从 2014 年以来，前置审批由原来的 30 多项减少到不足 3 项，项目核准变得容易，但实际上事后报建手续并没有明显减少，仍然是手续杂、环节多、效率低。

二是放权不够协调。有些审批事项涉及多个部门、多个环节，由于部门之间政策目标不一致，衔接配套不够充分，简政放权的协同效应有待加强。有些部门将审批权下放给地方，有些部门的审批权还停留在中央，使得行政审批更加复杂，没有达到提高行政效率的目的。例如，新建发电项目核准涉及项目用地、用煤、用水、铁路接轨、电网接入等外部建设条件，国土资源部门、环境保护部门、交通运输部门、水利部门的审批权下放步调不一致，降低了项目核准审批的效率。

三是地方承接放权不够有效。审批权限大量下放以后，地方政府应依法依规行使权力、履行职责，但目前有些地方政府对中央下放的权力没有有效的承接，存在下放后接不住的问题，接收和行使权力的能力有待进一步加强。主要的矛盾集中在两点：一是下放权限后基层工作量急剧增加，由于人员编制不足，同时缺少相应的规范指导和专业培训，导致基层干部负担很重，效率低下；二是有些基层管理部门的全局意识不够，对项目的认识不到位，审批时容易存在盲目错位，不如在国家层面审批的效果好、效率高。以火电核准为例，行政审批制度改革后，火电核准权限已下放至地方，但基于发展惯性和本位主义，地方政府仍有扩张建电厂的投资冲动，很多地方不仅未主动调整建设节奏，反而加快核准速度，这与下放审批权的初衷背道而驰。

四是监管跟进不够及时。在下放审批权限的同时，需要同步加强监管的力度。监管的短板不及时补齐，导致一方面简政放权力度不断加大，但另一方面监管短板日益凸显。由于法律法规的修改制定比较滞后，监管执法力量不足，监管部门和地方政府的联动协作机制不健全，造成有些审批事项取消或下放后缺乏有效监管手段，存在监管真空地带。以前有些地方曾出现倒卖光伏路条、违规审批、违规建设等现象，这些都是监管没有及时跟进的结果。

五是社会配套资源有待加强。目前，电力行业专业性评估市场不够规范，第三方专业机构评估给企业带来较大的压力和成本，同时具有资质的专业机构较少，业务量较大，部分中介机构变成了皮包公司，导致专业评估市场鱼龙混杂，影响了行政管理效率。

（五）电力简政放权的建议和展望

电力简政放权是按照中央关于简政放权的指示和要求，在电力系统进行的改革实践，是我国简政放权改革的重要组成部分，对我国进一步推进电力体制改革、能源体制改革、全面深化改革具有重要意义。在未来的电力简政放权实践中，应把握住以下几点核心思想，多管齐下，明确电力简政放权的实施路径。

1. 电力放权要以放给市场为主

电力简政放权的目标是全面贯彻落实十八届三中全会精神，充分发挥市场在资源配置中的决定性作用，着力解决电力领域市场体系不完善、政府干预过多和监管不到位问题。电力领域改革工作应当围绕打破垄断、构建市场做文章，放开竞争性业务，加强垄断环节监管，构建有效的市场平台，推进价格改革，促进电力资源配置市场化，积极为释放改革红利创造体制机制条件。

简言之，电力简政放权要按照“放开两头、管住中间”的思路推进，即充分发挥市场在资源配置中的决定性作用，两头竞争环节的价格由市场形成，中间非竞争环节的价格实行政府管制。具体来说，在实际操作中应当重点注意以下两个方面。

一是做好电力规划，用规划指导市场。简政放权后，要明确规划引导项目的思路，充分发挥规划引领作用，通过规划指导抓总量，做好电力项目核准权限下放后规划建设有关工作，积极建立相应的调控机制，从而有序引导电力行业的健康发展，避免因项目审批权下放导致的装机过剩和投资浪费问题。从实践经验来看，纳入电力规划、完成核准的项目业主会根据市场状况决定是否、何时投资建设。从国际经验来看，我国有必要区分垄断性和竞争性环节，分别界定规划作用。对于电网等自然垄断领域，应提高规划科学性，强化规划约束力。对于发电等竞争性领域，规划应主要发挥引导性作用，赋予市场主体根据市场条件自行决定投资运营方式及时序的选择权。

二是建立市场机制，用市场机制代替行政审批。有序放开发用电计划、竞争性环节电价，不断扩大参与直接交易的市场主体范围和电量规模，逐步建立市场化的跨省跨区电力交易机制，在全国范围内逐步形成竞争充分、开放有序、健康发展的市场体系。在规划指导的基础上，如果相关企业不及时投资建设规划明确的项目，可采用招投标等市场化手段，引入第三方投资建设，确定项目业主，简化行政手续。

2. 电力简政要简得高效

电力简政放权应进一步明确哪些地方应该简政，哪些地方能够简政，哪些地方容易简政，在真正制约政府管理效率和效能的痛点上狠下工夫，使简政放权简得高效。有必要开展电力简政放权效果评估，让地方政府和企业充分参与，提出哪些事项该取消下放，哪些事项该保留完善，哪些方面该加强监管，哪些服务该提升优化，科学合理地界定各级政府的审批权限。从已有的相关实践来看，审批权限并非越少越好，下放层级并非越低越好，有些无需政府统筹的电力项目审批权限，与其简单下放，不如直接取消。电力领域简政的重点应在于清理和修订制约民间投资的规范性文件，制定和完善相关配套政策，进一步放大胆子、稳住步子，努力消除民间资本参与电力建设的政策障碍，积极为民营企业进入电力领域创造条件。具体来说，在实际操作中应当重点注意以下两个方面。

一是构建多部门、多角色的协同机制。进一步加强部门间协同配合，避免出现短板效应。建立各部门之间上下联动、横向协同、相互配合的监管机制，完善简政放权事中事后监管工作体系和工作机制。积极发挥电力用户及社会团体的监督作用，提高电力监管效能。法律法规的修订和部委规章的调整与简政放权改革同步进行，简政放权推进行政审批制度改革要运用法治思维和法治方式。

二是规范与加强中介机构的能力。全面清理不合规的行政审批中介服务，现有或已取消的行政审批事项，一律不得转为中介服务，严禁将一项中介服务拆分为多个环节，避免变相增加申请人的义务。对中介服务机构资质、中介服务收费、中介服务流程、市场准入、中介服务监管等方面进行严格规范，建立和完善中介服务机构基本信息台账，编制和公布中介服务清单，加强中介机构公开公平、规范有序、诚信高效服务的能力。

3. 当前阶段电力简政放权要稳住步伐、协调节奏

在当前阶段，电力简政放权工作要进一步稳住步伐、协调节奏，以更好地贯彻落实国务院关于转变职能、简政放权的工作部署，构建“规划、政策、规则、监管”协调一体的电力项目规划建设管埋新机制。具体来说，在实际操作中应当重点注意以下两个方面。

一是权力与责任同步下放。在电力简政放权工作中，要注意把握节奏，应当在下级单位能力健全的基础上放权，并加强对下级单位行政能力的指导和建设。在下放审批权力的同时，下级单位要依法依规承接工作，贯彻执行新的制度，遵循“公开、透明、高效”的原则，简化电力项目审批前置条件，优化审批程序，公开审批进度和审批结果，主动接受社会监督，及时上报审批信息。

二是调控与监管同步强化。加快构建科学合理、权责清晰的电

力规划体系，制定电力规划管理办法，依靠规划调控总量。实施电力项目优选全程监管，各级能源派出机构充分监督项目优选过程，加强事中事后监管，对超出总量控制目标的进行削减，对不符合规划布局的进行调整，实现电力项目的全过程闭环监管。建立能源审批听证制度、项目决策后评估机制和项目“异常目录”、企业“黑名单”制度等，依法纠正各类违法行为。

参考文献

1. 安昊明："政府与市场关系的理论演变及启示"，《北方经贸》2013 年第 7 期。
2. 白玫："新一轮电力体制改革的目标、难点和路径选择"，《价格理论与实践》2014 年第 7 期。
3. 厉以宁：《中国经济双重转型之路》，中国人民大学出版社 2013 年版。
4. 刘纪鹏：《大船掉头——电改十八年反思与展望》，东方出版社 2015 年版。
5. 史丹："中国电力体制改革的目标选择"，《中国能源》2014 年第 36 期。
6. 唐要家、谢远祥："中国电力体制改革的困局与突破"，《价格月刊》2012 年第 2 期。
7. 童光毅："走中国特色的电力市场化改革之路"，《北大商业评论》2015 年第 5 期。
8. 王敏、徐晋涛、黄卓："能源体制改革：有效的市场，有为的政府"，《国际经济评论》2014 年第 4 期。
9. 徐卫、程志强、张文彬："中国持续性'电荒'问题分析及对策"，《中国流通经济》2011 年第 9 期。
10. 闫登丰：《深化中国电力体制改革研究》，硕士论文，西南财经大学，2012 年。
11. 叶泽、张新华：《推进电力市场改革的体制与政策研究》，经济科学出版社 2013 年版。
12. 张占斌："经济新常态下简政放权改革新突破"，《行政管理改革》2015 年第 1 期。
13. 朱成章："电力简政放权要提防'回流'"，《中国能源报》2015 年 6 月 29 日。

（童光毅，国家能源局电力司；王军礼，首都师范大学数学科学学院；
马海超，北京大学光华管理学院）

简政放权背景下战略性新兴产业的培育与发展：以重庆市永川区为例*

王志杰　王　睿

深化行政体制改革，持续推进简政放权，是全面深化改革、完善社会主义市场经济体制的重要内容，也是进一步激发市场活力和社会创造力，增强经济发展内生动力的现实途径。中国的双重转型仍在继续推进，从计划经济体制向社会主义市场经济体制的过渡仍未完成（厉以宁，2015）。当前，面对世界经济增长的长期低迷和国内经济发展新常态，经济发展的内外条件发生了显著变化，发展动力由要素驱动转变为创新驱

* 中国博士后科学基金资助项目（2012M520087）。

动,从行政体制改革的角度看,需要更多地通过转变政府职能、提高行政体系的运行效率从而降低社会交易成本与优化社会资源的配置来增强微观经济行为主体的活力(熊光清,2016)。也就是说,促进稳增长、调结构、促改革、惠民生,必须依靠制度的有效供给。简政放权是制度供给的重要内容,简政是对不适合市场经济发展和市场公平竞争的实现的行政管理方式进行改革,使市场主体的活力能增强,使市场主体的投资积极性能扩大。简政放权的结果,必然是加速市场化,使市场调节在资源配置中的决定性作用能充分发挥出来(厉以宁,2015)。有效的制度供给是战略性新兴产业快速发展以及区域实现产业结构优化与升级的关键,经济动力转换与转型调整也是新兴产业培育发展的窗口时期,政府的“有形之手”与市场的“无形之手”通过对资源要素配置方式以及效率差异的影响进而对产业发展成效与增长潜力产生直接或者间接影响。因此,保持市场机制与政府力量的协调与均衡是发挥市场在资源配置中的决定性作用以及充分利用政府力量的重点所在。在市场机制发挥决定性作用的情况下,政府通过权力配置重构、流程再造优化、简政放权等方式,进一步提高政府效能,建立产业发展的政策保障机制,营造良好的制度供给条件。

一、简政放权与战略性新兴产业发展

战略性新兴产业一般是关系到国民经济社会发展和产业结构优化升级,而且具有全局性、长远性、导向性和动态性特征的新兴产业(成思危,1999)。在《国务院关于加快培育和发展战略性新兴产业的决定》(2010)中,战略性新兴产业被定义为:以重大技术突破和重大发展需求为基础,对经济社会全局和长远发展具有重大引领带动作用,知识技术密集、物质资源消耗少、成长潜力大、综合效益好的产业。2008 年金融危机后,我国的产业政策逐步向淘汰落后产能,化解过剩产能,清理僵尸企业,扶持战略性新兴产业和现代服务业演进。中央政府和地方政府相继出台了《关于加快培育和发展战略性新兴产业的决定》、《2014年战略性新兴产业标准综合体指导目录》、《国家战略性新兴产业"十三五"发展规划》等一系列加快培育和发展战略性新兴产业的指导意见、发展规划和政策措施。在《中华人民共和国国民经济和社会发展第十三个五年规划纲要》中明确提出,到2020年战略性新兴产业增加值占国内生产总值比重要达到15%。根据国家信息中心调查显示,2015年上半年,战略性新兴产业重点行业收入和利润增速均超过10%。其中工业部分收入增长是同期工业总体收入增速的5倍以上,工业部分利润同比增长超过15%。另外,2015年上半年九大类重点战略性新兴产业固定资产投资为全国城镇固定资产投资增速的1.5倍。战略性新兴产业呈现出快速发展态势。政府所要优先发展的产业和技术如果违背了比较优势战略,建立起来的优先部门的企业缺乏自力更生的能力,需要政府持续的大量的政策支持和补贴(林毅夫,2008)。战略性新兴产业在培育初期自我成长能力薄弱,短期内并不具备大规模发展的成熟条件,在行政审批、投融资、土地管理、科技研发、知识产权保护等方面有别于传统产业发展的特点,需要充分发挥政府在产业引导、市场秩序、政策设计、管理机制与制度环境等方面的积极作用,降低战略性新兴产业发展的系统性风险,以满足产业发展需要。与此同时,战略性新兴产业的培育与发展也需要通过简政放权、创新管理等进一步降低制度性交易成本,提升政策供给效率和质量加以扶持,从制度层面激发市场主体内在活力,实现区域产业转型升级和创新能力的持续提高。这对政府加快转变政府职能、创新政府服务、厘清政府与市场的边界、构建新型政府与市场关系提出了新的要求和挑战。

1988年我国首次提出了"转变政府职能是机构改革的关键",在历次行政体制改革中,都将"转变政府职能"作为行政体制改革的重要议题。党的十八大以来,以习近平同志为总书记的党中央对深化行政体制改革提出了明确要求。十八届二中全会指出,转变政府职能是深化行政体制改革的核心。十八届三中全会强调,经济体制改革的核心问题是处理好政府和市场的关系,使市场在资源配置中起决定性作用和更好发挥政府作用,其关键就是转变政府职能(李克强,2016)。推动战略性新兴产业发展必须尽快实现政府职能转变。简政放权不仅仅是政府自身的改革,而且是涉及到改革全局中不同领域和环节的系统工程,简政放权并非简单的“简”和“放”,在没有合理定位政府与市场的功能之前,过度地取消审批,下放权力,有可能会造成“政府失灵”,导致政府服务效能的低下,造成政策和产业发展的“错配”。应该在进一步厘清政府与市场关系的基础上,做到简政放权、放管结合、优化服务改革,通过建立规范化的行政审批管理制度,简化不必要的审批程序,减少对项目和企业微观经济活动的直接干预,营造科学、有效的政策环境、市场环境和竞争环境,建立市场准入的负面清单、政府的权力清单、政府及其部门的责任清单,才能更好地保障战略性新兴产业的健康发展。

二、永川区简政放权现状分析

永川区地处重庆西部,是长江经济带、成渝经济区、成渝城市群重要的战略支点,在重庆五大功能区域发展战略中属于城市发展新区,是重庆工业化和城镇化的主战场、集聚新增产业和人口的重要区域,也是重要的制造业基地,工业化、信息化、城镇化和农业现代化同步发展示范区。

近年来,永川区主动适应经济发展新常态,围绕实施五大功能区域发展战略,坚持问题导向,根据当前经济社会发展最紧迫、最现实的重大问题,从供给侧结构性改革视角加大制度供给和制度创新,把推进简政放权、放管结合、优化服务改革与产业发展相结合,分批次承接和取消下放行政审批事项,推进简政放权由数量向质量与数量并重;推进政府管理从微观向宏观转变,从减少审批向放权、监管、服务并重转变;推进优化机构设置,对各部门间的审批权限的职能交叉、多头审批进行调整,理顺部门间审批职能配置。推进简政放权、放管结合、转变政府职能向纵深发展,为进一步促进简政放权工作的落实,通过规划引领,将简政放权工作纳入"十三五"规划,明确提出:"进一步厘清政府与市场权责边界,深入推进政企分开、政资分开、政事分开、政社分开,充分发挥市场在资源配置中的决定性作用,大幅度减少政府对资源的直接配置。深化行政审批制度改革,全面承接上级简政放权事项,建立政府权力清单、责任清单和负面清单。"为未来五年简政放权工作指明了方向。

为促进"有效市场"与"有为政府"的统一,进一步减少申请材料,简并审批环节,压缩办理时限,优化办事流程,多次对全区涉及行政审批职能的36个部门所有行政审批项目进行全面清理,取消行政审批服务项目51项,取消无法律法规明确规定的、同一部门重复收取的、前置审批结果以外的申请材料951个、审批环节790个,承诺审批事项改为即办审批事项实现应改必改,压缩承诺办理时限4 020个工作日。下放镇街办理审批服务事项82项,明确村(社区)参与办理和代办事项29项,18项企业经营自主权事项不再作为项目核准的前置条件。

改串联审批为串并联审批,改多表填报为一表申请,改多窗口受理为一窗受理,提供网上、自助、代办、预约、免填单、上门服务和行政指导等点菜服务。实行"一章"运行审批。在实施建设项目并联审批过程中,使用"重庆市永川区人民政府行政审批联合审查专用章"和"重庆市永川区人民政府行政审批联合验收专用章"形成联合审查意见和联合验收意见,区级相关部门凭此联合审查(验收)意见,在1个工作日内出具相关证照和审批文件。将建设工程自土地供应到竣工验收的全部行政审批服务整合为立项、土地供应、方案设计审查、初步设计审查、施工许可、竣工验收6个阶段，确定区发改委、区国房局、区规划局、区城乡建委为相关阶段行政审批的主办部门。推行联合行政指导、联合踏勘、联合审查、联合验收、一表收费服务方式，落实行政审批与技术审查相分离、行政审批当日签发等制度。推动行政审批服务与信息技术深度融合，加快建立网上行政服务中心，推行网上表单下载、网上自助服务、网上申报、网上预审、网上受理、网上审批。规范建设领域中介服务行为，确保工业项目26个工作日、非工业项目30个工作日内办结从土地供应到竣工验收所涉行政审批事项。

公开行政审批服务权力清单。按照项目名称、实施机关、法定依据、申请条件、申请材料、办理程序、承诺时限、监督方式、收费标准、收费依据等10项要素内容，形成行政审批服务权力清单。公布620项审批服务权力清单、328项进驻区行政服务中心集中办理审批服务事项清单。落实行政审批"接、放"措施，凡是市场主体能够自主决定的事项，不再实行行政审批。积极创新工商登记服务，开展工商登记改革。围绕降低准入门槛和提供便利化服务展开，实施工商登记"三证合一"，落实大众创业、万众创新优惠政策，增强市场活力。2015年新增各类市场主体10 657户，新增注册资金119.9亿元。推进联合办税。落实一窗全能、双人对座、互设窗口、联合办税、自助服务，国税、地税两家用"一把尺子"办理业务，让纳税人进"一门"办结"两家事"，整合部门行政审批服务资源。

探索企业登记领域改革。开展先照后证，改前置审批为后置审批。2014年仅保留前置审批47项，126项前置审批改为后置审批；2015年保留工商登记前置审批34项，后置审批103项。率先试点实施个体工商户简易注销程序，个体经营者无须到登记部门、无须填写表格就可以申请注销，极大便利经营者退出。降低门槛，落实便利登记措施。改注册资本实缴制为认缴制，取消注册资本最低限额。开通内资企业名称网上申报平台，放宽名称核准和经营场所登记条件,简化异地企业迁入登记注册流程,开展跨管辖区域工商登记,登记程序简化为一审一核或审核合一。向各工商所下放登记权限,减少审批环节,降低行政成本。

三、战略性新兴产业培育与简政放权的永川实践

围绕打造重庆重要的现代制造业基地,顺应“中国制造 2025”、“互联网 +”行动计划以及重庆市发展十大战略性新兴产业,紧扣城市发展新区功能定位,依托宜居宜业的城市环境、充沛的技能人才、广阔的市场空间,坚持产城融合、两化融合,着力以创新促升级、以增量调结构,瞄准战略性新兴产业发展前沿与趋势,把机器人及智能制造装备产业作为战略性信息产业发展的突破口,着力培育“龙头企业 + 骨干企业 + 配套企业”的产业格局,打造集研发、制造、集成、测试、服务于一体的全产业链产业体系。以“3 +3 +6 +7”产业发展思路,建立三大平台,即协同创新及研发公共服务平台、创业孵化及推广应用服务平台、金融及资本服务平台。建立三大板块,即打造整机整线企业、关键零部件企业、系统集成企业等三大板块。打造“政产学研资用”融合发展机制。形成龙头引领到位、集群发展到位、链条延伸到位、应用助推到位、融资创新到位、产业联动到位、人才培养到位。强化金融和人才支撑,大力引进和培育龙头企业,以整机带动推动关键零部件研发制造本地化,协同推进工业机器人、服务机器人、特种机器人、3D 打印等产业发展,着力打造机器人及智能制造装备百亿级产业集群,形成链条完善、体系完备的产业生态圈。目前,已累计引进机器人及智能制造装备企业 106 家,投产 35 家。被国家工信部誉为“目前国内最大最好的机器人及智能制造装备产业集聚区”,成为全国首家国家新型工业化产业示范基地(机器人),成功创建重庆市高新技术产业开发区。

有效的制度供给是战略性新兴产业发展的重要保障,激活市场

和企业的关键是纵深推进简政放权改革，在机器人及智能制造产业培育初期，永川通过以简政放权为重点的政府职能转变，进一步理顺政府与市场的关系，减少政府对微观经济活动的干预，建立权责统一的高效体制，将简政放权作为培育机器人及智能制造装备产业的重要保障。

（一）创新行政审批改革

按照“职权下放、园区审批、部门备案”的运作模式，在园区设立行政综合审批服务局，从区规划局、区城乡建委、区国土房管局、区环保局等部门各抽调一名科级干部进驻，承接行政主管部门委托的本园区内工业项目规划、用地、建设、环境保护等方面的行政审批，派驻人员人事关系属原单位，日常考核监督工作由各管委会负责。建立消防和工商、供电等市级驻区部门入园巡回办公、专人进驻等制度，做到“园区的事园区办”。另外，对于企业经营自主权的事项一律不再作为企业投资项目核准的前置条件，取消了包括银行贷款承诺、融资意向书、可行性研究报告审查意见等 18 项前置条件。

（二）强化规划引领行政审批的作用

建立各产业（行业）发展规划及具体项目布点设置、条件和要求，引导招商引资，助推产业结构调整，开放投资领域。建设项目实施前，运用相关规划成果提供行政指导；具体实施行政审批行为时，严格执行相关规划要求，提高审批实效。

（三）建立部门联动与信息共享机制

加强行政审批部门与内外部单位的沟通协调，明确各部门职能职责，以第一时间掌握信息和建设进度，形成合力；及时承接建设项目审批事项，加快项目落地，与此同时，还与区级有关部门建立所涉规划、环境影响评价、地质灾害评估、水土保持方案以及监(检)测、测绘等数据信息共享机制,为入驻企业编制建设项目相关报告提供数据信息服务,缩短中介服务时间。

(四) 统一审批服务标准

积极承接部门下放职权。在全面梳理基础上,按照职权法定和简政放权要求,结合行政审批制度改革工作和各部门实际,对部门各项行政职权进行清理和规范,打造"一站式"服务平台。为确保园区与各派驻单位的行政审批标准规范统一,积极对接国土、建委、规划、环保各部门,针对下放的行政审批事项分别制定了标准化的行政审批工作流程,保证各项审批既务实高效又规范有序。同时,按照"职权下放、园区审批、部门备案"的运作模式,严格落实授权要求,让派驻人员不出园区就能便捷、高效地办理完所有审批事项。

(五) 提高审批服务质量与效率

开辟"绿色通道",优化审批程序。成立项目建设全程代办服务中心,对建设项目所涉行政审批开展业务咨询、政策指导、审批代办等服务,落实一窗口受理、一次性告知、一站式代办、一单式反馈。对于重点项目,开辟"绿色通道",进一步简化要件48件;开展"提前介入",在招商谈判过程中,园区行政审批工作人员提前与企业对接,对办件流程及要件提前告知,提前技术指导,使行政审批效率得到了进一步提高。压缩办理时限,提升审批效率。按照整合力量、调整思路、明确分工、细化责任的原则,进一步压缩行政审批办理时限,凡是工业项目审批时限一律压缩至26个工作日,申请人身份材料、企业组织机构代码证等审批要件只在办理第一步手续时提供,后期涉及国土、建委、规划、环保等部门的要件,由服务局内部运转,做到"只报一次、一件多用"。对报批项目实行全程跟踪,优化项目服务。对所有报批项目实行全程跟踪服务。建立与项目企业对口联系制度，定期到企业调研走访，了解企业办证办件情况，听取企业的建议和意见，及时掌握行政审批流转环节，督促审批服务到位，优化行政审批服务环境。

尽管在培育机器人及智能装备产业发展方面有一些有益探索，但仍存在以下问题：一是行政审批职能整合不到位。审批管理上未能实现“一个窗口办理，一站式办结”的流程。二是业务能力有待加强。国房、建设、规划 3 个部门作为建设项目行政审批的重要组成部分，审批事项多且专业性强，要求行政综合审批服务局成员能对建设项目建设情况全局把握、熟悉各专业知识、掌握各环节审批要点。三是信息平台不够畅通。不能实现审批项目网上受理和平台资源共享。仅有规划方面开通网络专线，增添网络端口，链接进入重庆市规划业务一体化服务平台，涉及国房、建委等部门的方面尚未建立数据信息共享。四是部分项目未按审批程序交件办件或过分强调审批进度，审批效率和规范审批难以兼顾。

四、政策建议

（一）探索简政放权的“互联网＋政务服务”

运用大数据、云计算等创新手段，结合“互联网＋政务服务”，构建探索“互联网＋简政放权”O2O 服务模式，建立“政府部门—公务人员—企业—个人”政务服务平台和数据共享平台。将当前各部门的“信息孤岛”进行系统整合，促进各类政务信息的高效协同。对传统行政审批流程进行数字化、网络化改造，建立项目审批信息化跟踪系统和数据库，利用互联网平台和手机 APP 等移动应用工具，实现网上办事、在线服务的线上线下结合，进一步畅通和完善审批项目网上受理、审批流转、后台监管等现代电子政务审批，对审批进度和延迟原因进行实时跟踪，对未达进度目标的及时预警，保证项目审批效率大幅提高。逐步实现各个行政审批事项的办事指南、申请材料、技术规范、审批条件、审批规范、收费标准、办理时限、审批运作流程和操作方法等各个要素的标准化(栗燕杰等,2015)。打通项目审批和监管的各个环节,实现审批—监管互联互通。提升公共数据资源的服务水平,为政府决策提供重要支撑。

(二)强化对简政放权的法制约束

法治的规范性、稳定性、预期性、强制性等特点要求简政放权、放管结合必须明制度于前、施严管于中、重威惩于后,切实以法律规范清权、减权、放权、制权、晒权、行权,做到始终在法治的轨道上推进改革(袁曙宏,2015)。应进一步发挥法治对简政放权改革的引领与规范作用,强化简政放权的法制思维与法律意识,让简政放权工作在法律和制度框架内运行,推进政府机构、职能、权限、责任法定化,用法治方式巩固前期简政放权成果。将政府的"权力清单"、政府及部门的"责任清单"和市场准入的"负面清单"以制度的方式加以明确和规范,对权力运行流程进行优化,在全面梳理下放权力的基础上,严格按照《行政许可法》规定,遵循法定权限和程序对权力事项进行调整和取消,实现从单纯的权力下放向法制化、规范化、标准化管理转变。强化政府部门擅自收权、扩权、增权的法律责任和法律风险,保证政府官员有权就有责、用权受监督、违法受追究、侵权须赔偿,做到权大责大、权责对等(封丽霞,2014)。

(三)加强简政放权配套保障

简政放权涉及到行政体制改革的方方面面,不仅仅是单纯的权力简化和下放,更是对政府职能职责重新进行范围界定和制度安排,对政府各个部门的行政权力权限,管理职责职能、工作范围流程、人员编制设置等都需要作出相应的重新配置和优化调整。在推进简政放权工作时,应把握好当前全面深化改革的主要重点,努力破除简政放权的"碎片化",增强简政放权改革的系统性、整体性与前瞻性，进一步理顺各部门间的关系，研究制定各部门间加强协作配合的配套保障机制，坚持与相关领域改革相衔接和配套，协同推进简政放权各项改革，防止改革出现“短板效应”，实现各项要素资源的同步配套。可探索建立第三方监督监管评估机制，对出台的重大改革措施要加强可行性评估研究，寻求改革的最大公约数。

（四）强化简政放权的统筹规划与协同推进

着眼于简政放权的整体性、协调性与有效性，强化各职能部门间的横向协同与上下级部门间的纵向统筹。建立项目审批联席会制度，协调解决好跨部门跨领域出现的职能交叉、职权不清等问题，对遇到的重大行政审批事项进行会商，保证审批的规范性、及时性和无缝链接。积极主动与上级部门对接，进一步提高对上级部门“权力下放”的有效承接，根据下放权限的不同类别、政策依据与法律法规，制定出权力的操作规范与标准流程，约束自由裁量权，加强对工作人员的业务培训，提升业务能力，实现下放权力的规范行使和有效运行。加快向市场、向社会、向企业下放“权力”，进一步减少政府对微观事务的管理，彻底解决权力下放的“最后一公里”，防止干预。

参考文献

1. 成思危：“复杂科学与管理”，《中国科学院院刊》1999 年第 3 期。
2. 封丽霞：“简政放权需强化法治思维”，《新华日报》2014 年 6 月 25 日。
3. 李克强：“深化简政放权放管结合优化服务，推进行政体制改革转职能提效能”，在全国推进简政放权放管结合优化服务改革电视电话会议上的讲话，2016 年 5 月。
4. 栗燕杰、吕艳滨、田禾：“深化行政审批制度改革：成效、问题及解决路径”，《中国党政干部论坛》2015 年第 1 期。
5. 厉以宁：“简政放权与培育自主经营的市场主体”，《行政管理改革》2015 年第 9 期。

6. 厉以宁:“中国特色社会主义新阶段来临有了可喜征兆——谈谈简政放权的改革成效”,《中国经贸导刊》2015 年第 31 期。
7. 林毅夫:《经济发展与转型:思潮、战略与自生能力》,北京大学出版社 2008 年版。
8. 熊光清:“中国经济新常态下的政府职能转变”,《哈尔滨工业大学学报(社会科学版)》2016 年第 2 期。
9. 袁曙宏:“简政放权助力中国迈入‘创时代’”,《行政管理改革》2015 年第 7 期。

(王志杰,北京大学光华管理学院,重庆市潼南区人民政府;
王睿,重庆大学可持续发展研究院)

简政放权与高科技企业发展

张全升　林淑君

一、引言

作为全面深化改革的“先手棋”，简政放权改变的不仅是政府的基本职能，更涉及到政府日常运行的基本文化和准则。从数据层面来看，截止到2014年6月底，国务院共取消和下放行政审批事项468项，项目具有含金量高、激励效应大、市场活力释放充足等效应。因此，在行政主导地方经济发展的行政包干体制下，简政放权从地方治理的源头——政府——来激发市场的活力，提升政府机关的运行效率。在中国进入中等收入水平的经济发展背景下,产业结构的升级需要更多的高科技企业作为技术支撑,简政放权作为有效的市场激励,对高科技企业的发展有着制度上的促进以及市场上的引导作用。

在此背景下,以《高新技术企业认定管理办法》为标志的具体措施应运而生,在2016年年初国务院举行的简政放权和高新技术企业认定管理政策的吹风会上,认定办法得到了诸多层面的完善:一是在准入门槛上适度放低,把认定条件从小企业研发费占比的6%标准降低到5%,使高科技企业的政策更多地惠及市场参与者;二是在高科技企业的认定流程上做简化,将高科技企业的公示时间从15个工作日更改为10个工作日,同时简化了企业更换名称的备案流程,不再报相关职能处室备案;三是加强了认定和后续监管,通过重点检查和随机抽查的机制对各地进行监督检查,在事前、事中和事后确保相关项目审批有较为完善的复合机制,对于事后市场行为主体的违规行为进行处罚,对企业的日常管理进行更合规的监督;四是在重点支持的高新技术领域扩充技术,将智慧城市、现代体育等服务行业融入到经济的各个方面当中,提升我国文化创意、电子商务、现代物流等新兴产业技术,在产业升级的过程当中淘汰落后技术。

在这次高新技术企业认定管理办法当中,也存在很多的亮点:一是始终坚持以高新技术为导向,给予企业更多的高新技术发展空间;二是在技术的应用过程当中,广泛应用于战略性新兴产业、现代服务业和新业态;三是在企业的规模上放宽了条件,更多资质较浅的中小企业可以进入科创新行业的门槛;四是在过程监督当中,采用放管结合的方式,增强工作的事后复查核实,提升企业认定整体的质量。

二、高科技企业的发展

(一)高科技企业总体情况

我国的高新技术企业经历了一个比较漫长的发展历程,从总量上看，截止到2011年年底，全国31个省（自治区、直辖市）认定高新技术企业40 954家；从地域分布上来看，在东南沿海地区，高新技术企业的分布较为广泛，其中北京、广东、江苏、浙江、上海、山东等地区全国高新技术企业总量占比高达65%；西部省份的认定数量相对较少，绝对数量仅4 447家，占到企业整体比重的11%；中部6省区认定的高新技术企业5 292家，占到企业整体比重的13%；东部10省区认定的高新技术企业29 658家，占到企业整体比重的72%；东北三省认定高新技术企业1 557家，占比4%。这些企业当中有39 343家进入了统一的管理系统——火炬统计系统，占到总量的96%。因此，截止到2010年年底，国家对于高新技术企业的所得税减免优惠高达1 393亿元。

在高新技术企业规模及类型分布方面，根据火炬统计系统的高新技术企业的数据结构来看，如下图所示：

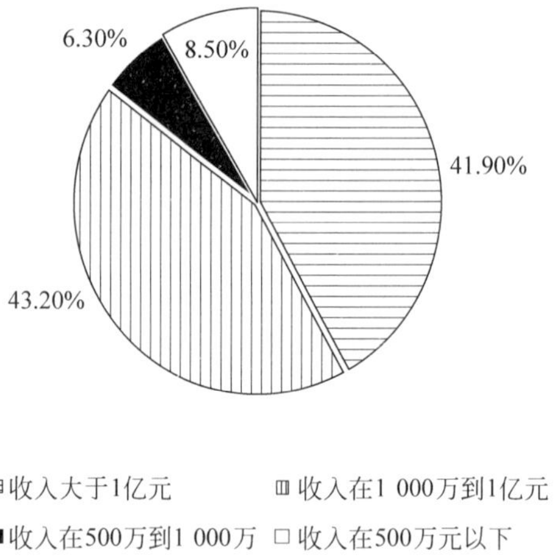

图1　2011年高新技术企业的数据结构

数据来源：火炬统计系统。

根据图中数据我们可以得出，收入大于1亿元的企业占有较大比重，有16 487家；收入在1 000万到1亿元的企业在高新技术企业当中占有最大比重，有 17 004 家，占比 43.2%；收入在 500 万到 1 000 万之间的企业相对较少，有 2 495 家，占比 6.3%；收入在 500 万元以下的企业也占有较少的比重，有 3 357 家，占比 8.5%。

从高新技术企业的经济效益和经济增长贡献值来看：2011 年，高新技术企业一直保持在比较高的增长水平，在占比当中，实现工业增加值占到全国第二产业增加值比重的 15.2%，出口创汇总额占同一时期全国外贸出口总额的 23.8%。高新技术企业营业收入的利润率较高，为 7.0%，其净资产收益率为 12.4%。

从高新技术企业的人力资源开发储备上来看：总体的从业人数为 1 508.3 万人，在学历水平上，大专以上的从业人员为 715.3 万人，占到总的从业人数的 47.4%，相比于上一年同期增长 1.5%。在大专以上的学历具体分布上，如下图所示：

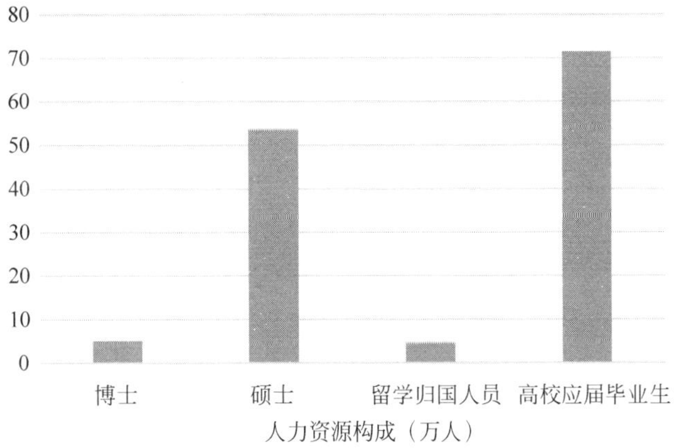

图 2　2011 年高新技术企业人力资本

数据来源：火炬统计系统。

根据图中的描述性分析我们可以得出，博士比重较小，仅 5.1 万人；硕士成为较大比重的高素质员工群体，约 53.8 万人；留学归国人员和博士生群体类似，属于较为少的工作群体，人数约 4.9 万人，高校应届毕业生成为高科技企业的主要群体，约 71.5 万人。在上述从业人员中，在技术职称层面，拥有中高级职称的人员约为169万人，占从业人员总人数的11.2%；从事科技活动的一般性人员为382.1万人，占从业人员总人数的25.3%。

综上数据我们可以得出，无论从企业的规模还是从业人数看，高新技术企业已经成长起来，初具规模。在高科技的应用技术领域，以信息科技为主要特征的高科技企业开始成长为产业结构升级的中流砥柱，为中国的新经济增长极注入了更多的活力。与此同时，高科技企业的覆盖范围拓展至新能源、航天等最前沿领域。这些高科技企业依托各个地区的高科技孵化基地，不断拓展自身的实力。地方政府在转型经济发展的过程当中，通过建成高新技术园区来拉动经济转型，在我国已经建成83家国家高新技术产业开发区，93家国家高新技术产业基地，127个国家经济技术开发区，58个国家科技兴贸创新基地，这些政府提供的创新基地平台不断为高科技企业拓展空间，成为高新技术发展的重要孵化基地。

从区域的产业结构拓展层面来看，我国的东部地区有着一定的高新技术积累，在此基础上，其产业的技术进一步升级，向高端层面发展；中西部地区有着较大的增长空间，近年来产业的布局更加合理，产业创新实力逐渐突出。这些产业发展的背后和我国投资拉动的产业发展背景是息息相关的，根据国家统计局的相关数据显示，我国在2005年以来，在高新技术上的投资研发经费年增长率高达25%。特别的，在生物和新能源等前沿领域，设立了国家工程级的实验室，通过实验室的发展单元，实现了产学研结合的发展路径，产业的创新基础得到夯实。在传统的高铁、计算机等核心领域实现民用产业化，联想、华为等优质的民族创新型企业带动中国高科技行业的整体发展，在国际上开始崭露头角。随着世界经济全球化程度的不断深入，高科技产品也不断融入国际的产品贸易体系当中，我国近年来的高科技企业产品出口总额不断提升，在出口质量上也由以前的数量为先向资本、高技术、高附加值的高水平出口转变，不断提升自己的比较优势,通过市场壮大自己,在资本和技术叠加效应累积的过程当中发展壮大。

(二)我国高科技企业发展存在的问题

在高科技企业大力发展的同时,其产业结构、发展方向同时存在一些问题。在科技的研发和应用上,我国和发达国家存在一定的差距:从技术研发的投入占总产值的比重上来看,占比份额和国外发达国家还存在一定的距离;在国际市场的竞争当中,高科技市场的份额占比还有一定的局限;整体的产业集群效应也存在一定的差距。总体来说,我国的高新技术依旧处于二次利用阶段,核心技术不足,原始科研投入低等问题使得高科技产业发展后续动力不足。

从数据指标的表现上来看,高345经费是用来描述产业技术的知识密度水平的一个重要数据指标,在世界经合组织发表的"以知识为基础的经济"报告中,将这项指标作为重要的参照标准。从中国的高345经费上来看,其投入的强度较低,相比较低于其他产业的经费投入。从产业结构的分布上来看,中国高新技术企业的发展出现结构上的不均衡,中国的电子行业相比于其他高科技产业发展速度较快,但是该行业吸纳的从业人员的比重却相对较低,因此,从业人员的分布和高科技行业的发展速度的不匹配带来各个高科技领域的不平衡,高新技术产业的碎片化问题严重。

在"十三五"规划的大背景下,产业结构升级、国际贸易摩擦加剧,高科技企业带来的产业升级效应更大。因此,在高科企业当中增加技术投入,更多地积累技术资本,是高科技企业需要深层次做的功课。

在国家的政策导向上,国家政策需要在新的科学技术革命背景下把握更大的发展布局,不断地通过资本累积提升上层的技术积累,强化我国的科技发展战略布局,从而加快培育和发展战略性新兴产业。进入到新的时代,旧的世界格局下的产业分工开始分化瓦解，新的国际工业秩序和分工正在形成，在这种变动和整合的过程当中，尤其是2008年国际金融危机以来，世界经济的放缓和全球市场的萎缩给这种分工带来更多的不确定性，人才、市场、资源的竞争更加激烈，产业的转移和国家之间的技术联盟伴随着区域一体化变得更加协调，高科技企业的发展面临更多的复杂国际形势，这种国际间的协作开发变得更加普遍。

随着我国经济的不断发展和自身核心技术的不断提升，我国的国际比较优势逐渐显现，更多的服务业和核心技术设计开始在国内发酵，产生产业的联动集群效应，而相对水平较低的一些其他产业开始向中国的内地和其他发展中国家延伸。在面临的挑战方面，发达国家开始通过自身存在的技术优势，通过自主知识产权、技术标准等方式和途径来影响中国高科技企业走向世界，在一定程度上限制中国企业进入国际市场，使我国的高新技术产业发展面临一定的外部压力。

因此，为了实现我国的产业升级，高科技企业就必须保持更强的生命力和竞争力。在高科技企业的不断引领下，我国的产业结构才能从根本上放弃以前粗放、外延的发展方式，从而使我国的产业得到更高的规划和升级，获得更多的经济增长动力。

（三）高科技企业的科技政策与经济政策

我国的高科技企业发展和制度供给主要从改革开放以后开始，我国的高科技企业的政策经历了一个从无到有、从零散再到系统的过程。周高辉（2011）系统地梳理了我国对于科学技术的政策的发展历程，将这段历程划分为五个主要阶段，主要时间节点为1984年的《中共中央关于科学技术体制改革的决定》，该决定主要提出了科学技术体制改革的基本纲领和目的，在这份文件背后我们可以得出，在这个阶段，我国的技术发展经历了由零散发展到全面系统发展的历程；1998年，国务院发布《关于加强技术创新，发展高科技，实现产业化的决定》，这份文件表明我国的创新已经经历了一个比较长的积累阶段，由最初的积累阶段进入到创新阶段；2006 年，国务院发布了《国家中长期科学和技术发展规划纲要（2006—2020 年）》，这份文件更加具体，也让我国更多的创新政策更接地气，从而具有更多的操作性。同时，周高辉（2011）也选取了我国改革开放以来国家颁布的和技术创新有关联的 533 条技术创新政策，通过描述性分析和相关的其他统计分析，可以得出，我国的科技政策从单一方面推向科技和经济政策协同转变的方向发展；从以前政府的主导向市场调节的方向转变；从以前的单一政策向一揽子政策组合转变。

彭纪生等（2008）做出了对我国科技政策的数量化研究，通过量化我国的科技政策，建立计量回归模型来评估我国的科技政策。他们从 1978—2006 年国家颁布的技术政策中选择和创新有关的 423 个样本政策，进行了定量的分析，描述统计了 1978—2006 年随着时间轨迹我国科技政策的演变过程，将科技政策变量引入柯布—道格拉斯生产函数，通过外生的政策变量冲击来计量创新政策对技术所带来的产出作用，给出定量的分析。

从文献的研究和对于技术创新的理解我们可以得出，技术创新作为一个复杂的过程，需要社会当中的参与主体单元如大学、企业、政府共同协作完成，形成了一个广泛的技术研发集群，推动经济增长和社会的发展。在技术研发和应用的过程当中，政策作为市场引导者的角色，不断提炼创新政策的概念，进行更深入的抽象和研究，这种技术创新管理研究是一种建立在基础创新发展的平台之上的新研究，最先由发达国家提出，具有更加深入指导社会方向的作用。目前学术界对于这个概念还没有统一的定义，认为其创新政策的研究主要从以下三个方面展开：一是在技术创新政策上进行一般性的理论研究，王春法、柳卸林（2004）将政策科学理论和技术创新两者结合的相关课题做了比较全面的研究；二是在具体的技术创新的政策研究当中，许庆瑞、罗伟（2013）对我国的财政政策、金融政策、政府采购政策如何影响创新技术的研发做出了比较细致的数量化分析；三是在技术创新政策的比较研究当中，连燕华等人（2007）从国家的政策手段选择、政策支持重点领域、政策效果等视角入手，研究这些方面的具体差异性。但是在国内的研究当中，大多数都是对技术创新本身的政策和技术创新政策体系进行相关研究。在经济全球一体化的背景之下，需要更多的国际比较，对于文化、国度、市场机制差异下的比较研究相对较少，特别的，在这些基础之上的一些中国政策制定影响的研究相对较少，没有成为系统的比较理论。

三、国外政府引导高科技企业发展的政策借鉴

从凯恩斯主义的经济学观点出发，政府需要用看得见的手干预市场，虽然政府通过行政手段和财政、货币政策能够在很多的市场环境当中起到很好的效果，但是依旧存在几个缺陷：首先，政府的财政、货币政策依靠税收和社会的整体经济发展水平，政府掌握的资源仅仅是社会资源的一部分；其次，市场化的商业运作有着企业更广泛更高效的参与，市场对资源配置的合理性远远高于政府配置。因此，政府更多的需要创造比较优良的市场环境，给企业更多的创新空间，通过政策的适度引导，促进高科技企业向更深的产业层次发展。这样一方面可以将政府掌握的社会资源进一步扩展，呈指数级的增加；另一方面还可以提升资源的利用率，更加优化合理地利用现有资源。在发达国家的发展经验当中，一个比较有共性的路径就是对于高科技企业适当的税收减免，通过企业的减负和有效的资金引导，扩充社会的高科技企业规模。

（一）美国政府的政策借鉴

美国对于高科技企业的税收优惠政策主要集中体现在以下方

面:一是减少了对于新投资的税收;二是降低了公司的所得税税率;三是对于特别的科研实行税收优惠;四是科研费用增长额税收冲抵。

税收减免是美国政府促进高科技企业发展、鼓励企业科技创新的一项重要政策。从具体的政策实施来看,公司当年的科研费减去前一基期平均科研费用的差额的25%,就可以直接冲抵该公司当年的应纳所得税税款,但是上述差额不得超过基期全部费用的一半。美国政府的这项科研政策极大地鼓励了企业投资科技研发。美国政府之后将这种“研究与实验”的临时税费优惠变成了永久性的税费减免,这项政策向新的企业尤其是购买新设备的小企业提供了一个周期较长的税款减免政策。在上世纪90年代,美国在信息技术革命时期,大力向高科技企业政策倾斜,极大地促进了高科技企业的发展,促进了美国经济的转型和持续发展。

(二)日本政府的政策借鉴

日本政府对于本国的高新技术企业也采用税收减免的优惠政策,具体体现在以下几个方面:

第一,对于重要的高新技术企业的研发,在重要的研发设备上予以保障,制定了对高科技企业研发设备的特别折旧制度,提供了税费政策上的支撑。

第二,对于研究费用实行税额扣除的制度。从1966年开始,每个企业的年度研究实验费用高于过去每一年的最高额时,超出额度的20%的部分税额予以扣除。此外,在以上两个税制当中做出规定,对于中小企业的研究和实验费用免税6%;对于科技创新当中的原材料、实验研究等费用,以当年所得税额的15%为限度,抵除其所得税。

第三,对于国外引进技术的税收优惠政策。政府制定了更多基础性技术研究的促进税制、中小企业的技术研发基础强化税制等,旨在加强日本国家的技术进口和研发能力。此外,在这两个主要税制当中,对于中小企业实行固定资产的特别折旧制度,其中第一年内可以计提折旧费 30%;对于一些企业风险停止收取保险金;减轻中小企业的继承税;降低延迟缴纳的税款的提成利息。

日本的一系列税收优惠措施大大提升了高科技企业的资金水平,使得这些高科技企业在发展上受到来自国家的税费优惠,提升了自身的发展空间,带动了产业的升级和发展。

(三)韩国政府的政策借鉴

韩国鉴于其本身资源禀赋的相对匮乏,需要更多的进口商品来维持高科技企业的持续研发和发展,因此,韩国政府扶持高科技企业研发和发展的主要手段是通过减免企业进口稀缺高科技研发产品的方式来提升高科技企业的核心竞争力。在此基础上,不断提升高科技企业的技术转化为产出和成果的能力,这种促进政策直接反映在企业产品投入到市场当中消费税的减免当中。这些税费的减免主要集中在具有先导性的产品,优惠的暂定税率按照前四年基本税率的 10% 纳税,第五年按照基本税率的 40% 纳税,第六年按照基本税率的 70% 纳税,第七年开始恢复原来的税率基准。对于小型企业、技术集中型和风险投资企业,在公司创业的前五年时间减半征收企业所得税,财产税和综合土地税予以 50% 的减免。

与此同时,在外资企业的扶持当中,对于拥有高尖端技术企业给予 7 年的免税,免税期满之后还可以获得减半的所得税减免。在核心技术领域的开发当中,企业的研究经费、人员经费、教育费用,可以在所得税之前扣除,并且可以在 5 年内(资本密集型企业为 7 年以内)逐年结转。在设备采购上,用于技术研发的实验设备,可以按照设备投资金额的 5%(国产设备为 10%)享受税金减免或者按照购置价款的一半(国内设备为 70%)实现加速折旧。

(四) 印度政府的政策借鉴

印度也通过税收优惠减免政策来实现高科技企业的发展。鉴于印度高科技研发技术的薄弱性,印度政府鼓励企业建立研发中心,以研发中心为主要单元进行技术创新,这种研发中心的税费减免通过认证该企业是否成立了研发部门为核心,只要通过认证,就可以享受进口产品免税的政策。此外,研发团队取得的一定资金收入,如果二次用于研发和创造,免征其所得税。在研究的过程当中,对研发的产品和研发的项目进行详细的分类,属于国家专项研究的计划可以加量免征 125% 的税费,承担这些高质量的国家专项计划的研究人员可以获得个人所得税的加量免税。从事高科技研发的公司,在时间节点上,确认为这类企业后 5 年内减征所得税。引进的技术为美国、日本、欧盟等发达地区的专利的,三年内免征商品税。

在另一方面,印度对于具有长期风险的高科技投资者的资本利得和红利收入全部免税。在招商引资上,对于国外投资者投资的高科技企业,可以在企业投产的 8 年当中的 5 年将所得税全部减免。在企业和高科技研究机构的合作当中,如果企业拥有自主科研机构,其在研发项目上的全部支出可以享受完全的税前扣除。在本国技术的支持和研发应用上,设备按照 40% 的比例加速计提折旧。本国的企业引进国外先进技术的,按照引进费用的 5% 征收研发税,这些资金进行有效的积累,成为新的资金流来支撑进一步的科技研发和技术应用。在此基础上,对国有和民营的企业征收"研究和开发税",但是如果企业将其营业收入的 2% 用于进一步的科技研发,就可以减免该项税率,因此政府是通过税务减免鼓励企业研发,通过税收征缴来倒逼企业进一步科技研发。

因此,综合各国的情况来看,在具体的税收优惠政策上,美国主要注重其自身的科技研发和技术创新,保持自身高科技创新的核心竞争力,由于自身高科技处于国际的领先地位,美国并不关注进口和从国外引进的相关技术。日本作为科技强国，但是其资源禀赋相对缺乏，并不具备核心科技的绝对优势，因此在扶持科技的税收政策上，保持了本土的核心技术培养和引进国外先进技术并行的措施，并且在企业的高科技研发动机上保持比较积极的引导，使一些企业获得更多的发展空间，提高其积极性。韩国政府对于高新技术企业给予了充足的制度和法律供给，因而在创新环境上具有明显的比较优势，尤其在立法方面，《税收减免控制法》、《中小企业创业支援法》、《技术开发促进法》等完善的法律有效地激励了企业的科技创新，从而在法律层面规范了高科技企业的行为。印度作为比较重要的高科技发展中国家，以软件高科技为先导的信息产业成为其主要的激励和扶持对象，同时作为发展中国家，注意高科技外资企业的引入和外资研发资金的引入，在风险投资上给予更多的支持，这样使得对于高科技企业的税收减免有的放矢，重点突出。

四、简政放权促进高科技企业的发展

（一）高科技企业发展的核心问题是人才储备。要促进高科技企业的发展就要加大对于人才的培养力度。如今我国面临的更多问题是人才和市场的脱钩，大量的人才投入到过剩的领域当中，并且在已经进入行业的人才当中，产学研的结合不够好，导致了相关人员在工作的过程当中不能够适应应用的高科技领域，造成人才在一定时间档当中的资源浪费。因此，产业和教学科研应当紧密相结合，高等院校需要更多的教学自主权和针对企业的联合培养制度，培养出更多具有理论基础和实际应用能力的专业高技术人才。因此，高等教育或技术教育不仅仅要注意研究和理论学习，更要和企业相互合作，企业获得更多的高质量技术人才，同时企业给予高校更多的学生实习和资金赞助空间，从而进一步紧密结合产学研一体化，扩大高科技企业的发展空间。

（二）政府的产品标准、资质制定下放给高科技企业。简政放权，就是把更多的自由空间留给企业。通过建立第三方的资质认证和标准制定机构，和企业更多的协商和交流机制，能够不断地提升产品的标准水平和资质的认证门槛。此外，标准的制定不论是第三方组织还是政府部门，都要做好更多的市场调查分析，制定更加合适的标准。中间机构更具有协调机制的性质，因此更容易和企业进行沟通，因此由企业自身来制定标准，通过产业之间的企业主的沟通和比对，不断提升标准和资质的制定。政府在这过程当中仅保留监督职能，从而提升市场参与者的积极性，有效地利用市场效率，同时降低政府的干预，提升高科技企业的发展空间。

（三）加强高科技投入和简政放权的宣传监督，营造较为良好的舆论环境。不断分析和总结高科技企业工作的经验和教训，在宣传的过程当中提升企业自主的创新意识和创新能力，引导企业加大研发投入，提升企业的核心技术竞争力，从而使得整体的行业产业升级，为转变发展方式和加快经济转型提供有效的支撑。在文化宣传过程当中，激发整个社会的创新活力，为高科技企业发展营造一个较好的文化和舆论环境。

（四）启动高新技术企业的培育试点工作。通过税收优惠政策，不断拓展高新技术企业的发展空间，在简政放权的过程当中不断提升政策导向上的创新，选择一些比较有前景、基础设施较好的高新技术区进行高新技术企业的培育试点工作。通过建立完善的高新技术培育体系，不断地整合政治、经济、文化等社会资源，从而通过试点工程加强政府的简政放权路径，也让社会进一步地了解高科技企业的整体效果，从而让更多的技术、人才和资金向高科技企业汇聚。

（五）坚持对高新技术企业的技术支持。政府用看得见的手，即财政政策和货币政策在市场风险的过程当中为企业的发展保驾护航。高科技企业具有获得高收益的能力，但同时由于资本积累不足、前期资金投入大等问题，抗风险能力变弱，因此政府需要用更加积极的财政政策给予高科技企业更多的资金补贴，提升高科技企业初期发展、技术升级的能力；通过税收减免和行业补贴，给予高科技企业更多的支持。在货币政策方面，给予更多的低息贷款来支持高科技企业发展。

（六）制定更加全面的专利政策来保护高科技成果。从政府角度，需要营造更加良好和适宜的环境来鼓励高科技企业发展，其中最核心的就是其科学技术的核心成果有可能会被侵权复制，需要更多的专利制度作为保障。根据经济学的公共产品理论，科学技术具具有非竞争性，获得一定收益的技术分享是合理和具有规模性的，但是科学技术又不具有完全的排他性。因此，政府需要更加严格的监管来使这些外部效应内部化，规范高科技行业的发展，从制度上激励和保障企业的科技创新。

五、总结

政府在简政放权、鼓励高科技企业发展的过程当中，需要有选择性地进行放权，放权也不是放任自流，应当加强放权之后的监管措施；在企业自主创新的过程当中起到规范和监管的职能，利用市场优化资源，鼓励创新，利用制度和法律，建立高科技企业的行为准则。

因此，高新技术企业的发展对我国的科研创新、经济发展以及就业起到至关重要的作用，政府的简政放权在鼓励、促进高新技术企业发展的过程当中，应提升产学研的结合紧密程度，在高校自主培养和企业合作的共同路径当中提升高科技的研发含金量；政府需要从技术监督、制度供给、财政货币政策、税费减免等方面，给予企业更多的保障，鼓励企业研发，通过高科技的升级和引领作用，不断提升我国经济的结构，从而保证中国经济的持续增长。

参考文献

1. 巴曙松:“中国高新技术产业发展中的金融支持”,《金融论坛》2000 年第 5 期。
2. 匡小平、肖建华:“我国自主创新能力培育的税收优惠政策整合——基于高新技术企业税收优惠的分析”,《财贸经济》2007 年第 S1 期。
3. 连燕华、郑奕荣、于浩:“关于技术创新政策评估的探索——鼓励企业加大技术开发投入的财税优惠政策评估”,《中国青年科技》2007 年第 2 期。
4. 彭纪生、仲为国、孙文祥:“政策测量、政策协同演变与经济绩效:基于创新政策的实证研究”,《管理世界》2008 年第 9 期。
5. 王春法、柳卸林:“全面建设小康社会的科技发展战略——基于国家创新体系的分析”,《科学学与科学技术管理》2004 年第 25 期。
6. 许庆瑞、罗伟:“中国高新技术企业发展环境及相关政策浅析”,科技部火炬中心官网,2013 年。
7. 张文春:“税收政策在促进高新技术产业发展中的作用及其机理分析”,《中国人民大学学报》2006 年第 1 期。
8. 周高辉:“改革开放后中国技术创新政策的演化分析”,《经济论坛》2011 年第 11 期。
9. 周业安:“人力资本、不确定性与高新技术企业的治理”,《中国工业经济》2002 年第 10 期。
10. 朱卫平、伦蕊:“高新技术企业科技投入与绩效相关性的实证分析”,《科技管理研究》2004 年第 24 期。

(张全升,福建省海西物联网研究院;
林淑君,北京大学光华管理学院)

简政放权在宏观调控背景下的实践与思考——以内蒙古乌海市为例

白 烨 王福晗

不同历史时期的宏观调控政策具有不同的特点，在经济发展"新常态"下，面对国内外错综复杂的形势，党中央、国务院审时度势，在对待和运用宏观调控上形成了一些新思路和新特点。国家全面深化改革，推进简政放权，努力做到"放""管"有机结合，"放""接"无缝吻合，从而使简政放权成为经济社会发展新的给力之源。

一、我国计划经济体制下宏观调控政策及其特点

新中国成立初期，工业基础十分薄弱，

按照当时的标准，现代工业仅占10%，工业总产值比重仅占30%，重工业产值占工农业产值的比重不足8%。为加速工业化进程，国家确立了重工业优先增长的发展目标，以带动整个工业化进程，进而实现经济社会发展的建设方针。同时也存在着发展重工业建设周期长与资金使用成本高、发展初期设备依赖进口与外汇支付能力不足、初始投资规模大与筹资能力有限三大矛盾。

在当时的历史背景下，资本供给严重不足，发展重工业的成本极其昂贵，而推行超越发展的重工业优先发展战略，难题在于如何动员各方资源来支持重工业的发展。因此，就需要一套不同于市场调节机制的宏观政策，也就是要人为地降低发展重工业的成本，为重工业发展提供廉价的劳动力、资金、原材料以及进口设备和技术。其核心在于全面排斥市场机制的作用，人为扭曲生产要素和产品的相对价格，形成了当时环境下的宏观调控政策。

（一）低利率、低汇率政策。重工业存在资本密集程度高、建设周期长等特点，如由市场来决定资本价格，将导致在高利率环境下重工业难以发展。因此，要保证重工业的迅速发展，就必然要降低资本价格，让资本维持在一个低利率水平。以我国工业信贷月利率为例，1950年7月为2%，期间经过多次调整，到1971年8月被压低到0.42%。重工业发展的重要物质基础就是技术设备，而其初期发展主要依赖进口。在当时资本供给不足和可供出口产品不多的情况下，外汇同样是稀缺资源。为保证以较低的价格购买关键设备，政府出面干预汇率价格，仅1950年就连续15次压低人民币兑美元汇率，由4.2压低至2.23，到1978年汇率降至1.72。

（二）低工资和能源、原材料、生活产品低价政策。在国内经济发展初期，发展重工业所要求的高积累率很大一部分需要依靠自身的积累。由于积累率取决于利润率的高度，而利润水平又决定于产值与投资之间的成本差，因此低劳动力成本和能源、原材料成本是重工业实现高积累的一个重要途径。以当时的工资水平为例，从上世纪50年代到70年代末，全国工资由中央统一规定，地方、企业无权调整。较低的工资水平降低了国民的生活必需品购买能力，如生活必需品价格由市场决定，将可能影响社会的稳定，同时也将影响重工业的劳动力供给。因此，国家实施低生活成本的优惠政策。

（三）高度垄断金融和外汇管理体制。低利率政策使得银行资金吸收量远远少于社会潜在的资金供给量，而国家控制之外的其他资金渠道又不能执行支持重工业的任务，要支持重工业的发展，就必须实行金融的垄断。随之而来的就是以中国人民银行为中心的金融体系的建立、银行业的基本国有化及“统收统支”的信贷资金管理制度，高度集中的金融体系和单一的融资渠道，达到了有限资金优先安排国民经济计划的重点产业的目的。同时，低汇率政策降低了出口意愿，但进口国外产品会更加便宜。

（四）高度集中的物资管理和农产品购销制度。在物资短缺的情况下，为支持重工业的发展又实施了低工资、低物资价格的政策，使得供给侧生产积极性被打压，而需求日益高涨。一方面，为保证能源、原材料低价政策的实施，在全国范围内对重要物资实施统一分配制度，从而实现国家对经济建设所需物资的直接配置；另一方面，为确保农民把资源投入到国家工业化所需的农产品生产中，国家通过行政力量直接控制农业生产，并逐步实现对重要物资、副食品、工业原料的统购派购及销售。

（五）国有经济占绝对主导地位。虽然低利率、低汇率、低物资价格等政策降低了工业企业的生产成本，提高了企业的利润率和积累率，但以营利为经营动机的私营企业会更倾向于把资源投向能够使利益最大化的部门，这不符合国家发展重工业的战略目标。从1954年起，国家开始将较大规模的私营企业逐步纳入公私合营范围，随后在全国范围内实行了全行业的公私合营，到1956年私营企业几乎全部消失。

二、我国市场经济体制下宏观调控政策及其特点

党的十一届三中全会之后,关于社会主义商品生产和价值规律问题的讨论形成了两大理论突破。党的十二大确立计划经济为主、市场调节为辅的原则,十二届三中全会确立了有计划的商品经济理论。党的十四大明确提出了建立社会主义市场经济体制的目标,以此为契机,我国经济改革进入了一个新的历史阶段。在由计划经济向市场经济转型的过程中,根据当时的国情,我国体制转轨选择了"渐进式"路径,目的是通过自上而下的强制性制度安排实现向新体制的平稳过渡。之所以选择"渐进式"的经济转型之路,有以下三个原因。(1)计划经济水平较低。与苏联、东欧的计划经济程度相比,我国计划经济体制具有强烈的理想主义色彩,生产力水平低,科学文化落后,社会化生产不发达。然而,这正是市场经济发育的有利因素,一旦政府放松了控制并加以正确引导,市场经济就会蓬勃生长。(2)市场因素较多。我国的改革把工业化与市场化两个转型结合在一起,这是渐进式改革获得成功的一个重要条件。由于当时工业化水平较低,集体农业经济比重较大,它们处于国有经济体制之外,没有享受到计划经济体制的好处,这样就使从体制外改革入手推进市场经济的渐进式改革成为可能。(3)宏观经济运行比较稳定。在宏观经济运行相对稳定、经济增长势头比较旺盛的国家,一般没有激烈变革的要求,而比较多地采用渐进改革的方式,中国的情况就是如此。国家通过经济手段、行政手段、计划手段、法律手段实施宏观调控,其功能和作用如下:

(一)保持国民经济平稳增长与协调发展。首先,将宏观调控的对象由传统的企业变为市场。通过调节市场,进而去引导企业自主地调整经营,使市场的主体地位得以充分发挥。其次,将宏观调控的目标由传统的高速增长变为减少经济波动。新形势下,减少经

济波动,保持总供给和总需求的平衡,放缓经济增长速度,实现经济可持续增长是宏观调控的总体目标。宏观调控不再是对总量的调控,而是转向对于经济结构的调整,充分发挥市场自身的主导作用。宏观调控作为辅助手段参与国民经济,保持国民经济的平稳持续发展。

（二）平衡社会总供给和社会总需求。宏观调控的总体目标之一是平衡社会的总需求和总供给。改革开放以来,通过历次经济波动可以发现,影响我国经济平稳运行的主要原因是通货膨胀,也即社会总需求大于总供给。国家当前要协调好总供给的四个方面:财政、信贷、物资、外汇。首先,财政收支平衡,力求减少财政结余或者财政赤字。第二,金融信贷平衡,积极推进稳健的货币政策,避免货币超发的出现,使信贷增长规模和经济增长速度相匹配。第三,平衡好各种实际物资的储备,尤其是做好投资和消费之间的平衡。第四,外汇收支平衡。过度依赖外汇会造成贸易逆差。当前国际经济形势不容乐观,在引进外资的同时,更应注重对于国外人才和技术的引进。

（三）同步产业结构和市场需求。市场对资源配置起决定性作用,一定要求产业结构能与市场需求相匹配,只有这样经济才能可持续发展。在优化产业结构上,必须要保障能源和农业等关乎国计民生的行业有足够的发展水平,再寻求第二、第三产业的发展。淘汰落后的产业结构,放弃守旧的产业结构,才能令经济持续地发展下去。唯有新兴技术才能带动企业转型发展,这也是经济新的增长点。

（四）协调社会各方面的经济利益。随着国有企业比重逐渐降低,非公企业比重逐渐上升,社会各方面的分配不公问题也逐渐显现。产权主体多元化的同时,也应尽量减少摩擦,特别是各主体由于分配问题产生的矛盾。考虑好全局利益与局部利益、社会公共利益与产权主体利益。

三、新常态下的宏观调控政策及其特点

党的十八大以来，国内外经济形势发生了深刻变化，改革发展也进入关键时期，面对国内外错综复杂的形势，党中央、国务院审时度势，在对待和运用宏观调控上形成了一些新思路和新特点。

（一）坚持“市场决定”取向。市场与政府是资源配置的两种基本方式，资源配置的核心问题是处理好政府与市场的关系问题，也就是明确市场和政府在资源配置中谁占主导地位的问题。随着经济新常态的确立与发展，十八届三中全会把市场在资源配置中的“基础性作用”提升为“决定性作用”，强化了市场化改革的取向。改变把行政管理与宏观调控混合在一起的弊端，在尊重市场规律的基础上按市场规律办事，推进市场化改革，夯实宏观调控的微观基础，完善政策传导机制，更多地依靠市场化手段调控经济。凡是市场能做的都交给市场，政府主要是制定规则、维护市场公平，改变“错位”，退出“越位”，补上“缺位”，既发挥市场决定性作用，又更“好”而不是更“多”发挥政府作用。

（二）提出“区间、定向调控”概念。在前几轮宏观调控目标选择上，我国一直选择一个明确的经济增长速度（如“保8%”）作为调控目标。但在我国经济进入新常态后，基于新的发展理念和决心，中央于2013年提出“区间调控”的新思路，就是守住稳增长、保就业的“下限”，把握好防通胀的“上限”，决不突破民生就业与金融风险的底线。从“点调控”转变为“合理区间调控”，可以使得调控较为从容，不会因宏观经济指标的短期波动而频繁“出击”，只要经济运行在合理区间，就可保持宏观经济政策基本稳定。

此外，为解决长期以来形成的区域、城乡、产业之间结构失衡问题，2014年，在“区间调控”基础上进一步提出“定向调控”。在定向调控力度上，不搞强刺激，而是实施“喷灌”、“滴灌”，注重补短板、

强基础、增后劲。在定向调控对象上，将调控对象与实体经济的转型和发展密切挂钩，“大众创业、万众创新”、“互联网 +”、绿色发展、“一带一路”国家战略等均成为定向支持的目标领域。手段也更加丰富，包括实体经济政策、货币政策、财政政策、社保政策、金融政策等都为定向调控“加力增效”。

（三）更加重视预期管理和引导。一是把稳定预期放在突出位置上，不断明确表明对经济稳定增长，“不让增长滑出下限”的态度、信心、判断和立场，以提振整个市场的信心。二是为解决信息不对称问题，要求完善政府部门新闻发言人制度，增加对社会密切关注的宏观经济等重要信息发布频次。并要求政府与公众互动，不仅科学解读新政策法规，让公众更好地知晓、理解政府经济社会发展政策和改革举措，还要回应热点问题，注意把公众期盼融入政府决策之中。三是及时公布具有权威性、重点性、及时性、无偿性、透明性和可信性的政府信息或政策，并在第一时间通过多种方式进行科学解读，以促使政府政策规则、政策制定、政策目标和政策导向等保持稳定性、透明性、可预知性和可学习性。

（四）树立“国际化、全球化”视野。经济一体化将全球经济日益紧密地捆绑在一起，我国经济规模已是全球第二大经济体、全球最大贸易国和全球资本输出大国，国内经济深度与世界经济融合在一起。正是基于全球经济日益一体化的实际，我国新一轮宏观调控在很大程度上已超出一国范围，明显带有“国际化、全球化”视野，对全球经济产生着越来越大的“外溢”效应。其主要从三个方面体现：一是大力促进商品出口，鼓励优势产业和资本输出，为我国经济增长提供新的动力，推动我国产业结构升级，在世界范围内为我国经济发展作出长远的战略布局；二是不再拘泥于现有发达国家设立的国际经济活动平台，而是按照我国的需要开始作为主要发起人发起和设立国际经济机构，并在各种国际场合提出自己的议题，积极参与并主导一些国际经济规则的设置，打通我国金融资本走向世界的“国际通道”；三是积极推进经济自由化，国内建立上海、广东、福建、天津自由贸易区；在国际上，大力推动“一带一路”战略，积极发展同发展中国家尤其是亚太周边国家的经济合作，打造经济发展的“命运共同体”，促进经济交往中的多赢、双赢局面，强化经济一体化的大趋势。

（五）更加注重供给管理。需求管理和供给管理是宏观调控中通常使用的两种方式。针对导致宏观经济失衡的因素，合理搭配使用需求管理和供给管理，对宏观调控目标的实现有重要作用。但从近年来我国宏观调控实践看，调节财政政策、货币政策等对需求管理较为偏重，其主要落点都在需求侧。尽管我国经济取得了快速发展，但也使“两高一低”（高耗能、高排放、低附加值）产业长期主导经济发展，不仅使大规模资源耗损不断增长、生态环境日益恶化，也导致了产能过剩、投资回报递减、发展失衡、分配扭曲等一系列经济和社会问题。

正是基于需求管理自身的缺陷，以及经济新常态下投资、消费、出口等传统“三驾马车”增速下滑，习近平总书记 2015 年 11 月 10 日在中央财经领导小组会议上强调：在适度扩大总需求的同时，着力加强供给侧结构性改革，着力提高供给体系质量和效率，增强经济持续增长动力，推动我国社会生产力水平整体跃升。2016 年 1 月 26 日中央财经领导小组召开第十二次会议，研究供给侧结构性改革方案，对宏观调控思路做出新的调整：从过去突出强调需求侧转变到更加重视供给侧，宏观调控的长期视野集中体现在供给管理上，即通过深化改革、促进创新，发挥企业和创业者作为市场主体的作用；通过结构调整、制度变革与完善，解决中长期健康和可持续发展问题，而不仅仅局限于解决短期经济波动问题。在重视供给侧的同时，更注重需求侧的创新升级，以实现供给管理与需求管理合理分工、协调配合，统筹施策，促进经济持续健康发展。

四、宏观调控政策下的简政放权

改革开放以来，我国的综合实力大大增强，家底更加殷实，人民的生活水平不断提高。我国的发展成就举世瞩目，但是在发展的历程中不断积累的一些经济和社会领域的弊病也在逐步显现。面对国内外复杂严峻的经济形势和国内经济下行的巨大压力，国家全面深化改革，简政放权成为深化改革的“马前卒”和宏观调控的“当头炮”，以真刀真枪的改革理顺政府和市场的关系，全力冲破一切阻碍发展、束缚经济活力的障碍，努力提高经济发展的质量和效益。

以简政放权、转变职能为核心内容的行政体制改革，就是要把计划经济时代形成的政府无所不包、无所不管、无所不能的全能政府转变为有限政府、法治政府，以保障各种所有制经济公平参与市场竞争，打破行业垄断，减少审批权，消除制约转型发展的体制机制性障碍。这是释放改革红利，打造中国经济升级版的重要举措。

（一）简政放权是深化行政体制改革、转变政府职能的“牛鼻子”。长期以来，政府对微观经济运行干预过多、管得过死，重审批、轻监管，不仅抑制经济发展活力，而且行政成本高，也容易滋生腐败。推进简政放权、放管结合，就是解决这些突出矛盾和问题的关键一招，也紧紧抓住了行政体制改革和经济体制改革的核心，把握了完善社会主义市场经济体制、加强社会建设的要害。理顺政府与市场、政府与社会的关系问题，政府把该管的事情管好，不该管的事情放出去，减少其对资源特别是优质资源的占有权、控制权、审批权、决策权和分配权等，把相关的权力及其利益放还给企业、社会和市场。在权力下放后，政府更多承担社会管理和宏观调控功能，弱化对微观经济的直接干预。可以说，这项改革是“牛鼻子”，具有牵一发动全身的重要作用。

（二）简政放权要重点解决行政审批繁杂、行政效能低下的“中梗阻”问题。此前，一些部门的职能交叉、职责不清，有审批权的部门办事拖拉，审批过程手续繁、收费高、周期长、效率低，不按章办事、推诿扯皮、慢作为不作为等现象突出。有些产业项目审批耗时过长，需经历几十个部门、处室，上百个审批环节，盖上百个公章，还需办理多项缴费手续，全流程需要一两年甚至更长的时间。这么长的审批时间，很多项目拖拖就拖黄了，严重影响了企业和市场的积极性，导致一些优秀项目流失、转移，甚至还会导致出现一些未批先建问题。同时，行政审批权力过分集中、自由裁量权过大现象仍然明显，还容易出现“任性审批”、暗箱操作和权力寻租等行为。推进简政放权，通过精简政府机构，取消、减少、下放部分行政审批事项，建立责任清单、权力清单和负面清单制度，实行“先照后证”、将部分前置审批事项改为后置审批等措施，解决了行政审批繁杂、办事效率低下等问题。

（三）创新政府管理、优化服务环境是简政放权的核心内容。一方面，目前，我国市场经济秩序还不规范，不公平竞争现象还大量存在。我们给市场放权不是放任，而是为了腾出手来加强监管，只有管得好、管到位，才能放得更开、减得更多。推进简政放权，加强管理体制改革，创新管理模式，强化管理手段，切实提高事中事后监管的针对性、有效性，使市场活而不乱，能够促进权利公平、机会公平、规则公平，让全体人民共享改革发展成果，使社会既充满活力又和谐有序。另一方面，在下放权力的同时，政府在公共服务领域完成自身职能的“补位”，在履职施政中从过去的重管理变为重服务，把政府工作重心转移到“创造良好发展环境、提供优质公共服务、维护社会公平正义”上来。通过建设学习型、服务型、法治型政府，进一步提升政府的服务能力和水平，不断提高群众对政府工作的满意度。

（四）激发市场活力、促进科学发展是简政放权的最终目标。我们推进简政放权改革，说到底是要为市场增活力、为发展添动力。

坚持以有限政府改革为取向的简政放权，就是政府精简机构部门，下放权力，把相关的权力及其利益放还给企业、社会和市场，理顺政府与市场、政府与社会的关系问题。凡是市场能干的就交给市场干，充分发挥市场的作用，政府要干那些市场干不了的事情。推进简政放权，坚决革除不合时宜的陈规旧制，打破不合理的条条框框，砍掉束缚创业创新的繁文缛节，努力通过为人民群众提供比较充裕的公共产品、优质高效的公共服务，激活市场经济的活力，激发内需潜力、形成新的发展动力，为社会发展创造良好的环境，使创业创新过程更顺畅、经济发展之路更通畅、人民群众心情更舒畅，使整个社会更温馨、更和谐、更有凝聚力和活力。

五、内蒙古乌海市简政放权的实践

乌海市是内蒙古自治区西部的新兴工业城市，地处黄河上游，东临鄂尔多斯高原，南与宁夏石嘴山市隔河相望，西接阿拉善草原，北靠肥沃的河套平原。是华北与西北的结合部，同时也是“宁蒙陕甘”经济区的结合部和沿黄经济带的中心区域。1958 年，随着包兰铁路、包头钢铁公司等国家重点项目的实施，乌海地区开始大规模开发建设。1976 年，经国务院批准，原乌达和海勃湾两个县级市合并成立乌海市，辖海勃湾、乌达、海南 3 个县级行政区，总面积 1 754 平方公里，常住人口 55 万(户籍人口 44. 5 万)，有蒙、汉、回、满等 40 个民族。

近年来，乌海市围绕减少行政权、弱化审批权、规范决策权、强化监督权，坚持简政放权、放管结合、优化服务“三管齐下”，为促进经济社会发展创造良好的环境。

(一) 实施新一轮政府机构改革，精简了政府机构，促进了政府管理创新。简政放权不仅仅是取消和下放权力，还要创新和改善政府管理，管住管好该管的事，“放”与“管”要两者齐头并进，而不是一放了之。按照“转变职能、理顺关系、优化结构、提升效能”的原则，乌海市于2015年对政府机构进行了新一轮改革，政府机构设置得到精简优化，政府管理水平得到极大提升。例如：将工商由垂直管理改革为地方管理，并整合了工商、质监、食品药品监管职能，成立市场监督管理委员会，打造“横向到边、纵向到底、斜向到角”统一监管的市场管理新格局，实行一个部门管市场，有效解决了此前出现的“几个部门管不了一颗豆芽”的问题。整合各部门城市管理职能，成立城市管理委员会，城市管理工作由多头管理向集中管理转变，形成了统一指挥、部门联动的“大城管”格局，实现了一个机构管城市。城市管理体制创新以来，职能交叉、多头执法、推诿扯皮等现象得到有效解决，城市管理水平大大提升。在2015年全国文明城市创建工作考核中，民调显示，市民对城市管理的满意度达到了92%以上。乌海市海南区于2015年9月份开始实施综合行政执法改革，通过联合执法、委托执法等方法，进一步整合执法职能和执法力量，将环卫管理、殡葬管理、水政监察、林业监察等8个部门的职能进行整合，将执法重心向工业园区、镇（街道）基层倾斜，解决了“看得见的管不了、管得了的看不见”问题，实现了“一支队伍管全部”的综合执法管理模式，管理效率得到有效提升。

（二）持续推进行政审批制度改革，优化了服务环境，提高了行政效能。乌海市2010年建成启用新的政务服务中心，全市承担行政审批服务职能的部门，全部将工作人员和审批服务事项集中到政务服务中心综合服务大厅及各专业服务厅统一办公，原来的层层审批简化为“一受理、一审核、一批准”的“一站式”服务，事项办理时限全部压缩至20个工作日以内，多数事项办理时间从原来的平均30天缩短到5天，一些原来5天的办理时限变为现场办结。实现了由“办一件事进百家门”到“办百件事进一家门”，由跑个审批需要三五个月到资料齐全即时办结。2013年9月份，乌海市对非行政许可审批事项和行政事业性收费项目进行新一轮清理，仅保留行政审批事项 87 项，减少行政审批事项 106 项，缩减率达 55%，停收收费项目 50 项，保留行政事业性收费 48 项，缩减率达 51.02%。经过几轮清理，审批事项减少了，审批程序简化了，企业和群众办事方便了、负担减轻了。民意测评显示，群众对乌海市政务服务满意率高达 99.7%。

此外，乌海市还将纪委效能监察室整建制派驻政务中心办公，组织部门也将政务公开和政务服务工作纳入市委、政府对三个区、市直部门及所属专业服务大厅的实绩考核，市民则可通过网上投诉平台提出建议和投诉。经过不懈努力，乌海市政务服务中心实现了三个 100%，即：审批事项 100% 进驻服务大厅、与委办局 100% 联网、电子监察 100% 监控。

（三）严格推行权力清单、责任清单和负面清单制度，规范了政府行为，纯洁了公务员队伍。按照职权法定、简政放权、公开行政的原则，推进机构、职能、权限、程序、责任法定化，认真组织开展了除行政许可项目之外的其他行政权力梳理工作，全面推进行政权力清单、责任清单和负面清单制度，依法公开权力运行流程，建立健全权责明确、分工合理、运转高效的行政权力体系，加快建设职能科学、权责法定、执法严明、公开公正、廉洁高效、守法诚信的法治政府。经各行政部门自行梳理以及市政府法制办集中审核确认、统一对外公示，市本级 38 个行政部门共保留行政权力事项 4 251 项，其中，行政许可 152 项、行政处罚 3 146 项、行政强制措施 113 项、行政强制执行 49 项、行政征收 39 项、行政确认 103 项、行政给付 35 项、行政奖励 87 项、行政监督检查 309 项、其他行政权力 218 项、承接上级下放行政权力 77 项，并在乌海市政府门户网站向社会公布，切实用行政权力的“减法”换取市场活力的“加法”。通过建立“三个清单”，划定了政府与市场、企业、社会的权责边界，依法管好“看得见的手”，用好“看不见的手”，挡住“寻租的黑手”。以权力清单明确政府能做什么，做到“法无授权不可为”；以责任清单明确政府该怎么管市场,做到"法定职责必须为";以负面清单明确对企业的约束有哪些,做到"法无禁止即可为"。实行清单制度以来,政府行政行为得到有效监督,真正实现了权力在阳光下运行,大大规范了行政秩序。

(四)简政放权、放管结合、优化服务,释放了市场活力,促进了地区发展。通过深化简政放权、放管结合、优化服务,实施一系列改革,乌海市营商环境明显改善,很大程度上为企业"松了绑"、为群众"解了绊"、为市场"腾了位",也为廉政"强了身",市场准入和运行的制度成本大幅降低,极大激发了市场活力和社会创造力。首先是促进了第三产业的快速发展,产业结构进一步优化,三次产业结构由 2010 年的 1:71.7:27.3 演进为 2015 年的 0.8:60.3:38.9,第三产业在国民生产总值中的比重上升了 11.6 个百分点。特别是新动能加快成长,大众创业万众创新热情空前高涨,由于创业门槛低,经营比较灵活,又涉及社会生活的各个领域,作为创业者首选的个体工商户呈现"井喷式"增长。2015 年,乌海市个体工商户达到 3.71 万户,创历史新高,比 2012 年增长 33.65%;同时带动就业 8.7 万余人,投入资金总额达 20 亿元,就业人数和投资总额较 2012 年分别增长 41.08% 和 52.17%。投资领域涉及电子商务、批发和零售业,住宿和餐饮业,居民服务、修理和其他服务业等多个行业。随着投资领域的不断拓宽,信息传输、软件和信息技术服务业,科学研究和技术服务业,文化、体育和娱乐业等新型行业也发展迅速,逐渐成为新的经济增长点,进一步推动了全市经济增长方式转变和产业升级。

总之,简政放权是经济发展"新常态"下深化行政体制改革、转变政府职能、创新管理方式的一项重要举措。在深化简政放权与加强宏观调控工作中,政府需要做到有放有收,放管结合,收放自如,处理好权力下放与职能加强的关系,在放的同时强化事中事后监管措施,避免出现"一放就乱、一乱就收"的情况。简政放权与宏观调控是一套组合拳，两者互为补充、相辅相成，只有科学运用好这套组合拳，才能有效促进社会主义市场经济的有序发展，科学促进市场主体的活力迸发和社会主义市场经济的不断完善。

参考文献

1. 陈二厚、齐中熙、韩洁：《打造中国经济升级版：新一届中央政府简政放权改革纪实》，中国言实出版社 2015 年版。
2. 高鸿业等：《西方经济学》，中国人民大学出版社 2000 年版。
3. 李克强："简政放权放管结合优化服务深化行政体制改革　切实转变政府职能"，在全国推进简政放权放管结合职能转变工作电视电话会议上的讲话，2015 年。
4. 林毅夫等：《中国的奇迹——发展战略与经济改革（第 2 版）》，上海三联书店 1999 年版。
5. 刘国光：《中国经济体制改革的模式研究》，中国社会科学出版社 1988 年版。
6. 孙中亲：《从计划到市场：中国经济转型探析》，中国社会出版社 2009 年版。
7. 王德颖、向忠顺、林樾："推动简政放权向纵深发展 激发市场活力和社会创造力"，《行政管理改革》2015 年第 7 期。
8. 张曙光：《政策与体制联动——市场化进程中的宏观经济分析》，上海财经大学出版社 2002 年版。

（白烨，北京大学光华管理学院；王福晗，北京大学光华管理学院）

简政放权激发市场活力，服务供给侧结构性改革——以江苏省宿迁市为例

尹 俊 刘焕性

一、改革开放以来我国简政放权的实践与发展

（一）政府与市场关系的演变

处理好政府与市场的关系，是经济体制改革的核心问题。自改革开放以来，我国对政府和市场的关系定位经历了四次历史性的变化。

第一次是从改革开放之前的“政府计划与否定和排斥市场作用”到改革开放初期的“计划经济为主，市场起辅助性作用”，主要

范围是在扩大国有企业自主权方面发挥市场辅助性作用，扩大企业在人、财、物和计划等方面的决策权力，以及以市场力量逐步发展经济特区和民营企业等。

第二次是1984年党的十二届三中全会提出“发展社会主义商品经济”，指出政府与市场都是有效的配置资源的方式，以市场方式配置资源的概念正式进入中央政策，主要内容是要求逐步改革企业所有制和价格体系，推动社会主义商品经济的发展，以激发市场的活力。

第三次是1992年党的十四大提出要建立社会主义市场经济体制的改革目标，提出要“让市场在国家宏观调控下对资源配置起基础性作用”，指的是政府尊重市场运行规律，把市场能做的就尽量交给市场来做，并制定了整体改革和重点改革相结合的战略。随后党的十五大继续提出“使市场在国家宏观调控下对资源配置起基础性作用”，党的十六大提出“在更大程度上发挥市场在资源配置中的基础性作用”，党的十七大提出“从制度上更好发挥市场在资源配置中的基础性作用”，党的十八大提出“更大程度更广范围发挥市场在资源配置中的基础性作用”，市场在资源配置中的作用不断增强。从1992年至今，经过20多年的实践，政府和市场的关系定位越来越明确，政府和市场各司其职的优势越来越凸显。

第四次关系的演变是在2013年党的十八届三中全会，提出“使市场在资源配置中起决定性作用”。市场起决定性作用，是市场经济的本质规律，因为实践证明，市场是最有效率的资源配置方式。市场起决定性作用指的是，政府可以做的，只要市场也可以做，就让市场来做。政府只去做市场做不好的事情，比如提供公共产品、宏观调控、社会治理等等。但这也不是指市场起全部作用，也不是指“小政府、大市场”，而是指有效的政府、有效的市场，共同发挥作用。

（二）简政放权的发展

自改革开放以来，我国围绕政府和市场关系的不断演变，于1982年、1988年、1993年、1998年、2003年、2008年先后六次推进简政放权，把配置资源的方式由政府逐步放给市场。2013年3月14日，本届政府成立之初，便发布《国务院机构改革和职能转变方案》，这是改革开放以来我国推进的第七次简政放权改革。

党的十八届三中全会以来，中央高度重视简政放权，习近平总书记多次提出要增大简政放权含金量，指出当前各级政府加快转变职能、大力简政放权，目的之一就是让市场更好发力，让企业创新创造源泉更加充分涌流，这是又一次重要的“松绑”放权，也是企业家更好发挥智慧力量的历史新机遇。

国务院总理李克强多次召开全国简政放权放管结合优化服务改革电视电话会议，提出简政放权改革的三大具体衡量标准：一要看改革后企业申请开办的时间压缩了多少；二要看投资项目审批提速了多少；三要看群众办事方便了多少。

简政放权，主要内容是指简化行政流程，并将政府的部分权力归还或下放给市场、社会和基层。简政放权一般包括三个维度：一是政府与企业关系的调整，即政府对企业的自主申请、经营、管理等微观市场运营行为减少干预；二是政府与社会关系的调整，即政府将部分专业性质较强的公共服务职能交给社会组织，比如行业协会类、商会类、科技类、公益慈善类、城乡社区文体及服务类组织等；三是中央政府与基层政府的关系调整，即中央政府将部分财权、事权、要素配置权等下放到基层政府。

当前，我国经济处于新常态，新机遇和新挑战并存，推进供给侧结构性改革是适应和引领经济发展新常态的必然要求，也是解决新常态面临的一系列矛盾和问题的治本之策，简言之，就是去产能、去库存、去杠杆、降成本、补短板。这五个方面，无论哪一个方面都需要充分发挥政府的宏观调控作用,充分发挥市场主体的投资消费活力和创新积极性,充分发挥社会主体的服务能力。简政放权通过对政府、市场主体、社会主体关系的调整,能"牵一发动全身",发挥政府、市场主体、社会主体三者合力,营造法治化、便利化、服务化、国际化的营商环境,激发经济发展内生动力和市场活力,增强中国经济和企业的国际竞争力,有效推动"三去一降一补",有力推动供给侧结构性改革。为此,新一届政府将简政放权作为推进供给侧结构性改革的"牛鼻子",在更大范围、更深层次上深化简政放权、放管结合,进一步优化服务,继续推进行政体制改革、转职能、提效能,大力削减行政审批事项,深化商事制度改革,推进地方政府权力和责任清单管理,深化价格改革和监管,开展企业信用信息管理等。

(三)简政放权的成效及不足

简政放权最大的成效是降低了经济发展中的制度性交易成本。制度性交易成本,是指由于体制机制问题而导致的经济、时间和机会等各种成本,主要是企业因遵循政府制定的各种制度、规章、政策而需要付出的成本。

2013 年,第七次简政放权改革之初,国务院部门各类审批达 1 700 多项,而且审批过程手续繁、收费高、周期长、效率低。本届政府积极推动简政放权工作,截至 2016 年 5 月,国务院部门共取消和下放行政审批事项 618 项,并彻底终结了非行政许可审批,极大地激发了市场的活力,自 2015 年开始全国平均每天新增 4 万户市场主体,其中新登记企业平均每天新增 1.2 万户。世界银行发布的报告显示,2015 年开始,中国内地的营商便利度在全球的排名每年提升 6 个位次。据测算,本届政府简政放权改革以来,每年减轻企业负担 1 500 多亿元。

然而,在简政放权取得显著成效的同时,我国在简政放权的实践中依然存在一些问题,主要表现在三个方面。

一是放权不到位。虽然在简政放权中取消调整了一些行政审批事项，但是审批事项依然还有很多，企业投资一个项目的时间依然较长、成本依然很高，尤其是地方政府层面的审批事项更多。此外，简政放权是按照先易后难的顺序来推进的，剩下的要取消和调整的审批事项不少都是难啃的“骨头”，有的是涉及到部门的切身利益，容易引起部门的抵触；有的是涉及到多个部门，各个部门的内部政策有冲突；有的是某一个部门的权力已取消或调整，但相关部门的配套政策没有跟上，部门之间的协调成本较高等。

二是服务难保障。人民日报 2016 年 5 月的调查显示，一些简政放权举措在落实中常被困在“最后一公里”，有时甚至导致好政策成了“空头支票”。主要原因是政府简政放权的后续服务难以保障，比如，权力下沉到基层后，由于基层的工作能力和工作人员有限，很多权力“接不住”，基层没有能力提供及时高效的服务。再比如，释放给社会组织的权力，比如各类行业的专业性评估，由于当前我国行业评估的专业机构市场尚不完善，往往收费高，耗时长，效率低，服务难保障，反而给企业带来了较大的成本压力。

三是监管有短板。长期以来，我国政府部门已经适应了审批的工作方法，在后续监管方面的工作经验少，监管意识不强，“会批不会管”的现象严重，在审批制的情况下，政府部门的自由裁量权很大，往往挑选最佳的项目，而在监管制的情况下，政府部门要深入了解项目的方方面面，监管能力明显不足。此外，有效的监管机制和规范的监管制度尚未建立，执法不公、检查任性、缺失疏漏、监管不力等问题比较突出。

二、简政放权、优化服务、放管结合的内涵探讨

为做好简政放权工作，国务院各部门、各地方政府、各地自贸区都进行了积极的探索，总结了很多宝贵的经验。综合而言，要做好

简政放权，需要做好以下三方面的工作。

（一）规范放权与制定三个清单

做好简政放权，要规范减权放权，那么究竟放多少权，政府还保留多少权，为此，需要制定三个清单，即市场准入的负面清单、政府的权力清单、政府及其部门的责任清单，以此来划定政府与市场、企业、社会的权责边界。

第一个是市场准入的负面清单，它规范的是市场主体的底线和禁区，但是同时也意味着负面清单没有提到的，市场主体皆可以进入，即“法无禁止即可为”。市场准入的负面清单能有效增强市场主体的经营信心，因为按照“谁主张谁举证”的原则，以前没有负面清单的时候，市场主体需要举证自己符合哪一条法律，而如今有了负面清单，市场主体只需要举证自己没有违反负面清单即可。

第二个是政府的权力清单，它规范的是政府能做什么，但是同时也意味着权力清单没有提到的政府不可以干预，即“法无授权不可为”。中央政府和地方政府各个部门的权力清单都需要明确，防止不同部门的政策冲突。政府的权力清单明确了政府的权力边界和行使职权的方式，是依法行政的重要形式。这样就能让市场主体进一步增强信心，防止“寻租的黑手”。

第三个是政府及其部门的责任清单，它规范的是政府及其部门为市场主体和社会主体提供的服务事项清单和履职尽责的程序，即“法定职责必须为”。中央政府和地方政府各个部门的责任清单也需要同时明确，防止责任交叉。政府及其部门的责任清单明确了政府的工作标准和明细化的内容，便于市场主体和社会主体监督政府及其部门的工作。

（二）优化服务与激发市场活力

做好简政放权，要优化政府的服务，也就是要求政府通过提供优质高效的公共服务，使市场主体的创业创新过程更为顺畅，营商环境更为便捷高效公平公正，以激发市场的活力。

第一是政府要通过便捷服务、政策支持、信息咨询等方式，为大众创业、万众创新提供全方位的一站式服务。办好办事大厅和网上办公服务，实行“一个窗口受理、一站式审批、一条龙服务”的全方位一体化服务。进一步清理、精简涉及民间投资管理的行政审批事项和涉企收费，规范中间环节和中介组织行为，简化行政流程，减轻企业负担，降低企业成本。综合运用财政扶持，政策性金融、开发性金融、商业性金融、合作性金融支持，多元化可持续的投融资合作机制支持创新创业。加强政策、法律和信息咨询的服务，做好知识产权保护、就业创业指导和职业技能培训等工作。

第二是增强各级政府尤其是基层政府的能力建设，建立服务型政府，不能留有服务的盲区，解决政府服务“缺位、不到位”的问题。在市场主体遇到困难和问题的情况下，政府要积极作为、靠前服务，对市场主体多关注、多谈心、多引导，帮助解决实际困难。同时，政府还要大力鼓励社会组织和事业单位提供公共产品服务供给，帮助他们做好规划、制定标准、促进竞争、加强监管。

第三是政府要做好社会保障，解决市场主体的后顾之忧。政府要把更多的人力、财力、物力投入到事关人民切身利益的公共服务中，比如保护创业失败的政策，为二次创业提供支持；比如做好社会保障全覆盖，提供全民医疗保险，开展兜底扶贫，帮扶困难群众，做好城市棚户区改造和农村危旧房改造等民生工程。

（三）放管结合与完善制度法律

做好简政放权，要做到放管结合，在依法治国、建设法治国家的背景下，政府在简政放权的同时，要进一步完善制度和法律，并依法加强监管。

监管的最终目的并不是要为市场主体上一把“枷锁”，而是为了通过更好的监管，创造更加公平公正的营商环境，激发市场主体的积极性，保护市场主体的权利。一般而言，监管手段包括行政许可、信息监管、标准设定、激励性监管等，行政许可只是其中一种。简政放权的主要手段是取消和下放行政许可，它并不意味着政府不再监管，而是指为了激发市场的活力，政府对监管手段进行了重新选择，从事前的监管手段变为事后的监管手段。

有效的监管需要注重监管的体系性建设，不仅涉及到监管的手段，还涉及到监管主体的组织设置、职能和责任配置，监管人员的能力建设、物质和专业保障，同时还涉及到政府监管和行业自律、企业自律等方面的结合，以及政府不同部门之间的监管协同，监管决策的程序设定，监管违法的监督和责任追究等等，因此需要尽快完善相关的制度和法律，以法律为有效监管保驾护航。

三、江苏省宿迁市的简政放权实践

江苏省宿迁市位于江苏省北部，长三角北翼，1996 年 7 月经国务院批准设立，下辖沭阳县、泗阳县、泗洪县、宿豫区、宿城区、宿迁经济技术开发区、湖滨新区、苏宿工业园区和洋河新区，面积 8 555 平方公里，人口 580 万，是江苏省最年轻的地级市。

建市之初，宿迁是在原淮阴市所辖的四个省级贫困县基础上组建而成的，GDP 仅为 124.9 亿元，由于起步晚、底子薄，是全省经济社会发展的洼地，发展困难重重。面对特殊的市情、特殊的发展阶段，全市上下始终强调“事在人为、人在精神”，注重教育和引导全市上下始终保持良好的精神状态，致力培育与塑造宿迁“精气神”，从“团结奋进、敢试敢闯、务实苦干、自立自强”的“宿迁精神”，到“生态为归宿、创业求变迁”的“宿迁城市精神”，从“我能我行我成功、创新创业创一流”的“宿迁气质”，到“身在湖边却心向大海”的豪迈自信，基本形成了“跨越赶超、敢争一流，开拓创新、敢为人先，勇于负责、敢于担当，真抓实干、敢打硬仗”的鲜明特征。

改革一直是宿迁的金字招牌，20 年来，在省委、省政府的坚强领导下，经过历届市委、市政府和全市上下的共同努力，宿迁坚持问题导向，坚持从产业集聚、扶贫开发等“谋一域而赢全局”的要害之处入手，从经济体制、农业农村、社会事业等“牵一发而动全身”的重点领域深化，从行政审批、“两资”（资格资质）去行政化等“落一子而满盘活”的关键环节发力，努力探索了一条具有宿迁特色、符合宿迁实际的发展道路，实现了洼地崛起、后发快进，在贫穷落后、百业待兴的四个贫困县基础上，建起了一个面貌变化最大、生态环境最美、全省发展速度最快的新兴城市，GDP 总值 2 126. 19 亿元，同比增长 10%，比建市之初增长 16 倍，人均 GDP 为 43 853 元，按平均汇率算，达 7 041 美元。

党的十八届三中全会绘就了全面深化改革的宏伟蓝图，宿迁市委市政府按照全面深化改革总体要求，紧抓简政放权改革的“牛鼻子”，围绕激发市场活力、实现治理能力和治理体系现代化的改革总目标，按照“减权、去利、市场化”的原则，大力推进行政管理制度改革，减少政府对微观经济事务的干预，通过规范放权、优化服务、放管结合，使市场在资源配置中起决定性作用和更好地发挥政府作用，充分激发市场和社会主体活力，比全国早近一年实施“先照后证”改革，比其他地区提前一年实施“四证（照）一体”改革、提前半年开展“三证合一”改革试点，率先在全国启动“两资”去行政化改革和“一证一号”改革，成为全国行政审批事项最少、效率最高的地区之一。

（一）规范放权释放市场活力

宿迁市围绕破除体制束缚，管住政府“闲不住的手”，开展商事登记制度改革、行政审批制度改革、资格资质去行政化、非行政许可事项清理等改革，最大限度压减显性和隐性审批事项，真正还权市场、还权社会,努力解决政府职能越位、错位、缺位的问题,以政府权力的“减法”换取市场活力的“加法”。

2013 年 9 月,宿迁启动了新一轮行政审批制度改革,商事登记制度改革是这一系统性改革的重要突破口。几年来,宿迁商事登记制度改革按照“减权、去利、公开、制衡”的总原则,设计了先易后难、由点到面、步步推进的演进路线。2015 年,宿迁在实现“四证一体”、“三证合一”的基础上,进一步建立以统一社会信用代码为基础的证照办理、信息归集、联动监管体系,全面打破部门壁垒、彻底降低行政成本、充分释放改革红利,在更深层次、更广领域激发了市场主体发展活力。自 2014 年以来,宿迁市累计为参与改革的 48 家水电气热用户企业减少费用 3 560. 8 万元。

2015 年 6 月,宿迁市在全省地级市中率先梳理政府责任清单,实现规范放权,释放市场活力。过去企业、群众找政府部门办事总是担心会吃“闭门羹”或者遭遇“踢皮球”。针对这一情况,宿迁市编制了部门责任清单,避免了类似尴尬的重演。打开宿迁市机构编制网,在首页就可以看到“市政府各部门责任清单”板块,41 个部门、480 项具体职责一目了然。这份“责任清单”划清 34 个部门、295 项职责交叉事项的职责分工和牵头部门,分清了主办、协办关系;全面梳理了市政府 36 个部门公共服务事项 455 项;明确了市政府 41 个部门与履行职权所对应的 4 368 项行政权力事项;公布了行政权力运行流程图 731 份;分类建立健全事中事后监管制度 181 项。一份责任清单,全面厘清了各个政府部门职责边界,有效解决了过去事中事后监管中存在的越位、缺位、错位等突出问题,极大地提振了市场主体的信心和活力。

截至 2016 年 6 月,全市工商登记前置审批项目由最初的 199 项压减至目前的 7 项、压减率达 96. 5% ,重点领域审批效率提升两倍以上,成为全国行政审批事项最少、效率最优的地市之一。2015 年,全市新发展公司制企业 11 920 户、注册资本 466. 63 亿元,较改

革前的2012年分别增长207.06%、179.15%。2016年1—5月，全市新登记私营企业6 816户、注册资本285.15亿元，同比分别增长10.63%、82.10%，其中新增公司制企业6 002户、注册资本252.44亿元，分别增长33.28%、60.17%。

（二）优化服务提升公共服务

近年来，宿迁市依托"互联网+"开展政府服务，全面提升公共服务水平。市政务服务云平台自2014年12月30日上线运行以来，打造了"互联网+"政务服务新模式，进一步推动宿迁政务服务提档升级，同步实现服务对象、工作人员、市民群众多方受益。一是办事流程一网通。便于服务对象办件，为服务对象节约了时间和精力，提高了服务对象的满意度。二是多库资源共享，便于工作人员审批，为工作人员节省大量时间，提升了窗口工作人员审批服务效率。三是网上监察全覆盖，便于市民群众监督，为群众监督提供便捷渠道，保证了市民群众的知情权、参与权和监督权。

此外，宿迁市围绕完善社会治理，培育社会"自治之手"，着力构建"党政善治、社会共治、厉行法治"的社会治理模式，探索开展"定边界、育组织"改革，通过培育发展中介机构、行业协会等社会组织，构建社会信用体系，着力优化社会治理结构，引导社会力量有序参与社会治理，提高社会组织的自治能力。截至2016年6月，全市登记社会组织5 774个，较改革前增加3 306个，每万人拥有社会组织10个；2016年年初，全市共有19家社会组织获全省首批"示范性社会组织"称号，总数位居苏北第一。

（三）放管结合提振改革能力

一是制定监管导则，保障放管同步推进。宿迁专门制定了《加强行政审批制度改革中监管体系建设的工作导则》，从方案制定、实施到深化运行，每个阶段、每个环节均制定具体的监管流程，同时，增强监管人员的能力培训,保障改革的公平公正。

二是强化部门联动,形成监管整体合力。宿迁按照集约化理念,整合资源,兜住"底线",推动部门联动监管,避免出现真空地带。建立证照联动监管平台,集"并联审批"、"联动监管"于一体,各相关部门通过平台上推送的信息主动加强监管,及时把行政处罚信息、日常监管信息、司法裁判信息等上传至平台,并对联动监管各部门的平台使用及数据上传、录入、处理等情况进行监测统计、考核通报、监察问责,确保证照联动监管工作制度化、标准化、常态化。

三是完善信用体系,发挥市场监管作用。宿迁在江苏省率先建立起分工明确、职责清晰、政府推动和市场运作并行的信用体系架构,充分厘清政府和市场在社会信用体系建设中的定位和角色。率先引入第三方信用报告,通过公开竞争引入第三方信用评价机构,负责企业资质、主要管理人员、履约情况、不良行为记录等信用信息的采集评价,并出具第三方信用报告。所有企业信用信息一律在外网公开发布,广泛接受社会监督。2016 年,宿迁市成为全国首批"创建国家社会信用体系建设示范城市",一跃跨入全省信用建设第一方阵。2016 年 6 月份,国家发改委发布的《全国城市信用监测月报》中,宿迁市以 86.74 分的信用得分,在 259 个地级市总体信用排名中位居第一。

参考文献

1. 白天亮等:"这些成本最该降",《人民日报》2016 年 5 月 19 日。
2. 葛明等:"宿迁深化行政改革:管住政府'闲不住的手'",宿迁网,2015 年 11 月 25 日。
3. 黄家茂、廖文梅:"改革开放以来党对市场作用新定位的四次历史性飞跃",《中共珠海市委党校珠海市行政学院学报》2015 年第 1 期。
4. 李洪雷等:《大转变——简政放权进行时》,中国言实出版社 2016 年版。
5. 李克强:"简政放权放管结合优化服务　深化行政体制改革切实转变政府职能",在全国推进简政放权放管结合职能转变工作电视电话会议上的讲话，新华网，2015 年 5 月 17 日。
6. 李克强："深化简政放权放管结合优化服务　推进行政体制改革转职能提效能"，在全国推进简政放权放管结合优化服务改革电视电话会议上的讲话，《人民日报》2016 年 5 月 23 日。
7. 厉以宁：《中国经济双重转型之路》，中国人民大学出版社 2013 年版。
8. 厉以宁："我们对简政放权的认识加深了"，《北京日报》2015 年 10 月 19 日。
9. 网上宿迁，http://www.suqian.gov.cn。
10. 魏国强：《宿迁改革进行时 2015》，中共宿迁市委改革办，2016 年 6 月。
11. 习近平："给福建企业家的回信"，《福建日报》2014 年 7 月 21 日。
12. 习近平："新型政商关系就是'亲'、'清'二字"，《北京青年报》2016 年 3 月 5 日。
13. 姚先国："权力清单与政府转型"，人民网，2014 年 4 月 1 日。

（尹俊，国家开发银行规划局；刘焕性，北京大学光华管理学院）

图书在版编目(CIP)数据

中国道路与简政放权/厉以宁主编. —北京:商务印书馆,2016
(中国道路丛书)
ISBN 978-7-100-12639-7

Ⅰ. ①中… Ⅱ. ①厉… Ⅲ. ①中国特色社会主义—社会主义建设模式—研究 ②国家机构—行政管理—研究—中国 Ⅳ. ①D616 ②D630.1

中国版本图书馆 CIP 数据核字(2016)第 243034 号

中国道路丛书
中国道路与简政放权
厉以宁 主编
程志强 副主编

商 务 印 书 馆 出 版
(北京王府井大街 36 号 邮政编码 100710)
商 务 印 书 馆 发 行
北 京 冠 中 印 刷 厂 印 刷
ISBN 978-7-100-12639-7

2016 年 11 月第 1 版 开本 787×960 1/16
2016 年 11 月北京第 1 次印刷 印张 28¾
定价:76.00 元